- 国家级课程思政教学研究示范中心（山东商业职业技术学院课程思政教学研究中心）建设成果

- 全国高校思想政治工作创新发展中心（山东商业职业技术学院）建设成果

- 2023年教育部高校思想政治理论课教师研究专项一般项目"凸显'职教思政'特色的'五位一体'思政课育人体系构建及实践路径研究"（项目编号：23JDSZK064）阶段性成果

- 2024年教育部高校思想政治理论课教学研究青年项目"'中职—高职'思政课有效衔接的模式构建与实践路径研究"（项目编号：24JDSZK177）阶段性成果

- 2022年山东省学校思政课教学改革重点项目"高职高专思政课建设存在的问题及对策建议"（项目编号：SDS2022ZD13）阶段性成果

- 山东省思政课名师工作室（王岳喜工作室）建设成果

分类研课
铸魂育人

张志东　王岳喜————

山东省职业院校
"课程思政研课会"
教学设计精选

主编

山东人民出版社·济南

国家一级出版社　全国百佳图书出版单位

图书在版编目（CIP）数据

分类研课　铸魂育人：山东省职业院校"课程思政研课会"教学设计精选 / 张志东，王岳喜主编 . -- 济南：山东人民出版社，2024. 11. -- ISBN 978-7-209-15143-6

Ⅰ . G711

中国国家版本馆 CIP 数据核字第 2024B1190Q 号

分类研课　铸魂育人——山东省职业院校"课程思政研课会"教学设计精选

FENLEI YANKE ZHUHUN YUREN—SHANDONGSHENG ZHIYE YUANXIAO "KECHENG SIZHENG YANKEHUI" JIAOXUE SHEJI JINGXUAN

张志东　王岳喜　主编

主管单位　山东出版传媒股份有限公司
出版发行　山东人民出版社
出 版 人　胡长青
社　　址　济南市市中区舜耕路517号
邮　　编　250003
电　　话　总编室（0531）82098914
　　　　　市场部（0531）82098027
网　　址　http://www.sd-book.com.cn
印　　装　济南龙玺印刷有限公司
经　　销　新华书店

规　　格　16开（184mm×260mm）
印　　张　25.5
字　　数　473千字
版　　次　2024年11月第1版
印　　次　2024年11月第1次
ISBN 978-7-209-15143-6
定　　价　68.00元
如有印装质量问题，请与出版社总编室联系调换。

《分类研课 铸魂育人——山东省职业院校"课程思政研课会"教学设计精选》编写组

主　　编　张志东　王岳喜

副 主 编　郭苗秀　李卫成　颜秀霞　刘亚男

参　　编　尹元华　邢广陆　李明月　邹翠兰

　　　　　赵红军　李永莲　崔月信　郭兴华

　　　　　张海鸿　赵喜婧　孔凡菊　杨新月

　　　　　郑萍萍　王　蕾　谷莹莹　邢庆亮

　　　　　季洪辉　于春晓　王金义　孙振超

　　　　　冯　睿　陈　琳　黄　婧　焦悦悦

前 言

习近平总书记在全国教育大会上的讲话中指出，教育是强国建设、民族复兴之基。我们要建成的教育强国，是中国特色社会主义教育强国，应当具有强大的思政引领力、人才竞争力、科技支撑力、民生保障力、社会协同力、国际影响力。要紧紧围绕立德树人这个根本任务，着眼于培养德智体美劳全面发展的社会主义建设者和接班人。要坚持不懈用新时代中国特色社会主义思想铸魂育人，实施新时代立德树人工程。不断加强和改进新时代学校思想政治教育，教育引导青少年学生坚定马克思主义信仰、中国特色社会主义信念、中华民族伟大复兴信心，立报国强国大志向、做挺膺担当奋斗者。作为职业院校的教师，不论从事公共基础课教学，还是专业课教学，面对这份使命和责任，我们都责无旁贷！

教育部印发的《高等学校课程思政建设指导纲要》明确提出，课程思政"这一战略举措，影响甚至决定着接班人问题，影响甚至决定着国家长治久安，影响甚至决定着民族复兴和国家崛起"。"全面推进课程思政建设，就是要寓价值观引导于知识传授和能力培养之中，帮助学生塑造正确的世界观、人生观、价值观，这是人才培养的应有之义，更是必备内容。"因此，课程思政不是将课程与思政简单叠加，而是将二者深度融合。

从目前各院校的课程思政建设来看，课程思政尽管已经深入各院校的专业建设、人才培养，成为专业课教学过程中的重要组成部分，但还存在"两张皮"、融入生硬、易与专业课脱节以及"形式大于内容"等问题。因此，课程思政建设要紧紧抓住教师队伍"主力军"、课程建设"主战场"、课堂教学"主渠道"三方面内容。"教而不研则浅，研而不教则空。"教师队伍、课程建设及课堂教学应"三位一体"、同步提升。

为加强职业院校课程思政建设，打造课程思政精品项目，培育课程思政示范课程，锻造课程思政教学名师和团队，搭建课程思政建设成果共享平台，2021年，山东省高职高专院校思想政治理论课建设联盟在山东省职业技术教育学会的大力支持下，创新开展"课程思政研课会"活动。"研"指研究、研磨、研讨，即研究课程思政如何建设，研磨课程思政如何设计，研讨课程思政建设中的困惑，通过"课程思政研课会"的实施，总结凝练一批可供借鉴推广的课程思政建设成果、经验和模式，推动山东省职业院校课程思政高质量建设取得新进展新成效。

2021—2023年，根据专业大类划分不同场次，"课程思政研课会"活动共举办了20场，有600多支课程思政建设团队参加，线上线下累计参与人数超2万人次。"课程思政研课会"分为"课程思政整体设计说课展示"和"教学展示"两部分。其中，"课程思政整体设计说课展示"主要是教学团队课程思政的整体设计、实施路径、教学评价和教学效果，"教学展示"主要是教学团队在教学过程中对课程思政设计的具体应用。"课程思政研课会"活动的顺利开展，深化了教师对课程思政的理解及应用，体现了对课程思政的价值认同，提升了课程思政建设的能力和水平，激发了各职业院校教师深入进行课程思政建设的积极性、主动性和创造性，进一步提升了广大专业课教师的教书育人能力，促进形成全员、全过程、全方位"三全"育人格局。

本书将"课程思政研课会"举办3年来的部分优秀教学设计汇编成册，并以专业大类进行分类。每一个教学设计都体现了教师对课程思政的理念认知、对课程思政的实践探索、对现阶段课程思政建设的创新与思考，凝聚着各位教师的汗水与心血。希望本书的出版能够为各职业院校课程思政建设工作提供参考与借鉴。

本书的顺利出版是集体智慧的结晶。感谢山东省教育厅思政处和职教处领导、山东省职业技术教育学会领导对"课程思政研课会"工作的大力支持，感谢3年来先后积极承办"课程思政研课会"的山东水利职业学院、山东工业职业学院、东营职业学院、威海职业学院、滨州职业学院、济南职业学院、潍坊护理职业学院、山东科技职业学院、济宁职业技术学院、山东轻工职业学院、青岛职业技术学院、济南幼儿师范高等专科学校、莱芜职业技术学院、济南工程职业技术学院、潍坊职业学院、山东外贸职业学院、威海海洋职业学院、临沂职业学院的鼎力相助，感谢认真参与活动的各教学团队！

本书在编写过程中反复推敲、打磨，但仍可能存在疏漏之处，希望各位同仁不吝赐教，提出宝贵意见，帮助我们进一步修改完善，共同推动课程思政建设走深走实。

编者

2024 年 9 月

目 录

"动物生物化学"课程思政教学设计

山东畜牧兽医职业学院课程团队
参赛团队负责人：郭嫔，团队成员：孙艳、李芹、马爱霞、王志红
2021年12月

教学设计课件

课程基本信息

课程名称	动物生物化学
课程类型	专业基础课
所属学科门类	农林牧渔
所属专业	畜牧兽医
课程性质	理实一体化课程
学　时	64
学　分	4

课程教学团队基本情况

　　"动物生物化学"课程教学团队共有成员9人，其中专业课教师8人，思政课教师1人。团队成员老中青结合，职称结构合理。团队负责人曾获山东省高校青年教师教学竞赛一等奖、全国职业院校技能大赛教学能力比赛二等奖，被评为潍坊市"三八红旗手"、潍坊市"最美女性"、潍坊市"女职工建功立业标兵"、潍坊市教育系统"鸢都红烛先锋"，深受学生尊敬和喜爱。

　　"动物生物化学"课程教学的思政建设以各类教学比赛为契机，整合教学内容，融入思政元素。从2016年开始，团队成员先后有3人获全国职业院校技能大赛教学能力比赛二等奖，1人获山东省高校青年教师教学竞赛一等奖，1人获山东省首届思政课教学比赛一等奖。2019年至今，团队成员先后7次参加课程思政有关培训，与思政课教师联合

备课（每月2次）。2020年12月，本课程被评为校级课程思政示范课；2021年11月，被评为潍坊市课程思政精品课。

 课程思政建设总体设计情况

本课程以习近平新时代中国特色社会主义思想为指导，结合山东畜牧兽医职业学院办学定位以及动物科技学院专业特色和人才培养要求，以社会主义核心价值观为主线，融入"大国三农"情怀，以及"厚德敏行　允智允能"的校训内涵和"蓄德自牧　富饶天下"的院训内涵，以科学文化、专业素养、家国情怀三个主题为切入点，旨在培养一批爱农业、懂技术、善经营的实用技能型畜牧人才。

（一）建设目标

以上述课程思政理念为指导，本课程思政建设目标是：多措并举打造保障有力、内容丰富、特色突出、成效显著的课程思政育人体系，构建有效的课程思政教学模式和教学方法，形成完善的课程思政评价体系，为畜牧兽医专业的思政建设和发展积累思政素材和思政资源，丰富和完善专业思政资源，打造对相关课程具有示范引领作用的课程思政精品课，为学校形成"课程门门有思政、教师人人重育人"的良好氛围贡献力量。

（二）建设任务

以建设目标为指引，以《高等学校课程思政建设指导纲要》（教高〔2020〕3号）为指导，本课程思政建设任务是：建立教师定期进行课程思政培训的常态机制，按照课程思政理念重构课程体系，构建课程思政教学模式，探索适合课程思政的教学方法，形成课程思政评价体系，编写融入思政元素的配套教材。

（三）建设内容

1. 建立常态培训机制，提升教师思政水平

习近平总书记指出："高校教师要坚持教育者先受教育，努力成为先进思想文化的传播者、党执政的坚定支持者，更好担起学生健康成长指导者和引路人的责任。"办好思政课关键在于教师。专业课教师思政素养的高低直接影响着课程思政的实施，因而在本课程思政建设的整个过程中需要更加注重持续提升教师的思政育人水平。一是培育课程思政新理念。课程思政并非一门或一类课程，而是一种整体性的课程观。专业课教师需要改变过去专业课只注重"授业、解惑"而忽视"传道"的局面，坚持教书和育人相统一。二是加强专业课教师使命感和责任意识教育。畜牧兽医领域的快速发展，要求任课教师及时把握行业动态，强化对专业内在价值和社会价值的充分认识，不断增强育人

使命感和社会责任感。三是提高课程思政教学艺术，增强课程思政的说服力、亲和力和有效性，而不是生搬硬套，真正将知识传授、能力培养和思想政治教育融为一体。四是坚持言传身教，不断加强师风师德建设，以教师的个人魅力和榜样力量做良好的学术道德榜样，进而做好思想引导和行为示范。

2. 确定课程思政理念，进行教学内容重构

本课程以"一主线三融合"作为课程思政的建设理念，即以社会主义核心价值观为主线；融入"大国三农"情怀，引导大学生懂农业、爱农村、爱农民，融入"厚德敏行 允智允能"的校训，将大学生培养成为具有宽厚的美德、敏动善行且有智慧、有技能的人，融入"蓄德自牧 富饶天下"的院训，帮助大学生涵养品德、管理自我、富农兴邦。任课教师应以"一主线三融合"课程思政建设理念为指导，重构教学内容。

以社会主义核心价值观中富强、和谐、文明等理念为指导，融入"富饶天下"的院训，培养主动打造民富、村美、乡风美的"爱农业"的时代新人；以社会主义核心价值观中的爱国、诚信、友善等理念为指导，融入"厚德敏行"的校训及"蓄德自牧"的院训，激发学生对农民的真情，培养"爱农民"的时代新人；以社会主义核心价值观中的平等、公正、法治、敬业等理念为指导，融入"允智允能"的校训，引导学生了解"三农"政策、关注农村实际、注重专业技能提升，培养真正"懂农业"的时代新人。

例如，以生物化学发展的时间轴（19世纪中叶至今）为内容主线，并以确定的课程思政理念为指导，按照问题导向，教学内容可分为以下三大部分：

第一，生命的物质组成。本部分主要认识物质与生命的紧密联系，正确看待整体和部分的辩证关系；学习科学家艰苦奋斗、不懈探索、追求真理的科学精神。

第二，营养物质在生命有机体内发生的变化。本部分主要引导学生树立正确的健康理念，增强畜牧业强国的责任感和使命感，提高专业素养；通过营养物质的对立与统一关系，提高学生的辩证思维能力。

第三，指导机体生长、发育和繁殖所需要信息的贮存和传递。本部分主要学习细菌、病毒相关知识，了解我国生物学家的优秀事迹并学习其科学精神，培育学生的家国情怀。

3. 挖掘课程思政元素，有机融入课程教学

深入梳理本课程的教学内容，挖掘课程思政元素，有机融入课程教学，以达到润物无声的育人效果。组织思政课教师与专业课教师联合备课，一方面可以丰富思政素材，另一方面有助于提升专业课教师的思政素养。结合融入的思政元素进行课程思政教学设计，以生物化学知识为基础，浸润思政内容，建立"动物生物化学"课程的思政案例库。

4. 积累课程思政素材，编写有思政特色的校本教材

本课程以职业教育国家规划教材作为参考，积极开发配套教材，并融入思政元素，编写有思政特色的校本教材，使课程教学的每个要素、每个环节、每个章节都服务于立德树人的根本任务。

 ## 课程思政教学实践情况

（一）成立课程调研组，建立课程思政资源挖掘机制

本课程成立课程调研小组，积极开展定期调研，围绕思政教育内容的融入问题、思政教育元素的挖掘问题、实践教学环节的思政强化问题召开课程思政座谈会，集思广益，探索具有学校特色的教书育人新途径，营造课程思政的良好氛围。此外，课后在学生群体中开展课程思政的专题调研和访谈，通过问卷调查、专题调研座谈会等形式，了解学生对思政元素的关注点，从学生的角度了解课程思政存在的问题和困难，探索如何更好地推进课程思政工作建设。

（二）提高教学水平，探索课程思政的教学方法

随着教学理念的不断创新和教育技术手段的不断改革，课堂教学方法不再是单一的传统讲授，而是实现了多元化的师生互动，如项目化教学、案例教学、情境化教学、模块化教学等教学方式，以及启发式、探究式、讨论式、参与式等教学方法的广泛应用。本课程选用案例教学方式以及启发式和讨论式教学方法开展思政教学。如选取与知识点相关的案例作为一次课的主线，融入相关思政元素，提出相应的问题，通过问题驱动，激发学生的好奇心，启发学生的思考，培养学生的创造力，从而使学生树立正确的世界观、人生观、价值观；通过讨论的方式，启发学生就特定的问题发表见解，既可以提高学生独立思考的能力和创新精神，又可以加深对思政内涵的理解，有利于学生入心入脑。

（三）多措并举构建"四结合"课程思政育人模式

课程团队深入梳理本课程的教学内容，挖掘课程思政元素，有机融入课程教学，通过课内与课外相结合、线上与线下相结合、理论与实践相结合、显性与隐性相结合的"四结合"课程思政育人模式，达到润物无声的育人效果。

（四）积累课程思政素材，编写有思政特色的教材

课程思政的顺利实施依托"三教改革"，而"三教改革"的重要载体是教材改革，在配套开发信息化、动态化、立体化教材和教学资源的同时，融入思政元素，使课程思政真正做到有理可依、有据可循、有的放矢，使每个要素、每个环节、每个章节都服务

于立德树人的根本任务。课程团队以职业教育国家规划教材作为参考，编写有思政特色的教材。

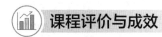 **课程评价与成效**

（一）构建多主体、全过程的课程思政评价体系

本课程的思政考核以学习通平台为载体采集考评信息，综合运用课堂观察法、开放性试题考核法、问卷调查法、访谈法、操行评定法等考评方法，构建并完善多主体、全过程的思政评价体系。多主体即教师、学生等多元主体，实现自评、互评、师评的统一。全过程即评价覆盖课前、课中、课后全过程：课前主要通过思政资源浏览时间和反刍比、开放性试题或问卷等要素进行评价，共占考评的20%；课中主要通过课堂出勤情况、实验操作中的综合表现、课堂参与情况进行评价，占考评的60%；课后主要通过问卷、访谈情况、课后讨论等要素来评价，占考评的20%。

（二）改革成效

本课程以"一主线三融合"为理念重构课程思政教学内容，增强了教学内容的趣味性和故事性，打破了单一知识教学的枯燥性，激发了学生的学习兴趣，提高了学习的积极性和主动性，学生抬头率明显提升，教学效果得到改善。从学生问卷调查和访谈情况来看，本课程的课程内容更有温度，更具人情味。通过本课程的学习，学生不仅可以学到专业知识，还能收获做人做事的道理，使课程更具吸引力。本课程思政设计将社会主义核心价值观的基本内涵、主要内容等有机、有意、有效地纳入课程内容，实现专业教育和核心价值观教育相融共进，使课程思政建设更加完善，专业课教师的课程思政意识和能力进一步提高。

（三）示范辐射

本课程的思政建设为相关课程的思政建设提供了方法路径和参考价值。本课程团队成员主动参加课程思政建设经验交流座谈会，积极分享经验，促进了课程间的相互交流。其中，团队成员指导的2门相关课程也被评选为校级课程思政示范课。

课程特色与创新

（一）构建"一主线三融合"课程思政内容体系

本课程思政设计以社会主义核心价值观为主线，融入"大国三农"情怀、融入"厚

德敏行 允智允能"的校训内涵和"蓄德自牧 富饶天下"的院训内涵，体现了专业特色，融合了校园文化，充分发挥了社会主义核心价值观对师生的价值引领作用。

（二）构建"四结合"课程思政育人模式

本课程构建了课内与课外相结合、线上与线下相结合、理论与实践相结合、显性与隐性相结合的课程思政育人模式。该育人模式打破了时空界限，实现了教学效果的连续性。

 **团队思考**

第一，专业课教师的思政能力有待提高。专业课教师应转变教学观念，增强对课程思政的价值认同；建立思政课教师与专业课教师联合备课制，成立"学科宣讲团"，提升课程思政的施教能力。

第二，"无痕式"课程思政有待优化。教师应优化教学设计，提高思政元素与专业知识的融合度；创新教学方法，将思政之"盐"融入课程"大餐"，实现"无痕式"思政。

第三，课程思政评价体系有待完善。课堂观察法、问卷调查法、访谈法等对教学效果的判断并不客观，如何优化定性分析的评价，将是今后课程思政考评体系优化的重点。

"园林工程施工技术"课程思政教学设计

东营职业学院课程团队
参赛团队负责人：刘冉，团队成员：张晨希、聂雪奎、李永莲、张爱萍、谢小丁
2021年12月

教学设计课件

课程基本信息

课程名称	园林工程施工技术
课程类型	专业核心课程
所属学科门类	农林牧渔
所属专业	园林技术
课程性质	理实一体化课程
学　时	64
学　分	4

课程教学团队基本情况

　　"园林工程施工技术"课程教学团队成员共有6人，全部为中共党员。其中，党总支书记1人，学生支部书记1人；专业课教师4人，思政课教师1人，企业兼职教师1人；具备高级职称教师2人，高级工程师1人，中级职称2人，初级职称1人。团队成员职称结构合理，全部具备"双师"素质。整个团队业务能力扎实，思想品质过硬。

　　团队成员积极参加思政学习培训和集体教研：2020—2021年，参与国家级教学资源库建设，并进行课程思政的设计方法培训；2020年9月，参加香柏树教师发展平台"全国教师专业课程建设背景下'课程思政'教学设计经验分享研究班的预定课程和线上交流"；2021年6月，参加山东省思政课程"萌新磨课会"；2021年6月，参加山东省职业院校首场"课程思政研课会"；2021年7月，参加山东省职业院校第二场"课程思政研课会"；2021年8月，分别参加山东省职业院校第三场"课程思政研课会"、新华思

政举办的"教学有道，铸魂育人"课程思政建设能力提升在线培训。2021年11月，"园林工程施工技术"立项建设为校级课程思政示范课程。

 课程思政建设总体设计情况

（一）办学定位

厚德敦行，笃学尚能。

（二）专业特色

实践性较强，与时代热点联系紧密。

（三）人才培养要求

培养大众型、职业型、应用型人才。

（四）教学目标

1. 总体目标

结合东营职业学院"厚德敦行 笃学尚能"的办学定位以及园林技术专业特色和人才培养要求，本课程思政建设的方向和重点为：坚持人与自然和谐共生的绿色低碳循环发展理念。在知识和技能的传授过程中，充分挖掘传统文化价值观、创新精神、社会责任、工匠精神等方面的思政内容。在社会主义生态文明理念的引导下，全面培养学生的施工能力、职业素养，使学生既能够学会园林工程设计、做好工程施工，又能学会做人，最终成长为德才兼备、"又红又专"的园林工匠。

2. 知识目标

掌握园林工程基本原理、园林工程设计基本方法、园林工程施工基本技术知识、园林工程施工后期养护技术知识。

3. 技能目标

学会绘制和识读园林工程设计图，掌握园林工程施工的定点放样，熟练操作园林工程施工的工艺流程，学会养护管理。

4. 思政目标

通过园林工程施工技术的教学实践，培养学生在园林施工现场不怕苦、不怕累的品质；通过分组合作，培养学生在园林工程施工技术项目中的交流、互助、协助、组织能力，提高学生的竞争意识；通过参与工程实践，培养绿色循环可持续的意识，增强建设社会主义生态文明建设的社会责任感。

（五）建设任务和内容

在总目标的导向下，依据课程项目特点，本课程团队总结提炼出了坚持人与自然和谐共生、实现绿色可持续发展的思政主题，同时，以习近平生态文明思想为引领，设计课程思政的主线——写好大地上的文章，并分别在横向上和纵向上将课程思政内容拆解细化，形成协同效应。以讲好园林大师故事、讲好盐碱地的故事、讲好黄河三角洲生态保护的故事、讲好中国园林故事、讲好和美与共的大地故事为课程思政的主要内容，讲情感、抒情怀、讲法律、守道德、讲真善美、传播正能量；由个人自信上升到文化自信，由人际情怀上升到家国情怀，由行业规范上升到职业道德。引导学生树立正确的价值观，德技并修，更好地服务社会、回馈社会。课程思政融入点主要包括六个方面，详见表1。

表1　课程思政融入点

序号	授课要点	思政映射与融入点
1	砌体施工图识读、排砖计算	培养认真细致的态度和克服困难的能力
2	砖砌体砌筑实训	建立具有团队精神、协作精神及集体意识
3	砖砌体质量检测	培养"公平、公正，实事求是"的职业精神
4	砖砌体砌筑竞赛	培养竞争意识、良好的心理素质、精益求精的工匠精神
5	施工现场安全施工管理	树立"安全第一，预防为主"的安全意识
6	施工现场文明施工管理	文明施工，推进生态文明建设

✉ 课程思政教学实践情况

（一）整合教学资源

本课程团队以价值为引领，以项目为导向，整合教学资源，进行相应的教学实践。

在备课和教学反思过程中，教师将思政资源以线上部分和线下部分的形式融入课程教学。线上主要将思政元素融入在线课程和问卷小程序，线下则是依据课堂、施工现场、第二课堂这三大场地分别挖掘思政元素，实现线上线下双向并行。通过思政元素将教学资源整合为一横一纵两条主线，形成协同效应。

在横向上，根据章节特点构建思政知识体系，将课程大纲修订为路在脚下、流水无情、低碳新风尚、众志成城、青山不负人、大地情怀等，将专业技能与家国情怀、文化自信、生态理念、工匠精神、创新思想等课程思政深入融合。在纵向上，根据每一个单项工程的基本操作过程分别挖掘。例如，在项目现场调研阶段，线上线下调研中国古典园林工程优秀作品，融入家国情怀、文化自信，强化学生的文化自信和对本土文化的挖掘及热爱。在施工图设计阶段，学习平台发布的失败案例和行业规范，融入法治诚信、职业道德，引导学生观看，明白违规操作、偷工减料、无职业道德、无社会公德将造成严重后果，甚至要承担法律责任，养成查阅规范的职业素养，增强学生的职业敬畏精神。在施工前准备工作阶段，施工前加强安全施工、文明施工教育，融入人文关怀，增强防护意识；布置小任务，引导学生讨论施工步骤，进行合理的规划，优化资源配置。在现场施工阶段，融入生态理念、工匠精神，教师团队以"低碳、环保、节约"的理念和精益求精的工匠精神指导学生，使学生形成正确的价值观，培养吃苦耐劳、团结互助的工匠精神。在养护管理阶段，挖掘塞罕坝精神，融入劳动育人、敬畏生命主题，后期养护管理定期结合社团、黄河口国家公园建设，开展线上线下主题活动，活动以人与自然和谐共生，山水林田湖草湿地滩涂海岸线是命运共同体、绿水金山就是金山银山等为主题，潜移默化地影响学生，达到劳动育人的目的。整个过程由浅入深地实现思政内容的融入、深化和实现，做到润物无声，使学生在思维、视野、态度、情感和价值观等方面获得正确引导。

【典型案例】

教学任务：成活期养护管理。

知识点1：水分管理。

思政内容：习近平总书记在党的十八届三中全会上指出，"山水林田湖是一个生命共同体"，建设生态文明是中华民族永续发展的大计，必须树立和践行"绿水青山就是金山银山"的理念，像对待生命一样对待生态平衡。加强生态文明建设，坚持节约优先、保护优先、自然恢复为主，实现资源优化配置。

融合点：节约用水，实现资源优化配置，践行生态文明建设。

知识点2：养分管理。

思政内容：遵循适度原则，保护生态环境，实现绿色循环可持续发展。

融合点：适度原则。

知识点3：修剪与除萌。

思政内容：加强生态文明建设，坚持节约优先、保护优先、自然恢复为主，实现资源优化配置、规范操作、做好个人防护、吃苦耐劳的绿色工匠精神培养。

融合点：塞罕坝精神。

（二）改进教学策略和教学方法

课程团队积极探索适宜教师引导，学生感悟、探索、实践的教学方法，如问题引导、案例教学、任务驱动、竞赛激励等，以求拓宽学生的思政知识广度、能力深度，提升学生素质高度。教师加强调研，掌握学生的思想情况，进而引入经典案例，让学生获得情感认同，同时，进入盐碱地进行工程实践，实现劳动育人，运用任务驱动法引导学生主动进行思政探索。

（三）思政育人模式和三种方法路径

课程团队以绿色引领、红色铸魂为思政育人模式，探索出三种本课程思政建设的方法路径：一是不断树立教师在课程思政中的意识和责任感，二是深入挖掘园林工程施工技术课程思政教育的理论资源，三是积极创新园林工程施工技术课程思政的教学方法。

课程评价与成效

（一）课程评价方法

课程评价实施"德""识""技"综合评价办法，其中，思政考核占30%，依据花园施工思政特点，制定考核要点与分值，如团队合作、资源的合理利用、个人防护等都有相应的考核分值。

（二）取得成效

学生整体素质得到了提高，专升本率达到90%，学生们参与的园艺技能比赛分别获得省级一等奖和国家级二等奖，参与创新创业大赛获得山东省银奖。师生在企业进行的"园林工程施工技术"课程实践，得到用人单位的认可，专门针对实习学生的综合素养进行了高度赞扬，并达成了长期合作意向，这是对本课程思政建设的最大肯定。

（三）辐射带动

本课程在"厚德敦行　笃学尚能"的育人理念下通过优化人才培养目标、设计课程融合职业标准、挖掘思政元素融入教学内容、修订考核评价标准等一系列课程思政教学建设，培养出会园林工程设计、能做好工程施工，又德才兼备、"又红又专"的园林工匠。课程团队将所开发构建的思政主题主线、挖掘的思政元素融入教学内容等成果向兄弟院校开展推广和试点应用，为东营职业学院及其他相关院校课程思政建设提供新的思路和范例，以期对国内高职院校园林相关专业的课程建设起到引领和示范作用，为国家公园建设、国家级园林城市建设、国家级湿地公园建设、黄河流域生态保护和高质量发展输入德才兼备的园林后备人才。

课程特色与创新

（一）依托社团

本课程依托花卉协会、生态文明协会等社团，开展蓝天保卫战、世界环境日等主题实践活动，主动探索思政知识，彰显专业特色。

（二）结合校外实训基地和地域特色

在生态、循环可持续理念的导向下，本课程针对在特殊的立地条件下种植工程施工成本高、成活率低、次生盐碱化程度高等难题，在乡村振兴示范基地进行科技支农；与当地林草局、中国科学院、盐碱地改良企业合作，在国家级森林湿地公园用高新技术进行土壤改良、生态修复。本课程通过校外实训彰显职教特色、区域特色。

（三）第二课堂

本课程通过制作优秀古典园林模型、园林种植工程结合蜂蜜养殖开展蜂疗等第二课堂特色活动，增强文化自信，培养创新能力。

团队思考

园林文化博大精深、园林工程施工严谨而科学，有诸多思政元素有待挖掘。团队教师要积极探索课程思政的建设内容，有效实施课程思政，做到言传身教，做好思想引导和行为示范，充分发挥职业教育立德树人的作用。

思政素质、个人品质的提升是一个长期渐进的隐性教育过程，考核实施有难度，本课程思政教学设计还需要进一步探索、实践和完善。

资源环境与安全大类

"仪器分析"课程思政教学设计

山东理工职业学院课程团队

参赛团队负责人：陈丽姣，团队成员：陈雨、靳庆华、杨桂芝、房庆圆、杨永宁

2021年12月

教学设计课件

课程基本信息

课程名称	仪器分析
课程类型	专业核心课程
所属学科门类	资源环境与安全
所属专业	应用化工技术
课程性质	理实一体化课程
学　时	96
学　分	6

课程教学团队基本情况

　　本课程教学团队中有4位党员，他们有理想、有信念、有道德情操、有扎实学识、有仁爱之心，以习近平新时代中国特色社会主义思想为指导，全面贯彻党的教育方针，落实立德树人根本任务。团队成员中有1人入选国家级和省级课程思政教学名师，2人被评为校级"师德标兵"，1人被评为山东省大学生科技创新大赛银牌指导教师。团队成员多次参加山东省职业院校信息化教学能力大赛，获二等奖2项、三等奖1项。本课程荣获学校课程思政大赛一等奖。

课程思政建设总体设计情况

（一）学情分析

本课程授课对象为高职应用化工技术专业二年级学生，课程开设在二年级上学期。

1. 知识技能基础

通过学习"高等数学""无机与分析化学""有机化学"，学生已经有了基础化学知识、化学分析等知识的储备，同步学习课程有"化学实验技术"，学生会使用常用的化学分析仪器，能够独立操作简单的化学分析实验。

2. 职业认知

对学生开展的岗位认知问卷调查显示，大多数学生对化工产品检测岗位有所了解，对在实验室工作比较向往，对操作仪器抱有极大的兴趣，喜欢合作；但90%以上的学生表示没有深入了解真实岗位，对分析仪器知之甚少。

3. 生源特点

应用化工技术专业有单独招生、普通高考和春季高考的学生，生源比较复杂。因此，分层教学显得尤为重要；约一半的学生是高中文科出身，数理化理论基础相对薄弱，教学组织中要重视基础的巩固。

4. 行为、心理特点

学生比较依赖手机，喜欢电子产品，上课缺乏专注力，老师需要不断改变策略吸引学生。多数学生熟练掌握信息技术手段，如制作PPT、拍摄短视频、剪辑制作视频等。喜欢集体活动，但由于缺乏自信，想参与却不会主动参与，教师需要及时鼓励督促，激发学生的自信心。他们渴望得到老师和同学的关注，也渴望获得成就感。在授课过程中教师要随时掌握学生心理动态，及时调整教学节奏。同时，本专业学生男生占绝大多数，动手能力较强，喜欢参与式的学习，并渴望学以致用；上课缺乏专注力。

（二）教学目标

教学目标是在充分调研企业行业最新需求的基础上，基于国家专业教学标准、应用化工技术专业人才培养方案、课程标准，以及学情分析等基础上确定的，既符合相关标准又能满足企业、学生的需求，还可助力课程及专业教学目标达成。具体目标如下：

1. 知识目标

（1）了解紫外—可见分光光度法、原子吸收分光光度法、红外吸收光谱法、气相色谱法、液相色谱法和电位分析法中所用仪器（UV-Vis、FTIR、AAS、GC、HPLC、pH

计等）的构成、类型、特点、性能参数、应用范围和局限性。

（2）理解紫外—可见分光光度法、红外吸收光谱法、原子吸收分光光度法、气相色谱法、高效液相色谱法、电位分析法的基本原理（光学包括波粒二象性、光的吸收定律、郎伯比尔定律、吸收曲线，色谱学包括色谱图、范第姆特方程，电化学包括能斯特方程、原电池、电解池、电极反应）、概念、有关公式等课程理论基础。

（3）理解紫外—可见分光光度法、红外吸收光谱法、原子吸收分光光度法、气相色谱法、高效液相色谱法、电位分析法的条件选择与优化原则、分析流程及定性和定量分析方法。

（4）掌握紫外—可见分光光度法、红外吸收光谱法、原子吸收分光光度法、气相色谱法、高效液相色谱法、电位分析法的样品采集和制备方法。

（5）掌握分析仪器的保养、日常维护及简单故障排除方法。

（6）掌握数据采集、处理和记录的方法及检验报告的标准格式和要求。

（7）了解仪器分析方面文献资料的检索、实验室管理知识。

（8）理解仪器分析测试中所使用的计算机软件的相关知识。

2. 能力目标

（1）能通过文献和资料检索，获取并读懂物质检测方法标准和操作规范。

（2）能正确选用玻璃量器（包括基本玻璃量器，如滴定管、移液管、容量瓶和特种玻璃量器），并能检查其密合性（试漏）。

（3）能按标准或规范采集和配制标样、试样并能准确辨别溶液。

（4）能根据相关标准（国家检测标准、行业规范、中高级化学检验工要求），独立操作紫外—可见分光光度法、红外吸收光谱法、原子吸收分光光度法、气相色谱法、液相色谱法和电位分析法中所用仪器。

（5）能针对具体样品完成从试样处理到仪器操作，试验条件确定，定性或定量分析、数据处理，结果验证的整个过程，准确表述分析结果。

（6）能准确判定极限数值附近的检验结果是否符合标准要求。

（7）能对设备进行基本的维护和保养，及时发现并处理所用仪器设备出现的一般故障。

（8）能执行实验室各项安全守则，正确使用实验器材，安全使用各种电器，独自处理一些分析检测过程中出现的相关事务和突发事件。

（9）能根据不同型号的仪器说明书达到对该仪器的认知、操作，具有一定的信息转移能力。

3. 思政目标

（1）严格依照现行的质量标准，严禁擅自改变检验标准和凭主观下结论，保证检验工作的公正与严格。

（2）每一个检验工作都要做到"三及时"（取样及时、检验及时、报告及时），"五准确"（取样准确、仪器准确、分析准确、记录计算准确、报告准确），具有严谨、认真、精益求精、一丝不苟的工作作风。

（3）原始记录要真实完整，坚持实事求是的原则，能对各项检验结果及结论负责。

（4）应该在指定区域内进行，并注意操作安全，各种仪器设备等不能随意带出操作间，养成分析工作整洁、有序、珍惜仪器设备的良好实验习惯。

（三）岗位分析

学生毕业后可在食品、化工、制药等行业的分析检测岗位及产品开发，第三方检测机构、质检、商检等企事业单位以及分析检测仪器的销售及技术支持岗位。

（四）教学内容设计

本课程是应用化工技术专业的核心课程，结合山东理工职业学院的办学理念和专业的人才培养目标，确定了课程思政的"12345"机制，即以立德树人为根本，以教师、学生为主体，以教室、宿舍、实训室为三个阵地，以制度引领、情景创设、问题导向、评价导向为手段，培养有道德、有信念、有技能、有责任、有担当的人才。具体表现在：以培养学生科学、辩证、统一的马克思主义认识论和方法论为基本出发点，以培养学生求真务实的科学精神，正确认识问题、分析解决和解决问题以及创新意识与能力为基础，以探索未知、追求真理的责任感以及科研报国的家国情怀为使命，以培养具有大国工匠精神、精益求精的高素质技术技能型人才为目标。

在实际教学中，教师教育学生树立"四个自信"，把大国意识、可持续发展理念、生态环保意识、节约意识、安全意识、职业道德、心理素质、劳动观念、创新创业等思政元素有机融入课堂教学，重构课程内容，形成富有思政元素的教案、课件等教学材料，把课堂当成教育阵地，通过线上线下混合式教学，激发学生科技报国的家国情怀和使命担当，更好地发挥专业课程思政育人功能。另外，通过增加关于辩证统一方法论的实际应用案例，并通过对比古今中外科技发展简史，培养学生的家国精神。

✉ 课程思政教学实践情况

（一）基于工作情景"337"的教学组织形式

在对课程进行职业岗位能力分析及与中高职同类课程进行对比后，课程团队对就业岗位进行任务分解，得到实际岗位典型工作流程，即"取样——登记——测定——记录——出具试验报告"。

按照实际的检验化验岗位的工作流程来组织教学，具体的教学流程如下：教师视频演示仪器操作并告知学生检测任务——学生接受任务——以小组为单位讨论，制定检测方案、确定检测方法——学习操作仪器——理解检测方法及原理——进行检测——检测结果分析（可能个别小组的结果不是很完美）——学生讨论、教师点评——修改方案和检测方法——进行检测——检测结果分析——项目评价（学生自评、学生互评、教师点评）——教师进行总结并拓展知识——布置作业和下一节课任务。

本课程基于工作情景"337"的教学组织形式，课堂实施7步走。

"3"是指教学内容分别通过3类项目的实施来完成，即教学项目、练习项目、拓展项目。第一类，教学项目。尽量选取教材中的、学校实验室容易满足、难度不高的实训项目，可以让学生边做边学，实践理论两不误。第二类，练习项目。尽量选取与所学专业如环境工程技术专业方向相关的，有国家标准可以依据的项目，抑或学生技能大赛和考证涉及的项目，学生先团队合作再独立完成。第三类，拓展项目。由于课时有限，这部分内容是在课下完成，为了提高学生的主动性，一方面尽量选取学生感兴趣的与生活和专业息息相关的热点检测项目，如三聚氰胺事件、瘦肉精事件等，另一方面给予奖励，学生每完成一个拓展项目，过程考核加5分。每一个模块设置多个拓展项目，根据难易程度及实训室条件设置不同要求，学生可自由选择，满足不同学生的要求从而达到因材施教的目的。其中，教学项目根据实际工作任务流程分解成一个一个具体的教学任务，如理解检测方案、准备仪器试剂、选择测定条件、制备样品并检测等。

"3"是指每一个教学任务的实施又分为3个过程，即课前准备、课中实施、课后提升。第一步，课前准备。每次上课前，教师先给学生介绍下一单元的内容，然后让学生通过职教云教学平台预习，通过提前设置好的测试后方能进入课堂学习。第二步，课堂实施。在每2个学时即90分钟时间里，讲课时间控制在35—45分钟之间，剩下的时间通过实训或者课后练习让学生从理解上升到掌握的程度，对于比较复杂的、学生易错的知识点和应用再次讲解或示范，确保每堂课内容都能被充分吸收。第三步，课后提升。每节课上完后，教师会要求学生把该单元的重点知识点写在作业本上，让他们对本模块的知识在弄懂的基础上自我归纳出重点，然后再要求他们做课后习题。每一个模块完成后，让学生以"该方法在环境分析中的应用"为题做PPT，以汇报PPT形式展示出来。课后任务分层、分阶段完成，根据不同学生个性化定制。

"7"是指课堂实施进行7步走，分别是：温故知新、知己知彼、躬行实践、行知并举、举一反三、拓展创新、总结思考。第一步，温故知新。"温故而知新，可以为师矣。"预习是培养学生自主学习能力的一个重要环节。第二步，知己知彼。"知己知彼，百战不殆。"用案例、热点话题引入新任务，激发学生学习的兴趣。第三步，躬行实践。"纸上得来终觉浅，绝知此事要躬行。"以学生为本，教师来引导。第四步，行知并举。"知其然，知其所以然。"不仅要知道怎么做，还要知道为什么这么做，不要将学生培养成流水线的工人。第五步，举一反三。举一反三，熟能生巧，重视思维的训练。第六步，拓展创新。拓宽学生的知识面，养成珍惜仪器的好习惯。第七步，总结思考。不仅总结知识点，还要留给学生时间来厘清思路和学习心路。

众所周知，一些高精仪器如高效液相色谱仪、质谱仪价格昂贵且使用成本和维护费用较高，不可能购置多台且随便让学生使用。为了解决这些问题，课程团队和当地的食品药品及水质环境检测机构建立了长期合作的关系。学生可以定期到单位实习，并且这些检测机构一部分报废的仪器可供学生练习使用。另外，课程团队也购置了部分大型仪器仿真软件，满足学生实训要求。

（二）现代职教理念下的教法和学法相融，创建有效课堂

根据职业教育现代化、职业教育社会化、职业教育产业化、职业教育终身化的现代职教理念，在教学过程中，教师主要通过情境创设、示范演示、任务驱动等教学方法来实现教学目标。学生主要通过仿真模拟、合作探究、实操演练来获取知识和技能。具体表现在：

第一，以多媒体教学为主，提高教学效果。"仪器分析"课程涉及电化学分析法、光学分析法、色谱分析法等，内容繁多，各种仪器分析方法自成体系，其原理更是相去甚远。在教学过程中，教师要充分利用各种多媒体教学手段，根据教学内容制作或者搜集合适的教学素材，形成高质量的多媒体课件，将难于理解的内容直观地呈现给学生，达到事半功倍的效果。

第二，合理利用现实生活中发生的事件，引入仪器分析的作用，提高学生的学习兴趣。比如"毒胶囊"事件、"酒鬼酒塑化剂超标"事件等。

第三，根据本专业培养目标，合理安排实验内容，在每次实验课上，尽可能让每个学生都有亲自动手的机会。教师可以通过观看学生的操作而从中指出不足，给予指导。通过交流和讨论，加深知识。

课程团队教师对信息技术的运用不是单纯地用PPT课件代替传统的板书，而是以教学手段的创新为突破口，全面转变教学理念、教学方式、考核方法，真正实现以学生为中心的主动式学习的根本性变革。在教学实践中，课程团队教师始终以"有效课堂"作为出发点，全面采用新教法和手段，提高课堂效率、扩展教学内容、为更多的学生参与创造条件。大量的课堂讨论、案例分析、课外作业、小组发言调动了学生主动学习的积极性。通过参与式、体验式教学，真正实现向"以学生为中心"的教育模式转变。

课程评价与成效

（一）课程考核评价

课程团队结合化学检验类等职业资格标准以及各类技能大赛指标，建立适合本课程的思政教学评价体系，形成《课程教学评价考核标准》，建立富含思政元素的期末笔试、线上单元测试、过程考核、评价等多元多维的考核评价体系，加强对学生学习过程的考查与评价。同时，建立在线课程判断系统，及时调查、统计、反馈学生的学习效果及存在问题，有效体现学生的思想意识形态和价值体系。

本课程考核评价采用过程性考核、期末考核相结合的考核方案。过程性考核占总成绩的65%，依托教学项目开展，采用教师评价、学生自评和学生互评相结合的方式重点考核学生的实践能力和职业素质。期末考核占总成绩的35%，在课程结束后采用笔试和实训的方式，主要考核学生对主要知识的掌握和综合运用能力。

每个任务考核指标均融入思政目标的考核，以"任务1：高锰酸钾吸收曲线的绘制"为例，实验过程的操作纪律和卫生共占比10%。

这里需要强调的是，小组间评价和小组内成员评价不是打分而是采用排序方式，表现最好的排第1，其次第2，以此类推，不评自己。实践证明，学生间的评价排序要比打分更合理，结果更公正。而教师主要通过考核评价表来打分。

（二）课程教学成效显著

1. 学生的学习兴趣和热情大大提高

仪器分析在工业分析、环境检测、中药分析、食品分析都有广泛应用。通过把思政教育体现在教学的每一个环节，学生才能在潜移默化的学习中感受到教育的魅力。提高学生学习的兴趣，使学生降低对手机的依赖性，从"低头族"变为"抬头族"。课程团队发现，通过引入中外仪器科技发展对比的讨论，明显提高了学生的听课与讨论热情，使学生更加明确了学习本课程知识的重要性。利用多种方法探讨一个原理的案例分析，也使得广大学生能够了解到认识事物不能简单依靠一个手段，必须要进行全方位、全过程以及整体的讨论才能够得到科学的认识，即了解到分析事物本质的辩证统一的方法。

2. 学生的自主性和参与度提高，人文情怀和社会责任感以及科研精神得到升华

学生和老师一起搜集相关资料，并把相关资料整理成有趣的小故事互相讲，每一个小故事时间控制在5分钟之内，既不影响理论教学的讲授，也可增加学生学习的积极性和趣味性。例如在讲第一章绪论时，关于仪器分析的发展史的内容，实际上和许多诺贝尔奖有关，在讲课中插入科学家获得诺贝尔奖的小故事。如德国的物理学家伦琴，因发现X射线而获得诺贝尔奖，但伦琴并不是从一开始就是优秀的物理学家，小时候他甚至没有初中毕业证，而只能以旁听的身份去大学听课，最终靠自己坚持不懈的努力，获得苏黎世大学哲学博士学位。在以后的科研试验中遵循试验操作规律，保持严谨认真的学习态度，追究方法的精确性，最终说服他的夫人充当实验对象，以他夫人的手作为第一个X光拍摄对象，并靠此实验获得诺贝尔物理学奖。在获奖之后，伦琴并没有骄傲自大，仍然保持谦逊的态度，他高尚的品格值得我们每一个人学习。通过这样的科学小故事，学生可以学习科学家们甘于为科学奉献，为了解决问题坚持不懈探索的科研精神。学生自身也可以获得良好的思政教育，改变他们认为"上了专科学校就没有前途"的想法，任何时候，只要刻苦努力都不晚。

3. 专业课教育更具时代性和实践性

我国现在倡导中国制造、中国创造，鼓励企业开展个性化定制、柔性化生产，培养精益求精的工匠精神。作为教师，要向学生传播精益求精、精雕细琢的精神理念。例如在讲到色谱分析时，插入目前国内很多检测公司用日本岛津的仪器的内容，提出思考问题：为什么日本岛津仪器公司在激烈的竞争中一直立于不败之地？所谓"博众人之长，补己之短"，引导学生学习岛津仪器公司对科学的执着追求，以开拓精神不断向科学技术挑战。

⧗ 课程特色与创新

（一）互动式课程思政学习模式的建构并在"仪器分析"课程中有效运用

本课程以相关的杰出人物和社会热点话题为引领，激发学生的课程积极性，使学生对本课程更加感兴趣。随后突出科学家事迹，以及他们在攻坚克难中的精神特质，引发学生对科学探索精神的思考，进而形成科学的思维方式。最后，用名人和身边同学的事迹去感染学生，激发学生自身的潜质。

结合教学平台，线上、线下协同并行，构建线上线下协同、课内课外互补的互动式课程思政学习模式。在教学中融合传统的线下教学，重点突出核心培养目标，在线上构建思政课程，全方位随时随地影响学生、培养学生。

（二）将思政教育融入考核要求并贯穿仪器分析实验始终

实验准备阶段，如配制溶液时，因为仪器分析实验用到化学试剂的量一般比较少，学生需要根据实际用量来配制，此时教师要引导学生树立节约理念，避免浪费，减少污染，增强环保意识，并融入绿色化学观念。实验过程中严格按照标准、规范执行，此时培养学生的标准意识和规范意识。

处理实验数据时，要根据仪器检测的结果进行分析，不可随意修改实验数据，此时教师要培养学生诚信、公正的价值观。实验失败时，教师要和学生一起分析实验失败的原因，并给予学生适当的引导和帮助，此时培养学生的探究能力、观察能力、动手能力、分析和解决问题的能力，同时培养学生客观、严谨、实事求是的科学态度。实验结束后，学生要整理实验台面、打扫卫生和分类倾倒废液，此时教师要教导学生严格遵守实验室的规范化制度，养成良好的卫生习惯和职业素养。

在实验过程中，有的学生不注意实验室卫生；有的学生为了得到较好的实验数据，擅自修改实验结果；有的学生仪器操作不规范和不珍惜仪器；也有的学生检测过程不够严谨，不严格按照标准执行。为此，课程团队把思政教育和实验教学紧密结合起来，并将此作为评价学生形成性评价的重要依据。

实验过程中若出现数据修改、弄虚作假等问题，本次实验成绩不合格。卫生不整洁、不珍惜维护仪器会扣分。通过考核标准的转变和引导，学生保护环境意识、保护公共财产、实事求是、诚实守信、一丝不苟的职业道德也得到了培养和提高。

💡 团队思考

（一）教师思政能力的培养以及思政素材的及时更新

课堂思政要先从教师做起，培养有创新、有自信的学生，教师不仅要有较高的文化修养，还要有较高的思政素养和思政能力。因此，教师不仅要提高自己的专业技术能力，更要加强自己的思想政治学习，把握好课程蕴含的思政元素，还要进行相关的心理健康知识培训。教师只有具备健康积极向上的心理状态，才能培养出心理健康的学生。另外，选材要经常更新，教师要多关注国家在仪器分析领域的发展新变化、出现的新问题，及时结合教学内容加以引导，以满足青年学生强烈的求知欲和探索欲。

（二）对思政教育的融入方式和时间的把握

对于故事和影片类的素材，教师一定要提前做好计划和排练工作，控制好表达的时间，3分钟以内最好，原则上不超过5分钟。大篇幅进行思想政治教育，不但会影响专业知识的传授，也会影响教育效果。教师应该明确课程思政不是思政课程，不可能在每个知识点中都引入思政元素，也不能详细地讲述思想政治概念、原理。选择恰当的融入时机，引发学生的关注，例如，在一堂课的前15分钟，学生的注意力较集中，思维较活跃，这时可以选择一些学生比较陌生的故事或者较难的问题来组织讨论；而当学生处于疲惫状态时，就要选择一些新颖的、热点的问题或者动画演示等一类的表达素材。教师应准确把握思政教育的度，做到润物细无声，切忌机械说教、喧宾夺主。课程是思政教育的载体，在设置课程时，应根据课程内容及专业特色，深入挖掘和梳理思政元素，明确引入哪些思政元素、在何处引入、如何有效引入。

（三）课程思政在于"言传身教"，而不是"说教"

有些学生对于教师讲的话，自带"屏蔽仪"，压根儿就听不进去。如果这时候教师还不厌其烦地说教，"你要如何如何，我希望你如何如何"，效果甚微。课程思政最忌的就是不顾忌学生感受的说教。

"有机化学及实训"课程思政教学设计

山东工业职业学院课程团队
参赛团队负责人：赵文泽，团队成员：张娜、巩恩辉、毕莹莹、满海宁
2021年12月

教学设计课件

课程基本信息

课程名称	有机化学及实训
课程类型	专业基础课程
所属学科门类	资源环境与安全
所属专业	环境监测与控制技术
课程性质	理实一体化课程
学　时	60
学　分	3

"有机化学及实训"是环境监测与控制技术专业的基础课程，旨在培养学生焦化"三废"治理岗位群的通用有机职业技能。山东工业职业学院环境监测与控制技术专业是山东省唯——个依托山东钢铁集团，面向冶金焦化生产而设置的专业。2013年，"有机化学及实训"课程被评为省级精品课程，从2017年教学团队开始探索课程思政建设，挖掘课程思政元素，明确课程思政目标，设计融入课程思政元素的教学项目，实施教学方法改革，落实思政目标实现。2021年，本课程被评为省级社区教育优秀课程资源和混合式教学改革示范课程。

课程教学团队基本情况

本课程教学团队共有教师7人（其中，1人为思政课教师），均为山东省省级教学团队主要成员。团队成员中有教学名师1人、青年技能名师1人、环境注册工程师1人、泰山产业领军人物1人，教授1人、副教授4人、高级工程师1人。团队成员分工合理，实现行业

专家、思政课教师、专业课教师、实践教师四融合，组建了一支"四融合""双师结构""专思结合"的优秀教学团队，思政教学改革能力强，能够满足课程改革与建设需要。

自实施课程思政以来，团队成员积极参与各类相关培训20余次，探索课程思政改革，提升了职业能力和人文素养。近3年，团队成员依托课程平台，指导学生参加各类技能竞赛，获奖丰硕。教学团队教科研成果显著，团队成员获得发明专利4项、实用新型专利6项，发表论文20篇。

📝 课程思政建设总体设计情况

（一）思政主线

结合专业特色和技术技能人才培养要求，以《高等学校课程思政建设指导纲要》为依据，以环境监测岗位群职业能力为导向，结合职业标准确定课程内容，本课程将"工匠精神、情怀担当、环保意识、开拓创新和职业素养"五个关键思政元素融入课程，并作为思政主线，实现专业知识与育人深度融合，使课程富有生命力和育人功能。

（二）课程思政建设目标

根据职业岗位要求，本课程思政的建设目标是在传授有机化学知识和方法的同时，让学生养成精益求精、一丝不苟、耐心细致、专注坚持的工匠精神和具有爱岗敬业、忠于职守、团结协作的职业素养，旨在培养有家国情怀、有使命担当、有环保意识、勇于创新的新时代现代绿色焦化工匠。

（三）课程思政建设任务

以建设目标为指导，本课程思政建设任务是深挖专业知识点，打造精品思政案例库，构建"一主线五融合三平台结合"的课程体系和基于"一主线五融合"的"三醒三思"混合式教学模式，构建"一体两翼五融合"的课程思政育人模式。

（四）课程思政建设内容

结合专业特色和五大思政元素，本课程以岗位群职业能力为导向，以职业素养培养为主线，与企业共同开发了符合人才培养目标的典型教学项目。教学项目分为四个模块，课程设计遵循认识规律，注重教学内容的提炼与科学序化，教学内容难度逐渐提高，职业素养呈四进阶式提升。课程体系重构，更有利于实现对学生的知识目标、技能目标和育人目标的培养。以课堂平台、网络平台、实践平台互为实施载体，构建了"一主线五融合三平台结合"的课程体系。本课程思政建设的育人元素、教学切入点及实施路径具体如下：

1. 育人元素

有机化学知识与人类生产生活息息相关，是教育学生热爱生活、珍惜资源、保护环境及树立情怀担当和责任感的良好素材。深入挖掘"工匠精神、情怀担当、环保意识、开拓创新和职业素养"思政元素，可以激发学生的学习兴趣，激励学生树立正确的价值观，培养学生的职业素养和职业责任感。

2. 教学切入点

（1）有机化学的发展史。例如，中国有机化学家黄鸣龙、药学家屠呦呦等人的人生历程及其代表性成果都可作为思政元素融入专业课的教学，激励大学生的民族自豪感与文化自信，培养学生的工匠精神、爱国情怀和责任担当。

（2）热点问题。例如，瘦肉精事件、地沟油事件、三聚氰胺事件等重大事件，严重威胁着人们的身体健康。这种融合不仅能加深学生对有机化学知识的理解，还能培养学生良好的职业素养和强烈的社会责任感。

（3）有机化学与生活的结合点。例如，介绍吗啡、烟碱等毒品的结构，以及其对人体健康的危害，使学生认识到有机化学是一把双刃剑，在生产生活中如何运用才能更好地服务于人类，使学生树立正确的世界观、人生观和价值观，引领良好的社会风气。

（4）有机化学实验。在有机化学实验的教学中，要求学生掌握基本操作技能、如实记录实验数据、理性看待实验结果、反思实验过程等，用辩证唯物主义的思想分析问题、解决问题，培养学生良好的科学素养。

3. 实施路径

本课程采用多形式，课前、课中、课后全过程地融入课程思政教育，提高学生的分析能力、应用能力。除线上微课视频中融入大量思政元素外，直播课和课后练习题中也适当融入思政元素，深挖有机化学课程思政的精髓并充分予以内化，建设课程思政的素材库，最终达到知识、能力、素质三合一的共振教育。

✉ 课程思政教学实践情况

（一）思政元素与专业知识深度融合——"一主线五融合"

本课程主要围绕"工匠精神、情怀担当、环保意识、开拓创新和职业素养"五大思政元素，挖掘工作项目与思政元素的融入点，巧妙地设计教学内容。

（二）打造项目导向、任务驱动"五融合"的工匠课堂

本课程采用项目导向、任务驱动、理实一体化的教学方法，围绕"工匠精神、情怀担当、环保意识、职业素养、开拓创新和职业素养"打造工匠课堂，以有机化学的发展史、热点问题、有机化学与生活的结合点和有机化学实验等相关思政素材为切入点，激发学生的爱国热情和责任感；采用头脑风暴、小组讨论、虚拟仿真、有机化合物的合成等活动培养工匠精神和职业素养；将有机合成新技术引入课堂教学，培养追求革新意识；将职业规范纳入考核评价体系，实现思政目标可评测；通过课后拓展，培养创新能力。

（三）创新实施基于"一主线五融合"的"三醒三思"混合式教学模式

教师根据学生的反馈，科学导学、因材施教，思政元素融入课程内容，使其具有趣味性、交叉性、应用性、思政性，课堂重在互动，学生在整个过程中由勤思广议到奇思妙想，实现能力目标；知识由理解记忆到创造评价实现知识目标，同时实现了育人目标。

（四）构建与实施"一体两翼五融合"的课程思政育人模式

思政教育不仅仅体现在课堂教学上，本课程团队进行了大胆尝试，以冶金焦化博物馆和校外实训基地为载体，进行课程思政体验式教学，以省级山工研发材料中心、第二课堂和校内外志愿者协会为载体，进行课程思政践行活动，构建了以课堂教学为主体，以体验教学和践行活动为两翼，即"一体两翼五融合"的课程思政育人模式。

课程评价与成效

（一）构建了多元化的考核评价体系，促成课程思政目标的达成

本课程评价多元性，结合完成工作任务的态度、与人交流合作、团队协作、制定工作方案、独立完成项目（任务）的能力、职业素养、环保意识、创新意识、责任担当、工匠精神等方面，综合评价学生的成绩。

（二）专业人才培养成效显著，学生创新能力、职业素养飞跃式提升

实施课程思政建设以来，学生的技能水平、工匠精神、职业素养和创新能力得到全面提高。近年来，学生参加一类职业院校技能大赛和创新创业大赛获得国赛一等奖1项、国赛二等奖2项，一类省赛获奖10余项。其中，学生作品《一种高效芳氧苯氧丙酸类除草剂的合成》，成功入选2021年高博会全国高校创新创业成果展，获得全国优秀项目。该项目依托学院"产学研一体化"社会服务平台，已与企业签订技术转让合同。该专业有10名学生被评为齐鲁工匠后备人才。本课程思政建设助推了学生高质量就业，也获得企业一致好评。

（三）课程辐射校内外，学生获得感增强，拓宽课程思政实施途径

课程团队依托课程开展思政育人研究3年多，逐步形成了一套课程思政育人的范式，经过实践效果检验、学生评价、企业反馈、同行评价，课程处于示范领先水平。课程资源建设成绩突出，"有机化学及实训"在线开放课程已开课3轮，累计2000余名学生选课。课程思政建设模式及方法被淄博职业学院、日照职业技术学院等兄弟院校借鉴，起到了引领示范作用。近3年，学生测评满意度99.5%以上。

课程特色与创新

（一）构建了"一主线五融合三平台结合"的课程体系

"一主线五融合三平台结合"的课程体系，使知识传授与价值引领交叉融合，思政教学润物无声。本课程思政建设得到专家肯定，学生学习积极性提高，职业素养能力显著提升，情感、意志和综合素质得到实质性增强。比如，以项目4为例，将Wolff-Kishner-黄鸣龙还原反应（有机人名反应）作为课程思政教学切入点，该反应是第一个以中国人命名的有机化学反应，通过让学生了解我国著名有机化学家黄鸣龙教授为祖国有机化学发展作出的巨大贡献以及为科研奉献一生的精神，让学生认识到中国化学乃至科技事业，从无到有，从有到精，逐步走在国际前沿的发展历程，既培养学生的爱国意识和民族自豪感，又明确每位学生未来将承接起祖国科技创新的任务，激发学生学习的内在动力。

（二）构建与实施"一体两翼五融合"的课程思政育人模式

本课程构建了"一体两翼五融合"的课程思政育人模式，使思政教学润物无声，学生创新能力、职业素养得到飞跃式提升。

（三）创新考核评价体系，思政目标可评测

考核评价体系包括过程评价、课外实践、理论考核（考试内容中渗透课程思政），"工匠精神、情怀担当、环保意识、开拓创新和职业素养"五大思政元素测评贯穿考核全过程，实现思政目标的可评测。

团队思考

本课程结合完成工作任务的态度、与人交流合作、团队协作、制定工作方案、独立完成项目（任务）的能力、职业素养、环保意识、创新意识、责任担当、工匠精神等方面进行综合评价学生的成绩。这种考核关注评价的多元性，但是学生自评、小组互评和教师评价打分主观性强，需要持续量化课程思政育人考核的指标。

"水污染控制技术"课程思政教学设计

山东科技职业学院课程团队

参赛团队负责人：韩雪利，团队成员：杜昭阳、陈义群、陈星竹、张海鸿

2023年2月

教学设计课件

课程基本信息

课程名称	水污染控制技术
课程类型	专业教育课程
所属学科门类	资源环境与安全
所属专业	环境保护类相关专业
课程性质	理实一体化课程
学　时	64
学　分	4

课程教学团队基本情况

（一）课程负责人情况

1. 近5年承担的课程教学任务

近5年，本课程负责人主讲"水污染控制技术""环境监测""安全生产与职业健康"等课程，能结合环保行业发展趋势和职业教育发展方向开展课程教学，熟练使用信息化手段，科学使用教学方法，注重挖掘与融入思政元素，精心设计教学内容，高质量完成各项教学任务，并积极开展课程思政教学实践。

2. 课程思政教学实践和理论研究开展情况

（1）教学实施融入课程思政，注重工匠精神培育。本课程负责人积极参与学生大赛指导，先后指导学生参加"水环境监测与治理技术""大气环境监测与治理技术"国赛和省赛，学生获得国赛一等奖2项、三等奖1项；在日常教学实践中，注重将大赛标准、

蕴含的思政元素融入教学设计、课程建设、考核评价等环节。

（2）教学资源浸润课程思政，着重培养学生的科学精神和专业自信。课程负责人先后参与多项课题研究和社会服务项目，发表论文3篇、授权专利7项。在项目研究过程中，鼓励学生参与项目实践，激励学生创新创业，引导学生锻炼科学思维，树立专业自信。

（3）优化课程思政团队结构，致力于教师课程思政能力提升。作为绿色化工专业群带头人，牵头完成绿色化工专业群课程体系构建，将课程思政纳入专业课课程体系构建，探索专业思政研究。绿色化工专业群于2021年获评潍坊市高水平专业群，团队获评全国石油和化工教育优秀教学团队。2011—2017年，课程负责人担任环保工程技术工程师，熟悉企业需求及人才岗位要求，在这期间考取了建造师、招标师等证书，专业知识基础扎实，丰富的企业工作经验为理论研究和课程思政教学实践奠定了基础。

（4）积极参加社会实践，紧跟行业发展新趋势。近年来，课程负责人积极参加各项培训活动，除了学院系部组织的培训，还积极搜集整理优质资源进行学习，提升自身专业教学能力和课程思政研究建设能力。

（二）课程团队成员情况

1. 课程团队成员师德高尚，坚实守好课堂主阵地，打造课后服务新阵地

课程团队成员中有潍坊市立德树人标兵1人次，潍坊市优秀共产党员1人次，获职业技能大赛突出贡献奖6人次、最美教师3人次、十佳教师1人次、优秀教师1人次、山东省青年技能名师1人次、潍坊市青年岗位能手1人次、全国石油和化工教育青年教学名师1人次。团队中有党员5人，团队成员坚持以立德树人为根本，坚实守好课堂主阵地的同时打造课后服务新阵地，累计为学生讲党课、团课30余次，建立了"以党建带动团建，打造以专业教育为主，爱国情怀、人文素养和职业素质同步提升"的育人思路，并分步实施，在专业内开展了技能比赛、志愿服务和社会实践三大类实践育人活动，培育学生专业能力、爱国主义、吃苦精神、创新意识和良好品德习惯，提升学生整体素质全面发展。

2. 以技能大赛为舞台，培育更多"大国工匠"

截至2023年2月，课程团队成员指导的学生已获得各级各类技能大赛、创新创业大赛等20余项，指导学生参加环保类全国职业技能大赛，获一等奖5项、二等奖1项、三等奖3项，获省级职业技能大赛一等奖2项。其中，水处理技术（水环境监测与治理技术）赛项获国赛一等奖3项、三等奖2项，省赛一等奖2项。

学生获省级创新创业大赛三等奖3次，获2021年"建行杯"第七届山东省"互联网+"大学生创新创业大赛银奖1项、铜奖1项，潍城区优质创业大学生1人次，校级创

新创业之星2人次。同时，指导学生积极参加社团活动和社会相关活动。学生自主创业3家，就业对口率90%以上，就业单位满意度连年攀升。

环保类专业学生获省级优秀毕业生称号50余人、省级优秀学生30余人、省级优秀班级4次、山东高校十大优秀学生提名奖1人、省级优秀科技社团干部1人、省级优秀班干部及学生20余人，8名学生被认定为2021年度齐鲁工匠后备人才，7名学生被遴选为2021年度齐鲁工匠后备人才。另外，还有本专业学生获2021年生态环境部"清洁美丽中国行"全国高校小额资助项目三等奖，环境保护社团被评为山东省大学生优秀科技社团，绿色青山环保服务团获评山东省"三下乡"社会实践优秀服务团队。

3. 积极探索课程思政教学改革，不断提高人才培养质量

课程团队所有成员认真钻研，勇于创新，在教学中，率先在学院实施"信息化+职场化"教学模式，在"水污染控制技术"课程授课过程中，积极探索课程思政教学模式，建立课程思政资源库，带领学生接管学院污水处理厂的运行管理工作，把课堂搬到厂区，将课本上枯燥的知识形象生动地展现在学生眼前，在课堂中边学边做，学以致用，用有所依，理论与实践相结合，摆脱了枯燥的单纯理论学习后，学生的学习热情大大提高。

团队成员牢固树立质量意识，在课程建设、教科研方面持续发力。课程建设方面，主持教育部职业教育专业教学资源库子项目2个、省级精品资源共享课程1门、校级在线开放课程21门。教科研方面，获山东省教学成果奖3项、潍坊市厅级科研项目19项，获山东省高等学校优秀科研成果奖4项、潍坊市科学技术进步奖4项。主持全国轻工职业教育教学指导委员会课题3项、山东省高等学校教学改革立项项目2项、山东省职业教育教学改革研究项目3项、山东省高等学校科技计划项目1项。

发挥专业优势，积极开展技术服务。除了校园，团队成员积极为周边企事业单位开展技术服务工作，近年来为新和成药业、绿霸化工等企业解决技术难题多项，相继完成潍坊市市区声环境功能区划、潍坊市环境保护"十三五"规划编制等技术服务项目。

✍ 课程思政建设总体设计情况

"水污染控制技术"是绿色环保专业群的核心课程，本课程以实践山东科技职业学院"大爱厚德、善思精技"人才培养要求和环保类专业"绿色引领、价值塑造、技能养成"的人才培养目标，确立了"专业教学与思政教育"同向同行的课程思政设计思路，实现课程思政铸魂，专业技术赋能。

（一）紧扣"碧水"主题，明确课程思政建设方向与重点

以习近平生态文明思想为指导，贯彻"绿水青山就是金山银山"理念，紧扣"打好碧水保卫战，共促人与自然和谐共生"主题，紧抓"水污染治理技能"核心能力提升，基于学情，本课程确立"绿色匠心促发展，科学治污强技能"的思政主线，重点将绿色发展、和谐共生、人民福祉、美丽中国等思政元素与水处理专业知识、岗位能力紧密结合，确定专业课程特色与思政主线相融合的课程内容体系。

（二）践行"人水和谐"，确立课程思政建设目标

"水污染控制技术"课程围绕保护与治理，践行"人水和谐"理念，培养学生的水资源观、水环境保护观和水生态文明观，基于以上目的，本课程思政建设目标确立为：增强教师生态文明教育本领，打造彰显生态环保特色的课程思政内容体系，激发课堂思政活力，培养勇担绿水使命、坚定治污匠心的水处理技术技能人才。

（三）重构教学内容，优化课程思政内容供给

课程团队转换教学思维，将原有的以知识结构为主的教学内容，重构为课程思政与专业内容融合融通的四个教学模块。融通"岗赛证"中与课程相关的价值要求及考核标准，将其嵌入教学文件、课程资源、教学实施、考核评价等教学要素，实现教学要素优化。以校企合作优势软硬件资源为支撑，通过理论学习、人物案例、技能实践和社会服务，厚植绿色匠心，锤炼技术技能。

✉ 课程思政教学实践情况

立足山东科技职业学院"大爱厚德、善思精技"的人才培养目标，围绕课程思政主线和思政目标，借助环保专业特色和资源优势，挖掘生态文明教育资源，确定水处理课程思政内容体系，创设特色教学模式，探索课程思政建设路径，助力思政育人目标实现。

（一）借助课程特色和资源优势，围绕思政主题构建课程思政资源库

本课程借助教学内容和教学目标与习近平生态文明思想蕴含的丰富内涵和精神价值相契合的天然优势，重点将绿色发展的经济发展观、和谐共生的生态自然观、人民福祉的基本民生观、美丽中国的全民行动观融入教学活动，围绕四大思政元素，优选思政资源，分类构建水处理工匠、水污染治理、水生态修复、水文化传播案例集，并持续优化。

（二）思政元素和课程内容融合融通，确定课程内容体系

根据重构后的课程模块，分析对应的专业知识内容，基于思政资源和课程内容找准教学方法，加强思政元素和课程内容融合融通，呼应课程思政重点，打造保护水资源、防治水污染、改善水环境、修复水生态、传播水文化、明确水使命"六水"课程内容体系。

（三）创设"三段递进、六水融合、六环相扣"的课程思政教学模式，助力实现思政育人、知识积淀、技能提升等目标

课前、课中、课后三段递进，逐步坚定生态信念。设置"生活用水现状调查、水处理工匠故事、废水处理原理可视化、工业废水处理案例、污泥资源化利用"等主题任务，以任务为驱动，充分发挥学生的主体地位，实施课前、课中、课后三段递进式教学，即课前学测结合、课中学做转换、课后拓展实践，达到"课前悟理念、课中强技能、课后育水魂"的思政育人目的。

教学活动融合"六水"内容体系，专业知识内化于心。持续完善"六水"课程内容体系，将保护水资源、防治水污染、改善水环境、修复水生态、传播水文化、明确水使命的要求有机融入教学活动，展现水处理专业知识的理性之美、德性之善、思维之妙。

教学流程环环相扣，逐步提升，专业技能外化于行。优化课堂教学流程，设计"导任务、知原理、懂技术、提技能、评效果、拓应用"六环教学活动，设计专题嵌入、案例导入、故事渗入等方式将课程思政元素融入教学环节，优选讨论探究、案例展示、角色扮演、情景模拟、仿真操作、实践训练等教学方法逐步提升水处理技术技能。

（四）探索"1434"的课程思政建设路径

在课程思政建设中，课程团队探索出一条适合本课程的"1434"建设路径，助推实现育人目标。

"1"，是指一个理念引领，即以习近平生态文明思想为引领，将凸显课程内涵的经济发展观、生态自然观、基本民生观、全民行动观贯穿教学目标优化、教学要素开发、教学内容重组、教学方式创新、教学时空拓展、评价体系健全等教学全过程，构建具有环保专业特色的课程思政教学体系。

"4"，是指四个课程思政案例集，即围绕四大思政元素、"六水"课程内容体系，打造水处理工匠、水污染治理、水生态修复、水文化传播四个案例集，丰富课程思政内涵。

"3"，是指强化三个课堂，即以第一课堂为基础，强化科学思维训练，做到"知水情、懂水理"，夯实水处理专业知识；第二课堂深化学生认知，利用水处理实训基地和创新创业平台，"强水技"砺能；第三课堂培育工匠精神，依托社会服务和志愿实践团队，培养治污匠人，铸就新时代"水魂"。

"4"，是指发挥四大育人功能，即发挥团队资源优势，实现教师团队"参育"、技能大赛"惠育"、行业企业"帮育"和技能证书"职育"，最终实现课程思政目标。

课程评价与成效

（一）课程考核评价的方法机制建设

本课程考核是将思政目标的评价指标量化到教学任务中，设置学生成长袋，着重评价学生知水（水处理知识、水文化的认知）、强水（水处理技能）、爱水（水文化的情感认同与内化）、惜水（生态文明理念的行为追随）表现；通过教师、企业导师、辅导员、班主任、学生等多元主体的质性评价以及指标的量化评价等多种评价方式，将评价贯穿教学全过程，每个模块的教学任务完成后，实施阶段汇总，及时改进，持续优化评价内容。从评价主体多元、评价方式多样、评价指标量化、评价全程贯穿、内容持续优化五个维度，构建"四层五维"评价体系。全方位监控融入效果，探索增值评价，实现教学相长。

（二）校内外同行和学生评价

首先，同行认可度高。本课程的思政建设成效在校内进行了全面推广，团队教师多次在学院进行教学展示，并通过课程思政培训、教学展示研讨会等形式向全国推广。其次，专家评价高。在学院组织的专家评价中，专家认为该课程思政主线突出、特色鲜明。最后，学生满意度高。学生对课程思政教学满意度超过95%，课程团队教学测评居全校前列。

（三）课程思政教学改革成果

课程思政项目实施以来，取得了以下成果：第一，学生技能水平高，工匠精神凸显。其中，学生获国赛一等奖5项、省赛一等奖2项，获奖质量和数量稳居省内环保专业首位。第二，人才培养质量高，就业质量提升明显。学生就业率高，就职于北控水务、地方生态环境局等知名企事业单位比例30%以上，用人单位满意率高。第三，育人成效明显。学生主动参与技术服务和创新创业项目，获"清洁美丽中国行"项目三等奖，获创新创业大赛奖项5项，塑造了一个省级优秀科技社团——环境保护协会、一个省级"三下乡"社会实践优秀服务队——绿水青山环保服务团。

⏳ 课程特色与创新

（一）立足生态保护创新课程思政主线，重构"六水"课程内容体系

课程团队深入挖掘习近平生态文明思想与课程相契合的绿色发展、和谐共生、人民福祉和美丽中国等思政元素，提炼彰显水污染治理特色的"绿色匠心促发展、科学治污强技能"的思政主线，浸润式地融入课程教学实施过程。通过设计重构教学内容，优化教学方法和量化课程思政评价指标，构建"六水"课程内容体系。

（二）创设"三段递进、六水融合、六环相扣"课程思政教学模式

课程团队围绕课程思政育人目标，以任务为驱动、线上线下结合、依托职场化平台，创新实施"三递进式"教学，将水处理专业知识中蕴含的保护水资源、防治水污染、改善水环境、修复水生态、传播水文化、明确水使命的"六水"内容，通过六环相扣的课程教学实施过程，帮助学生"知水情、懂水理、强水技、铸水魂"，达成思政育人目的。

（三）探索"1434"的课程思政建设路径

本课程以习近平生态文明思想为引领，夯实水污染控制技术课程思政建设的核心价值观；围绕思政元素与课程内容，建立蕴含水污染治理特色的四个思政案例集，确保课程思政建设内容契合思政主题；发挥三个课堂育人功能，引导学生逐步"知水理、强水技、铸水魂"，解决学生缺乏科学思维、工匠精神和家国情怀的问题；利用四大育人方式，确保课程思政贯穿教育教学全过程，实现思政育人目标。

（四）教学案例

典型教学案例选自项目二"守护一方清水，生活污水处理技术"中任务四"脱氮工艺"。

课前教师发布"诗词里的绿水青山"诗词收集任务、生活污水对水环境的危害视频，学生明确任务分工、收集资料、在线学习，感悟绿色发展、和谐共生理念。课中学生展示诗词收集成果，传播水文化，对比诗词中的青山绿水和人类活动带来的水环境恶化与水生态破坏，初步理解人与自然和谐共生的理念。教师播放"赤潮的美与丑"，对比赤潮的壮观景色与环境危害导出脱氮除磷任务，以动画、仿真辅助讲解脱氮除磷原理，借助"水处理技术"国赛训练设备，设置设备安装维护任务，国赛优秀选手指导操作，帮助学生提升水处理技能，以身边的国赛选手榜样故事，引导学生自觉建立水污染治理担当。教师对学习效果、任务完成情况进行总结评价，完成脱氮除磷工艺的学习。

课后学生到污水处理站参观、实习，拓展实践，在污水站的实践环境中和普通水处理人的日常工作中，熏陶感受污水处理与人民福祉、美丽中国的关系。在任务完成过程中，通过师生主观评价、量化指标客观评价、专家线上线下评价等多元主体采用多种形式，评价学生的任务完成情况和思政目标达成度。

💡 **团队思考**

第一，思政资源的挖掘还不够全面，需要进一步结合生源差异性优化思政资源。第二，教材需要进一步更新，目前的专业教材中缺乏思政元素的体现，需要进一步开发蕴含思政资源的教材。第三，教育者必先受教育，教师应持续学习，提升课程思政水平，探索全方位课程思政育人模式。

能源动力与材料大类

"转炉冶炼操作与控制"课程思政教学设计

山东工业职业学院课程团队

参赛团队负责人：张倩倩，团队成员：司金凤、郑金星、杨娜、吴洋

2021年12月

教学设计课件

📖 课程基本信息

课程名称	转炉冶炼操作与控制
课程类型	专业核心课程
所属学科门类	能源动力与材料
所属专业	钢铁智能冶金技术
课程性质	理实一体化课程
学　时	76
学　分	4

　　"转炉冶炼操作与控制"课程是以冶炼一炉合格钢水的生产过程为对象，讲授转炉炼钢基本理论、加料、氧枪控制、造渣、出钢及事故处理等操作和控制手段，采用项目化教学，培养学生转炉冶炼操作技能和解决生产实际问题的综合职业能力，达到炼钢生产岗位的中高级炼钢工技术水平。在原有课程内容的基础上，本课程思政教学设计将中国梦、社会主义核心价值观、冶金与新中国发展史、冶金与改革开放史、工匠精神、劳模精神、冶金科技前沿等思政元素以案例、故事等形式融入教学内容，引导学生树立正确的世界观、人生观、价值观、技术观，培养学生在"钢铁大国"向"钢铁强国"迈进过程中的使命担当和科技报国的家国情怀，从而达到"淬炼钢铁品质、铸造钢铁人才"的育人目标，落实立德树人的根本任务。

课程教学团队基本情况

本课程教学团队以中青年教师为主，其中，教授1人、副教授1人、讲师（包括思政课教师1人）2人、企业高级工程师1人；在政治面貌上，中共党员5人。课程团队由富有学术底蕴和朝气活力的教学骨干人员组成，他们全部具备硕士以上学历，并兼任钢铁企业职工培训师职务，全部拥有国家职业资格等级证书和国家职业技能鉴定炼钢工考评员证。团队成员中有山东省教学名师1人、山东省青年技能名师1人、全国冶金职业教育杰出青年名师2人。本课程团队成员均属于国家级创新团队、山东省高校黄大年式教师团队成员。

从2017年开始，课程团队积极探索并实施本课程思政元素融入教学内容的教学实践，进行课程思政教学改革，深入挖掘思政资源，完善课程内容。同时，团队成员积极参加课程思政学习培训和集体教研，实践效果较好、成果突出。

课程思政建设总体设计情况

（一）课程思政建设方向和重点

钢铁智能冶金技术专业主要致力于培养具有良好的职业道德和综合素质，具有较强的专业能力、社会实践能力、安全意识和敬业精神，掌握钢铁冶炼、钢铁冶金设备维护等知识技能，能够适应冶金行业或职业领域生产、建设、服务和管理第一线，产业转型升级和企业技术创新需要的，具有创新务实精神的高素质技术技能人才。山东工业职业学院依托冶金行业办学优势，聚焦山东省新旧动能转化，对接山东钢铁产业结构调整、转型升级和区域经济发展需求，为社会培养冶金类人才7万余人，大部分已成为冶金、材料行业的栋梁和骨干，为山东省内乃至全国钢铁冶金工业的发展作出了突出贡献。

1. 课程思政建设方向

本课程以"淬炼钢铁品质、铸造钢铁人才"为目标，以"弘扬核心价值观、共铸钢铁强国梦"为思政教育主线，以政治认同、家国情怀、职业素养、中国梦、社会主义核心价值观、钢铁冶金工业发展史、工匠精神、劳模精神、冶金科技前沿、科学家精神等为思政建设切入点，突出工匠精神的德育目标与技能提升同步推进，旨在培养服务钢铁行业、德技并修、全面发展、具备扎实冶金专业知识和技能的高素质技术技能型人才。

2. 课程思政建设重点

基于培养"知识型、技能型、创造型工匠人才，弘扬劳模精神和工匠精神"的大国工匠人才培养理念，本课程通过对课程大纲的统筹设计、课堂的统筹规划、师资的统筹培训、实践教学的统筹安排，将不同视角挖掘的思政元素有机融入教学全过程，培养学生的家国情怀、使命担当、钢铁意志、工匠精神。

（二）课程思政建设目标

本课程以立德树人、三全育人理念为指导，将钢铁冶炼中"钢的意志、铁的纪律、火的热情"的精神凝练为思政元素，提炼出"匠心筑梦，百炼成钢"的工匠特色教育理论，并将其融入人才培养全过程，实现工匠精神融入专业课程的课程思政改革创新，形成课程思政育人特色。

（三）课程思政主线

本课程在原有课程内容的基础上，融入思政内容，以"弘扬核心价值观，共铸钢铁强国梦"为思政主线，将爱校荣校、爱国情怀、钢铁意志、工匠精神等思政元素以案例、故事等形式融入教学内容，从而达到"淬炼钢铁品质、铸造钢铁人才"的育人目标。

（四）课程思政内容供给

在思政主线的引领下，课程团队修订课程标准，对课程教学内容进行重构，将原课程内容重构为炼钢生产认知、转炉冶炼操作、转炉仿真实训三个部分，8个教学项目。针对各个教学项目，深度挖掘对应的思政元素并搜集思政素材，做到巧妙融入、无痕渗透、润物无声，实现立德树人的总目标。

✉ 课程思政教学实践情况

（一）构建"信息化、交互式、立体化"思政教学资源体系

本课程是2018年省级精品资源共享课程，已有丰富的教学资源，如教学视频、动画、教案、电子课件、微课、VR漫游、虚拟仿真系统等。在原有教学资源基础上，本课程进一步开发思政教育仿真实训系统，如转炉炼钢安全生产仿真系统、炼钢事故处理仿真系统、炼钢生产职业素养培训软件；开发思政微课视频，如钢铁企业文化介绍、炼钢岗位群职业规范操作视频，冶金专家人物访谈，优秀毕业生简介等。另外，还整合已有资源，挖掘思政元素，如冶金博物馆、校史馆、钢铁雕塑群等"钢、铁、火"的精神载体，充分利用思政在线平台、学习强国、思政教育数据库等网络平台，构建"信息化、交互式、立体化"思政教学资源体系。

（二）构建"三位一体"课程思政教学内容动态更新机制，探索课程思政融入方法

本课程以"弘扬核心价值观、共铸钢铁强国梦"为思政主线，以现代化信息网络为交流平台，构建基于知识传授、能力培养和价值塑造"三位一体"课程思政教学内容的动态更新机制。结合专业特色和课程特点，将知识体系阐述、发展历程梳理、学科前沿介绍、重大科技成果、技术理论应用等专业内容与科学精神、人文情怀、工匠精神、报国担当等思政内容有机融合，实现多维度、多层面、多形式的复合立体式教学，实现专业课程与思政教育同向同行、同频共振，激发学生学习的主观能动性，提高课程教学效能。在教学方法上特别注意采用巧妙的思政融入方法，比如专题嵌入、案例导入、任务深入、点滴融入等方法。

（三）创新"三全育人"思政教育新模式

本课程以三全育人、立德树人为指导，贯彻"以学生为主体、教师为主导"的教学理念，采用"专业课教师+思政课教师+行业专家"多层次、多维度、立体化的育人模式，对场所、资源、课程内容进行整体设计，利用信息化教学技术手段整合教学资源，开展课前自学、课中导学、课后助学的教学活动。教学过程注重价值塑造、能力培养、知识传授融为一体，构建思政育人与专业育才紧密联系、同向同行的新格局，形成立德树人的协同效应，保障人才培养过程中价值引领目标高质量落地。

教学采用"线上+线下"混合式教学模式。课前思政融入，通过发布任务学习资料、工匠劳模成长案例、钢铁发展史、时政新闻和国家政策，激发学生学习兴趣，培养严谨认真的学习态度，养成良好的学习习惯；课中思政深入，通过创设情境、确定任务、任务实施、总结评价，将思政内容融入课堂，培养学生乐于探索、敢于创新、追求卓越，提升学生的职业素养和工匠精神，以及科技报国、钢铁强国的使命担当；课后思政案例拓展，通过拓展案例以及思政资源体系提高学生素养，实现思政目标。

📊 课程评价与成效

（一）课程考核评价机制

全过程评价体系，突出思政目标考核。在教学过程中，本课程考核评价采用学生自评、生生互评、教师评价、企业评价的四维评价主体，采用"线上+线下+拓展"评价有机结合的方法，依托网络教学平台，课前线上推送调查问卷、课堂线下随堂小测、课后线上跟踪反馈等教学评价手段。思政教学目标的考核，是根据认知层面的认同、感情层面的内化以及行为方面的转变等不同层次的思政内容设置动态评价机制，有效地监控知识目标、技能目标和思政目标的完成情况。

（二）课程思政教学改革成效

开展课程思政教学改革，有助于本课程教学更加接近社会、接近学生、接近实际，提高了学生对本课程学习的兴趣和热情，引导学生树立正确的世界观、人生观、价值观。课程思政教育注重融入企业文化元素，培养学生爱岗敬业、追求极致的职业素养，增强企业认同感和归属感，使学生具有较强的工作适应能力和团结协作精神，掌握过硬的职业技能，受到用人单位的认可。

（三）示范辐射效应

本课程作为学校思政建设示范课，在课程建设过程中积累了丰富的可复制经验，已在本校其他专业课程中广泛应用，还牵头组建冶金职教集团，利用学校主持召开冶金职教集团的契机，向全国多所院校分享交流课程思政建设经验，广受其他院校和企业的欢迎。另外，在校内开设选修课程、"教授讲学月"等系列活动，本课程面向所有心怀"钢铁强国梦和科技报国梦"的学生，不限专业、不限年级均可参加，旨在通过打造深受学生喜爱的课程思政示范课和工程教育特色课，让更多的学生"知钢懂钢"，培养学生的自豪感和荣誉感，增强学生在"钢铁大国"向"钢铁强国"迈进过程中的使命担当意识与科技报国的意识和情怀。

课程特色与创新

首先，深挖本地文化资源，课堂思政更接地气。本课程将企业文化、中国冶铁发源地文化和齐鲁文化融入课程，搭建企业文化进课堂、地方文化进展馆的特色思政教育平台，弘扬"钢、铁、火"的熔炉精神。

其次，本课程的思政建设注重将中国古代冶金成就、中国共产党领导下建立新中国后的冶金成就、当前中国冶金新发展以及现在中国冶金在世界上的地位等内容融入课程教学，提高学生的专业自信和认同感，提升民族自豪感，增强科技报国的使命担当意识，明确人生方向。

团队思考

（一）存在的问题与建议

第一，在专业课程融入思政的教学过程中，教师需要加强知识传授与思政教育的自然融合，探究在教学环节中职业素养和行为规范教育的融入方式；在教学实践中进一步优化问题引领、自主参与、多维互动、科学评价的探究式教学方式，建立更科学合理的评价体系，切实提升课程思政的教学效果。

第二，在教学实施过程中，思政教育内容与专业教学内容契合度需要进一步提升，教师应积极探索三者有机结合的教学方法和教学手段，激发学生学习兴趣，使学生在教学过程中有参与感、成就感，最终达到思政素材使用与知识点、技能点紧密、有机、自然结合。

（二）对课程思政的认识

课程思政是以专业课程为载体，挖掘专业课程的特点和优势，提炼专业核心价值体系，在教学实践中努力打造成为有故事性、有灵魂性的课堂，将思政资源潜于知识、隐于文化、藏于活动，无形渗透、润物无声地贯穿课程教学各环节，综合运用于课上与课下、第一课堂与第二课堂、课程教学与管理当中，实现立德树人的隐形教育目的。

土木建筑大类

数字赋能管理　助力建筑强国
——"建筑工程项目管理"课程思政教学设计

东营职业学院课程团队

参赛团队负责人：侯娟娟，团队成员：劳振花、周婷婷、冯雪、燕孝农

2023年2月

教学设计课件

📖 课程基本信息

课程名称	建筑工程项目管理
课程类型	专业必修课程
所属学科门类	土木建筑
所属专业	建设工程管理
课程性质	理实一体化课程
学　时	72
学　分	4

（一）课程性质、任务与特色

1. 课程性质

"建筑工程项目管理"是建设工程管理专业必修课程，以国家标准《建设工程项目管理规范》（GB/T 50326—2017）为主线，阐述了项目管理的基本理论和方法，主要包含质量控制、进度控制、成本控制、安全管理、合同管理、信息管理、沟通协调、绩效评价等内容。课程知识较综合，实践性较强。

2. 课程任务

"建筑工程项目管理"课程任务是促进工程各个环节规范、高效运转，确保工程建设质量、进度、成本等目标的实现。因此，本课程主要任务是引导学生将工程项目管理

的理论知识转化为工程项目管理的能力和素质，即学习管理知识、掌握管理策略、提高管理素养，为将来从事建筑项目管理相关工作打下坚实基础。

3. 课程特色

本课程采用项目化教学，以真实的民生工程项目为载体，在教学情境中融入思政元素，将知识传授与素养提升融会贯通，践行匠心匠艺育人；采用理、虚、实一体化教学，项目管理全过程使用BIM（建筑信息模型）技术，数字赋能，破解"工地实践时长受限，理论学习较抽象"的教学困境，有效实施课程教学；融入"1+X"职业技能等级证书（中级）与一级、二级建造师相关内容，通过岗位对接、标准对接、以赛促学、课证融合等手段，实现"岗课赛证"融通。

（二）学情分析

1. 知识储备

本课程的授课对象是大三学生，他们对施工组织设计方案基本了解，基本掌握施工技术知识，对项目管理基础理论有一定了解，但对更专业的理论及对项目全过程管理的具体实践需要进一步加强。

2. 能力储备

学生熟悉BIM实训平台基本操作，并能通过超星平台完成学习任务，但对运用BIM技术实施"三控三管一协调"的要点与方法不了解，运用BIM技术与智慧建造技术进行全过程项目管理的技能也有待提升。

3. 职业素养

新时代学生具备社会责任感、爱国主义情怀，但职业素养有所欠缺，对建设项目管理的统筹性、科学性、安全性等职业素养需要进一步加强。

（三）课程教学目标

1. 知识目标

理解建设项目全过程管理的重要意义，明确建设工程项目管理的方法和原理，掌握工程项目管理"三控三管一协调"的具体内容及实施要点，熟悉工程项目的评价方法。

2. 能力目标

完整收集、整合项目信息并准确进行决策分析，熟练地运用BIM技术实施进度、成本、质量控制，规范管理工程项目安全、合同、信息，灵活协调、处理工程项目中的疑难问题，科学评价工程项目。

3. 素质目标

增强科学规划、精准管控的管理意识，提高安全第一、质量至上的职业素养，树立数字赋能、科技创新的先进理念，厚植责任担当、建筑强国的家国情怀，培养精益求精、无私奉献的工匠精神。

📍 课程教学团队基本情况

（一）团队成员信息

本课程教学团队是一支政治素养高、业务能力强、专思融合的省级课程思政教学团队。团队成员始终坚守教书育人之初心，并牢记立德树人之使命，努力提高政治站位，强化政治引领，深入实施课程思政教学改革。经过长期不懈的努力，课程团队探索出一条符合学生成长规律和教师发展规律的切实路径，形成了一套精准施教的课程思政方法，将"建筑工程项目管理"建设成课程思政示范课。本课程教学团队是一支德技精湛的教师队伍，其中，包含山东省教学名师1人、山东省师德标兵1人。

（二）团队成员成果荣誉

团队成员专业素养高，教学能力强，取得了丰硕的成果。其中，在省级课程思政示范课程、省级精品在线开放课程建设及教科研方面取得成果42项，获得教学比赛省级以上奖项11项，在技能竞赛中获奖26项。

（三）课程思政培训研讨及公益活动

团队成员近年来积极参加线上、线下课程思政学习培训，包含"课程思政与一流课程建设研讨会""课程思政专题培训""全国职业院校课程思政、专业思政一体化建设与课程思政示范课建设"等多种培训，获取课程思政素材，学习挖掘思政元素及课程思政融入方法。提升课程思政价值引领，突出爱国主义、社会主义、集体主义教育，将职业素养、家国情怀等无形地融入教学课堂主阵地。坚持推进课程思政教育教学改革，近3年，团队成员每学期至少集体备课4次，定期组织开展课程思政集体研讨、思政研课活动，不断优化课程思政设计。在教学过程中注重理论联系实际、因势利导、创造性地引导学生运用正确的观点和方法去观察社会、理解实际问题，帮助学生提高思想认识、提升思辨能力。

课程思政建设总体设计情况

（一）课程思政建设思路

服务于国家重大战略规划，即住房和城乡建设部印发的《"十四五"建筑业发展规划》，结合东营职业学院的办学定位，建设工程管理专业"强调应用，注重实践，面向一线、服务区域经济发展"的专业特色，以及建筑行业对"懂原理、会应用、强实践"的人才培养要求，本课程依据课程特点，立足建筑工程项目实施全过程，提出"以学生为中心、以素质为本位"的人才培养理念，对接"施工员、监理员、技术员、安全员"的职业岗位核心素养，围绕"三控三管一协调"的项目管理要素及"1+X"证书要求，分析学情，确立知识、能力、素质三维教学目标，形成了"科学规划、精准管控、安全第一、质量至上、绿色环保"的思政主线。

（二）课程思政内容

在思政主线的引领下，课程团队修订课程标准，对课程教学内容进行重构，将原课程10章38节内容，重构为3个教学项目——工程准备管理、施工过程管理、竣工责任管理，11个典型工作任务。针对各个任务，深度挖掘对应的思政元素并搜集思政素材，做到巧妙融入、无痕渗透、润物无声，实现立德树人的总目标。

（三）课程思政资源建设

针对每一个教学项目、每一个教学任务，课程团队精心挖掘思政元素，广泛搜集思政素材，将思政元素与知识、技能相对应，最终将课程思政落实在教学课堂主阵地，落实到知识点和技能点中；将思政素材、思政案例等资源进行排序整合，每月更新、补充案例资源，建成动态课程思政资源库，方便教师、学生随时使用。

课程思政教学实践情况

为高效达成教学目标，本课程基于"科技小区1标段"真实的民生工程项目，围绕一条思政主线，利用理论、仿真、实践三大平台，整合多元线上线下教学资源，采用线上课堂、线下课堂、虚拟仿真、智慧工地、校内实训、校外实践多场景进行教学实践，即以BIM实训中心作为虚拟仿真基地，某工程"BIM+智慧工地系统"作为全时段沉浸式互联网实践基地，装配式实训场作为校内实训基地，"科技小区1标段"民生工程施工现场作为校外实践基地。同时，辅助活页式教材，采用任务驱动、参观教学法等多重教学方法，在特定情境中高效解决特定问题，构建了"蜂巢式"课程思政建设模式。在课前、课中、课后三阶段，运用启、导、析、练、评、固、拓七环节将思政内容润物无声地融入知识点。

 课程评价与成效

（一）课程思政评价

本课程建立了多元化、全过程的课程思政评价体系，即将评价分为过程性、终结性及增值性三个方面，注重过程评价（占60%），以取得"1+X"证书、突出贡献等元素探索增值评价。对标岗位技能素养，如遵守国家标准、严格操作规范、确保安全施工、按周期检查等设置课程思政考核点，其中，安全、质量方面的核心素养不合格，记为零分，实现以岗定评。

（二）课程思政建设成效

1. 教学目标达成情况

在全校构建的课程思政育人体系下，本课程基于真实民生项目，采用"蜂巢式"课程思政建设模式，取得了显著成效。比如，学生课堂表现、考试成绩明显改善，项目管理关注度、实践能力明显提高，职业素养、服务社会积极性明显提升。

2. 教育教学改革成果

本课程构建的思政育人模式在学校贯彻落实党中央战略决策和部署、推动实施高校思政工作质量提升工程、形成全员全过程全方位育人格局工作中起到了积极推动作用。

（1）思政素材库案例丰富，学生素养全面提升。对思政素材进行科学管理和分类，方便学生、教师随时使用。在超星泛雅课程中进行素材库的建设，按优秀工程案例、工程事故案例、建筑施工技术类相关规范、BIM智慧建造项目管理应用案例、优秀建造榜样集、教育启发素材等进行分类归纳，形成了丰富的素材资源库。

（2）企业满意度明显提高，实习留岗率大幅增加。在本课程辐射下，建设工程项目管理专业全面开展课程思政教学改革，学生在顶岗实习中吃苦耐劳，顶岗积极性明显提高。企业对学生实习的认可度提高，满意度评价由82%提高到95%，学生工作三年后定岗率由83.2%提高到92.7%。还有部分同学自主创业，并取得成功。

（3）课程思政成果丰硕，思政经验广泛推广。"建筑工程项目管理"作为校级思政示范课与校级精品资源共享课，在全校大力推广，课程思政惠及全校100多门课程，直接受益学生3200余人。团队成员积极参加校外思政交流会，推广课程思政建设经验。思政课题、思政教改项目全面落地，形成协同效应，共享共育。

课程特色与创新

（一）创设了"蜂巢式"课程思政建设模式，有效实施课程思政教学

课程团队针对项目管理课程特点，建立基于真实民生工程项目的教学情境，围绕"科学规划、精准管控、安全第一、质量至上、绿色环保"这一思政主线，引入"蜂巢式"项目管理模式，围绕任务情境，将项目管理文化融入教学，把项目经理请进来，把学生领出去，开发了线上课堂、线下课堂、虚拟仿真、智慧工地、校外实践、校内实训等教学情境，在特定思政情境中高效解决特定问题，打造"沉浸式"项目管理的思政课堂。

（二）创建了"以岗定评"考核方案，实现"岗课赛证"融通

课程团队深入探究思政评价方式，结合"建筑工程项目管理"课程的特点，创建"以岗定评"的考核方案，即通过对接岗位技能素养设置课程思政考核点。课前重点关注施工中监理员、技术员、施工员的理论规范及学生对岗位国家标准的掌握，课中关注岗位标准流程及协同的完成，课后关注"1+X"证书、技能兴鲁等比赛及学生对实际项目的贡献，实现"岗课赛证"融通。

团队思考

首先，正己育人。"育人先育己，正己后正人。"教师要提高政治站位，继续结合专业特色，更有针对性地解决"建筑工程项目管理"课程的教育教学问题，构建更高水平的人才培养体系，提升课程思政的建设水平。

其次，躬身践行。在加强理论学习的同时，继续深入企业项目一线，助力项目管理，保证工程交付，在实践中精进教师职业素养，进而提高技能人才培养质量。

传承工匠精神 创新建筑技艺
——"建筑艺术鉴赏"课程思政教学设计

临沂职业学院课程团队
参赛团队负责人：郝广，团队成员：王金义、冯丽苹、林小琳、朱晨晨
2023 年 12 月

教学设计课件

📖 课程基本信息

课程名称	建筑艺术鉴赏
课程类型	专业核心课程
所属学科门类	土木建筑
所属专业	环境艺术设计
课程性质	理实一体化课程
学　时	36
学　分	2

　　我国现代建筑日新月异，需要加速绿色化、智能化、艺术化进程，科技创新、提质增效、绿色低碳已成为现代建筑产业转型升级的新举措。"建筑艺术鉴赏"课程为环境艺术设计专业核心课程，根据专业群定位，主要培养既有家国情怀、文化自信，又有工匠精神、艺术素养、创新意识，具备吃苦耐劳、精益求精、团结协作职业素养的复合型现代建筑人才。

　　本课程主要通过讲述中外建筑的风格、流派、代表人物，以及经典建筑实例，要求学生掌握中外建筑的风格特色和文化内涵，传承中华传统建筑文化，丰富建筑创作方法，促进环境艺术设计专业学生综合技能的全面提高。

课程教学团队基本情况

（一）团队总体情况

本课程教学团队政治素质高、业务能力强、年龄结构合理、校企合作共建育人。课程教学团队共有5人（包含专职思政课教师1人），其中，教授1人、副教授1人、教学名师2人。团队成员曾荣获山东省职业教育教学成果一等奖1项，获全国第二届高职高专教师微课比赛二等奖、山东省高校教师微课比赛一等奖、山东省职业院校教学能力大赛三等奖、山东省高职高专院校集体备课评比一等奖等省级以上奖项12项，主持山东省人文社科课题2项、山东省思政课教学改革课题1项、山东省思政课程与课程思政专项教学改革课题1项，主持省级精品资源共享课程2门，主持开发"建筑艺术鉴赏"校级精品在线课程1门。课程团队成员的年龄和职称结构合理，副高及以上职称占比40%，青年教师占比60%。作为一支由专业课教师、思政课教师、企业专家组成的优秀团队，团队成员的思政教学改革能力强，"双师"占比80%以上。

（二）思政建设、培训与教研情况

为提升自身思政素养，秉承"教育者先受教育"的理念，团队成员积极参与课程思政建设、培训与教研活动，探索课程思政改革，提升职业能力，构建课程思政育人新模式。

课程思政建设总体设计情况

（一）思政育人总体思路

依据专业群的特色、各专业人才培养方案和课程教学标准，本课程思政建设总体思路是培养具备"传承创新、工匠精神、绿色生态、人文情怀"意识，"精设计、会施工、巧管理"，满足专业群各岗位需求的高素质人才。

（二）课程思政建设目标

依据人才培养方案要求，结合专业课程标准，对标岗位职业标准、技能大赛要求和"1+X"证书考核标准，原课程存在课程体系设置不完整、建筑设计方法不全面、建筑文化内涵挖掘不够等问题。为此，课程团队在原课程教学目标基础上，进一步深入剖析学情，从知识、技能、价值取向三个层面分析，从而合理设定教学目标。

（三）课程体系重构

本课程通过职业岗位分析，确定典型任务，设定教学目标，设置课程内容，依据建筑功能和风格，重新构建项目化课程体系，设计了6个项目。依据项目思政切入点分析蕴含的思政元素，并将思政主线"传承创新、工匠精神、绿色生态、人文情怀"渗透至教学全过程。

（四）思政元素挖掘

在思政元素挖掘上，课程团队从微观、中观和宏观三个维度挖掘思政元素，创建课程思政资源库，结合课程案例，对学生进行思政教育。

（五）课程思政育人模式

为有效达成育人目标，本课程构建"一线三环三平台"思政育人模式。以"传承创新、工匠精神、绿色生态、人文情怀"为思政主线，在这一思政主线的引领下，教学内容整合为6个项目17个任务，涵盖建筑艺术的所有细节，以"动之以情、晓之以理、知行合一"为思政实施路径，对应设计"赏特色、析内涵、会制作"三个教学环节，实现课程思政的全过程浸润，结合教学平台、实践平台、网络平台三平台打造课程思政育人课堂。

✉ 课程思政教学实践情况

（一）实施载体

在课程思政实施过程中，教师以课堂教学、课外实践、社会实践作为载体，将思政内容融入专业教学，更好地提升思政育人实效。

（二）教学实施策略

教学任务实施分为三步走：课前环节，通过搜集案例的小任务来了解建筑结构特色；课中环节，通过问题导入等环节达到"赏特色、析内涵、会制作"的育人目标；课后环节，通过拓展学习和社会实践来巩固教学内容。

（三）教学实施举例

以项目一"中外宫殿建筑赏析"中的"宏丽壮观的宫殿建筑——太和殿"为例，本节课以任务为导向，通过问题导入、任务分析、讲解示范、任务实施、任务评价五个环节推进教学。

在教学实施的过程中，通过"太和殿木结构体系"的讨论，培养学生践行工匠精神；通过"故宫文化内涵"的剖析，树立和谐共生理念，坚定中华文化自信；通过自主探学、合作研学、示教引学、实践研学、互检评学"五学"等手段实施理实一体化教学，从而达成育人目标。

课程评价与成效

（一）课程考核评价体系

1. 多元化考核评价标准

本课程采用过程性评价与终结性评价相结合的方式，构建了多元化考核评价体系，促成课程思政目标的达成。其中，过程考核占50%，包括自我评价（10%）、小组评价（40%）、教师评价（50%）。同时，在设计的6个项目中，再设置思政评价点。终结考核占50%，包括课外实践（20%）和理论考核（80%）。思政元素贯穿考核全过程，重点考查学生对思政内容的践行情况。

2. 课程评价体系

本课程通过构建四主题模块、确定四主体评价、形成三课堂联动、注重三环节成效，多维度地考查学生对建筑文化艺术的传承创新。

（二）课程思政成效

一方面，学生的学习热情显著提升。问卷调研结果显示，学生的课堂满意度95%以上，学生课上课下与教师的互动性显著增强。学生的综合素质也显著提高，参加教育部"1+X"多项目职业技能等级证书的通过率98%以上，在全省、全国行业的各类专业技能大赛中多次荣获一、二等奖。

另一方面，育人成效显著。学生在岗位实践、社区服务活动、临沂好人评选、乡村振兴实践中，处处展现榜样的力量。

课程特色与创新

（一）依托专业特色，创设了"一线三环三平台"思政育人模式

本课程将"传承创新、工匠精神、绿色生态、人文情怀"的育人理念融入课程思政建设全过程，创设"一线三环三平台"的思政育人模式，培养精设计、会施工、巧管理的，满足专业岗位素养标准的高素质人才。

（二）创新了"VR+自主实践"的思政教学方法

本课程依托临沂职业学院建筑装饰虚拟仿真实训中心和BIM实训室充分锻炼学生对建筑构造、风格赏析的践行情况，通过VR全景展现，体验中外建筑的特色及内涵，进一步提升传承中华优秀建筑文化的信心。

团队思考

第一，注重提升教师的专业政治素养。专业课教师要加强政治理论学习，提升政治素养，坚持立德树人，自觉关心时政，培养家国情怀和文化自信。

第二，提高教师的课程建设能力。全面提高教师的课程建设能力，从而更好地提升学生的思想素质和专业技能。

第三，专业知识和思政要素的平衡。挖掘思政元素、找准思政融入点，在专业知识教学中有效融入思政内容，通过隐形教育，润物无声地提升育人实效。

"水力学"课程思政教学设计

山东水利职业学院课程团队

参赛团队负责人：李蓓，团队成员：刘冬峰、肖汉、张瑜、邓婷婷

2021年12月

📖 课程基本信息

教学设计课件

课程名称	水力学
课程类型	专业基础课程
所属学科门类	水利
所属专业	水利工程
课程性质	理实一体化课程
学　时	64
学　分	4

本课程的教学目标是使学生掌握水力学的理论和规律，掌握液体的两大规律——液体的平衡和机械运动的规律及其实际应用。

通过本课程的学习，学生能够掌握水流运动的基本概念、基本理论与分析方法，理解不同水流的特点，构建水力学基础知识体系；学会常见水利工程的水力计算，提高学生对水利工程各类水工建筑物设计、水力计算能力，提升分析和解决工程实际问题的能力，提高学生实践技能，为学习后续课程和从事专业技术工作打下基础。

本课程开设在大学一年级下学期，其前导课程有"高等数学""工程力学""普通物理学""材料力学"等，后续课程有"水工建筑物""水利工程施工""水泵站""水利工程造价"等。

课程教学团队基本情况

本课程教学团队成员政治素质高、业务能力强、年龄结构合理，是一支"同向同行、协同发力"的思政育人团队。团队成员曾获全国水利职业院校优秀德育工作者、山东省"三下乡"社会实践活动优秀指导教师等荣誉，并获全国职业院校教学能力大赛二等奖、山东省第八届"超星杯"高校青年教师教学比赛一等奖、山东省第三届高校思想政治理论课教学比赛一等奖，以及山东省教学能力大赛一等奖3项。

课程团队成员积极参加课程思政培训和教研工作，探索课程思政改革，创新课程思政育人新模式，提高课程思政育人目标。

课程思政建设总体设计情况

"水可载舟，亦可覆舟。"水能滋养万物，但巨大的水患也曾给人类带来巨大的灾难。中华文明的发展史，也是一部中华民族与洪涝灾害不断抗争的历史。从古代引水的都江堰、输水的灵渠、防洪的荆江大堤，到现在葛洲坝、三峡等综合水利枢纽工程的建成，无不渗透着生态水利的理念，人们对于水的利用与保护越来越重视。在水资源利用过程中，我们会看到河湖深海、静水默默，也会看到大江大河、奔腾不息，而水力学正是研究这些液体平衡及其运动规律的科学。从认识水流现象，到掌握水力计算，再到服务水利工程，水力学贯穿水利工程发展的各个阶段。课程团队基于水力学的定位与课程目标，从基本学情出发，坚持立德树人，构建了本课程思政育人总体设计框架。

根据课程内容，在教学实施过程中，团队教师采用"故事、工程、理论、实践"的思政融入途径，在讲授知识的同时，通过人物挖掘、案例引导、哲理思辨使思人、思物、思哲理、思担当"四思"落地，实现专业授课中知识传授与价值引领的有机统一。

课程思政教学实践情况

（一）教学实施策略

根据水利工程专业的高职学生认知规律，本课程从专业基础课基本原理出发，对接水工结构设计规范，依托典型水利基础设施案例，子任务实施分为课前、课中、课后三大模块八步走，使学生按照知、识、精、析、践的步骤逐步深化学习。

（二）教学实施举例

以任务 7 "堰流及其基本方程"为例，本任务以教学知识点为基础，采用堰流典型案例——都江堰工程贯穿课堂。

1. 课前准备

课前，教师通过在线学习平台推送学习资料、互动答疑，准备课件、都江堰案例及相关资料，使学生在查阅都江堰历史与文献资料后，了解都江堰的基本内容，增强生态水利意识，激发水利工程学习与建设责任感。

2. 课中实施

（1）通过问题 1 "堰与坝的区别"与问题 2 "都江堰为何低作堰"，调动学生的学习兴趣，以都江堰 2000 多年千年不衰指出其乘势利导、因地制宜的生态文明理念。

（2）通过回顾知识环节，总结堰流的基本特征，指出堰流的影响因素，关联本讲课题，引入研究思路。同时，指出要学会用联系的观点看问题，举一反三。比如，通过对比，得出不同类型堰的特征及适用条件，启发学生学会从个例到整体，进行归纳与总结分析；通过条件扩展，指出宽顶堰的区域设定原理，引导学生分析堰流与明渠水流的差别，体现矛盾的普遍性与特殊性。

（3）分析堰流特征及影响因素：通过分组讨论，针对不同堰型过流特征，总结堰流影响因素，培养学生善于观察、细致严谨的学习与工作态度；通过堰流实验，要求学生一定严格按照操作手册执行实验步骤，培养学生规范操作意识；通过实验观察与分析，从数据结果中指出不同堰型的主导影响因素，在建筑物设计中强调抓住事物的主要矛盾，培养学生解决问题的能力；针对同一堰型，不同建设条件所采取的不同设计，引导学生树立实事求是、具体问题具体分析的学习与研究思路。

（4）计算堰流过流能力：通过都江堰设计，分析其泄流过流能力，培养学生提出问题、分析问题、解决问题可持续性发展的自主学习能力；从堰流量公式分析到水利工程应用，再到应用的局限性及解决措施，培养学生的质疑精神与精益求精的工匠精神；由都江堰过流能力设计提出水利工程建设的人与自然和谐相处理念；从都江堰的管理中，指出工程建设监管并重的重要性，并由此得出不同阶段都江堰管理经验，归纳生态治水思路，培养学生艰苦奋斗、团结协作、敢于创新的水利工作态度与精神；由都江堰衍生的文化习俗，培养学生的民族自豪感与文化自信，厚植家国情怀。

（5）课堂小结：引导学生完成哲学认识论中从理论到实践的应用，符合学生的认知规律，系统梳理理论知识，提高学生专业技术水平和责任意识。

3. 课后巩固

通过堰流基本形式演化、堰流与闸孔出流特征对比，启发学生思考，进而培养学生活学活用解决问题的能力；加强学科之间的相互渗透，培养学生勇于探索追求的科学精神，促进学生全面和谐发展，符合新课标要求；培养学生的学术思维，拓展知识，提升素养。

课程评价与成效

通过"水力学"课程思政的贯彻与实施，经过数据对比，学生思政目标有效达成。在课程思政效果调研、学业考核、学生实践等环节，素质能力目标突出。通过课程第二课堂，学生的专业技术应用水平、实践服务态度受到行业、企业单位的一致好评。

课程特色与创新

在思人、思物、思哲理、思担当"四思"的思政主线下，依据课程性质与组成，本课程创新性地融入了水文化教学辅线，从多个维度进行设计，根据水力学特点与基本组成，结合中华民族传统水文化育人功能，分别建立"水静力学"与"水动力学"的思政目标。在水静力学教学中，团队教师从水的基本物理特性出发，挖掘静水流深、润物无声、海纳百川、有容乃大等思政元素。在水动力学教学中，通过融入流水不腐、水利万物而不争、柔弱谦下、滴水穿石、吐故纳新等思政元素，学生在专业知识学习的同时，理解水之品格，通过社会主义核心价值观的渗入，塑造坚韧、积极、包容的品行，培养学生正确的世界观、人生观和价值观。同时，联系我国水电基础建设重大典型工程、经典大国重器、水利民生项目等，根据工程水力计算中的坝、渠、管道、堰、水闸等水工建筑物，对应建立思政素材库。通过案例素材，学生能够深切感受古代人民的勤劳智慧、水利人的顽强拼搏与我国水利工程建设蓬勃发展，树立中国特色社会主义道路自信、理论自信、制度自信与文化自信。本课程注重从不同维度培育专业知识、能力与情感态度价值观，由浅入深，由知到行，由知识掌握到内生情感态度价值观。

团队思考

以"堰流及其基本方程"为例，在课程思政建设中，本课程应注意以下问题的深入与改进。

第一，在教学过程中，继续拓宽课程的广度、挖掘课程的深度和营造课程的温度，依托都江堰工程展开讲解，将都江堰水利典型工程与学生的职责使命相关联，在培育学生民族自豪感的同时，提升学生专业综合素养。

第二，在教学方法上，坚持问题导向，以如何解释堰流特征及现象、影响因素、理论如何应用等各项问题启发，层层深入，环环相扣，激发学生的学习兴趣，激励学生深入思考，增强学习效果。

第三，在教学过程中，注重信息化手段的应用，结合实验操作、视频、动画、案例图片等信息化手段，提高课堂效率，提升教学效果，增加学生的整体参与度。

第四，在课堂教学内容设计时，注重课程思政，但在融入的时机、技巧和高度方面不够，如何达到润物无声的效果，并与教学内容有机结合，需要在今后的教学过程中继续深入学习与研究。

另外，在教学方法、手段、理念上还应切实做到以下几点：提高育德意识、能力、经验、素养等教师综合能力；教师要言传身教，提高育人效果；知识点、技能点、思政点，相互融合促进，改进学习体验；坚持全员育人、全过程育人、全方位育人，探索更加丰富的实践形式。

铸质量意识　育工匠精神
——"互换性与测量技术"课程思政教学设计

济南电子机械工程学校课程团队

参赛团队负责人：纪红云，团队成员：凌斌、王明思、尚玉霞、马凤华

2023年2月

教学设计课件

📖 课程基本信息

课程名称	互换性与测量技术
课程类型	专业基础课程
所属学科门类	装备制造
所属专业	数控技术应用
课程性质	理实一体化课程
学　时	72
学　分	4

　　"互换性与测量技术"课程旨在让学生掌握质量要求的识读方法和量具的使用技能，牢固树立"质量第一"的意识，激发"质造强国"的情怀和使命担当，增强对"质量强国"战略的认同，为今后走上质检员工作岗位，成为中国制造业的能工巧匠打下坚实基础。

（一）课程指导思想

　　培养什么人、怎样培养人、为谁培养人是教育的根本问题，立德树人成效是检验学校一切工作的根本标准。本课程教学设计以习近平新时代中国特色社会主义思想为指导，贯彻落实习近平总书记关于教育的重要论述，特别是在学校思想政治理论课教师座谈会上的重要讲话精神，根据中共中央办公厅、国务院办公厅印发的《关于深化新时代

学校思想政治理论课改革创新的若干意见》和教育部印发的《高等学校课程思政建设指导纲要》，围绕培养高素质技术技能人才、能工巧匠、大国工匠的社会需求，结合学校发展定位和数控技术应用专业的人才培养目标，坚持统筹协调、重点突出、守正创新、精准施策的原则，在统筹推进数控技术应用专业课程思政体系建设的基础上，为"互换性与测量技术"课程量身设计的"一核四阶五环"课程思政建设方案。

（二）学情分析

本课程在第三学期开设，此前，学生已学习了"机械制图""机械基础"等专业基础课程，具备基本的理论知识，但对制造行业和岗位工作总体认知度不高，对从事数控加工尤其是质检工作所需的职业道德和职业素养更是缺乏了解。

（三）课程思政主题、主线与核心

围绕国家社会发展需要及课程培养目标，通过深度挖掘提炼课程知识体系中所蕴含的思想价值和精神内涵，本课程思政建设以"铸质量意识 育工匠精神"为主题，以"质量意识"为核心，形成"质之根—质之技—质之魂—质之兴"四阶递进的课程思政主线，使学生掌握互换性与测量技术知识，具备岗位职业能力，树立"质量第一"的信念。

课程教学团队基本情况

本课程教学团队政治素质高、业务能力强、年龄结构合理。教学团队共有5人，团队成员曾获"齐鲁工匠""齐鲁名师""五一劳动奖章"等荣誉，并荣获国家数控车项目技能大赛金奖、山东省思政课设计大赛一等奖、山东省教学能力大赛一等奖等多项。

自实施课程思政以来，团队成员每周组织集体教研活动，积极探索课程思政育人新模式，改革创新课程内容、教学实践、评价方式等。

课程思政建设总体设计情况

本课程根据《高等学校课程思政建设指导纲要》及舒伯的职业生涯发展理论，结合济南电子机械工程学校的发展定位、专业特色及学生实际，围绕"铸质量意识 育工匠精神"课程思政主题和"质量意识"这一核心，依据"质之根—质之技—质之魂—质之兴"四阶递进的课程思政主线，确立培养有匠人情怀、精测量技能、求质量完美、怀报国之心的高端制造行业质检技术技能人才的课程思政育人目标，构建"树匠心—强匠技—铸匠魂—践匠行"四阶递进的课程思政育人目标。

（一）围绕"质量意识"课程核心，四阶递进重构课程内容

结合质检员职业岗位要求，系统梳理"互换性与测量技术"课程教学内容，以"质量意识"为核心，按照课程思政的主题与主线，采用四阶递进的方式重构课程内容，形成"质之根——互换性和公差基础知识""质之技——形位公差测量工具使用""质之魂——几何公差测量工具使用""质之兴——综合应用"四大教学模块，打造循序渐进、螺旋上升的教学内容体系。

第一模块，质之根——树匠人情怀。在第一模块的教学中，学生通过学习互换性和公差基础知识，知测量史，树工匠魂。第二模块，质之技——精测量技能。在第二模块的教学中，学生通过学习形状、位置公差测量工具的使用，规范操作，苦练技能。第三模块，质之魂——铸质量意识。在第三模块的教学中，学生通过学习几何公差测量工具使用，学会检测，保证质量，在实践中发现制造之美，铸育工匠之魂。第四模块，质之兴——担强国使命。在第四模块的教学中，本课程通过综合练习、小组配合等形式，增强学生的素质能力，激发学生"质量强国"的情怀和使命担当，为未来中国制造培养更多的能工巧匠。

（二）围绕"质量意识"课程核心，四阶递进构建思政案例库

围绕"质量意识"核心，根据"根技魂兴"四阶段，建立"学科历史""大国工匠""优秀学长""身边榜样"四大案例库，丰富课程思政教学资源。通过测量史、中国古代鲁班文化助其立志，大国工匠的精益故事助其强技，优秀学长故事助其共情，身边榜样助其践行。融入真实案例、创设真实情境，实现"树匠心—强匠技—铸匠魂—践匠行"四阶递进的育人目标。

✉ 课程思政教学实践情况

（一）课程思政"五步三导四课堂"教学模式

在教学实践中，本课程精心开展教学组织与设计，采用"情境导学、案例讨论、实操领悟、主题演讲、总结引领"五环节同行的教学模式，同时通过教师引导、学生主导、导师示导，依托线上课堂、拆装教室、实训车间、实习工厂四大课堂，营造质量意识氛围，将课程思政融入教学全过程，不断提升学生的课程学习体验，激发"质量强国"的情怀和使命担当，牢固树立"质量第一"的意识。

（二）保障与管理

1. 建立课程思政工作管理体制

济南电子机械工程学校建立党委统一领导、教务部门牵头抓总、相关科室联动、专业科组落实推进的课程思政建设工作格局。同时，实行专业科科长课程思政建设责任制，结合实际研究制定课程思政建设工作方案，健全工作机制，强化督查检查，修订考核奖励办法，明确教师的育人责任。

2. 提升教师课程思政建设的积极性、主动性

选拔政治素质好、业务能力强的教师担任课程思政建设改革负责人，组建一支政治坚定、业务精湛的课程思政改革建设团队；建立课程思政集体教研制度，支持思政课教师与专业课教师合作教学教研；把教师参与课程思政建设情况和教学效果作为教师考核评价、岗位聘用、评优奖励、选拔培训的重要内容，充分发挥教师的主体作用，切实提高团队每一位教师参与课程思政建设的积极性和主动性。

3. 统筹资源，加大支持保障力度

统筹学校资源，结合教学实际，在课程安排、实训室改造提升、专业课教师配备等方面为课程思政建设工作提供最大限度支持。将数控技术应用专业作为课程思政建设先行专业，打造数控技术应用专业课程思政教学名师团队，推出"互换性与测量技术"课程思政示范课程，充分发挥数控技术应用专业课程思政的引领带动作用。

课程评价与成效

（一）实施"多维多元"的评价模式，创新"四一"评价

1. 加大思政评价占比

评价与激励机制健全与否关系到课程思政的推行效果。本课程将思政内涵贯穿课堂授课、演讲讨论、实操实训、作业布置等各个环节，将思政评价纳入学生的总体学业水平评价，加大思政评价在学生总体评价中的比例，确保思政目标落地见效。

2. 实施"多维多元"评价模式，创新"四一"评价

根据前期深入挖掘的思政教育资源，课程团队将思政元素进行分类梳理，逐条融入实训教学的每个任务及环节，从知、情、意、行四个维度设置每节课的思政量表，实行一课一量表，将思政教育元素显化落实到学生的具体表现中。每次实训任务完成后，采用自评、组评和师评的三方评价模式，帮助学生成长，指导学生成为更好的自己，探索可观察、可评价、可测量的课程思政评价方法。同时，建立学生成长档案袋，实行一生

一档案，记录学生成长，生成思政成长画像，探索增值性评价。

（二）课程教学效果显著

首先，学生知识掌握牢固，专业技能提升，专业认同感和使命感提高，职业素养良好，质量意识和创新能力加强，在各种技能大赛中获得多次奖项。

其次，课程示范辐射推广作用明显，团队成员多次在学院培训班、兄弟院校交流会、课程研讨会进行经验分享，课程思政建设模式及路径被多所院校借鉴。

课程特色与创新

本课程围绕"质量意识"核心，深度挖掘课程育人价值，创新构建了"质之根—质之技—质之魂—质之兴"四阶递进的课程思政主线，通过采用"情境导学、案例讨论、实操领悟、主题演讲、总结引领"五环节同行的教学模式，抓牢课堂教学主阵地，培养有匠人情怀、精测量技能、求质量完美、怀报国之心的高端制造行业质检技术技能人才。

"工业机器人现场编程"课程思政教学设计

烟台汽车工程职业学院课程团队

参赛团队负责人：于瑛瑛，团队成员：解淑英、王德兰、崔亚男、王秀芬

2023年12月

教学设计课件

课程基本信息

课程名称	工业机器人现场编程
课程类型	专业核心课程
所属学科门类	装备制造
所属专业	工业机器人技术
课程性质	理实一体化课程
学　时	64
学　分	4

课程教学团队基本情况

　　本课程团队是一支由专业课教师、思政课教师和企业教师共同组成的多元协同教学团队。团队成员中，中国机电职业教育教学名师1人、全国技术能手1人、山东省高校思想政治教育工作先进个人1人、山东省技艺技能传承创新平台负责人1人、烟台市技术能手2人，他们共获得各项荣誉40余项，如在中国国际"互联网+"大学生创新创业大赛中荣获铜奖1项，在山东省职业院校教学能力比赛中获一等奖2项，在山东省思政课教学设计比赛中获特等奖1项，在山东省思想政治理论课教学比赛中获一等奖1项，在山东省青年教师教学比赛中获一等奖2项，在山东省职业院校技能大赛中获一等奖1项，在山东省黄炎培职业教育创新创业教师赛中获一等奖2项等。

　　团队成员致力于教学与研究，主持课题6项，发表论文11篇。自实施课程思政以来，团队成员组织"每周一研"集体教研活动，积极进行课程思政交流，探索课程思政

育人新模式，提升课程思政能力。

 课程思政建设总体设计情况

（一）课程思政建设目标

"工业机器人现场编程"课程是烟台汽车工程职业学院智能制造省级品牌专业群核心课程。本课程秉承"立德树人、德技并修"的育人理念，立足"制造强国、质量强国、技能中国"建设，结合学院服务智能制造产业发展的办学定位、"人机协同，智领未来"的专业人才培养理念，对接工业机器人系统运维员等新职业对应的搬运、码垛、装配、焊接典型工作任务，融入智造行业特色文化。本课程以典型工作过程为主线，在培养学生懂工艺、精操作、会管理、善合作、能创新核心知识技能的同时，浸润职业素养、工程伦理、创新精神、责任担当、价值追求"五核"思政主题，努力建设成为德技双修、理虚实一体、行业引领的省级课程思政示范课程，培养胜任工业机器人编程和运维相关岗位，"匠心匠行、专精特新、智造未来"的高素质技术技能人才。

（二）课程思政内容供给

本课程依托校企双主体，从目标、队伍、内容、资源、方法、评价六方面，构建"一基三维，四纵五核，六驱耦合"的课程思政内容供给体系。以立德树人为根基，从"项目任务+工作过程+知识技能点"三维切入，按照搬运、码垛、装配、焊接四个项目层层递进、环环相扣，浸润职业素养、工程伦理等"五核"思政主题。以项目教学为主体，将安全意识、专注品质、以人为本、创新意识、爱岗敬业、高效协作、精益求精、拼搏奋斗、技能报国等16个元素如盐化水般融入课程体系设计、教学模式创新、教学资源建设、考核评价等教学全过程，实现价值塑造、知识传授和能力培养的有机统一。

✉ **课程思政教学实践情况**

紧贴智能制造高素质人才需求，培养具备新时代工匠品质和可持续发展能力的创新人才，围绕课程教学目标，构建"多师协同、内容递进、资源立体、八步共生、三三评价"的课程思政建设模式，将课程建设目标如盐化水般融入团队建设、内容重构、模式创新、资源建设、考核评价等教学全过程。

（一）以德立学，多方联动，形成协同育人同心圆

本课程团队是由思政名师、企业技能大师、第二课堂导师、辅导员等不同圈层人员构成的"以德立学"智慧型团队，依托双带头人工作室、技能大师工作室开展"三进三研三共建"活动，建立常态化圈层联动机制，通过学习交流、研课磨课、党员教师讲主题党课等方式提升思政素养，将政治理论、创新思维、职场文化、社会经验、学术素养等带入课程，共同参与课程建设、教学实践、考核评价全过程，提升协同育人实效。

（二）"岗课赛证"融通，挖掘思政元素，完善课程内容

本课程从技能竞赛规范、"1+X"等职业资格证书考核要点中解析出文明规范、勇于创新、追求卓越等思政元素，挖掘工业机器人现场编程工作流程中蕴含的爱岗敬业、精益求精、技能报国等思政元素，重构搬运、码垛、装配、焊接四个项目，确定职业素养、工程伦理、创新精神、责任担当、价值追求五个层面依次递进的课程思政主题，每个主题的思政目标也随着工作任务流程由"意识建立"向"精神追求"递进，构建"'岗课赛证'融通，目标双层递进"的课程内容体系。

（三）开发"一书一库四平台"立体化课程资源

课程团队开发"一书一库四平台"立体化课程资源，如出版融入党的二十大精神，涵盖"1+X"证书、技能竞赛要点的新形态教材，获评"十四五"职业教育省级规划教材；建设"安全警示、榜样力量、工匠精神、科研攻关、未来可期"五个类别的课程思政案例库，包括身边榜样、感动中国人物事迹、核心技术攻关案例等79个思政素材；校企共建教育部工业机器人应用人才培养中心实训平台、华航筑梦—"学徒宝"智能制造虚仿资源平台，打造机器人创客空间等创新平台，在学银在线、智慧职教网络平台上线1000多条资源，选课学员累计超3万人次，拓宽了校内外思政育人的覆盖面。

（四）实施"BOPPPS+任务驱动"的"三阶八步螺旋共生"教学模式

本课程通过课堂教学活动、校内创新活动、校外实践活动三类活动打通线上线下、校内校外育人通道，借助任务驱动等教学方法，创新实施"BOPPPS+任务驱动"的"三阶八步螺旋共生"教学模式。课前、课中、课后三个阶段衔接融通，"咨、导、学、析、仿、练、评、拓"八个步骤环环相扣，教师活动和学生活动共生共长、螺旋递进，打造课堂学习共同体，推动职业素养、工程伦理、创新精神、责任担当、价值追求的思政主题元素融入教学全过程，将思政育人目标落地落实。

📊 **课程评价与成效**

本课程创新"三全三维"教学评价体系。针对知识、能力、素养三个维度，依托"平台+校内+校外"三方，采用"定量+定性"方法，围绕课堂表现等16个指标进行过程评价、结果评价和增值评价，实现全员、全过程、全方位评价。

其中，项目考核总成绩表分为操作技能、机械安装、程序设计、思政素养、安全文明生产五个部分。另外，在课程评价过程中，设置预期值，结合项目进阶，借助学习通平台采集并分析教学全过程数据，进行增值性评价，实现思政素养增值可评可测。

⧗ 课程特色与创新

（一）创新构建"一基三维，四纵五核，六驱耦合"的课程思政建设模式，培育"智造未来"的新工匠

本课程立足"制造强国、质量强国、技能中国"战略，结合学院办学定位、专业人才培养要求及课程特色，深挖职业素养、工程伦理、创新精神、责任担当、价值追求五个方面的思政主题，构建"一基三维，四纵五核，六驱耦合"的课程思政建设模式，将课程思政切实融入课堂教学建设全过程，培养"匠心匠行、专精特新、智造未来"的高素质技术技能人才。

（二）创新实施"三阶八步三活动"的课程思政教学策略，实现全员、全过程、全方位育人

本课程以学生为中心，以项目工作流程为主线，依托三大类活动，课前、课中、课后三阶一体，"咨、导、学、析、仿、练、评、拓"八个步骤递进式达成"知原理、懂工艺、会设计、精编程、善运维"的教学目标。

以"视觉检测模块的安装与调试"为例，课前借助互联网和学习通平台开展咨询调研，培养学生团结合作能力；课中以"神舟精准对接，万里穿针技术"导入，增强民族自信，引出视觉识别新技术，按照典型工作流程依次开展工艺设计、离线编程、现场编程等任务，重点培养学生一丝不苟的工作态度；课后通过技能小组竞赛开展创新实践，培养学生拼搏奋斗的精神。

💡 团队思考

（一）建设计划

课程团队持续提升课程思政建设、实施能力，打造课程思政教学名师团队，加强"专精特新"企业合作力度和深度，开展特色订单培养，与技能大师、技艺技能传承人联合开发数字资源，完善课程思政案例库，开发活页教材，建设国家规划教材，建成省级以上精品在线开放课和课程思政示范课。

（二）需要解决的问题和改进措施

第一，课程思政体系尚不健全。课程团队应深入分析专业课程思政目标和专业群课程思政总体布局，继续深挖课程特色，联合更多小巨人企业和科技创新企业，吸纳企业精神和文化内涵，打造独具特色和品牌效应的课程思政示范课。

第二，信息化评价手段和平台不足。随着信息化、网络化对教育的不断渗透，如何减少人为主观评价比重，更大程度地利用大数据实现更加客观的、实时的评价，是未来适应信息时代发展的必然趋势。

（三）支持保障

本课程由省级思政名师掌舵课程思政建设方向，多位优秀教师支撑，能够确保课程改革持续推进；学院课程思政教学研究中心及相关政策为课程提供实施保障。

生物与化工大类

安全·发展·责任·担当
——"化工安全技术"课程思政教学设计

潍坊职业学院课程团队

参赛团队负责人：吴晓静，团队成员：吴倩倩、马天芳、孙梅、于传峰

2023 年 12 月

教学设计课件

课程基本信息

课程名称	化工安全技术
课程类型	专业基础课程
所属学科门类	生物与化工
所属专业	应用化工技术及相关专业群
课程性质	理实一体化课程
学 时	64
学 分	4

　　化工安全技术贯穿化工生产全过程，从设备安装及安全附件、生产规范操作和管理、检维修作业、事故应急处理预案，直至"三废"处理等各个环节，是一门涉及面广、内容丰富的综合性技术。"化工安全技术"课程是国家骨干专业应用化工技术专业的基础课，既是培养化工类高素质技术技能人才整体知识结构及能力的重要组成部分，也是"典型化工产品生产工艺运行"等课程的基础，对提升学生的专业核心素养和职业生涯发展有着重要的基础性作用。

课程教学团队基本情况

本课程团队政治素质高、业务能力强、学历和职称结构合理，是全国石油和化工行业优秀教学团队、山东省职业教育教学创新团队。团队成员共有8人，其中，教授2人、副教授2人、高级工程师1人。团队成员曾获得全国石油和化工教育教学名师、全国石油和化工教育青年教学名师，以及国赛或省赛优秀指导教师等荣誉。在各种比赛中荣获30余项，如获得国际互联网比赛银奖4项、全国挑战杯铜奖3项、全国化工安全生产技术二等奖3项。

团队成员多次参加高职课程实施能力提升培训、山东省教学研究能力提升培训活动，每学期参加课程思政示范课观摩学习、课程思政教研会，在专业建设、课程建设中积极推行思政改革，践行专业教学与思政教育融合并进。

课程思政建设总体设计情况

（一）课程思政建设方向和重点

1. 课程思政建设方向

化工产业作为山东省的传统支柱产业，在全国化工产业布局和全省经济结构中占据着举足轻重的地位，为经济社会持续稳定发展作出了重要贡献。"十四五"时期是山东省化工产业实现变革重塑、动力转换的关键时期，实现高端化工产业质量发展将更为紧迫。在这个时期，安全生产和节能环保成为化工产业发展的生命线，贯穿始终。习近平总书记在关于安全生产的重要论述中指出，要把安全发展作为科学发展的内在要求和重要保障，从根本上提高安全发展水平。

本课程以习近平总书记关于安全发展、底线意识、责任体系、防控风险等方面的指示为思政主线，旨在强化学生的规矩意识、责任意识，并守好安全防线。本课程通过深入贯彻落实习近平总书记的重要指示，以培养学生的安全发展理念和安全警示三线教育为核心，划安全红线，守安全底线，筑安全防线，从而做到防微杜渐、防患于未然。

2. 课程思政建设重点

"化工安全技术"课程思政建设的重点主要有以下几个方面：

（1）着眼绿色化、智能化转型发展，培养高素质技术技能型人才。应用化工技术专业的学生毕业后主要面向化工一线生产操作和自动化控制岗位。因此，本课程在思政建设过程中，应该着眼化工产业绿色化、智能化转型发展的关键时期，结合山东石油化工、盐化工、精细化工产业的优势，强化本课程特色。

（2）构建理实一体化学习过程，德技并修。本课程应该结合行业真实工作情景，构建基于职业实践的理实一体化学习过程，将个人品德、职业道德、社会主义核心价值观、理想和信念分层次、有计划、潜移默化地融入教学全过程，实现个人修养、职业素养、理念信念的同步提升。

（3）正向引导，树立安全发展理念，强化规矩和责任意识。本课程在思政建设过程中，应着力构建"正向"的化工安全课程思政素材，避免加深谈"化"色变的情况，引导学生正确认识化工生产安全保障体系，渗透绿色发展理念，牢固树立安全发展理念，加强安全警示三线教育，做到防微杜渐、防患于未然。同时，要强化学生的规矩意识和责任意识，守好安全防线。

（二）课程思政改革思路

1. 课程思政建设整体设计流程

本课程立足专业人才培养目标，结合课程特色，深入挖掘课程所蕴含的思政元素，整体设计"专业+思政"的育人模式，思政育人进入课程标准、评价标准和教学大纲。同时，建设案例库、微课等思政育人资源，在基于典型职业场景的理实一体化学习过程中，结合在线课程、第二课堂等实施全过程育人；基于多主体进行过程性评价，对评价数据进行发展性、增值性评价分析，引导学生全面发展，并根据学生评价结果、课程评价结果进行持续改进。

2. 课程思政整体设计思路

本课程依据专业人才培养目标，结合学生"不了解化工生产现状、不会识别风险、责任意识和规矩意识不强、不理解安全发展理念"等学情，深入挖掘课程中蕴含的思政元素，从"生命重于泰山"的价值指向出发，树立安全发展理念，守牢安全生产底线。"岗课赛证"融合，知识传授与思政育人相融合，确定"履责守规保安全，强能精技勇担当"的育人主线。构建基于典型岗位工作任务的理实一体化学习过程，促进事故预防、处置、应急救援等核心安全能力提升，强化"底线意识、责任担当、安全发展、平安中国"等思政重点，实现价值塑造、知识传授、能力培养同步，培养"践行安全发展理念，能预防、会救援、守规矩、有担当"的化工安全技术技能型人才。

3. "岗赛课证"融合，重构课程内容

课程团队充分调研区域内石油化工、盐化工以及典型精细化工产业安全生产现状以及常见隐患，对岗位典型工作任务进行分解，参照现代化工HSE技能大赛、化工安全生产大赛技能考核标准，融入化工总控工、化工HAZOP（化工危险与可操作性）分析技能等级证书考核要求，深入研究近5年涉及危化品典型安全事故，依托典型生产案例，依据危险介质的危险性和复杂程度，重构课程内容。

（三）课程思政整体设计

1. 思政育人体系框架

本课程构建"1533"课程思政育人模式，以安全发展理念为引领，立足责任与担当两个支点，通过安全微电影、龙头企业背景、智能化工科技、时代楷模任务、优秀传统文化五类思政案例集，从责任担当、专业价值、科技自信、工匠精神、文化自信等五个维度实现价值引领，以产教融合、科教融汇、"岗赛课证"融通创设"线上+线下"第一课堂、"技能大赛+X证书"第二课堂、"双创教育+社会服务"第三课堂，通过三课堂环境实现全面、全过程育人。

2. 课程内容重构

根据岗位要求重构课程内容，按照知安全、懂原理、强技能、固理念的学习主线构建危险化学品安全管理、岗位安全运行技术、特种作业安全技术、事故处置与应急救援四大教学项目，实现"辨识安全隐患、预防安全事故、排除安全故障、处置安全事故"四能力进阶，传播安全生产文化，明确安全发展理念，通过知责于心、明责于身、担责于肩、履责于行的思政养成路径，实现德技并修。

3. 构建五类思政案例集

借助教学内容和教学目标与习近平总书记有关安全生产论述相契合的天然优势，从安全微电影、龙头企业背景、智能化工科技、时代楷模任务、优秀传统文化等方面构建五类思政案例集，围绕责任担当、专业价值、科技自信、工匠精神、文化自信等五个维度进行价值引领。

4. 四阶段知行合一

本课程通过现代化工生产现状、化工安全新法规新导则研究、现代化工安全生产新技术等方面，引导学生正确认知现代化工安全生产现状，树立安全发展理念，知则于心；建设丰富多样的安全教学资源库，通过图文并茂、生动直观的素材，为安全隐患的识别和预防提供了可视化原理，便于学生更好地理解安全原理，强化安全知识和专业知识，培养安全思维，树立规范操作、安全生产理念，明责于身；实施虚实赛一体化实训教学，强化技能训练，按照技能养成规律，创设"跟练、自练、赛练"三种递进式技能训练方式，在引路型、矫正型和深化型三种示范方式指导下，实现从"完成操作"到"规范操作"，再到"精准操作"的能力递进，锤炼高精尖技能，培养严守操作规范、吃苦耐劳的工匠精神，确保不失控、担得起、扛得住，担责于肩；通过警示教育、技能比武、拓展实践、理念塑造，培养学生观大势、思大局，树立安全发展理念，培养家国情怀，履责于行。

 课程思政教学实践情况

（一）创建虚实赛一体化教学环境

整合国家示范性虚拟仿真实训基地、国家化工生产性实训基地、产教融合特种作业实训基地"3基地"，化工HAZOP分析、化工总控工、化工安全生产操作"3仿真"，危化品生产工艺安全实训装置、危化品生产安全作业实训装置"2设备"，化工生产安全技术大赛、现代化工HSE技能大赛"2竞赛"，构建虚实赛一体化实训教学环境。

（二）实施"六步四阶递进"课程思政教学模式

本课程在教学中充分发挥在线开放课程"互联网+"优势，翻转课堂，以化工典型事故案例为载体，设置综合任务，以任务为驱动，线上学习、教师指导学习、助教引导下的小组协作相融合，实施"案例导学、事故复盘、事故分析、改进措施、事故再现、事故演练"六步案例式教学，实现"辨识安全隐患、预防安全事故、排除安全故障、处置安全事故"四能力进阶，职业素养与安全技能同行，德技并修。

教师在智慧课堂平台发布事故案例、导学任务和相关学习资料，学生利用"化工安全技术"在线开放课程、智慧课堂平台完成自学自测。课堂上集中学习，对案例进行复盘和分解，并利用化工HAZOP分析方法评价事故后果、分析事故原因。小组合作对事故提出改进措施，进行评议。进一步构建相似案例进行事故演练，创设游戏化闯关模式，学生小组合作、定岗定责，依次进行"方案制定、仿真模拟、现场实操"三个环节，在有效时间内规范完成本环节即可率先进入下一环节，学生的学习积极性大大提高。在合作学习的过程中，团队协作能力、沟通交流能力提升，同时责任感与担当意识同步养成，职业素养得以塑造。

（三）德技并修，实施"四阶段五环节"情感体验式学习模式

首先，构建富含思政要素案例的教学内容。本课程在选取思政内容时注重实用性、适用性和实践性，采取创新游戏化、情境式等教学方法，除此之外，还采用线上自主学习、小组讨论与汇报、示范与练习、仿真训练与现场实操、技能比武等多种学习活动，在掌握事故形成条件、预防措施、事故处理和应急救援等专业知识和技能的同时，塑造安全发展理念、劳动精神、工匠精神、家国情怀，德技并修。

其次，实施"四阶段五环节"情感体验式学习模式。本课程在教学过程中通过创设情境，以微电影等形式增强学生的情感体验；通过讨论与分享环节，在思维碰撞中引导学生深化认知和意识；通过评价与反馈，树立信念，形成价值引领；通过行为引导，进一步形成理想信念正向迁移，内化为素养，实现社会主义核心价值观引领下的行为实践。

 课程评价与成效

（一）课程考核评价标准

在教学中，本课程遵循以学习成果为导向、以学生为中心、持续改进的教学理念，线上评价和线下评价相结合，在课前、课中、课后三个阶段，从自我学习能力、安全管理能力、应急处理能力、团队协作能力、情感素养和态度等五个维度，学生自评、成员互评、系统智评、教师测评和企业点评等多主体结合，从智慧职教平台、仿真软件评分、装置系统评分、实操现场评分等多种方式采集评价数据，诊断性评价、过程性评价、总结性评价相结合，分析学生学情、评价学习效果，探索增值评价，指引学生学习，促进学生全面发展。

教师在学期初就发布课程考核标准，通过明确且可执行的考核评价标准引导和促进学生学习。课程考核分为基本考核、业绩考核和加分项三项，其中，基本考核为必须完成的内容，主要包括考核出勤、课堂参与度、在线自主学习和劳动教育。若未通过基本考核，则本学期无法获得该课程的成绩与学分。通过基本考核制度引导学生积极参与课堂教学，调动学习积极性，强化劳动精神。业绩考核项目主要考核学习过程中的专业技能和职业素养表现，是学生课程成绩的主要评分项。而加分项则主要为学习资源制作、科普宣传等内容，重点发挥第二课堂的教育和引导作用，引导学生充分发挥自身兴趣和特长，积极参与社会实践和服务，在全面发展的同时注重学生的个性化成长和终身发展需要。

（二）课程评价与诊断机制

依据人才培养目标与毕业要求，及时调整课程目标。结合学生考核成绩、化工HAZOP证书考取情况、化工安全生产大赛（校内技能竞赛月）成绩，并参考学生评价、督导评价以及企业对课程和学生实习就业情况反馈结果，教师准确评价学习成果达成度，掌握学习效果。通过"岗赛课证"以及学习成果达成、课程评价情况，教师可以及时更新学习项目和内容，调整学习模式，更新评价方式与评价标准。

（三）课程教学成果显著

本课程育人效果显著，其中，学生技能精湛，技能大赛成绩突出；学生责任意识强，企业对毕业生安全素养的认可度高；育人模式示范作用强，在省内外多家院校、企业推广。

 课程特色与创新

（一）立足安全发展理念，创新实施"六步四阶递进"教学模式

本课程以习近平总书记关于安全发展、底线意识、责任体系、防控风险等方面的指示为思政主线，创新实施"案例导学、事故复盘、事故分析、改进措施、事故再现、事故演练"六步案例式教学，实现"辨识安全隐患、预防安全事故、排除安全故障、处置安全事故"四能力进阶，培养职业素养与安全技能同行，"知责于心、明责于身、担责于肩、履责于行"德技并修的高素质人才。

（二）构建"1533"的课程思政建设路径

课程团队积极探索课程思政改革，针对本课程教学目标和内容构建了"1533"课程思政育人模式，即以安全发展理念为引领，立足责任与担当两个支点，从责任担当、专业价值、科技自信、工匠精神、文化自信等五个维度实现价值引领，产教融合、科教融汇、"岗赛课证"融通创设第一课堂、第二课堂、第三课堂，通过三课堂环境实现全面、全过程、多维度育人。

团队思考

第一，身心并修。安全是一种技能，更是一种理念；安全是一种态度，更是一种责任。价值理念和态度素养需要在长期的实践中养成。

第二，持续研究。无安全不化工。教师应将"化工安全技术"课程思政研究当作一门学问、一种价值、一种信仰，不断研究。

第三，筑牢育人魂。育人先育己，教育者必先受教育，教师应与时俱进，提升思政水准，探索立体化施教、全方位思政育人模式。

实施课程思政，践行立德树人，履责于行，秉持安全发展观，为绿色化工、平安中国建设培养安全"捍卫者"。

轻工纺织大类

精裁细缝，发扬工匠精神　承古鼎新，提升文化自信
——"服装立体裁剪"课程思政教学设计

济南工程职业技术学院课程团队

参赛团队负责人：郭连霞，团队成员：王婧茹、窦晓琛、吕小燕、佘小雅

2023 年 12 月

教学设计课件

课程基本信息

课程名称	服装立体裁剪
课程类型	专业核心课程
所属学科门类	轻工纺织
所属专业	服装设计与工艺专业
课程性质	理实一体化课程
学　时	64
学　分	4

　　"服装立体裁剪"课程的实践性与动手性较强，主要面向服装企业的服装设计、服装制版工作领域，通过服装产品设计定制任务引领的项目教学活动，使学生理解服装立体造型原理，掌握立体裁剪方法，提高立体裁剪技术，同时在项目实施过程中培养学生精益求精的工作态度、职业精神、创新与设计能力。

　　本课程在整个专业课程体系中起承上启下的作用，"服装电脑绘图""服装 CAD 应用""服装设计与工艺"等课程知识为本课程的学习打下基础；同时本课程也为"服装生产管理""服装陈列设计""服装营销企划"等课程做好了铺垫。

📍 课程教学团队基本情况

（一）优化结构，组建教学团队

本课程团队由课程主持人、专业课教师、企业导师和思政课教师组合而成。在课程主持人的主持下，本课程经历了精品资源共享课程建设、专创融合课程建设、课程思政课程建设，课程主持人也积累了大量的教学资源和教学经验，并带领团队以本课程为依托参加了3次省级教学能力大赛且分别获奖。

（二）参研参培，提高教师素养

团队教师参加了课程思政的学习培训，跟专家面对面交流研讨，全面提升思政素养；参加传统文化活动，积累课程思政素材并通过课程教学来实践，使课程思政理解得更加深刻，课堂教学效果提升明显，凝练项目参加大赛并获奖。

2019年，团队教师以鸿天服装有限公司新品研发项目为载体，进行"服装立体裁剪"项目化教学实践，通过拓展设计项目"欢庆新中国成立70周年，创意设计连衣裙，向祖国献礼"，着重培养大学生学以致用的能力和创新精神，厚植爱国情怀。同年，团队带着该课程的初步教学实践成果，参加山东省职业院校教学能力大赛，荣获二等奖。

2020年、2022年拓展"服装立体裁剪"项目化教学，选择实践项目服务社区，对接社区微心愿：为社区老年表演队设计服装。作品受到肯定，得到好评，大大提高了学生学习积极性。另外，团队还带着本课程的教学实践成果，参加山东省职业院校教学能力大赛、教育部艺术设计类专业教学能力大赛，均获三等奖。

（三）研究实践，教学成果初显

近3年，团队成员省级以上教学获奖情况如下：2020年9月，获山东省职业院校教师教学能力大赛三等奖（专业一组）；2020年12月，获教育部艺术设计类专业教学能力大赛三等奖；2021年5月，获山东省职教学会"基础"课集体备课特等奖；2021年6月，获山东省教育科学研究优秀成果一等奖；2021年10月，获山东省职业院校教师教学能力大赛二等奖（专业二组）；2021年10月，获山东省职业院校教师教学能力大赛二等奖（公共基础组）；2022年8月，获山东省省级教学成果特等奖；2022年8月，获山东省省级教学成果二等奖；2022年12月，获山东省高校创新创业精品微课大赛二等奖；2023年9月，获山东省职教学会"思政课程与课程思政"专项重点课题结项；2023年9月，获山东省职业院校教师教学能力大赛三等奖（专业二组）。

📝 课程思政建设总体设计情况

（一）明确思路，确定思政目标

思想引领：党二十大报告中指出，推进文化自信自强，铸就社会主义文化新辉煌。"坚持中国特色社会主义道路自信、理论自信、制度自信、文化自信"，是习近平总书记在庆祝中国共产党成立95周年大会上提出的，其中，"文化自信"是在原有"三个自信"的基础上首次提出。习近平总书记还特别指出："文化自信，是更基础、更广泛、更深厚的自信。"这为我们人才培养工作指明了方向。

政策导向、行业发展要求：《纺织行业"十四五"发展纲要》指出，我国纺织行业在基本实现纺织强国目标的基础上，立足新发展阶段、贯彻新发展理念、构建新发展格局，进一步推进行业"科技、时尚、绿色"的高质量发展。纺织行业坚持可持续发展战略，履行环境责任导向，以绿色化改造为重点，以标准制度建设为保障，加快构建绿色低碳循环发展体系，推进产业链高效、清洁、协同发展，为国内外消费市场提供更多优质绿色纺织产品，并引导绿色消费，行业绿色低碳循环发展水平不断提高。

专业人才培养目标：培养理想信念坚定，德智体美劳全面发展，具有良好的人文素养、职业道德、创新意识和工匠精神，较强的就业能力和可持续发展能力，掌握本专业知识和技术技能，具有时尚意识，能进行产品研发生产、个性化定制的高素质技术技能人才。

课程定位：本课程作为服装设计与工艺专业的一门专业核心课程，承担着综合设计师、制版师岗位素养、拓展专业技能、塑造职业精神的任务。

综上，本课程的思政目标是：融家国情怀于理想信念，塑造爱岗敬业、诚实守信、责任担当等职业价值观，强化创新、审美、服务等核心理念，发扬工匠精神，树立服装文化自信。

（二）优化内容，梳理思政主线

"岗课赛证"融通，重构课程内容，梳理思政元素。本课程将服装设计师、制版师岗位工作要求，服装专业职业技能大赛要求，产品创意设计职业等级（中级）证书、服装制版师（高级工）等相关考核内容融入课程四个教学项目中。以企业项目为载体，以岗位工作流程为主线设计教学任务，每一个任务都融入思政教育，将创新精神、责任担当、职业道德等思政元素贯穿整个教学过程，梳理出"工匠精神+文化自信"思政主线。鼓励学生以古鉴今、创新工艺探索美；关注时事、融入家国情怀创造美；精裁细缝、服务社会传播美。学生通过四个教学任务的递进式学习方法，理解立裁原理，掌握立裁方法，提高立裁技术，培养职业精神，提升服装文化自信。

✉ 课程思政教学实践情况

（一）基于数据，有效分析学情

基于平台数据，从知识、素质、能力、学习特点四个方面进行学情调研，分析学生特点。本课程授课对象为服装设计与工艺专业二年级学生，他们已系统学习过服装设计基础、结构与工艺等课程，具备一定的设计、制版、工艺能力，以及服装款式设计软件与CAD软件操作能力，前置课程的掌握程度较好，学生动手能力强。但创新设计与自主学习能力有待提高，审美认知、职业素养有待加强。

（二）依据学情，优化教学策略

落实立德树人，科学分析学情，灵活运用多种教学方法、手段及教学资源。针对学生审美素养不够、创新能力薄弱、自主学习能力差等学情，本课程在教学中采用案例教学法、设计实践法、作品展示法等教学方法，提高学生学习的积极性。

恰当选取教学策略，解决重难点。本课程借助云课堂智慧职教平台、3D仿真设计软件等信息化手段，同时辅以微课、视频、动画、案例、企业手册、思政素材库等各种教学资源，致力于解决传统教学中学生学习积极性与主动性不足、参与性不够、职业素养不高等问题。

"专业课教师+思政课教师+企业导师"组合型教学团队、校企实训环境保证"服装立体裁剪"课程思政整体设计融入思政教育的项目化教学顺利实施，更好地落实立德树人目标。

（三）以美化人，落实知行合一

本课程在教学过程中充分结合学情，构建了"课前自学、课中学练、课后拓展"的三段式教学模式，以美化人，落实知行合一，以"文化自信+工匠精神"这条主线贯穿整个教学过程。课前，小组合作、文化调研，学生主动探索感知传统美；课中，项目导向、分组实操，真题真做创造时代美；课后，任务延伸、巩固练习，服务社会弘扬真善美。

按照企业设计师制版师岗位工作流程设计教学任务。基于工作过程，把每一个项目都划分为四个工作任务，从简单到复杂，层层递进。

设计环节融入传统文化理念，传承爱国情怀；在取布（面料的特性、面料创新）过程中精打细算，节约成本；在用剪刀和针等工具的过程中规范步骤、安全操作；在立裁操作过程中反复调整，保持精益求精的工作态度。

项目实施过程中在设计上、技法上、工艺上敢于创新，善于对样品进行借鉴观察，把握好新时代我国社会的主要矛盾，对服装柔性生产、个性定制等时代性元素和需求自然融入，满足人们对美好生活的向往和需求。

以任务1款式设计"怀古望今，百纳成衣"为例。课前，根据教师发布的任务，进行传统文化调研，感受传统美，引发学生学习兴趣。课中，在教师引导下剖析案例，以古鉴今，理解新知原理，动手实操创造美。课后评价反思，任务延伸，服务社会传播美。三段式教学模式充分展现了"鉴古今、勇创新"的思政特色。

课程评价与成效

（一）多元多维，丰富教学评价

本课程基于科学的学情调研分析，融合课程思政，构建多主体多维度立体化评价体系，坚持依托职教云平台线上、线下考核相结合，过程性评价和结果性评价相结合，"生师企客"四方评价相结合，还将思想引领、情感态度、行为规范、职业精神等思政育人元素融入主体评价。

（二）学生学习成效

经过教学团队积极探索和创新，"服装立体裁剪"课程课堂教学参与度显著提高，教学效果明显提升。本课程将职业价值观融入课堂教学及课堂管理，学生就业竞争力极大提升，取得了行业、社会的广泛认可、好评。在个人层面，学生参加专业竞赛获奖、学习成绩提高，成才意识增强；在专业层面，学生的审美认知、裁制工艺水平得到提升，工匠精神增强；在情感素养方面，热爱服装专业、认同传统服饰，文化自信增强。

课程特色与创新

经过教学实践，本课程形成了自身的思政特色。

（一）以古鉴今，设计融入传统文化元素，提升服装文化自信

结合专业课程特点，挖掘中国传统元素，"知来处，明去处"，以古鉴今，弘扬传

统文化，对接企业项目，设计款式得到企业和社会认可，提升了学生的专业自豪感和社会责任感。

（二）思政元素结合时事热点，引导学生树立正确价值观

疫情期间，设计主题融合时事热点，为患者、志愿者、医护人员设计和改造工作服装，在课堂中融入大爱情怀，引导学生树立正确的价值观，体现抗疫情感；因条件受限，引导学生废物利用，家中旧物变废为宝，传播环保理念，体会作为设计师的社会责任感，提高学生的综合职业素质。

（三）真题真做，拓展项目服务社区，培育大学生时代担当的责任感

真题真做，拓展"服装立体裁剪"项目化教学，选择实践项目服务社区，对接社区微心愿：为社区老年表演队的国庆活动创意设计连衣裙，向祖国献礼。该服务社区的实践项目，发挥了学生的专业优势，加强了学生对服务社会、服务地区发展的认识，培育了大学生时代担当的责任感，让他们愿意为区域经济发展发挥应有的作用。

团队思考

首先，教学团队方面。教师应积极参加思政专题培训，提高自身思政素养；与思政课教师组成课程小组，共同研讨课程思政内容；参与省内外课程思政研讨活动，不断学习新理念新方法。

其次，思政元素内容方面。教师要继续加强对课程思政元素的完善与凝练，深入挖掘思政元素，关注时代新命题与时俱进。同时，完善课程思政体系，提高课程思政元素的凝练度。

"药事管理与法规"课程思政教学设计

威海海洋职业学院课程团队

参赛团队负责人：徐志杰，团队成员：崔洪萌、李锡勇、李银塔、刘昌状

2023 年 12 月

教学设计课件

课程基本信息

课程名称	药事管理与法规
课程类型	专业核心课程
所属学科门类	食品药品与粮食
所属专业	药品与医疗器械专业群
课程性质	理实一体化课程
学 时	64
学 分	4

课程教学团队基本情况

　　"药事管理与法规"课程教学团队成员既包括校内专职教师，又包括校外兼职教师。其中，校内专职教师主要包括思政课教师和专业课教师，课程负责人和主讲教师均有 6 年以上制药行业、企业工作经验。校内专职教师中有国家执业药师 3 人、中级药物研发工程师 3 人、2020 年威海市"同城大课堂"宣讲团成员 1 人、山东省技术技能大师 1 人、威海市有突出贡献的中青年专家 1 人、乡村振兴首席专家 1 人。团队成员始终坚持立德树人、育人育心的培养目标，牢记"培养什么人，怎样培养人，为谁培养人"这一教育根本问题是关乎党和人民事业发展的根本。校外兼职教师主要包括药监机构审评人员、知名药企管理人员，他们的参与有利于确保行业和企业新技术、新工艺、新规范顺利进入课程。

课程负责人，中共党员，硕士研究生，中级药物研发工程师，国家执业药师，中级"双师型"教师，有8年的药企工作经历，2011—2018年就职于国内知名药企和研发机构，主要从事药品生产和研发工作，有着丰富的药品一线生产经验和较高的药品研发创新能力。作为项目负责人，他主持多个仿制药一致性评价项目，授权药物研发方向发明专利4项。2018年9月进入学院后，一直工作在教学一线，承担专业核心课教学工作，并指导2017级到2020级学生的实习和毕业设计。在教学过程中，他始终秉承立德树人的教育理念，积极参加课程思政研学培训，结合自身工作经历，在教学过程中结合企业岗位积极开展课程思政教学。

团队成员通过完成2门课程思政示范课建设、参与7项省级课程思政课题、参与思政培训和教研等工作，其课程思政能力不断提升，教学水平实现跃升。

"药事管理与法规"课程因独特的教学内容和目标，其思政教育资源显而易见。作为思政教育隐性课程，传统的思政元素嵌入形式多是列举一些违反药事法规从而威胁人民群众生命安全的案例，通过案例剖析和反思，使学生树立法治精神、严格遵章守法的意识，筑牢药品行业从业者应有的职业道德。在此基础上，本课程团队成员充分研讨挖掘思政教育资源，形成了正面激励和负面反思相结合的"两维"课程思政模式。

📝 课程思政建设总体设计情况

"药事管理与法规"是药品与医疗器械专业群（包括药品生物技术、药品经营与管理、食品药品监督管理等专业）的核心课程，也是国家执业药师资格考试的主考科目，在药学类人才培养体系中占有重要地位。

"药品全生命周期"理念主要包括药品研发、药品生产、药品流通、药品退市四个环节，每个环节均有对应的法律法规，这些法规的实施是药品质量保障的基础，也是本课程的主要内容。

本课程主要项目有药品监督管理体制与法律体系、中药管理、药品注册管理、药品生产管理、药品经营管理和医疗机构药事管理等。对接岗位群有药品研发与注册、药品生产、药品检验、药品经营和药品临床使用等。

本课程立足"两产业集群"（威海市新医药与医疗器械千亿产业集群和山东省医养健康产业集群）人才需求，融合"一专业群"（药品与医疗器械专业群），与其他院级课程思政示范课程（"药物制剂技术""药学基础"和"天然药物化学"等）形成课程群思政和思政育人元素的多维拓扑体系。本课程以党的二十大报告中提出的"把保障人民健康放在优先发展的战略位置"为指引，结合覆盖药品全生命周期的"岗位集群"（药品研发与注册、药品生产、药品经营和药品使用）岗位需求，覆盖药品全生命周期，通过"两线并行"教学模式，深化"校企双元"和"三全育人"教学改革，将思政元素融入课前自学、课中分享、课后延伸等教学环节，融入课程知识，与《"健康中国2030"规划纲要》紧密融合，以"推进健康中国建设，提高人民健康水平"为价值核心，形成"立药德、熟药规、精药技"的思政红线，培养"懂技术、能管理、会销售、擅服务"的高素质技术技能人才，服务"产业集群"，为推进"健康中国"和"法治中国"建设作出制药人的贡献。

✉ 课程思政教学实践情况

党和国家始终坚持把人民的生命健康放在国家发展战略的优先位置，医药产业与国民生命健康息息相关，随着社会的进步和国民健康产业不断升级，对药学专业技术人才的培养质量提出了更高的综合素质要求。

本课程依据人才培养目标，结合学科专业的特色和优势，基于人才培养目标，修订该课程标准，更加凸显素质目标和思政元素。同时，深度挖掘提炼课程中所蕴含的思想价值和精神内涵，科学合理地拓展专业课程的广度、挖掘课程的深度和营造课程的温度。每个任务挖掘1—2个思政融入点，建设成有历史广度、专业深度和人道温度，并具有智能化、国际化的药学特色思政案例库。团队教师采用以专业服务企业，以案例反哺教学的模式，更新思政案例库，保证案例的时效性、专业性。

名企联动，我们建有历史广度、专业深度和人道温度，同时具有智能化、国际化的药学特色思政案例库。思政资源是通过视频、案例、讨论、演讲、实践和志愿活动等方式融入课程教学过程。本课程构建了以课程知识为明线、思政元素为暗线的课程体系，二者贯穿育人达到润物细无声的目的。另外，还实施正面激励和负面反思相结合的"两维"课程思政模式：采用医药行业中的名人、名企、名药的案例作为正面激励，赋能学生；以典型违法案例、社会热点剖析作为负面反思，赋予学生职业"边界感"。正向、逆向协同发力，达成思政育人目标。

鉴于本课程实践性、抽象性的特点，课程团队创新了"引进来"和"走出去"的案例教学法。其中，"引进来"是行业专家、技术能手、最美药师进课堂，"走出去"是完成企业现场教学、教师以专业服务企业、"名企联动"构建特色案例库等工作。

培养学生"一怀"（家国情怀），"两感"（民族自豪感和中药传承创新事业的使命感），"三依"（依法执业、依规操作、依法治国），"四个自信"（道路自信、理论自信、制度自信、文化自信），"五个精神"（工匠精神、劳动精神、劳模精神、人道主义精神、创新精神），"六个意识"（法制意识、质量意识、生态意识、民生意识、担当意识、生命意识）。

课外，"药事管理与法规"课程以系部发展和专业群建设深化"校地合作"为契机，利用百草园科普劳动教育基地和达因制药等本地药企作为第二课堂，线上、线下有机结合，构建沉浸式教学生态，形成全时空思政育人格局。引导学生广泛开展具有专业特色的志愿服务活动，积极推进"药品知识宣讲""健康用药，健康饮食"等大健康主题、专业特色强的志愿服务活动，促进课程思政教育转化为现实需求，使学生将所学用于实践，提升专业技能，将课程思政教育从课内、校内延伸至课外、校外。

课程评价与成效

（一）课程评价方式

本课程采用过程性考核（占50%）和终结性考核（占50%）、线上评价和线下评价相结合的全过程考核模式。过程性考核评价指标为考勤、课堂测试、线上成绩和实训表现等。线上评价主要借助超星泛雅学习平台和欧贝尔仿真实训平台，线下评价主要通过课堂测试、讨论、实训等方式。

本课程评价重点强调过程评价，关注学生知识技能以及职业素养的评价，增加对思政修养的考核。在课程思政建设中，本课程形成了"五维四评"课程思政评价体系，其中，通过线上留言、课中开放性讨论议题、案例反思、课后撰写心得体会、主题演讲等"五维"评价载体来体现，通过教师点评、小组互评、学生自评和企业评价"四评"评价主体来实现。关注学生走向社会，走进企业的增值评价，全面记录学生发展轨迹，既实现了整个课程教学和评价体系的改革，又能体现课程思政实施的效果。

（二）课程育人成效

"药事管理与法规"和其他院级课程思政示范课程形成课程群思政协同育人，效果显著。例如，学生参加"百草园"劳动教育，由刚开始的不会劳动、不想劳动，到最后成功完成5届"劳动成果展示大赛"，实践中药材生产质量管理规范（GAP），感悟劳动精神，践行制药人的使命担当；学生走向工作岗位，认同企业文化，离岗率低，遵守公司各项纪律章程，能够做到依法执业，依规操作，科学严谨，得到了用人单位较高的满意度评价；学生技能竞赛和科技创新类获奖捷报频传；学生学习积极性和求知欲显著提升，很多同学意向于提升自身，升本率逐年稳步提升；专业群学生积极参与社会实践、社会服务志愿活动和社团活动等，积极宣讲医养大健康知识，赋能乡村振兴。

（三）示范辐射作用

"药事管理与法规"课程思政育人模式已成为典型案例，可在威海海洋职业学院药学类专业推广应用。本课程课程思政的改革和实施，将会大大提升人才培养质量，引导学生树立正确的价值观，提高企业的用人满意度，能够辐射专业群长久持续发展，也可为山东省乃至全国职业院校药学类专业提升实践教学效果，提供经验借鉴。

课程特色与创新

本课程构建了正面激励和负面反思相结合的"两维"课程思政模式，打破了法规类课程传统的思政融入方式；形成了"立药德、熟药规、精药技"的具有专业特色的思政主线；创新了"引进来"和"走出去"的案例教学法，既邀请行业专家、技术能手、最美药师、企业文化进课堂，又到企业现场教学，构建特色案例库。

团队思考

首先，深化"百草园"文化育人功能。"百草园"作为学生第二课堂，在后期教学活动中，团队教师继续深挖、讲好中药材背后故事，增强传统中药文化育人功能，培养学生中医药自信心和文化认同感。

其次，开拓"校政双元"合作模式。结合课程特色，下一步开拓与省药监、市药监机构的合作关系，让执法者走进课堂，与学生零距离，让学生真切地感受药品监督管理的魅力。

交通运输大类

责任托起使命 忠诚铸就辉煌
——"民航旅客安检"课程思政教学设计

东营职业学院课程团队

参赛团队负责人：徐顺意，团队成员：陈炜、韩亦达、王瑞香

2021年12月

教学设计课件

课程基本信息

课程名称	民航旅客安检
课程类型	专业必修课程
所属学科门类	交通运输
所属专业	民航安全技术管理
课程性质	理实一体化课程
学　时	72
学　分	4

　　民航安全技术管理专业主要面向各大机场、安保公司等领域，从事民航安全检查员、民航安全保卫员等岗位工作，培养具有良好的职业道德和当代民航精神，掌握安保法规、民航安全检查和应急处置等基本知识，具备较强的民航安全检查技能及综合分析、协调和应对突发事件的能力，德、智、体等全面发展的高素质技术技能人才。

　　通过"民航旅客安检"课程学习，学生能够了解、熟悉登机、机场、航班相关知识，掌握安检各岗位职责与实施要求；能够根据行业要求，保障航班安全高效运行，实施安全检查；树立安全底线思维意识、文明执勤意识，在践行当代民航精神过程中树立对生命、规章、职责的敬畏意识。

📍 课程教学团队基本情况

本课程从设立之初就积极进行课程思政建设,教学团队共有5人,其中,专业课教师3人、思政课教师1人、企业教师1人,且全部是党员。本课程负责人是党支部书记,严格把控课程思政建设方向,思政课教师为课程思政教学进行理论指导;还邀请一名曾获安检岗位劳模的安检站站长为兼职教师。另外,由于民航业的特殊性,本课程团队成员已全部通过政审。

本课程团队成员积极参加课程思政培训,培训人次达20人次,培训学时约800学时。

📝 课程思政建设总体设计情况

(一)课程设计总思路图

本课程设计总思路详见图1。

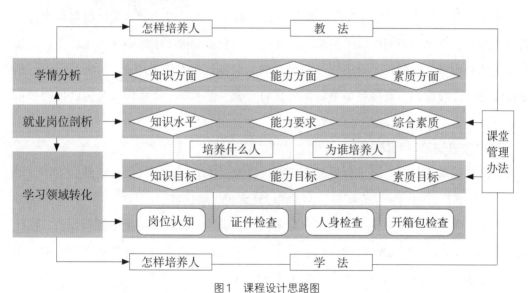

图1 课程设计思路图

(二)政策引领,明确方向

在进行课程设计时,本课程以教育的根本问题"培养什么人、怎样培养人、为谁培养人"为思考主线。

国家层面:习近平总书记在党的十九大报告中提出了"培养担当民族复兴大任的时

代新人"的要求。2018年9月30日，习近平总书记在接待"中国民航英雄机组"发表讲话中提出，"我们要培养能够担当民航强国重任的建设者和接班人"。这为我们人才培养工作指明了方向。

行业层面：2020年4月14日，中国民航局局长冯正霖在民航安全运行形势分析会上发表讲话时提出，要大力弘扬和践行当代民航精神，以"敬畏生命、敬畏规章、敬畏职责"为内核。这为民航专业"培养什么人、为谁培养人、怎样培养人"提出了具体要求。

（三）岗位剖析，明确目标

岗位剖析：通过走访深圳宝安国际机场、成都双流国际机场等校企合作单位，深入剖析安检岗位用人标准，从知识储备、能力必备、素质要求三方面进一步确定课程的知识目标、能力目标。由于民航业的特殊性，从对从业者的政治素养要求方面确定本门课程的素质目标。

思政教育主线：以当代民航精神为主体。以民航"三敬畏"为核心、以民航安全为底线构建思政教育主线。

思政教育目标：岗位目标是以"安全第一、严格检查"为根本宗旨，秉持"文明执勤、热情服务"安检行业工作原则的岗位目标；行业目标是以践行当代民航精神为行业目标，培养具有忠诚担当的政治品格、严谨科学的专业精神、团结协作的工作作风、敬业奉献的职业操守；精神目标是以"敬畏生命、敬畏规章、敬畏职责"为精神引领，树立民航安全底线意识；终极目标是以保卫空防安全、保障国家和人民安全为己任的终极目标。

（四）整合资源，明确内容

以岗位需求为基础、以工作过程为导向设计教学内容，以当代民航精神为主体、以民航"三敬畏"为内核、以民航安全为底线设计课程思政内容。

基于工作岗位及学生认知发展规律确定四大教学项目，明确项目主要知识点，在此基础上深挖知识点背后相关联的人和物，确定故事主题，由故事主题凝练思政元素。然后讲好中国故事，讲好民航故事，讲好榜样故事，讲好学生故事，通过故事的感染性，由衷地敬畏生命、敬畏规章、敬畏职责，实现对学生进行思政教育目的。

讲好中国故事：从中国安检设备使用发展角度，从纯人工检测到智慧机场安检的出现，让学生感受中国从民航大国到民航强国的演变，由衷产生民族自豪和职业自信；中国安检从普检到毫米波精细化检测，让学生感受严谨科学的专业精神，而这种精益求精的专业精神就是源于对生命的敬畏。

讲好民航故事：在授课过程中，将民航真实的案例故事融入教学，这里有空防安全成功的典型案例，也有用生命换得的血泪教训。在讲述中国民航故事过程中，让学生感知自己的责任重大，深知民航安全无小事。只有敬畏生命、敬畏规章、敬畏职责，才能保证民航安全。

讲好榜样故事：在机场安检领域，有很多值得学习的榜样，在讲述他们严谨科学、敬业奉献、忠于职守、团结协作的故事时，让学生真切感受到榜样是如何践行当代民航精神的，从而以榜样的力量来感化学生。

讲好学生故事：讲他人故事不如讲学生自己故事，将学生的岗位故事融入课堂教学，学生自己讲自己的故事更能产生共鸣，从而坚定为民航事业奋斗终生的信念。

（五）学情分析，明确方法

教学方法：针对本专业学生活泼好动、自我表现意识较强的特点，基于就业岗位分析，充分利用案例教学、情景模拟、角色扮演等教学方法，在提高学生课堂参与度的同时，对学生进行知识和技能传授。

课堂管理办法：针对本专业学生职业意识模糊、团队意识较差的学情，将安检岗位目前使用的管理制度融入专业课堂，提出课堂即岗位、上课即上岗的理念，在落实岗位责任制于专业课堂的过程中，践行当代民航精神，进而培养新时代民航强国的建设者和接班人。

搭建育人平台：为了拓展育人的时间和空间，不拘泥于课堂教学，进一步搭建校企育人平台。结合课程及专业特点，开展各类第二课堂活动；深入校企合作单位，积极开展社会实践；根据民航局五级安检证培训安排，积极参加培训考证。由此，实现立体化渗透效果，形成全方位的育人格局。

（六）评价考核，明确标准

结合五级安检证考评标准及课堂管理办法实施标准制定本门课程的考核评价办法。其中，知识目标考评主要考查理论知识掌握情况，参照五级安检证理论考核方式进行考评；能力目标考评主要考查学生安检专业技能掌握情况，参照五级安检证实操考核方式及标准进行考评；思政目标考评通过课堂管理办法的执行情况对学生的思政教育情况给予评定，注重学生习惯养成评价。与此同时，还设计了口袋管理办法，学生在课堂上的一切表现都会给予相对应的思政目标卡片，课程结束后通过学生口袋中的卡片来评定对学生思政教育的效果。

✉ 课程思政教学实践情况

（一）教学实践案例

1. 岗位认知

主要知识点1：民航安检工作的产生及发展。

【课程思政元素】民族自豪、职业自信。

【相关思政素材】展示中国故事：从中国安检设备使用发展角度，从纯人工检测到智慧机场安检的出现，让学生感受中国从民航大国到民航强国的演变，由衷产生民族自豪和职业自信。

【实现路径及方法】教师从学习通平台发布任务，让学生寻找相关材料，并在评论区进行评论。教师在课堂上通过数据对比、图片对比，强化效果。

主要知识点2：民航安检工作性质。

【课程思政元素】安全底线、敬畏生命。

【相关思政素材】展示中国故事：分析2008年奥运会、2014年APEC峰会安检员是如何通过专业形象展示大国风度，维护外交形象的。

【实现路径及方法】课上，教师以视频的形式展示奥运会期间我国安检人员形象的宣传片，使学生在观看的过程中进一步体悟安检的工作性质。课下，教师通过学习通平台发布APEC峰会安检人员的工作视频，让学生在评论区进行评论。

主要知识点3：民航安检工作的原则。

【课程思政元素】忠于职守、敬畏规章。

【相关思政素材】展示榜样故事：2021年《新春走基层》节目——长春龙嘉国际机场安全检查员马锐的采访。

【实现路径及方法】课上教师通过案例分析，结合新闻节目内容及素材人物感想，引导小组讨论，并发表感想。

主要知识点4：民航安检工作的职能。

【课程思政元素】敬业奉献、敬畏职责。

【相关思政素材】展示学生故事：学长雷振福在岗位上获得一张表扬单——提前被录用的经历。

【实现路径及方法】课上教师通过发布雷振福学长在岗位上的故事，帮助学生树立敬畏职责的意识，同时引导学生向学长学习，树立良好的职业责任感。

2. 证件检查

主要知识点1：证件检查岗位职责。

【课程思政元素】敬畏规章、敬畏职责。

【相关思政素材】展示榜样故事："平凡中的坚守"——大兴机场安检员杨光的故事。

【实现路径及方法】课堂上教师通过视频播放榜样的故事，让学生明确证件检查岗位职责的同时，深切感受岗位责任重大。

主要知识点2：乘机有效证件的种类及识别。

【课程思政元素】严谨科学、敬畏规章。

【相关思政素材】展示民航故事：黄山机场冒用他人身份证案例、白云机场冒用他人身份证案例、盐城机场证件检查岗查控工作案例。

【实现路径及方法】教师结合案例模拟证件检查岗位，布置工作任务，学生通过情景模拟，分辨真伪证件，并讨论分析识别要点。教师结合案例人物总结升华，培养学生严谨科学的专业精神，形成敬畏规章的意识。

主要知识点3：证件检查的实施。

【课程思政元素】敬畏规章、严谨科学。

【相关思政素材】学习法律法规《中华人民共和国民用航空安全保卫条例》《民用航空安全检查规则》。展示民航故事：偷盗团伙携假证闯机场安检案。

【实现路径及方法】基于法条，教师演示、学生模拟，从正反两方面，加深学生理解，规范证检操作。通过案例分析，学生能够树立严谨科学的专业精神，与此同时，明确作为证件检查人员必须严格执行检查规范。

3. 人身检查

主要知识点1：人身检查岗位职责。

【课程思政元素】敬畏规章、敬畏职责。

【相关思政素材】展示榜样故事："严于律己"——首都机场蒋美思的故事。

【实现路径及方法】课堂上教师通过视频播放榜样的故事，让学生明确人身检查岗位职责的同时，深切感受岗位责任重大。

主要知识点2：禁止携带、限制携带物品的种类及处置。

【课程思政元素】安全底线、敬畏生命、敬畏规章。

【相关思政素材】展示民航故事：非法携带弹药进入交通工具案——郭某某扬言实施爆炸机场案。

【实现路径及方法】课上案例分析，小组讨论，教师点评。课下教师通过学习通平台发布案例，引导学生进行评论，并帮助学生树立敬畏生命、敬畏规章的意识。

主要知识点3：人身检查设备的使用方法、人身检查的实施。

【课程思政元素】安全底线、敬畏生命、敬畏规章。

【相关思政素材】展示学生故事：实习生获得旅客送来锦旗的故事。

【实现路径及方法】教师通过学习通平台发布实习学生在岗位上获得旅客送来锦旗的案例，帮助学生树立文明执勤的意识。与此同时，引导学生向学长学习，帮助学生树立良好的职业意识。

4. 开箱包检查

主要知识点1：开箱包检查岗位职责。

【课程思政元素】敬畏规章、敬畏职责。

【相关思政素材】展示榜样故事：2021年某机场开箱包检查人员的夜班微博日记。

【实现路径及方法】案例分析，小组讨论。教师讲授一线开箱包安检员的工作实记，在总结提炼开箱包检查人员工作职责的过程中，让学生形成对规章、职责敬畏的意识。

主要知识点2：开箱包任务的实施。

【课程思政元素】严谨科学、团结协作、敬畏职责。

【相关思政素材】展示民航故事：陈斌陈伟调包案。

【实现路径及方法】案例分析，小组讨论。教师在讲授案件的过程中，引导学生分析出现问题，并体会开箱包人员和人身检查人员是如何协作和公安完成罪犯抓捕的。

主要知识点3：开箱包检查的情况处置。

【课程思政元素】团结协作、敬畏职责。

【相关思政素材】展示民航故事："6·29新疆和田劫机事件"中英雄机组及旅客的故事。

【实现路径及方法】案例分析，小组讨论。教师讲授"6·29劫机事件"中机长、机组、旅客反劫炸机事迹，学生分析总结，在此过程中，帮助学生树立团结协作的工作作风。

（二）课程思政育人方法设计

本课程将安检岗位目前使用的管理制度融入专业课堂，提出课堂即岗位、上课即上岗的理念，在落实岗位责任制于专业课堂过程中，践行当代民航精神，进而培养新时代民航强国的建设者和接班人。

班组负责制：科学分岗，职责明确，培养学生具有忠诚担当的政治品格。

轮岗负责制：日常事务，轮流负责，培养学生具有敬业奉献的职业操守。

班前例会制：工作规范，例行检查，帮助学生树立规范意识，从而敬畏规章、敬畏职责。

责任连带制：团队协作，风险共担，培养学生具有团队协作的工作作风。

量化考核制：引入保准、量化赋分，培养学生具有科学严谨的专业精神。

课程评价与成效

（一）学生

2020年，东营职业学院安检专业的学生首次参加民航局举办的五级安检证培训，考证通过率达98.9%；2021年，奔赴深圳宝安国际机场安检站参加顶岗实习，在该岗位员工流失率高达86.9%的情况下，我院学生留岗率达到90.3%。

（二）企业

企业对于东营职业学院学生满意度达到96.6%。尤其是企业对我院学生在遵规守纪、工作态度、吃苦耐劳等方面的高度评价，更是对本课程思政改革成效的充分肯定。企业还提前预订我院学生3年的实习。

（三）同类院校

该课程团队多次受邀到山东省内同类院校进行经验分享，充分发挥了示范辐射作用。平顶山工业职业技术学校、重庆交通职业学院轨道交通学院、楚雄技师学院同行业院校也纷纷到我校学习经验。

课程特色与创新

本课程特色是将行业职业素养、平安民航与高职教育有机结合，进行课程思政教育。

本课程创新之处在于结合行业准军事化管理特点，将课程思政元素融入日常教学管理，进行课程思政教育。

团队思考

专业教育如同一辆汽车，思政教育如同车的方向盘，脱离了思政教育的专业教育，犹如没了方向盘的汽车，终究会偏离。专业教育如同一辆火车，思政教育如同火车轨道，脱离了思政教育的专业教育，亦如脱离了轨道的火车，终究会偏侧。

在课程思政建设过程中，教师继续挖掘课程思政元素，加深专业教学与课程思政的融合，提高自身的思政水平。

业以诚为本　诚以信为基
——"汽车销售实务"课程思政教学设计

威海职业学院课程团队
参赛团队负责人：孙杰，团队成员：李红亮、赵娥、赵锦强
2021年12月

教学设计课件

课程基本信息

课程名称	汽车销售实务
课程类型	专业必修课程
所属学科门类	交通运输
所属专业	汽车营销与服务
课程性质	理实一体化课程
学　时	64
学　分	4

　　"汽车销售实务"课程以汽车4S店经营模式为背景，围绕汽车销售过程中涉及的各个环节，从职业岗位能力分析入手，以岗位工作过程为导向，构建以真实任务为载体的服务流程体系，并结合汽车营销评估与金融保险服务技术"1+X"职业等级证书制度，校企合作共同开发了用于教学的教材《汽车销售实务》。

　　结合威海职业学院、汽车专业特色和人才培养要求，本课程确定了以"诚实守信和精诚服务"为内涵的职业素养，并融入教学，在课程中增加诚实守信、精诚服务、爱岗敬业、团队合作、严谨作风和遵纪守法等思政素材，培养学生汽车销售综合能力的同时，坚定"四个自信"，践行社会主义核心价值观。

课程教学团队基本情况

（一）团队成员

本课程教学团队教师5人，老中青结合，高级职称2人、中级职称3人，思政课教师与专业课教师相结合，校内教师与校外导师相结合，承担课程思政建设整体设计及实施。近3年，团队成员先后获省级以上奖励6项。

（二）课程思政建设

本课程教学经历了3个阶段：2007年跟随社会发展设置课程；2013年结合山东省技能大赛及岗位需求实施教学，开展成果导向教学改革、一体化行动导向教学、校企深度融合等教学改革；2019年课程思政建设，团队在挖掘上下功夫、在融合上做文章、在创新上求突破、在深度上见实效，结合课程内容及教学目标，确定思政目标，完成课程思政目标的建设。

在建设过程中，课程团队成员多次参加线上、线下以及校内外的课程思政学习培训，不间断地进行课程思政集体研讨，做到技能培训与育人相融通。

（三）教学获奖情况

在课程思政建设过程中，团队成员获校级师德标兵称号的有2人、获院级优秀共产党员荣誉称号的有1人，校级名师有1人、省级教学名师有1人，教学成果有立项校级教学改革课题2项、省级课程思政示范课程1项，编写出版教材1部。团队教师获校级教学能力二等奖1项、创新创业比赛一等奖1项，教师参赛团队获全国汽车营销与二手车评估一等奖1项、山东省汽车营销赛项一等奖1项、二等奖4项。本课程思政建设取得了显著成效。

课程思政建设总体设计情况

（一）课程思政建设根本思路

结合威海职业学院办学定位、专业特色和人才培养要求，本课程确定了以"诚实守信和精诚服务"为内涵的职业素养，并融入课程教学，在课程讲授中增加诚实守信、爱岗敬业、协作创新精神、严谨作风和遵纪守法等思政素材，引导学生在掌握专业知识的同时，坚定汽车销售诚信为本、精诚服务的职业素养。

（二）课程思政建设目标

本课程依据国家专业标准、行业标准、岗位标准、课程标准，并结合"1+X"岗位需求、技能竞赛评分标准等，确定了爱岗敬业、以诚为本、信以德为源、研以人为本、业以诚为本、行胜于言、严谨精细、诚信至上、诚以信为基、平等诚信、精诚服务、诚实守信的育人目标。

（三）课程思政主线

本课程思政以一条主线、四条辅线、三种融合方式相结合，完成建设任务，即以汽车销售"诚信"为主线，爱国情怀、严谨精细、工匠精神、职业素养等为辅线，采用项目融入、素材融入、实践融入三种方式，进行思政点的有机融合。

 课程思政教学实践情况

（一）课程设计理念

本课程结合学生的基本学情，运用真实的汽车企业销售案例作为任务设计，培养学生以诚待人、团队协作、爱岗敬业的职业素养，以及良好的沟通和组织能力。

（二）课程教学理念

为更好体现工学结合的课堂，本课程采用行为导向的教学模式，将汽车4S店的真实服务场景进课堂，提高学生汽车销售服务的实践能力。以企业接待流程为依据，培养学生服务至上、精益求精、从客户利益出发的"精诚"服务意识。

（三）课程教学资源

本课程在教学中应用线上、线下丰富的教学资源，实践教学方法多元化、教学环境企业化、教学过程自主化的教学理念，培养学生扎实的专业技能和良好的职业素养。

（四）课程教学环节

本课程在教学实施中采用课前探索、课中导学、课后拓展三步走的形式，形成"探、学、训、评、拓"一体的教学方式，融合"岗课赛证"基本要求，做到"诚实守信、培根铸魂"的育人目标。

 课程评价与成效

（一）课程评价

本课程采用过程考评（80%）和期末考评（20%）相结合的方式，培养学生诚实守信的服务意识、处理问题和解决问题的能力，突出学生职业能力培养。

（二）教学成效

通过课程思政教学，学生在技能提升、自主创新和就业人数、个人学历提升及职业发展方面都有了明显的进步，教师的执教能力也不断提升，编写出版本课程教材，并将本课程建设成学院课程思政示范课程。课程团队教师所编写的课程思政案例被录入山东省高等院校课程思政案例选编。

 课程特色与创新

（一）课程特色

本课程运用学习通平台、微视频、教学软件及企业资源线上、线下相结合，使交流平台网络化、学习资源多样化，密切与汽车4S店的工作情境相结合，运用企业真实的场景、企业内训师及汽车销售顾问的经验引导教学，体现了学习任务情境化及学习过程的职业化，结合学生自评与互评、教师评价等多元化评价，使课程评价更客观、更真实，真正做到"精"知识、"强"技能、"诚"育人。

（二）教学创新

以企业真实案例作为引导，在真实的工作中将思政元素润物细无声地融入课程，融得自然，融得和谐。比如，培根铸魂贯穿始终、理想信念全面融合，服务意识、严谨精细、劳动精神项目实施深度融合，诚实守信作为主线教学内容巧妙融合，思政元素挖掘准确恰当，思政课程无痕融合。

 团队思考

上好一门课，可以改变一个人。作为教师，要把课程思政当作一门学问、一种价值、一种信仰刻苦钻研，做到汽车销售理念与时俱进，进一步挖掘思政元素及企业案例，做到课政无痕融合。同时，结合汽车销售课程，在学习、做事、做人方面为学生做示范，促进学生全面成长。

树立民航文化自信　勇担民航强国重任
——"民航概论"课程思政教学设计

东营职业学院课程团队

参赛团队负责人：韩亦达，团队成员：崔月信、徐顺意、马百平、陈炜

2023 年 2 月

教学设计课件

📖 课程基本信息

课程名称	民航概论
课程类型	专业基础课程
所属学科门类	交通运输
所属专业	民航运输专业群
课程性质	理实一体化课程
学　时	64
学　分	3

📍 课程教学团队基本情况

（一）团队成员

　　结合民航业多方共管的特点，本课程邀请民航局领导、行业协会教员作为专家顾问；聘请一线骨干为企业导师，与校内专业课教师、思政课教师共组教学团队，产教融合、同向同行，构建高起点、多层级的"政、行、企、校"协同育人共同体。

　　本课程教学团队高度重视课程思政建设，党支部书记直接担任课程负责人，严格把控课程思政建设方向；专家顾问把脉宏观需求、定期优化诊改；行业教员引入行业标准、搭建教师业务培训平台；企业导师与校方教师共建实训基地、共研课程标准、共同开发信息化教学资源；思政课教师为课程思政教学进行理论指导，专业课教师进行课程

思政重构设计、实践反思及全过程性考核。

（二）课程思政建设

自产教融合项目落地，课程负责人牵头带领团队成员积极开展课程思政教学改革，从课程总体设计、教学内容重构、教学策略探索、课堂管理及评价改革到长效保障机制的建立，将课程思政融入课程建设全过程。

（三）教研培训

为进一步强化育人意识、提升育人能力、紧跟行业发展、持续改进课程，课程团队定期开展教研活动，进行现场教学观摩；组织集体备课，进行典型经验交流；积极参加课程思政培训，聘请省内外知名专家20余名莅临讲座，培训学时800余学时。

（四）获奖情况

本课程教学团队被评为"课程思政优秀团队"，其中，团队内3名教师被评为校级"课程思政教学名师"。课程团队在山东省职业技术教育学会思政课程与课程思政研究分会2021年度"课程思政研课总会"中荣获二等奖，在山东省职业技术教育学会思政课程与课程思政研究分会中荣获交通运输大类第一名。"民航概论"课程被评为校级课程思政示范课。

课程思政建设总体设计情况

（一）办学定位

本课程坚持立德树人，以"学生中心、质量为要、开放融合、特色品牌、文化制胜"为内涵式发展路径，培养社会主义合格的建设者和接班人。

（二）专业特色及人才培养模式

东营职业学院民航运输专业群结合办学定位，立足新时代民航发展要求，全面推进民航文化育人与职业技能培养相融合，以"坚持立德树人、厚植文化底蕴、服务民航发展、培养卓越人才"为理念，培养担当民航强国重任的建设者和接班人，形成"校企共育、现代学徒、岗课融通"的人才培养模式。

（三）课程任务

"民航概论"作为针对民航运输专业群大一新生开设的一门概论性专业基础课程，承担着"掌握民航基础知识、激发专业学习兴趣、树立民航文化自信"的重任。

1. 掌握民航基础知识

本课程内容涵盖了航空概述、航空器原理及基本结构、航空公司概述、机场概述、民航组织及法律法规等领域的基本知识。通过本门课程的学习，学生可以熟悉民航业政府部门及各运行主体的职责和组织架构，熟知民航发展历程，掌握飞机主要结构及功能，掌握基于民航服务过程的相关单位、岗位的基础知识，从而具备后续专业技能课程学习的知识基础。

2. 激发专业学习兴趣

"民航概论"作为学生接触民航专业的启蒙课程，教师应把握激发专业兴趣、稳固专业思想的关键节点，培养学生良好的学习态度和正确的学习动机。

3. 树立民航文化自信

中国民航文化，正深刻影响着安全、管理、服务等方方面面的民航工作。通过"民航概论"课程学习，全面深化学生对民航文化的理念认同，满足航空高素质技术技能人才培养的需要。

（四）学情分析

本课程从行业、课程、学生三个层面展开学情分析：行业层面，参考民航机场及航空公司面试普遍采用的价值观测试，采用课前测验的方式，对标行业用人标准；课程层面，从民航知识经验、学习能力、学习方式等方面，采用问卷调查的方式，匹配专业课程学习要求；学生层面，采用离散图统计课前测验及问卷调查结果，进行学生差异化分析，通过观察、谈话，做到因材施教。

基于综合调查结果，从知识基础、学习能力、职业认知三个维度进行诊断性评价：总体来说，授课对象有知识经验较为薄弱、信息化学习能力强、爱党爱国信念坚定、专业认同有待加深、志向远大积极乐观、职业素养有待增强的特点。

（五）课程思政建设

1. 课程思政整体设计思路

我国目前正处于由民航大国向民航强国跨越的关键时期，新时代民航文化是支撑民航强国建设的坚强柱石和关键着力点。本课程教学团队通过深入思考"培养什么人、怎样培养人、为谁培养人"的根本问题，确定思政目标；进一步由目标导向进行顶层设计，以民航文化为引领，将教学内容重构序化，设置五个专题；每个专题提出民航知识与思政元素相融合的典型问题；归纳整合思政素材，典型问题引导逐步深入探讨、分析，加深知识理解，激发学习兴趣，浸润民航文化。

2. 课程思政建设具体过程

（1）政策引领，确定目标。

【重要指示】习近平总书记针对"四个自信"特别指出："文化自信，是更基础、更广泛、更深厚的自信。"同时，习近平总书记号召民航人践行"人民航空为人民""真情服务""敬畏生命、敬畏规章、敬畏职责""四型机场""当代民航精神"的理念。

【行业要求】中国民航局原局长李家祥在进行"建设民航强国需要大力弘扬民航文化"的主旨演讲时强调，"弘扬民航文化，关系到民航强国战略的实施"。

【课程定位】本课程承担着掌握民航基础知识、激发专业学习兴趣、树立民航文化自信的任务。

【学情分析】总体来说，授课对象有知识经验较为薄弱、信息化学习能力强、爱党爱国信念坚定、专业认同有待加深、志向远大积极乐观、职业素养有待增强的特点。

由此，课程思政目标确立为：以树立民航文化自信为思政主题，以厚植"人民航空为人民""真情服务""敬畏生命、敬畏规章、敬畏职责""四型机场""当代民航精神"理念为核心理念，以赓续红色血脉，树立行业形象，坚守安全底线，彰显强国风采，践行民航精神为思政主线。

（2）目标导向，顶层设计。

本课程进一步以核心理念为指引、思政主线明方向、民航文化为载体、知识内容为主体，在内容层面将文化育人与知识传授融为一体，从学生困惑点、教学重难点出发，将传统知识体系重构序化为五个文化专题。其中，五个文化专题包括历史文化专题、服务文化专题、安全文化专题、工程文化专题、行为文化专题，知识体系包括民航发展历史、航空公司概述、民航安全管理、四型机场建设、民航组织法规。在此基础上，每个专题提出教学重难点与思政元素相融合的典型问题，逐步深入细化，串联教学内容。

（3）思政案例，三维浸润。

校企共同建设"民航概论"课程思政资源库，依托学习通线上平台，通过讲好"历史——当代故事""国内——国际故事""行业——学生故事"，加深知识理解、激发学习兴趣、浸润民航文化。在探讨、分析过程中，培养学生的历史思维能力、辩证思维能力、系统思维能力。

✉ 课程思政教学实践情况

（一）教学策略

本课程依托线上学习平台，融入现代信息技术，基于深度学习理论，开展混合式教学改革，形成"四结合六阶段"的教学实施策略。

本课程注重校企结合、授业育人结合，引入行业标准及企业文化，传授知识有的放矢，文化育人贯穿教学全过程。本课程采用线上线下结合、虚实结合的教学方式，依托学习通平台及钉钉课程群，推送教学资源，开展线上交流，掌握进度与教学效果；借助校企共建的虚拟仿真平台及全真实体实训基地，拓展学习时间和空间，开展同步课堂、第三课堂教学。

在实施过程中，明确各角色、各环节任务：课前任务启动，发布学习资料，并执行职业素养检查，即时评价、量化记录；课中任务分析，总结升华；课后任务拓展，学习效果监测，学习成果展示。

（二）教学实践

以安全文化专题问题三"空中交通谁来管理"为例，基于空管岗位空中交通服务实际，知识内容主要涉及空中交通安全管理的分类、职责，并全程浸润"三敬畏"的民航文化核心理念，以"坚守安全底线"的思政主线为引领，以"心怀敬畏，守护安全"为思政素材的选取原则，凸显"敬畏"与"安全"之间的因果关系。

在教学过程中，以学生熟悉的"川航8633备降事件"为切入点，节选《中国机长》电影视频资源为线索，提出"谁来管""何时管""管什么"具有启发性、引导性的问题，按照飞行的不同阶段为节点，环环相扣，层层推进。

"思、检、析、知、论、行"全程六个环节，分别融入"三维"思政素材库中"历史——当代故事""国内——国际故事""行业——学生故事"六类故事。纵向激发学生兴趣，加深认识、理解，课程思政实施路径与课堂教学实施环节有机结合，扎实推进，入脑入心；横向对比分析，巧设矛盾，培养思维能力，全过程推进课程思政。纵向有深度，横向有广度。

📊 课程评价与成效

（一）考核评价设计

在中国民航文化指引下，民航各岗位实际工作中形成了具有民航特色的岗位管理办法。本课程结合学情，对标岗位，"岗课融通"，依据民航文化核心理念，对应五个民航文化专题，针对课堂管理设置五个文化分主题，进一步归纳整合、转化演绎，具化为五项课堂文化管理制度；为保障制度落实，有效进行量化统计、增值评价，激发学生积极性、主动性，设置五色"成长口袋"，贯穿课堂参与、班组互检、组内活动、组间竞赛、作业完成、线上线下互动、成果汇报展示等各个环节。

课堂文化分主题："人人为我，我为人人。""真情始于心，服务践于行。""安全无小事，责任重于山。""日积跬步，以致千里。""坚守平凡，亦是不凡。"

课堂文化管理制度：卫生划片管理制，包括课前检查、课后清场、教室清洁、节约用电；社会宣传服务制，包括民航科普公众号运营、校内校外志愿服务、时长增值、兑换分数；组内责任连带制，包括班组管理、明确任务、功则共奖、过则共惩；台账增值记录制，包括台账共享、流水记录、定期评价、及时表扬；课前例会检查制，包括例会自检、流程序化、职业素养、分数量化。

（二）人才培养成效

1.课堂直接成效

（1）激发学生学习兴趣。本课程运用虚拟仿真平台教学、实训基地认识实习、线上成果展示、台账增值评价等方法，拓展了教学时空。根据职业素养量化考核数据及平台行为数据统计，学生线上线下参与度明显提升；授课教师反馈，学生即时学习状态明显好转；对本课程学生评价良好，评教分数位列全院第一。

（2）促进教学目标达成。学生均完成课程思维导图6份，2021级学生期末成绩同比2019、2020级学生期末成绩显著提升。期初、期末环比，学生在知识水平、学习能力、职业认知三个维度均明显进步。

（3）树立民航文化自信。有学生参与校级职业生涯规划大赛取得第一名、6名学生参加行业竞赛获奖，学生赴实训基地认识实习期间表现良好，获得企业导师好评。

2.课后间接成效

（1）就业竞争力有效增强，实现学生高端就业。本专业学生共计58人于省内济南遥墙、青岛胶东机场就业，23人成功于四川天府、双流机场就业，11人成功于深圳宝安国际机场就业，专业对口就业率达到92.3%，服务区域经济发展，促进学生高端实习就业，企业满意度大幅提升，续约意向提高。

（2）经验交流标准输出，积极发挥示范辐射作用。本课程团队教师多次应邀参与线上、线下省内院校讲座交流，并接待来自河南平顶山、云南楚雄及德宏等民航高职院校座谈考察团队，分享交流课程思政建设经验。本团队牵头制定的职业和专业教学标准正式纳入"一带一路"签约国家——坦桑尼亚职业教育体系。

课程特色与创新

本课程将民航文化深度融入课程顶层设计、教学内容重构、课堂管理改革等课程建设全过程，形成"文化同心圆"的课程思政建设模式。

（一）设计理念创新

以民航文化为主题，融入民航核心理念，形成"以文育人，以文化人"的课程思政建设模式，增强价值引领，丰富课程内涵，为"民航概论"课程注入"灵魂"。

（二）教学内容创新

传统的"民航概论"课程，本科色彩浓重、章节简单堆砌，存在学生记不住、教师讲不通的问题。本课程思政教学设计将理念落地，以"灵魂"贯穿，由目标导向到问题引导重构教学内容，序化思政素材。

（三）管理评价创新

解决了课堂有效管理缺位的问题，本课程思政教学设计以学生为中心、过程为重心、岗位实际为靶心，将民航岗位实际融入课堂管理，形成了民航类专业课程课堂管理及评价考核新体系。

团队思考

随着民航行业对技能人才培养的需求数量越来越大，对职业技能、职业素养的要求越来越高。作为民航专业课教师，更要坚定不移地进行课程思政探索与建设，做到以下几点：

第一，树立崇高的职业理想。崇高的职业理想有利于增强教师立德树人的责任感、使命感，真正对学生的价值塑造、知识传授和能力培养产生积极影响。

第二，树立课程思政建设主体意识。教师要提高立德树人的自觉意识，充分意识到高质量人才培养的必要性。

第三，增强思政教育的知识积淀。教师需要增强自身政治敏锐性，找准课程内容与思想政治教育的契合点，深入思考如何在课堂上有机融入思政内容与方法，有针对性地开展课程思政教学。

第四，提高思政建设的执行能力。教师在素材选取时要"适当"，采用技巧方法时要"适合"。

"城市轨道交通应急处理"课程思政教学设计

济南工程职业技术学院课程团队

参赛团队负责人：王青青，团队成员：孟祥虎、孟亭婷、王俊、张晶

2023年2月

📖 课程基本信息

教学设计课件

课程名称	城市轨道交通应急处理
课程类型	专业核心课程
所属学科门类	交通运输
所属专业	城市轨道交通运营管理专业
课程性质	理实一体化课程
学　时	64
学　分	4

（一）课程定位

"城市轨道交通应急处理"课程是高职院校城市轨道交通运营管理专业核心课程，对该专业核心技能的培养和职业素质的养成起着重要的支撑作用。通过本课程的学习，学生能够初步理解城市轨道交通运营企业各类应急处理规章制度，掌握应急设备设施的使用和维护方法，掌握各种应急事故的处置方法，具有一定的应急处置救援、事故预防及事故分析的能力和技能。同时，具备一定的资料查询、调查研究、分析决策的能力，良好的法律意识和职业道德、负责任的职业态度、较好团队协作和沟通能力、较强的安全意识和自我防护能力，能初步胜任城市轨道交通站务各岗位人员的各项应急处置和安全管理工作，熟练掌握站务员、车站值班员、值班站长、行车调度员等各运营岗位的主要应急处置工作流程。

（二）教学目标

本课程侧重于在发生设备故障、运营事故、自然灾害、公共卫生事件及社会安全事

件等突发事件情况下的专项应急预案和现场处置方案对相关岗位的要求，在引导学生学习应急处理策略和方法的基础上，进行分岗位综合模拟演练，掌握突发事件应急处理的职业基本技能，并在此过程中逐步树立安全意识、团队合作精神，提高综合职业素养，强化职业认同感、责任感和使命感，培养爱岗敬业的情怀担当。

1. 育人目标

（1）具有较强的职业道德、职业素养和职业品质，包括爱岗敬业、遵章守纪、责任担当、积极进取、吃苦耐劳、服从分配、诚实守信、服务奉献。

（2）有较好的沟通能力、社交能力、心理承受能力和应变能力。

（3）有较强的集体荣誉感、团队合作意识和安全意识等。

（4）培养新时代城轨人的使命担当，人民至上、生命至上的理念，工匠精神和劳模精神。

2. 知识目标

（1）掌握城市轨道交通突发事件的概念、特征以及应急处理原则。

（2）明确城市轨道交通应急组织机构及工作组织的概念及内容。

（3）掌握应急处理的信息汇报与传递的原则、目的及内容。

（4）掌握列车车门故障、站台门故障等机电设备故障应急处理方法。

（5）掌握轨道电路故障、道岔故障、联锁系统故障等信号系统设备故障应急处理方法。

（6）掌握列车发生突发事件、大客流应急事件、火灾事件、恶劣天气等事件的信息汇报内容、流程和乘客疏散等应急处理方法。

3. 能力目标

（1）会编制应急演练方案，具备站务相关岗位应急处理的岗位能力。

（2）能按照应急处理预案的要求及流程进行信息汇报、协调并处理站台门常见故障、列车车门故障、信号设备故障。

（3）能在发生列车突发应急事件、大客流应急事件、火灾事件、恶劣天气等突发事件时，按岗位职责进行应急处理，并组织乘客安全疏散。

课程教学团队基本情况

本课程教学团队共有5人组成，专业课教师3人，思政课教师2人，全部为党员。团队成员师德高尚、业务精湛，结构合理。

自课程思政改革以来，课程团队成员积极参加课程思政培训多次，如全国教师专业课程建设背景下"课程思政"教学设计经验分享、城市轨道交通类专业"课程思政"教学改革与实践、"立德树人、培根铸魂"职业教育城市轨道交通专业课程思政建设能力提升培训会、开展城市轨道交通专业课程思政教学设计研课会、课程思政研课比赛、教研活动等。团队成员致力于教学与研究，荣获"山东省技工教育优秀教师"荣誉，山东省职业院校教学能力大赛三等奖、首届全省思政课教学设计大赛特等奖、山东省职业技术教育科学研究成果奖二等奖，主编"十二五"国家规划教材、"十三五"职业教育城市轨道交通专业规划教材。指导学生参加山东省"技能兴鲁"职业技能大赛获一等奖、参加"一带一路"暨金砖国家技能发展与技术创新大赛（山东赛区）获二等奖。

✏ 课程思政建设总体设计情况

本课程教学团队综合国家交通强国政策、轨道交通行业特色、济南工程职业技术学院及专业人才培养目标与要求，结合学生学情，从知识、能力、素质三个层面确定了课程目标。从课程整体来看，轨道交通运营安全本身就是轨道交通工作的重中之重。通过本课程学习，着重培养学生面对突发事件的应急处理能力和安全意识。因此，课程团队在确定课程思政目标时，将"安全第一、乘客至上"的理念作为思政教育主线，贯穿整个课程思政育人体系的设计。

根据本课程的5个教学项目——城市轨道交通设备故障应急处理、客运组织突发事件应急处理、列车事故应急处理、恶劣天气与自然灾害应急处理、社会安全与公共卫生安全突发事件应急处理，4大核心岗位技能——设备故障操作处置能力、事故处置团队协作能力、事故客伤疏散救援能力、运营安全风险辨识能力，在教学过程中挖掘可以融入的思政元素，确定了6个意识——安全意识、责任意识、规范意识、服务意识、协作意识、法治意识，3种精神——辛勤诚信的劳动精神、敬业奉献的劳模精神、专注精益的工匠精神，最终凝练出本课程的思政教育主题，即小岗位、大担当，做人民出行安全的守护者，形成了本课程"15463"课程思政育人体系。

✉ 课程思政教学实践情况

（一）教学内容与目标

在教育部印发的《高等学校课程思政建设指导纲要》指引下，为践行落实立德树人根本任务，秉持将价值塑造、知识传授和能力培养三者融为一体的课程思政建设纲领和建设方向，按照知识与技能、过程与方法、情感态度与价值观三个维度，本课程紧密围绕教学目标和教学内容，从教学标准、教学过程、课后作业到课程评价将操作规范、安全生产、服务理念融入整个教学过程，从职业道德、社会责任、社会主义核心价值观以及中华优秀传统文化等方面挖掘课程思政元素，以地铁真实案例提升课程思政融入的效果，同时以课程评价量化考核课程思政融入质量。

依照专业人才培养要求、课程标准及企业岗位要求，本课程的思政主题设定为："小"岗位、"大"担当，做人民出行安全的守护者。通过讲授应急处理方案，帮助学生熟悉应急处理流程，培养学生"安全第一、预防为主"的责任意识，提高应变能力，锻炼学生良好的心理素质，养成勇于克服困难的精神，建立强烈的工作责任感，使学生树立正确世界观、人生观、价值观，培养为人民服务意识，实现个人价值的信念。

以"屏蔽门故障应急处置"教学任务为例：在讲授屏蔽门故障应急处理中，教师引用上海地铁屏蔽门夹人事故案例，采用讨论探究、实战演练等教学方法，将思政元素融入教学全过程，在提升学生专业技能的同时，强化其安全意识、责任意识，培养精益求精的工匠精神。

（二）教材与教学资源

1. 教材

本课程有专业教材《城市轨道交通应急处理》，该教材是由学院领导和教师共同编写，并以其他相关教材、各地铁运营公司的《行车组织规则》、各地铁公司相关应急预案作为参考资料。

2. 教学资源

本课程有省级精品课网站、网络教学平台、教学视频、地铁真实案例、演示动画等教学资源。

在课程思政教学资源的建设过程中，团队成员分工合作，开发、整合、实时更新课程案例资源库，每个任务都有对应案例，"以案说理""以案明理""以案思理"，将课程思政建设落到实处，实现德技并修的育人目标；通过共建共享校内外实践教学基地，进行实践锻炼、志愿服务，践行和检验课程思政效果。

（三）教学方法

"城市轨道交通应急处理"课程在育德目标、思想政治教育的融入点、教育方法和载体途径等方面进行思政教学实践。创新教学方法，提升教学效能，旨在激发学生学习兴趣、引导学生深入思考、提升学习体验，最大程度地发挥专业课程的价值渗透和价值引领作用。同时，有助于课堂更有亲和力、气氛更活跃，使道理越厘越清、价值越阐越明，提升思政教学效能。创新教学方法主要从以下几个方面进行：

第一，课前新闻播报。课前由学生播报与城市轨道交通相关的新闻，着力提升网络教育内涵。新闻播报主要针对两方面内容：一是新技术应用、新线路开通等传播正能量的新闻，感受我国综合国力的强大，增强学生的民族自豪感；二是与安全事故相关的新闻，提高学生的安全意识。

第二，问题导向的理论教学。虽然借助职教云平台教学增加了课堂的活力，但学生缺乏静心思考，对于课堂中的时政热文理解不深，思政元素的融入停留于表面。基于问题导向，在教学过程中教师通过课堂中的案例、理论知识点和工程项目引导学生深度思考，发现问题，并通过教师与学生、学生与学生、小组与小组间的交流、争辩、争论、反馈来解决问题，进而培养学生的问题意识与探索精神。

第三，案例教学。教师通过地铁真实案例讲解安全应急处置等知识，使学生学习应急处理技能和方法的同时，提高学生的安全意识与责任使命感。

第四，任务驱动的实践教学。"城市轨道交通应急处理"是一门实践性强，且要求学生综合素质高的课程，很多项目需要多岗位、多工种配合才能完成，因此，在教学组织过程中教师要紧跟运营服务发展要求，深度挖掘演练实训项目，按照实际应急处置情况，组织学生以小组实施任务，进行演练，做到学中做、做中学。在此过程中，强化学生的安全意识、使命担当，磨炼学生的工匠精神，体会"15463"课程思政育人体系，以及实践出真知的道理。

第五，现场教学。教师组织学生到校企合作单位现场参观，学生不仅能获取新知识，巩固旧知识，还能感受现场工作人员认真负责的工作态度和精益求精的工匠精神，提升专业认同感。

课程评价与成效

（一）课程评价

本课程思政效果评价与反馈对于提升课程思政融入质量具有至关重要的作用，是课程思政建设中必不可少的一环。本课程主要运用了以下几种考核评价方法：

1. 基于学生学习效果的多维度课程评价

对学生的学习效果，本课程主要从评价主体、评价范围、学习阶段三个维度进行评价，关注学生知识技能的掌握、情感态度的发展，将思想政治教育知识与专业知识、专业方法相结合，培养学生系统认识、分析问题和形成具体应对各类突发事故的专业能力和职业素养。

2. 基于学生思想政治素养发展的过程性评价

教师基于学生学习中的表现，侧重采取过程性评价，从不同维度对学生在课堂任务参与中的表现进行记录、描述，以准确反映学生变化。小组讨论记录、小作业、发言记录都可以作为评价依据。此外，适度采用终结性评价，以此反映学生发展的阶段性成果。

3. 注重第二课堂评价

大赛加分、证书置换，课程考核与大赛成绩、职业证书相关联，实现"岗课赛证"融通。

（二）教学成效

学生学习主动性提高，积极参与教学全过程，教学任务实效性增强，学生职业素养提升。学生积极主动参加与本课程相关的各类技能比赛、职业技能等级考核，"岗课赛证"成果显著。企业对学生的认可度提升，在校生、毕业生的综合素质突出。

课程特色与创新

本课程立足课程的思政元素开发课型等，设定具体的思政教学目标及其侧重点。城轨专业围绕"责"字挖掘、设置专业教学内容与思政融合点，以丰富新颖的思政教学形式，提高学生的学习热情和主动性。单次课的思政教学目标基于学情设定，形成具体章节的教案，确定每节课的思政教学目标以及与其对应的教学评价体系。

（一）创新"15463"课程思政育人体系

结合学院办学定位、专业特色和人才培养要求，教学团队科学地设计课程的建设目标、建设任务，确定本课程的课程思政教育主题，即小岗位、大担当，做人民出行安全的守护者，形成"15463"课程思政育人体系，即1个理念、5个项目、4种能力、6个意识、3种精神。

（二）课程思政建设与"岗课赛证"融通协同育人

本课程积极探索"岗课赛证"与思政育人相融合，把激发学生学习动力和提升综合素养融入专业人才培养过程，把培养专业技能与德智体美劳全面发展、弘扬社会主义核心价值观结合在一起，通过竞赛、"1+X"考证、项目化教学等方式，将课程思政融入"岗课赛证"综合育人过程，将价值塑造、知识传授和能力培养三者合一，渗透到技能传承与技术创新的全环节，努力肩负起职业教育培养高素质技术技能人才、能工巧匠、大国工匠的历史使命。

（三）采用案例示范引领、工作任务驱动融入思政元素，注重"三阶段、多元、多维"

过程性评价量化思政考核充分发挥教研室、教学团队、课程组等基层教学组织的作用，建立课程思政集体教研制度，鼓励支持思政课教师与专业课教师合作教学教研，经过探索形成了一定的课程特色与创新。

本课程在思政建设过程中，紧密围绕企业标准、教学目标和教学内容，以大量的地铁真实案例提升思政融入的效果；创新教学方法，针对不同类型的教学内容选择不同的思政元素融入的方式，以课程评价量化思政融入质量。

 **团队思考**

（一）下一步需要进一步解决的问题

首先，课程教学团队中专业课教师的课堂思政意识需要进一步提高。其次，专业课程中思政内容融合点的挖掘还不够深入。在课程教学过程中，教师尝试采用问题导向、案例引领的课堂形式，激发学生学习的兴趣，但深度剖析的能力还是不够。最后，缺少多方位对学生思政学习效果和思政素质发展的评价。

（二）改进措施

第一，加强专业团队教师的学习与培训，提升专业课教师的思想政治理论水平，系统学习、领会和掌握党的路线方针政策，正确认识党情、国情，学以致用，将"不忘初心、牢记使命"教育活动、党史教育活动的成果运用到教学过程中。

第二，构建思政课理论教学与多专业课程的合作机制，在教学平台建设上，应加强与思政课教师的信息沟通渠道、教学交流机制和智库共享资源。

第三，探索实现多主体参与的评价模式。评价主体应包括专业课教师、同学、辅导员、用人单位等，特别是引入用人单位对老生的评价。其他主体的评价主要来自学生对课程思政的课外运用表现，专业课教师立足课程过程性和结果性材料进行综合评价。从评价主体和评价方式上进行多维度评价，同时完善教师课程思政教学效果的评价体系，做到以评价促反思，以反思促提升。

"汽车传动系统故障诊断与修复"
课程思政教学设计

济宁职业技术学院课程团队

参赛团队负责人：刘猛洪，团队成员：褚红宽、汪爱丽、解爱华、沙莎

2023 年 2 月

教学设计课件

课程基本信息

课程名称	汽车传动系统故障诊断与修复
课程类型	专业核心课程
所属学科门类	交通运输
所属专业	汽车检测与维修技术专业
课程性质	理实一体化课程
学　时	60
学　分	4

　　"汽车传动系统故障诊断与修复"课程是由济宁职业技术学院与山东润华汽车控股集团等企业共同开发的，培养汽车机电维修工岗位的核心能力，是"1+X"汽车运用与维修职业技能等级证书五大模块化的培训课程之一，是后续专业课程以及跟岗顶岗实习的重要基础。本课程要求学生掌握汽车传动系统各总成、零部件的结构及工作原理；熟练使用汽车检修工具及设备，规范操作进行总成拆装、检查、调整和维修；具备良好的道德修养、职业素养和以改革创新为核心的时代精神。

课程教学团队基本情况

（一）团队总体情况

本课程教学团队共有8人组成，其中，7人是国家级汽车专业教学团队的主要成员，1人为优秀的思政课教师。团队成员师德高尚、业务精湛，有国务院特殊津贴专家1人、省教学名师2人、省青年技能名师1人、省优秀教师1人、省产业教授1人、市青年技能名师1人、市五一劳动奖章获得者1人；团队结构合理、充满活力，有教授2人、副教授4人、高级工程师1人、讲师1人，副高及以上职称占比87.5%，"双师"占比87.5%，青年教师占62.5%。

多年来，教学团队致力于教学与研究，承担国家级"高职院校'三融三进三课堂'文化育人体系研究与实践"与省级"全国首个中华传统美德教育国家教学资源库的创建与实施""高职院校人文素质教育研究"等项目6项；荣获国家级教学成果奖一等奖1项、省级教学成果奖特等奖1项；其他省级精品资源共享课程7门，其他混合式教学改革示范课程2门；省级教学能力比赛一等奖2项、二等奖2项、三等奖4项，指导学生技能大赛一等奖2项、二等奖1项、三等奖5项；主编《汽车传动系统故障诊断与修复》《汽车文化与职业素养》教材2部，发表论文《"课程思政"理念下汽车检测与维修技术专业教学改革分析》等6篇。

（二）负责人情况

课程负责人从事高职教育21年，曾担任辅导员工作10年，援疆支教1年，被评为省高校专业宣讲团首批专家、省技艺技能传承创新平台负责人、省优秀教师。一直以来全面贯彻党的教育方针，落实立德树人根本任务，在专业建设、课程建设中积极推行思政改革，在教学实践中践行专业教学与思政教育融合共进。

（三）思政培训与学习情况

教学团队自实施课程思政以来，每周组织集体教研活动，探索课程思政育人新模式，开展课程思政建设，在课程内容设计、教学实践、评价改进等方面进行改革创新。

近3年，团队成员积极参加课程思政教学能力及相关培训20余人次，大家边学习边实践，每学年平均4个班的课程教学任务，累计授课学生近700人，教学效果良好。与山东润华汽车控股集团联合开展山东省职业教育现代学徒制试点专业建设，成绩优异，"1+X"职业技能等级证书通过率达100%；与临沂大学开展"3+2"专本贯通分段培养试点，成效显著，转段通过率95.5%。

（四）课程运行情况

2009年，本课程被评为国家级精品课程；2013年，被评为国家级精品资源共享课程；2020年，被评为济宁职业技术学院线上线下混合模式教学改革优秀课程，并开始探索课程思政建设，挖掘课程思政元素，明确课程思政目标，设计融入课程思政元素的教学项目，实施教学方法改革，开展思政教学实践。2021年，本课程在学银在线平台在线开放。

课程思政建设总体设计情况

（一）思政建设方向和重点

济宁职业技术学院坚持立德树人，以重点专业建设为平台，以体制机制创新为突破，以培养模式改革为主线，以文化育人为亮点，抓改革、促创新、求突破，走"产教互融、校企共同、学岗直通、文化育人"的特色办学之路。

本课程是学院重点建设专业的核心课程，课程团队结合办学定位、专业特色和人才培养要求，以汽车机电维修工岗位核心能力为导向，结合汽车修理工国家职业技能鉴定标准、汽车运用与维修职业技能"1+X"职业技能等级证书标准和职业院校技能大赛汽车技术赛项标准，确定课程的专业教学内容。深挖其中蕴含的深厚价值观念，以《高等学校课程思政建设指导纲要》《交通强国建设纲要》为指导，明确思政建设方向：以修复七大典型传动系统故障为任务载体，开展以"交通强国勇担当，精益求精强技艺"为主线，以"爱修、会修、精修"为主题的思政教育，重点将"交通强国、汽车文化、工匠精神、学院文化、专业文化"融入课程，培养高素质高技能的汽车检测与维修人才。

（二）基于学情分析，确立课程建设目标

本课程通过对学生发放问卷、开展企业调研和同行研讨，全方位获取学情。经调查发现，该专业的学生存在以下三个方面问题：一是被动式思维，学习目标不明确，主动性较差，专注力不够，创新意识薄弱。二是浅表性认知，大致了解汽车结构，但不熟悉具体总成；喜欢汽车远大于喜欢汽车检修。三是散漫式行为，具有一定的动手操作能力，熟悉常用工具，但规范操作意识较差；协作与沟通能力一般，团队意识淡薄。

为解决以上问题，本课程的三维建设目标确定为：

素质目标：具备"吃苦耐劳、团结协作、爱岗敬业、诚信奉献"的道德修养，"规范操作、精益求精、安全至上、质量为本"的职业素养，"不甘落后、奋勇争先、求真务实、勇于创新"的时代精神。

知识目标：掌握汽车传动系统及各总成、零部件的结构、功用及工作原理。

能力目标：规范熟练地使用汽车检修工具及设备，安全有序地进行各总成拆装、检查、调整，准确高效地进行汽车传动系统故障诊断、检测和维修。

（三）坚持思政理念，重构课程内容体系

教学团队全员参与，深入剖析课程的专业教学内容，挖掘其中蕴含的深厚价值观念，在"交通强国勇担当，精益求精强技艺"思政主线的引领下，凝练以"爱修、会修、精修"为主题的思政元素，融入任务载体，重构教学内容，修订教学大纲，形成了凸显思政理念的"13731"（1主线、3主题、7任务、3进阶、1目标）式课程内容体系。

本课程内容分为7大教学任务，遵循认识规律科学序化：从专业知识的角度看，故障现象由大到小，检修难度由小到大，便于激发学习兴趣，获得成就感，提升学习积极性和主动性；从思政教学的角度看，思政内涵的侧重点由浅入深，便于学生行为习惯的养成和职业素养的提升；从解决问题的角度看，有关传动系统的岗位任务能够做到从入门、胜任，到精通，有效达成育人目标。

✉ 课程思政教学实践情况

（一）教学体系

1. 建设思政元素库

从国家（交通强国）、行业（汽车文化）、企业（工匠精神）、学院（学院文化）、专业（专业文化）五个层面深挖思政点，遴选科技动态、时政要闻、《汽车百年》等央视纪录片、民族品牌发展历程、企业楷模、大国工匠等思政素材，精选思政切入点，将思政育人渗透至教学全过程，把理想信念塑造和价值引导潜移默化地转化为学生的思想自觉和行动自觉。

（1）国家层面。以自主品牌为主线，通过介绍长春一汽、十堰二汽等汽车制造厂的组建和成长经历，展示我国汽车工业的血泪起步和艰辛发展；通过讲述中国汽车工业的奠基人饶斌、中国汽车技术奠基人孟少农、"汽车狂人"吉利控股集团董事长李书福等人的励志故事，感悟我国汽车名人的骨气担当；通过学生自主关注科技动态、时政要闻等方式，获取我国自主研发的汽车新技术，坚定交通强国意识。

（2）行业层面。以时间发展为主线，通过播放《汽车百年》《永不停歇的汽车梦》等视频节选，展示汽车百年的发展历史与过程，品味无马时代、创新力量、速度之美、无限梦想，领悟汽车文化精髓。

（3）企业层面。以主流车系为主线，安排企业跟岗锻炼，学生上课即上岗，在各种汽车品牌理念的熏陶下，学习企业导师的职业素养和工匠精神，并接受岗位标准的考量。

（4）学院层面。通过校园文化（基建、装修、绿化等硬件设施和广播电视、新媒体等软件平台）、实训室文化（板报、橱窗、标识等硬件设施和管理运行等软件机制）、课堂氛围（教师风采、朋辈榜样）等形式传播学院核心文化，"崇德尚能"的校训、"敬事而信"的校风、"诲人不倦"的教风、"学而时习"的学风，以及"规范、精进、卓越"的人才质量要求。

（5）专业层面。以离合器、变速器等硬件为主线，在课堂中点滴渗透汽车上的技术成果和应用价值，让学生"识结构、懂原理、精操作、善思考"，学思用贯通、知信行统一，做到精准专业。

2. 改进教学方法

在教学过程中，课程团队教师注重教学方法的改进，坚持学生主体与教师主导相统一，按照"教、学、做、训、评"的流程组织实施，实现思政育人"学习、领悟、践行、内化、自觉"五环节教学。

其中，"教"是通过思政案例导入、视频素材播放、名人故事讲述、规范操作示范、思政任务设置、思政内涵点拨等形式，将思政元素传授给学生，引导学生学习；"学"是通过资料查询、小组讨论、感悟分享、汇报展示等方式，变被动为主动，让学生领悟思政元素的内涵；"做"是通过动手实操的方式，多看多听、多问多练，养成规范操作、有序摆放、整理整顿、清洁清扫、安全节约等职业素养，践行思政元素的要领；"训"是通过实车设置故障，以异质分组、角色轮换方式进行排故大比武，让学生在解决实际问题的过程中培养职责担当意识、团队精神、精益求精的工作态度等，提升素养内化品质；"评"是通过平台测验和阶段性思政任务考评，反馈学生对思政内容的掌握情况，考查学生是否形成思想和行动自觉，指导师生改进教学，确保育人成效。

3. 评价思政效果

思政效果的评价，坚持客观评价与主观评价相结合。客观评价：按教学进程，每个子任务（2学时或4学时）于课前、课中和课后均在教学平台发布测验，考查学生对思政元素的掌握情况；每个任务结束后，教师会设置阶段性思政任务，跟踪式评价学生的成长和发展；每个任务均是借助教学平台，由校内教师和企业导师进行。主观评价：教学过程中学生的表现（组织纪律、语言表达、行为表现等），使用评分量表，由学生自评、学生互评和教师评价等方式进行，考查学生对思政元素的领悟和转化。

（二）教学模式

按照由目标导向到问题导向的顶层设计思路，本课程构建"三横三纵一环"式思政教学模式。课程思政整体设计体现"问题导向、价值引领、实施路径"三横，课程建设体现"设计、实施、成效"三纵，育人效果则由"设计、实施、成效、目标、设计"一环来保障。

通过学情分析探寻问题所在，从而明确思政方向和重点。在"交通强国勇担当，精益求精强技艺"思政主线的引领下，围绕人文素养、职业素养和汽车精神，建设课程思政元素库，涵盖"交通强国、汽车文化、工匠精神、学院文化、专业文化"。对应国家、行业、企业、学院、专业五个层面融入课程七大教学任务，第一课堂、第二课堂、云课堂三课堂共进，教学平台、教研平台、服务平台三平台支撑，实施"学习、领悟、践行、内化、自觉"的五环节教学，培养学生岗位核心能力。通过成效评价，检验三维教学目标的达成情况，进而发现问题，再次指导设计，形成闭环式的、渐进式的生态模式。

1. 三课堂共进

第一课堂：以学生为主体，以教师为主导，按"教、学、做、训、评"一体化流程展开思政教学，让学生去体验和领会汽车文化、专业文化、实训室文化、朋辈力量、教师风采等。

第二课堂：为加强实践技能锻炼，本课程设置了校中厂整周实习和每周一天的企业跟岗锻炼，让学生去浸润和感受品牌文化、企业文化、导师风范、职业素养等。

云课堂：本课程在学银在线平台在线开放，其中设置素养提升模块，让学生去阅读和感悟汽车的百年历史、民族品牌发展历程、大国工匠、科技创新等内容。

2. 三平台支撑

课程平台：学院力推育人文化的课程化开发、教学性转化，形成包含文化专门课、文化浸入课、文化活动课和文化习养课在内的"四位一体"文化育人课程体系。

教研平台：学院一直倡导和重视教学科研工作，通过营造教研氛围，加大经费投入，强化制度建设，开展教学研活动，形成教学科研体系，保障课程建设持续进行。

服务平台：依托省汽车应用技术技艺技能传承创新平台、润华汽车技能大师工作站，建成并运营润华汽车服务某店生产（经营）性实训车间，植入汽车维修服务项目，开展市场化运营，提供了学生在校内上岗实践的机会和效率。

课程评价与成效

（一）评价机制

本课程实施"多元、全程、多方参与"式评价，有效保障各任务时时处处可评。

"多元"是指考评内容多元化，除理论知识、专业技能考核外，本课程还明确了思政教育的标准要求，将思政内容设计成考核关键点，穿插到课前自测、课中测试、课后作业中，对学生进行客观测评。

"全程"是指贯穿课程教学周期，采用案例分析、情景再现、感悟分享、调研报告等形式，设置阶段性思政任务，同时优化学生成长体验评价指标，实施发展性和跟踪式的主观评价。

"多方参与"是指评价过程借助网络教学平台，充分发挥学生的主体作用，同时注重教师自评、同行督导以及用人单位对人才培养质量的评价，使评价更精准，确保高效达成课程教学目标，指导并推进课程思政的持续改革和优化。

课程考核成绩分四部分：云课堂自主学习积分、第一课堂过程性评价成绩、第二课堂过程性评价成绩和结课考核成绩。

（二）各方评价

本课程通过细化评价指标，跟踪学生成长过程设置评价节点，利用现代化手段吸纳多方人员参与评价，将课程思政任务落细落小落实，确保育人成效。

1. 校内督导评价

从教学层面上，多位校内同行对教案、教学方法、思政元素融入设计、考核机制等方面给予了认可；从教学管理层面上，对学生评价机制、教学平台运行管理等方面都给予了肯定。

2. 校外同行评价

有教授评价本课程："通过'爱修、会修、精修'三大思政主题进行价值传导，将汽车文化、专业文化、企业文化等融入教学，实现了专业教学和思政育人的和谐统一，做到了春风化雨、润物无声。"

3. 学生评价

通过本门课的学习，学生自身能够对汽车维修岗位有更深入的认识，提升吃苦耐劳、精益求精等职业素养，提高创新思维能力，具备一定的创新意识，对未来就业和职业发展更加期待，更有信心！

（三）改革成效

1. 淬炼品质于心

课前引导式、课中探究式、课后浸润式地融入思政元素，使专业教学与思政同向而行，帮助学生树立正确的价值观，坚定学好本专业的责任感和使命感，锻造创新精神，培养劳动精神，铸就工匠品格，使学生职业精神逐步养成，职业素养明显提升。

2. 内化知识入脑

课前教师在教学平台发布任务、引导学生自主学习，课中思政案例导入、视频素材播放、名人故事讲述、规范操作示范、7S现场管理等方式，课后则对接岗位开展拓展学习，内化知识入脑。平台测试数据显示，考核平均分85分以上比例达90%，知识目标有效达成。

3. 强化技能到手

以赛促学、赛教融合，通过课中异质分组、实操训练、角色轮换、排故比武等方法强化学生的综合能力。本专业学生在省职业院校技能大赛"汽车检测与维修""汽车技术"等赛项中屡获佳绩，汽车运用与维修职业技能"1+X"职业技能等级证书通过率达100%。

（四）辐射带动强

教学团队针对在校生采用"3课堂3平台5环节"的教学实施路径，面向社会学习者主要采用直播、录播、语音、图文相结合的云课堂形式，在教学实践过程中不断对比研究这两种路径，取长补短，形成了较为成功的实践做法，辐射带动本专业及相关专业课程开展思政教学改革。

课程特色与创新

（一）思政总体设计坚持德技兼修

本课程以《高等学校课程思政建设指导纲要》《交通强国建设纲要》为指导，紧密结合学院办学特色，"产教互融、校企共同、学岗直通、文化育人"，融通"岗课赛证"，确立思政建设方向和重点。基于精准的学情分析，确立课程三维目标，并坚持思政理念，将"交通强国、汽车文化、工匠精神、学院文化、专业文化"融入课程，形成了"交通强国勇担当，精益求精强技艺"的思政主线和"爱修、会修、精修"的思政主题，实现价值塑造、知识传授和能力培养同向同行。

（二）重构"13731"式思政理念下的课程内容体系

教学团队全员参与，秉承着"13731"式的课程思政理念，在1条思政主线的引领下，凝练3大思政主题，融入7大任务载体，重构教学内容，并按照思政内涵以"入门—胜任—精通"三进阶，由浅入深的规律进行序化，有利于学生行为习惯的养成和职业素养的提升，确保有效达成育人目标。

（三）创新"三横三纵一环"式思政教学模式

按照由目标导向到问题导向的顶层设计思路，构建"三横三纵一环"式思政教学模式。"三横"是指在课程思政总体设计中体现"问题导向、价值引领、路径实施"，"三纵"是指在课程建设中体现"设计、实施、成效"，"一环"是指由"设计、实施、成效、目标、设计"一环来保障达成育人效果，形成闭环式的、渐进式的生态模式。

团队思考

本课程思政建设中存在辐射带动不够的问题，今后需要增强团队科研成果转化意识，认真梳理、凝练已有教学成果，通过有效渠道积极推广，为课程思政改革贡献力量。

对课程思政的认识：课程思政意义重大，需要持续探索和实践，教学团队应紧密对接企业岗位工作任务，发现新故障，提炼新任务，解决新问题，开发新素材，挖掘新思政元素。在课程思政建设时应注意学情调研需要做细做精。

"民航服务礼仪"课程思政教学设计

临沂职业学院课程团队

参赛团队负责人：马丽丽，团队成员：王金义、朱振宁、尤海华、张豪威

2023年12月

教学设计课件

📖 课程基本信息

课程名称	民航服务礼仪
课程类型	专业基础课程
所属学科门类	交通运输
所属专业	空中乘务
课程性质	理实一体化课程
学　时	36
学　分	2

📍 课程教学团队基本情况

　　本课程教学团队政治素质高、业务能力强、年龄结构合理、校企合作共建育人。团队成员潜心研究教学，致力于解决"学困""教困"，实现教学相长。近年来，取得奖励、荣誉多项，如全省高校思想政治工作先进个人，山东学校优秀思政课教师，临沂市三八红旗手，临沂市"优秀第一书记"，学校师德标兵、优秀共产党员、优秀教师等荣誉称号。

　　团队成员还曾荣获全国职业院校师生礼仪大赛教师组一等奖1项，承担中华职教学会国家级礼仪课题"新时代沂蒙精神融入职业院校文明礼仪实践教学体系的研究与探索"1项、山东省职业技术教育学会2021年度"思政课程与课程思政"专项教学改革课题1项、高职院校思想政治教育2022—2023年度研究项目1项、山东省人文社科（思政专项）课题1项，2020年度山东省学校思政课教学改革项目1项，省级教学成果奖一等

奖2项、二等奖1项，主持省级精品资源共享课程1门，获得山东省职业院校教学能力大赛二等奖1项、三等奖1项，山东省青年教师教学比赛三等奖1项及其他教育教学比赛获奖10余项，主持开发"民航服务礼仪""礼仪训练"在线课程2门，"社交礼仪"在线社区课程1门，参编《民航服务礼仪》校企合作开发教材2部。

为提升自身思政素养，团队成员积极参加课程思政培训、教研活动25次，共308学时，不断探索课程思政育人新模式。

 课程思政建设总体设计情况

（一）教学目标

课程团队以服务国家民航发展战略和区域社会经济发展为目标，结合临沂职业学院办学定位、专业特色、专业人才培养方案、课程标准，对标岗位职业标准（课程的学习标准）、大赛要求（教学的高端展示）、证书考核（学习的行业检验），设定本课程的教学目标。

1. 知识目标

理解礼仪的起源与内涵，掌握民航形象礼仪的要求，掌握民航客舱服务、地面服务中的规范和要求，掌握民航公务活动的规范和要求。

2. 能力目标

能够塑造得体的职业形象，能够在服务中恰当地与旅客沟通，能够提供优雅规范的客舱、地面服务，工作和社交行为能够符合礼仪规范。

3. 素质目标

具有勤学苦练、吃苦耐劳的奉献精神，养成严谨认真、爱岗敬业的工作态度，具有律己敬人、团结友爱的礼仪素养，具有坚定的文化自信。

依据问卷调研结果、文明礼仪综合测评成绩和日常观察，教学团队发现学生对礼仪存在"重责人恕己、轻克己修身，易浅尝辄止、难持之以恒，易自我畏难、难团结合作，易盲从偏信、轻家国情怀"的现象，总结出"律己敬人、勤学苦练、爱岗敬业、团结合作、文化自信"的思政主线。本课程以社会主义核心价值观为导向，构建了"文化传承以礼明德、律己敬人以礼修身、爱岗敬业以礼强技、规范应用以礼促交"四大思政主题。

（二）重构教学内容

结合课程标准，以工作任务为导向，教学团队对课程进行了项目化改造，将教学内容重构为5个项目、22个任务点，涵盖了民航服务人员工作岗位中的全部任务；建立了包含历史文化、专业技能、校内校外、国内国际"四位一体"的礼仪思政素材库；通过阅读经典、案例分析、视频播放、小组讨论、情景模拟、角色扮演、实操实训、撰写心得等路径多方面融入教学全过程。

在教育实施的过程中，从传统礼仪到现代礼仪到民航职业礼仪，再到国内国际文明礼仪，多个维度深挖思政点，以大量历史典故、礼仪格言、民航优秀榜样案例、国内外文明礼仪时事热点和中西方礼仪文化差异为思政素材，将思政主线"律己敬人、勤学苦练、爱岗敬业、团结合作、文化自信"渗透至教学全过程，培养厚德强技、知行合一的民航新人。

（三）课程思政育人模式

为有效达成育人目标，本课程构建了"14136"思政育人模式，即以社会主义核心价值观为引领，构建了"以礼明德、以礼修身、以礼强技、以礼促交"四大思政主题模块，将思政主线"律己敬人、勤学苦练、爱岗敬业、团结合作、文化自信"融入教学全过程，通过课前启化、课中内化、课后转化，以及礼仪课堂、实习实训、社会服务三阶段增值提升，按照前知回顾、课前导学、新知传授、巩固练习、归纳总结、拓展提升六环节推进。

✉ 课程思政教学实践情况

以模块二"民航服务人员职业礼仪规范"中的"蹲姿礼仪"为例，本节课以任务为导向，通过课堂前知回顾、课前导学、新知传授、巩固练习、归纳总结、拓展提升六环节推进教学。

【回顾旧知】（1）完成CBT航空模拟系统行姿测验，平均成绩91分。超星平台的作业完成率99%，平均成绩95.65分。

（2）展示优秀小组的行姿视频，展现同学们的良好精神面貌、高雅气质修养、民航优雅新形象。

【课前导学】（1）完成CBT航空模拟系统课前错误蹲姿找碴儿游戏，获得满分的有3人，分析学生课前对本节课新知识的掌握情况。

（2）利用生活工作中的正反面蹲姿图片，引出本节内容：蹲姿有何礼仪规范？如何规范蹲姿服务？

【新知传授】（1）何为蹲？（2）蹲姿内涵的传承与创新。（3）现代蹲姿礼仪种类与要点（高低式蹲姿、交叉式蹲姿）。

思政点：文化自信、传承创新、律己敬人、德行合一。

【巩固练习】（1）小组蹲姿练习。（2）小组蹲姿礼仪操练习。（3）模拟为旅客提供毛毯服务。

思政点：勤学苦练、爱岗敬业、规范意识、服务意识。

【归纳总结】本节课通过学习蹲姿内涵、蹲姿种类、蹲姿礼仪规范以及如何在民航服务中规范地提供蹲姿服务，总结出"礼"为内在思想，表达尊敬，要做到律己敬人；"仪"为外在形象，要符合规范，通过勤学苦练才能达到岗位标准；"岗"是民航服务的践行载体，要爱岗敬业，具有服务意识，内外兼修的"美"才能展现得体优雅的民航服务人员新形象。

【拓展提升】（1）作业：将蹲姿礼仪操视频上传到学习通平台，完成CBT航空模拟系统的本节测试题。

（2）拓展：不同职业、不同场景、不同国家的蹲姿有什么特点？背后有什么文化内涵？蹲姿将会如何创新发展？

课程评价与成效

（一）课程评价体系

本课程评价采用过程性评价、终结性评价与增值评价相结合的方式，以校园生活、课堂表现、岗位实践、社会服务为载体，构建四主题模块、确定四主体评价、实现三环节增值、注重三应用成效，多维度地考查学生对民航礼仪规范的践行情况。

（二）课程思政实施成效

1. 学生学习效果显著提升，促进学生高质量就业

经过团队成员的多重努力，教学质量得到明显提升，学生学习热情提高，学习效果显著，社会满意度较高，促进了学生高质量就业。

2. 打造了一支强大的课程思政团队

自课程思政教学改革以来，本课程团队建成并完善了"民航服务礼仪"课程思政资源库，包含民航服务礼仪、礼仪训练、思政精品、传统文化等。团队成员参编课程教材1部、校本教材1部；指导学生考取礼仪证书580余人次，通过率100%。近3年，空乘专业全体学生参加"1+X"空中乘务职业技能等级考试，通过率100%。

课程团队从校园向社会基层传播礼仪文化，建有"社交礼仪"社区在线课程，师生每年为社区提供上百场志愿服务；在学院官网和公众号开设《传统礼仪文化》栏目，定

期举办经典诵读活动，积极传播传统礼仪知识，综合提升学生素养。

3. 师生以行践礼效果显著，收到社会各界广泛好评

课程团队带领空中乘务专业共开展文明礼仪活动上百次，形成了文明礼仪育人的大格局，师生以行践礼效果显著，受到了社会各界的广泛好评。

礼仪社团的学生积极参加各级志愿服务活动，部分学生凭借自身良好的礼仪素养入选山东省第九届全民健身运动会和山东省第十一届少数民族传统体育运动会志愿服务团队，以积极向上的工作态度、谦恭有礼的职业素养获得主办方的嘉奖。

⧖ 课程特色与创新

（一）课程特色

1. 构建了"14136"思政育人模式

本课程构建了"14136"思政育人模式，从而有效达成育人目标。在教学实施过程中，教师还用"四心"讲好"四故事"，多维度提升学生的综合素养，真正树立学生"传承创新优秀传统文化，勇担民航强国重任"的使命感和责任感，培养新时代民航事业的优秀接班人。

2. 建立了"44334"课程评价体系

本课程采用过程性评价、终结性评价与增值评价相结合的方式，通过四主题模块、评价四主体、联动三课堂、三应用成效，从日常生活、课堂表现、岗位实践、社会服务四个维度考查学生对民航礼仪规范的践行情况。

（二）课程创新

1. 传承创新优秀传统文化，以文化人、以文育人效果显著

礼仪是宣示价值观、教化人民的有效方式。在国家大力弘扬优秀传统文化的时代背景下，本课程将中华优秀传统礼仪与民航服务礼仪课程相结合，通过校园、企业、社会实践有效提升学生的文明礼仪素养、岗位职业礼仪素养，增强传承中华礼仪文化的信心。

2. 虚拟仿真实现技控人控相结合，提升课堂效率和教学质量

CBT航空模拟系统将抽象的理论知识和工作任务具体化，让学生在动画和模拟情景中轻松掌握理论知识。

校企合作开发的实训软件实现人机交互体验式学习，帮助学生突破重难点，虚拟仿真技术实现考核技控加人控，学生可根据系统反馈及时调整，过程性考核由主观表达变为客观评价。

💡 **团队思考**

（一）提升教师专业能力，实现教学相长

"民航服务礼仪"课程具有专业性、实践性、时代性和文化差异性，需要教师不断学习和探究，致力于解决"学困""教困"，提升自身专业素养，积极探索形式多样的育人途径，实现教学相长。

（二）加强思想政治学习，提升三重素养

"礼者，所以正身也；师者，所以正礼也。"团队成员要不断加强思想政治学习，提升自身政治素养，充分发挥榜样示范作用，在言传身教中影响学生，带领学生实现专业素养、职业素养、政治素养的三重提升。

"新能源汽车高压安全防护与应急处理"
课程思政教学设计

山东劳动职业技术学院课程团队
参赛团队负责人：谭逸萍，团队成员：李亚文、王婷、别晓霞、马玉枝
2023 年 12 月

📖 课程基本信息

教学设计课件

课程名称	新能源汽车高压安全防护与应急处理
课程类型	专业必修课程
所属学科门类	交通运输
所属专业	新能源汽车技术专业群
课程性质	理实一体化课程
学　时	72
学　分	4

　　在学习了"汽车电工电子技术"等课程基础上，"新能源汽车高压安全防护与应急处理"课程对接专业人才培养方案B6、C6、C7等8项培养规格，面向新能源汽车维修与保养岗位新需求，为后续"新能源汽车维护与故障诊断"等专业核心课程奠定基础，使学生能够满足生产制造、技术服务、智慧营销等新能源汽车专业群岗位对高压安全操作及应急处理能力的新需求。本课程选用由课程负责人主编的职业教育新能源汽车技术专业"岗课赛证"融通系列教材《新能源汽车高压安全防护与应急处理》。

课程教学团队基本情况

本课程打造了一支善于钻研、勤于实践的教学团队，团队成员主要包括新能源汽车技术专业群三教改革先锋教师、企业技术技能大师以及思政课教师，他们秉承"以学生为中心、以能力为导向"的育人理念，用严谨的治学态度指导学生成人成才，用精湛的技术技能、精益求精的工匠精神感染学生。

（一）课程负责人基本情况

课程负责人，从事新能源汽车技术专业一线教学工作，长期致力于新能源汽车技术专业群三教改革工作。近年来主持省级青年专项课题1项，参与省级科研课题2项，主编新能源汽车领域新型教材2部。作为核心成员，她获得山东省教学成果奖（职业教育类）一等奖，获得市级优秀科研成果奖二等奖2项，三等奖1项，主持参加山东省职业院校教学能力大赛荣获省级一等奖1项、二等奖2项，参加新能源汽车职业技能大赛获得山东省一等奖1项、二等奖1项。多次作为主教练指导学生参加新能源汽车职业技能大赛，获得国家级奖1项、省级奖6项。

（二）课程团队成员基本情况

本课程思政教学团队成员政治立场坚定，师德师风良好，能够准确把握本课程开展思政建设的方向和重点，并融入课程教学、教材开发和教师培养全过程。本课程教学团队现有副教授2人、讲师3人，"双师"比例100%，其中，山东省技术能手1人、济南市技术能手1人、全国职业院校技能大赛裁判2人、山东省职业教育教学创新团队成员4人。课程教学团队成员结构合理，任务分工明确，集体教研制度完善且有效实施，课程思政建设整体水平高。

课程思政建设总体设计情况

（一）科学设计课程思政建设目标

本课程结合山东劳动职业技术学院"高端引领、特色立校、内涵发展、多元办学"的办学定位、新能源汽车技术专业群"产教融合、协同育人"的特色和"懂测试、精装调、善诊断、通营销"高素质技术技能人才的培养要求，准确把握课程思政建设方向和重点。本课程紧跟山东省新能源汽车产业发展规划，调研新能源汽车生产制造、智慧营销、技术服务等岗位群对高压安全防护与应急处理的素质、知识和能力要求，对接"1+X"职业技能等级证书标准、职业院校技能大赛标准、行业新规范，引入企业真实工作任务，通过校企合作将课程内容设计为由单一到综合的"会操作、精检修、善处理"三大模块，涵盖6个项目、18个工作任务，培养学生正确操作新能源汽车、在工作前按规范做好安全与作业准备、认识并拆检新能源汽车高压系统、灵活处理新能源汽车事故现场的岗位职业能力。

本课程将从事新能源汽车行业所需的环保理念、大国工匠精神以及吃苦精神融入模块教学项目，旨在培养"爱党爱国爱岗爱集体"的"操作中知环保、检修中聚匠心、处理中乐奉献"高素质技术技能人才。

（二）优化课程思政内容供给

本课程围绕课程建设目标，以"爱党爱国爱岗爱集体"为一条主线，从"低碳环保的非高压操作、安全规范的高压断电检修、科学高效的带电应急处理"三个维度优化课程思政内容供给，分解出具体的"三识三力三精"（3-CAS）思政元素，注重培养三种意识、提高三种能力、树立三种精神，并系统融入教学全过程，实现价值塑造、知识传授和能力培养的多元一体。

✉ 课程思政教学实践情况

围绕课程思政建设目标，本课程构建了"三模块、三主题、七环节"课程思政建设模式，将具体的"三识三力三精"（3-CAS）思政元素有效融入教学目标、教学内容、教学过程、教学方法和教学资源，开展"五融入"课程思政教学实践。

（一）构建"三模块、三主题、七环节"课程思政建设模式

第一，紧扣新能源汽车技术专业人才培养规格，校企合作将岗位典型工作任务转换为16项学习任务，融入竞赛典型任务、"1+X"证书考核标准优化工作任务，对接低压电工证考核内容新增2项工作任务，"岗课赛证"融通综合确定18项工作任务并将其整合为由单一到综合的"会操作、精检修、善处理"三大模块。第二，结合课程内容特点，从国家新能源汽车产业发展战略入手，对接新能源汽车检测与维修岗位的素质需求，双线融合确定"低碳环保、安全规范、科学高效"的课程思政三主题。第三，围绕课程思政三主题，提炼出"三识三力三精"（3-CAS）思政元素有效融入学习任务，按照"学、入、探、究、练、结、拓"七环节实施教学，有效支撑"5P"教学模式实施。

（二）开展"五融入"课程思政教学实践

1. 融入教学目标，修订课程标准

依据课程思政建设总目标，修订融入思政元素的课程标准。基于能力本位理念，校企合作根据岗位工作流程提炼出典型工作任务，并梳理出每项典型工作任务对应的岗位基础能力、岗位核心能力、岗位拓展能力，依据岗位职业能力确定学习目标。深入分析区域新能源汽车产业发展对技术技能人才的素质需求，将具体的"三识三力三精"（3-CAS）思政元素分解到课程每一个典型工作任务的教学目标中，确立素质、知识、能力教学目标。

2. 融入教学内容，构建课程思政矩阵

本课程教学内容共有3个模块、6个项目、18个工作任务，课程团队根据课程教学目标与教学内容实际，深度挖掘提炼本课程蕴含的思想价值和精神内涵，找准课程思政载体，构建课程思政矩阵。以模块一为例，结合习近平总书记在党的二十大报告中指出的"必须牢固树立和践行绿水青山就是金山银山的理念，站在人与自然和谐共生的高度谋划发展"，以"爱党爱国爱岗爱集体"为主线，注重培养学生的自主品牌意识、团结协作能力以及环保精神，找准思政载体，将思政元素有效融入教学内容。

3. 融入教学过程，创新"5P"课程教学模式

坚持学习过程对接岗位工作流程，基于行动导向理念，课程团队将教学过程分为准备（Preparation）、呈现（Presentation）、实练（Practice）、产出（Production）、提升（Progress）五个阶段，根据教学实际细化为"学、入、探、究、练、结、拓"七个环节，并将岗、赛、证要求及思政元素有机融入。以"5P"教学模式开展教学实施，帮助学生在真实工作情境中主动建构新能源汽车高压部件检修所需的知识、技能和态度，实现真正意义上的职业学习。

依托信息化教学平台，校企双元根据教学目标、学情分析，围绕教学重难点设计教学策略，将教学实施划分为课前探学、课中做学、课后拓学三个阶段，实施"学、入、探、究、练、结、拓"七个环节，开展"双导师、三阶段、七环节"混合式教学实施，自然融入课程思政，强化学生职业意识、提升学生职业能力、铸造学生职业精神。

课前，学生借助信息化平台自主学习专业知识和课程思政案例，校企双导师在线答疑；课中，"入情境、探原理、究方法、练技能、作总结"五环节递进，借助动画、虚拟仿真等现代信息技术，有效融入设计好的思政元素；课后，通过开放实训室、汽车产品兴趣小组、社区服务等拓展学习，实现第二课堂思政育人。

4. 融入教学方法，凸显课程思政特色

（1）任务驱动法。本课程以工作过程为导向实施了"模块—项目—任务"式的课程重构，依托18个工作任务的学习，驱动学生完成低碳环保的非高压操作、安全规范的高压断电检修、科学高效的带电应急处理等技能的学习，使学生在学习中深刻体会专业知识蕴含的思政价值。

（2）启发式案例法。本课程引入大量真实、鲜活的企业工作案例、行业时事新闻，启发学生对国家新能源汽车发展战略、新能源汽车行业新技术等进行深入思考，使学生在学习中感受职业精神的价值。

（3）综合轮转实训法。针对课程实训技能点多、参与角色多的问题，在传统分组教学法的基础上实施了综合轮转实训教学。每一个教学任务中的实训环节末，小组内依次轮换操作员、监督员、记录员、评分员角色；技能点复杂的实训环节，在不同工位设置源于企业的不同真实故障，小组间进行工位轮转，进一步增强学生的故障检修能力。在不断轮转过程中，学生参与不同岗位和角色的实训，激发了学生的主动学习意识，在较短的时间内实现了技能水平的迅速提升，增强了学生的专业信心。本课程创新的综合轮转实训法在校内外作为教法创新典型案例推广，获得省级媒体报道。

此外，本课程还采用了互动教学法、虚拟仿真教学法等，增强了课程思政的感染力、生命力。

5. 融入课程资源，开发立体化资源库

本课程团队在"三模块、三主题、七环节"课程思政建设模式以及"5P"教学模式的指导下，为满足不同学习者学习需求，校企合作共同开发了与课程配套的职业教育在线精品课程、新形态教材，将挖掘的思政元素以及党的二十大精神内涵准确、规范地融入教学资源，借助信息技术开发了包括导学类、学习类、测评类的课程思政立体化资源库。导学类资源包括教学大纲、电子课件、针对不同学习群体的工作任务导学视频等，学习类资源包括新形态教材、微课视频、教师操作示范视频、学习者操作示范视频、关键技能点的仿真操作视频、动画、课程思政案例素材库等，测评类资源包括理论题库、作业库、实践任务考核工单及评分标准、课程思政评价考核表等。

📊 课程评价与成效

（一）数字赋能构建了"四化一体"的课程教学评价机制

本课程基于增值理念，结合学生个体差异，注重数字赋能，依托智慧课堂、学生发展中心平台，通过丰富评价主体、优化评价指标、创新评价策略、强化结果应用、升级数字场景等举措，从课前、课中、课后三个维度构建了多维化、多元化、多样化、动态化的"四化一体"考核评价机制，有效融入思政评价。通过数据引领把脉学生发展，勾勒学生数据画像，关注学生可持续发展。

（二）取得了良好的推广应用成效

1. 校内外同行和学生高度认可

自课程建设以来，学生满意度高达98%，本课程获得了学生的高度认可。本课程在一体化课改、课程诊改、课程思政等方面的建设经验多次作为典型案例在校内推广；课程资源聚焦"能学、辅教、促改"的功能定位，自智慧树平台开课以来，校内553名学生提升学历、校外11所院校494名学生提升学历、288名社会学习者选修本课程，超过60所院校教师运用本课程资源创设教学场景，课程互动量超过2.1万次；区域内多家企业、院校借助课程资源开展新能源汽车技术培训，服务超过200名社会人才培养；配套的《新能源汽车高压安全防护与应急处理》新型活页式教材深度对接行业、企业标准，以真实工作任务为载体，具有易学易用的特点，自2022年3月出版以来，累计用量超过8000册，被超过60所院校选用。同时，校企组建的优秀师资团队、共建的教学平台吸引了区域内多所院校到校交流，进一步提升了课程思政成果的建设水平，获得了校内外同行专家的一致好评。

2. 学生综合素养显著提高

通过本课程学习，学生学习的主动性和积极性大幅提高，课证对应证书通过率高，在省级职业院校技能竞赛中多次获奖，表现出了较强的专业能力；学生在省级"互联网+"大学生创新创业大赛中获得铜牌，创新创业能力突出；多次为参观"劳动教育与职业体验科普教育基地"的中小学生科普新能源汽车常识，积极参加进社区服务活动，展现出的扎实专业素养得到了社会的高度认可和评价，学生综合素养显著提高。

3. 课程思政教改成果落地落实

本课程自思政建设以来已获得了丰硕的成果。本课程团队撰写的课程思政典型案例获得院级一等奖；以本课程为参赛课程参加职业院校教学能力大赛获得山东省一等奖，作品中的课程思政整体设计获得专家的高度认可；课程配套出版的教材获评机械工业出版社2019—2022年度职业教育创新教材，并推荐申报省级职业教育优质教材评选；课程配套的在线精品课程立项院级重点质量提升项目，并推荐申报省级在线开放课程和继续教育数字化共享课程等省级项目。课程团队获批山东省职业教育教学创新团队。

课程特色与创新

（一）课程思政与模块化教学结合，强化了课程思政设计整体性

本课程面向新能源汽车技术专业群所有一年级学生开设，针对不同专业、不同生源开展模块化教学。课程团队依据课程思政建设总目标，系统梳理课程模块体系，挖掘各模块中隐含的思政元素。其中，模块一注重培养学生绿色出行、节能减排的环保理念，模块二引导学生发扬精益求精、追求卓越的工匠精神，模块三重点塑造学生迎难而上、积极应变的良好心态。结合各模块教学特点开展课程思政改革实践，形成了模块化教学与价值引领相结合的模式，从整体上强化了课程思政设计。

（二）课程思政与新形态教材结合，拓展了课程思政建设途径

本课程团队依据岗位标准，在模块化重构课程内容的基础上编写课程对应的新形态教材，将课程的3-CAS思政元素通过"有机融、适时融、恰当融"的"三融"策略，准确、有效地融入教材的各部分。课程团队出版与课程配套的"岗课赛证"融通活页式教材，实现了课程思政与教材思政的深度融合，拓展了课程思政的建设途径。

（三）课程思政与"互联网+"结合，促进了课程思政共建共享

课程团队借助"互联网+"，结合三个信息化平台，与合作企业、区域内职业院校合作促进了课程思政的共建共享。依托智慧树平台，建设并运行了课程配套的职业教育在线精品课程，打造了大量融入思政元素的微课、动画、课堂教学实录资源；依托校企合作平台，开发了虚拟仿真资源，梳理课程思政元素，融入"岗课赛证"构建了课程思政案例库；依托学院智慧课堂平台，依据"5P"教学模式以及"三模块、三主题、七环节"课程思政建设模式，开展"双导师、三阶段、七环节"混合式教学实施，有效融入课程思政。

团队思考

（一）"岗位标准—课程—教材—课堂"一体化推进课程思政建设

依据岗位标准模块化重组课程，依据课程设置开发教材，依据教材开展课程教学，建设"岗位标准—课程—教材—课堂"一体化解决方案，这不仅考虑单门课程的课程思政建设或单本教材的思政融入效果，而是从整体出发，形成"岗位标准—课程—教材—课堂"的一体化课程思政建设成果，提升专业输出软实力。

（二）课程思政建设先浸润自己再浸润学生

在推进课程思政建设的过程中，教师需要先浸润自己再浸润学生。作为一名专业课教师，不仅需要扎实的专业功底，更需要良好的政治素质、生动的授课技能，只有不断地学习，浸润自己，才能真正借助专业将思政融入教学，实现润物无声。

电子与信息大类

培养有技术、讲诚信、有担当的 Web 工程师
——"JavaWeb 程序设计"课程思政教学设计

山东商业职业技术学院课程团队
参赛团队负责人：秦继林，团队成员：李卫成、国海涛、王军
2023 年 2 月

教学设计课件

课程基本信息

课程名称	JavaWeb 程序设计
课程类型	专业核心课程
所属学科门类	电子与信息
所属专业	软件技术
课程性质	理实一体化课程
学　时	64
学　分	4

　　"JavaWeb 程序设计"课程是培养 Web 工程师的重要课程，对学生职业意识的培养具有重要意义。本课程深入贯彻党的二十大精神和全国教育大会精神，对接信息产业人才发展需求，落实"育人为本、德育为先、能力为重、全面发展"的人才培养理念，立足就业岗位需求，对接 JavaWeb 应用开发职业技能标准，以学生为主体，突出重点技术，注重培养学生实战能力的同时，培养其大局意识、规范意识、服务意识、责任意识、安全意识、时间观念、系统思维、创新思维、底线思维等职业素质，加快培养新一代信息技术行业高素质技术技能人才。

　　本课程坚守中华文化立场，提炼展示中华文明的精神标识和文化精髓，围绕一个红色主题漫画网站，将社会主义核心价值观和红色文化以教学案例、综合实战、学习启

示、小故事等形式融入每一个教学环节。

课程教学团队基本情况

本课程建设团队成员职称结构合理，由1名教授、5名副教授、2名讲师组成。其中，1人是专职思政教师、山东省教书育人楷模，1人是行业高级工程师，4人是首批国家级职业教育教师教学创新团队核心成员、山东省职业教育技艺技能传承创新平台带头人。团队以老带新、以优促新通过传帮带加强课程建设，发展持续性强。团队成员专业结构合理，校内专业课教师6人、校外专业课教师1人、专职思政课教师1人，保障课程思政教学设计、课程内容、教学实施满足云计算专业群核心课程的学生需求。

课程团队加强课程思政研究，教师课程思政能力强。本课程配套教材是国家规划教材，由团队成员担任主编，组建课程教学团队开展集体备课、磨课、研课，围绕国家相关政策学习、课程思政教学目标确定、课程思政元素挖掘、课程思政教学设计路径研究等开展了多次集体教研活动。经过提炼总结、归纳分析，本课程通过课程思政实施，将思政元素通过不同的载体和方法以润物无声的形式把正确的价值观传导给学生，使课堂教学的过程成为引导学生学习知识、锤炼心志、涵养品行的过程，实现育人效果最大化，潜移默化地传输给学生，促进学生成长成才。

多措并举提升师资水平，团队教学教改成果丰硕。一是组织课程组教师多次参加"全国职业院校课程思政建设与实施方案设计实务暨课程观摩与解析高级研修班"等课程思政专题培训，积极参与课程思政相关课题，如"云计算与大数据运用专业群'课程思政'载体创新研究"等，提升教师课程思政教学能力；二是选派教师到企业顶岗实习，提升教师专业素养和职业技术规范；三是组织教师开展红色主题教育活动，提高教师政治站位，增强爱国主义情感，积累课程思政素材；四是组织教师参加各种比赛，以赛促教。

课程思政建设总体设计情况

（一）课程定位

"JavaWeb程序设计"是"双高"专业群软件技术专业核心课程，该课程的设置，不仅让学生学会Web编程及B/S软件设计思路，更重要的是能够培养学生的根基意识、规范意识、效率意识、责任意识、时间观念、服务态度、诚信、担当等职业素养。

（二）学情分析

学生热爱交友与运动，兴趣爱好广泛，喜欢在活泼的课堂气氛中学习。前期已经学习了"毛泽东思想和中国特色社会主义理论体系概论""网页制作""Java程序设计""数据库应用技术"等课程。学生有编程基础、有爱国情怀、有漫画情结，但缺少开发经验、职业意识。

（三）课程目标

本课程根据学生的认知规律、学情分析及Web工程师的职业岗位标准，确定了课程的知识目标、能力目标和思政目标。

知识目标：了解C/S架构与B/S架构、JavaBean的概念及应用，掌握Include指令的用法、Application的原理及应用、JavaWeb项目的开发流程、JSP的执行过程、JDBC核心组件的用法、EL表达式的概念及应用、JSP基本语法、Session的原理及应用、Servlet生命周期、Ajax技术、集合框架在Web项目中的常见用法、Servlet运行原理、对象的作用域、分页的原理及实现步骤、分层架构的实现原理，熟悉动态网站的运行原理、MVC设计模式。

能力目标：能够使用Request对象获取用户请求，对MySQL数据库进行数据操作，通过Servlet进行请求响应，使用Response对象处理响应，通过分层架构优化数据库访问代码，实现Servlet控制器，搭建MySql数据库开发环境，创建并配置Servlet，通过Servlet访问域对象，通过JSP连接MySQL数据库，通过Servlet获取用户请求，实现数据的分页显示，实现页面的局部刷新。

思政目标：强化爱国主义情怀，培养团队意识和工匠精神，培养根基意识、规范意识、效率意识，强化社会美德和历史责任感，培养时间观念和执行力，培养全周期管理意识和责任意识，培养目标意识和全局思维，培养进度管理和风险防控意识，培养客户至上、用心服务的工作态度，培养分析能力和规划意识，培养安全和防范意识，培养积累、日志、备份的好习惯。

（四）课程思政模式

本课程深入贯彻习近平总书记关于教育的重要论述和全国教育大会精神，对接信息产业人才发展需求，落实"德育为先、能力为重、学做结合、合作育人"的学校人才培养理念，围绕政治认同、家国情怀、职业素养、宪法法治意识等重点优化课程思政内容供给，将育人和育才进行紧密结合，明确了课程思政育人总目标，即激发学生科技报国的家国情怀和使命担当，强化学生在JavaWeb程序开发领域尊崇法治、敬畏法律的意识，具备创新精神和服务意识的职业素养，努力成为德智体美劳全面发展的社会主义建设者和接班人。

本课程构建了"四阶段、六过程、三主题"课程思政模式。"四阶段"是指为达成以上课程思政总目标，课程围绕一个红色主题漫画网站，采用任务驱动的形式，从练好基本功、稳中求进、进中求优、知行合一四个层次全面、详细地展示JavaWeb应用开发所需的各种知识和技术。为强化学生的学习兴趣、职业意识、家国情怀，精心设计与知识目标、技能目标、思政目标及课程贯穿项目紧密结合，适用于学生学和教师教的任务案例，将知识讲解、编码规范、职业素养、爱国情怀、社会美德、历史责任感融入学习任务，指导学生实践，培养学生的技术应用能力，帮助学生形成良好的编程习惯，树立良好的价值观，培养学生客户至上的服务意识和职业素养。

本课程将知识学习、技能训练、素质培养、思政教育有机结合，融"看、悟、划、学、践、思"于一体，适合"案例贯穿、任务驱动、素养提升"的教学方法。每个教学任务都按照"专业时事、思政主题、学习任务、知识链接、任务实施、总结提升"的"六过程"组织教学内容。

本课程尝试以课程思政理念的专业知识传授与价值引领并行共进的主旨精神为指导，以促进IT职业素养教育与思政教育互融共升为宗旨，以IT职业素养主题教育为载体，以实现思政价值信念塑造为终极目标，以培养职业意识、职业能力、职业道德为主题，构建"JavaWeb程序设计"课程的思政教学逻辑，为专业（群）课程思政教学实践提供理论指引，实现学生的思政价值教育，将价值引领嵌入知识传授与能力培养中，引导学生树立正确的世界观、人生观、价值观和终身学习观。

✉ 课程思政教学实践情况

（一）结合专业与课程，深入挖掘思政元素

在教学过程中，本课程围绕一个红色主题漫画网站，采用任务驱动的形式，从练好基本功、稳中求进、进中求优、知行合一四个层次，结合课程特点，深挖思政元素，实现专业知识和价值引领统一。

（二）根据学情提出助力课程思政实现的教学方法

本课程主要面向的是高职学生，他们具有编程基础、爱国情怀和漫画情结，但缺少开发经验和职业意识，教师需要用多种载体与方法引导他们学习。在课堂教学过程中，以课程项目为载体，以任务为驱动，采用案例法、类比法等多种教学方法实施教学。

第一，任务驱动。教学过程中，以红色主题漫画网站的设计与实现为课程项目，借助文献和视频资料，通过讨论和讲授等形式展示中国历史与文化，提升学生的制度自

信，激发科技报国的爱国情怀。

第二，案例法。根据课程内容，恰当地引入案例。通过"西亚斯学生信息泄露"的案例，加强学生的信息安全意识，以及在软件工程项目开发中应遵循的职业道德、科技伦理和国家安全，使学生在任何时候都能够将国家主权和安全放在第一位。

第三，类比法。通过"Servlet"生命周期各个阶段的有效性，类比人生，帮助学生树立正确的世界观、人生观、价值观，激发学生自觉把个人理想追求融入国家和民族的事业，勇做走在时代前列的奋进者、开拓者的信心和决心。

第四，讨论法。通过融入思政元素的主题讨论，启发学生自由发表意见，最后教师进行总结，概述讨论情况，激发学生的爱国情怀和责任担当。

例如，"【任务11】使用过滤器实现登录验证"的教学实施过程：

课前，线上学习知识点。教师将携程数据丢失的新闻、Filter的概念、过滤器的原理3个知识点/技能点的微课和相关资源上传到课程平台，要求学生以小组为单位进行自主学习，完成课前在线测试题，并将学习过程中遇到的问题总结出来。同时搜集一些因为非法登录导致信息泄露、财产损失等案例，准备课上分享。

课中，首先，灵活运用翻转课堂教学法进行知识点探讨。教师随机安排2个小组分别针对过滤器的用法这一比较重要的知识点分享学习体会，并分享课前搜集的因为非法登录导致信息泄露、财产损失等案例。其次，完成典型工作任务。学生熟练掌握知识点后，教师提出工作任务——"用户只有注册后才能登录并访问漫画网站，如果在没有登录的情况下，直接访问某个漫画页面，会自动跳转至登录页面"，并梳理实现流程。要求学生以小组为单位完成工作任务，教师对出现的问题进行指导。学生完成任务后，挑选1—2组进行任务答辩，教师对完成情况进行评价。

课后，拓展与提高。教师在课程平台上发布与工作任务相关的拓展知识微课程（如用Filter过滤不良言论，维护网络环境），要求学生在课程平台自主学习，教师监控学习进度。

 课程评价与成效

（一）构建"知信行合一"的课程综合考核评价体系

考核评价体系强调知识、情感和行为并重，达到真懂、真信、真用的教学目的。"知"的评价是开发主、客观题等题库资源，通过人工智能技术高效分析学生观点、思维方法，及时发现问题并给予指导。"信"与"行"的评价是采用德尔菲法设计一套评价指标，通过问卷形式获取课程思政同行、辅导员、专家、学生自评、学生互评五方反馈。"知信行合一"考核评价法不仅能够考查学生对所学知识的理解、运用，而且促进学生将社会主义核心价值观内化为精神追求、外化为自觉行动。

（二）课程思政教学改革成效突出

一是学生的行为品质得到提升，表现在课堂氛围更加融洽，学习态度、学习精神等学风现象明显改善，大赛等创新性工作参与度明显增加。二是课程思政影响力广泛，课程思政方法和模式受到本校教师与外校教师的广泛借鉴，课程教学效果突出，深受校内、校外好评，选课学生人数逐年上升。三是辐射范围广，示范效应显著，该课程成为课程思政范例，形成了一套可复制、可推广的课程思政教学模式，有力推动校内外其他同类课程的课程思政改革。

⧗ 课程特色与创新

（一）以红色主题动漫网站为教学案例，构建了"四阶段、六过程、三主题"课程思政模式

本课程围绕一个红色主题漫画网站，采用任务驱动的形式，从练好基本功、稳中求进、进中求优、知行合一四个阶段全面、详细地展示了JavaWeb应用开发所需的各种知识、技术和职业素养，将爱国情怀和历史责任感贯穿整个教学过程。

（二）深挖课程思政元素，提出助力课程思政实现的教学方法

本课程根据专业学生特点，以课程项目为载体，以任务为驱动，采用案例法、类比法等多种教学方法引导学生学习。

（三）创新提出"知信行合一"的课程考核评价机制

本课程构建将理论考核功能与行为导向功能有机结合的考核评价机制，从"知""信"和"行"三维度，应用理论题库和实施指标评价，强调知识、情感和行为并重，使学生理解、运用所学知识的同时，将社会主义核心价值观内化为精神追求、外化为自觉行动。

💡 团队思考

课程思政需要将思政元素融入不同类型的课程教育教学，着眼于培养学生思政素养，全面构建"大思政"格局，进一步优化学校整体教育教学体系，使其他课程始终与

思政课同向同行。将思政工作贯穿学校整个教育教学过程，是实施课程思政教育改革的重要推手。为此，教师在开展课程思政教学改革时，要注重课程教学德育目标的引导作用，深入挖掘其他课程中蕴含的思政元素，采取必要的措施保障课程思政改革全面展开，在教好书的同时育好人，为学生健康成长、顺利成才保驾护航。

（一）课程思政教学改革存在的问题

在课程思政教学改革中，有些课程目标定位不明确，缺乏科学系统的思维，没有从思政元素融入专业课应遵循的原则出发，制定可实施性较高的教学改革方案。课程思政教学主要是对学生进行思想教育和引导，同时要认识到在这一改革推进中，它能够促进思政课和专业课教学在培养人才上的良好互动，各自守好自己的一段渠、种好自己的责任田。但调研发现，专业课教师在将思政元素融入教学的力度方面掌握得不够，有的顾此失彼，有的过犹不及，极大地影响了课程思政的教育教学效果。这就对专业课教师提出了更高的要求，需要他们结合课程特点恰如其分地选择相应的思政元素，尽可能挖掘和选取学生感兴趣的教学案例，在案例分析中实现专业知识和思政元素的有机融合。另外，一些专业课中存在受制于体制机制不灵活，课程思政教学部分通常流于形式的问题，这就导致思政教育体现较强的主观色彩，不能保证教育目标的实现。有些教师在进行课程教学时，将思政内容讲解独立出来，导致出现教学内容分化的现象，不利于学生系统掌握有关知识，并且不能保证思政内容在这些课程中的系统呈现。

（二）推进课程思政教学改革的措施分析

第一，注重专业课教师课程思政意识和能力的提升，让教育者先受教育。建设一支政治素质过硬、业务能力精湛、育人水平高超的高素质教师队伍，是课程思政的应有之义。专业课教师应充分认识到实施课程思政的重要性，努力提升自己的课程思政意识和能力。

第二，深入挖掘专业课包含的思政元素。根据课程自身特点和不同时代下课程内容的发展变化，加强同思政课教师的沟通交流，不断挖掘开展课程思政的思政元素，实现多门课程的联动。

第三，致力于思政教育和专业课教学间的有机融合。挖掘出思政元素，适时引入现实问题，实现思政元素和专业课教学的有机融合。要找准思政内容和专业知识间的融合点，利用有效的融合方式，建立起二者间的较强关联，在专业知识教学中自然引出思政内容，实现思政教育全面开展。如对于一门课程而言，要求教师以挖掘课程思政元素为主要目标，遵循思政内容和专业知识相结合的原则，合理设置思政元素融合方式，有目的地进行专业课教学。

（三）本课程的课程思政教学改革落实情况

第一，用好红色资源，深入开展社会主义核心价值观宣传教育。本课程的贯穿项目是"红色主题漫画网站"，综合实战项目是"红色经典党建论坛"，汇集了很多红色故事，是红色资源的载体，也是传承红色基因、传播红色文化的有效途径。

第二，强化爱国主义、集体主义、社会主义教育，着力培养担当民族复兴大任的时代新人，使青年一代更加积极向上。例如，在课程贯穿项目需求中，融入家国情怀、职业道德、职业意识、职业能力等元素，所有知识点围绕该项目逐层递进，逐步扩展，营造一个积极向上的学习情境；在项目总体设计中融入项目整体管理思维及大局观；在学习需求描述工具使用方法的过程中，突出用户至上，强化服务意识；在学习网站访问控制的过程中，突出保障数据安全、法律意识和安全意识的重要性，强调守正才能不迷失方向等。

"网络入侵检测与防范"课程思政教学设计

山东科技职业学院课程团队

参赛团队负责人：员志超，团队成员：王德晓、翟凯丽、王芳伟、岳倩倩

2023 年 12 月

教学设计课件

📖 课程基本信息

课程名称	网络入侵检测与防范
课程类型	专业基础课程
所属学科门类	电子与信息
所属专业	计算机网络技术
课程性质	理实一体化课程
学　时	64
学　分	4

　　"网络入侵检测与防范"课程具有很强的操作性和实践性，让学生具备服务器终端、网络通信的安全基础知识，掌握网络攻击手段及防护策略，熟练应用入侵检测的技术手段以及其他网络安全防护工具，培养学生网络安全需求分析与规划设计、网络安全漏洞分析与处理、网络攻击、网络安全产品的使用与部署、根据网络安全相关法规应急处理基本的信息安全事件等专业能力，并逐步培养针对企业新的网络安全需求对企业网络安全策略进行改进、改造或重新设计的能力，以及资料收集整理、制订实施工作计划、分析检查判断、沟通协调、安全与自我保护等综合素质和能力，并树立良好的法律意识、职业道德与责任心。具体课程目标如下：

　　1. 知识目标

　　理解习近平总书记的网络安全观及其重要性；了解网络安全对国家、社会、个人的影响和意义；熟悉网络安全主要技术，包括密码技术、防火墙技术、入侵检测技术等；掌握网络安全受到的主要威胁，包括网络攻击、病毒、木马等；理解网络安全的法律和

法规，包括数据保护、隐私保护等。

2. 能力目标

能够运用习近平总书记的网络安全观分析、解决实际问题；能够进行网络系统日常维护，包括系统监控、日志分析、故障排除等；掌握网络安全事件的预防与处置流程，包括安全漏洞扫描、风险评估、应急预案制定等；熟悉信息系统安全等级保护制度，具备进行等级保护测评的能力；能够进行信息安全管理（运行维护）工作，包括制定安全策略、培训员工提高安全意识等。

3. 素质目标

培养强烈的爱国情怀和使命感，肩负起维护国家网络安全、保障人民群众合法权益的责任感；培养法治意识，自觉遵守法律法规，维护社会公正和公平；培养风险防控意识，能有效地预防、规避和应对各种风险和挑战；培养目标意识和全局思维，能有效地规划和管理学习和工作；培养团队意识和工匠精神，能积极协作，共同解决问题和完成任务；培养开阔的思维和创新意识，能不断创新和改进攻防技术；培养时间观念和执行力，能合理地安排时间、高效地完成任务。

课程教学团队基本情况

本课程教学团队是一支名师引领、专思结合的教学团队，专业课教师注重课程设计、课程实施、思政元素挖掘及素材收集；思政课教师提供思想政治理论指导，研讨教学内容、教学方法。团队成员师德高尚、业务精湛，结构合理，"双师"比例达100%。其中，山东省教学名师1人，山东省青年技能名师1人，潍坊市有突出贡献的中青年专家1人，国家级教师教学创新团队、山东省黄大年式教师团队骨干成员4人。

自课程思政改革以来，课程团队成员积极参加课程思政培训多次，如课程思政建设培训会、课程思政认知升级与设计创新工作坊等。团队成员荣获国家教学成果奖二等奖、山东省教育教学成果奖特等奖、山东省职业院校"课程思政研课会"教学展示二等奖等，主持完成国家教学资源库子项目3项。

课程思政建设总体设计情况

以习近平新时代中国特色社会主义思想为指导，深入贯彻总书记关于网络强国的重要思想，通过企业调研了解学生学情，针对网络安全工程师的岗位标准，明确培养"优秀网安卫士"的课程思政育人目标。以习近平总书记网络安全观为统领，立足专业思政面，设计课程思政线，深入挖掘课程内容思政点，构建课程思政育人模式，重构课程内容，建设课程思政素材库，设计课程思政实施路径和课程思政实施方法，改革课程评价方法，将育人和育才紧密结合。

（一）调研分析学情，明确课程思政育人目标

针对网络安全工程师的岗位标准，课程团队通过企业问卷调查、座谈交流，明确学生存在的问题，如缺乏风险意识、周密主动精神不足、法治观念淡薄。结合学生学情，以"为国育才"为主线，围绕习近平总书记的网络安全观，在学生能"攻"、善"守"、知"法"的基础上，围绕家国情怀、职业素养、法治意识等重点优化课程思政内容供给，讲授网络入侵和安全加固知识，确定"能攻善守、遵纪守法"的课程目标，培养学生掌握网络入侵检测和安全加固知识技能、具备风险预判意识、具有攻防相长理念和法治安全观念的德技并修的网络安全卫士，将育人和育才紧密结合。

（二）围绕课程思政设计理念，构建课程思政育人模式，重构课程内容

本课程团队坚持立德树人，落实"培致用人才、铸职业未来"的学院办学理念，立足"立网德、遵网法、护网安、笃网行"的专业思政面，围绕网络安全工程师应对不断加剧的网络安全新挑战，对接"大数据、智能化、自动化"新业态，设计课程思政主线，深入挖掘课程内容思政点，在"面线点"结合基础上进行课程思政设计。

本课程团队围绕"面线点"结合的课程思政设计理念，以习近平总书记的网络安全观为统领，针对教学过程中存在的系列问题，基于"长鸣警惕钟、密织检测网、筑牢防御墙、夯实真本领"四个思政导向，设计攻防、检测、加固、综合四个课程模块，构建了"一统领、四导向、四模块"课程思政育人模式。

对接"岗赛证"，整合序化企业网络安全运维项目所含知识技能点，遵循职业能力培养规律，围绕课程思政元素，重构"专思并重、进阶提升"课程思政内容，将原单元式课程内容重构为包含思政元素的14个工作任务与1个综合实战项目。

（三）结合专业，深入挖掘思政素材，构建课程思政素材库

本课程团队围绕课程内容与教学实施两个维度，深挖"多维内容"和"活动性"思政素材，建设课程思政素材库。

以习近平总书记的网络安全观为引领，针对不同的学习型工作任务，结合法律法规、职业标准，挖掘历史事件、法律案例、名人事迹、项目任务、生活实践等"多维内

容"思政素材。以攻防技术应用创新为指导，结合教师授课、师生互动、实践演练、课堂总结等教学环节，挖掘教师人格魅力、师生之情、团队协作、沟通互动以及攻防演练带来的哲学思辨等"活动性"思政素材。

（四）设计"三环节、八步骤"课程思政实施路径

本课程每个任务和项目实战均以企业网络入侵检测与防范真实项目为载体，教学过程中依托线上课程平台、翻转课堂与虚拟实践平台，通过课前自学、课中研学、课后拓学三个教学环节，按照"网络攻击、入侵危害、漏洞分析、进攻展示、防御展示、攻防演练、攻防反思、攻防拓展"八个教学步骤实施教学，融入课程思政元素，实现专业知识和价值引领统一。

（五）"授辨行化融合"实施课程思政

本课程面向高职二年级学生，他们对网络攻防兴趣浓厚，但是对网络入侵危害性认识不足，缺乏安全法治观念，对网络黑产诱惑抗拒力低，需要将正确的"攻防观"贯穿教学过程，"法律筑基、道德架梁"，使学生正确运用网络入侵检测这把"双刃剑"，并牢记习近平总书记"网络安全为人民"的嘱托。

同时，学生对形式多样、内容多元信息的兴趣浓厚，但是学习自律性较差，需要将教学活动设计成学生喜闻乐见的教学情境和实践形式，寓教于乐。本课程思政的教学方法分为"授""辨""行""化"。"授"是指教师在授课以及日常生活中言语行为起的模范作用，"辨""行"是指学生通过研讨、辩论、实践提升自身综合素质，教学环境、教学资源则用"化"的方法熏陶改变学生，达到潜移默化、润物无声的课程思政效果。

📊 课程评价与成效

（一）构建"知信行合一"的课程思政评价体系

本课程围绕学生"知、信、行"和"考、评、鉴"结合进行过程性与结果性考核。结合测试、项目任务实施，针对每个攻防任务和学情制定相应的知识考核目标，通过大数据分析学生攻防知识掌握情况，考评学生的"知"。引入岗位标准、技能比赛，通过攻防演练评价、攻防反思讨论、攻防实战演练等获取学生自评、学生互评、学校教师点评、企业教师点评四方反馈评鉴学生的"信"与"行"。

围绕"知信行"三个维度构建的增值性评价指标体系，包含了12个一级指标、31个二级指标，基于在线课程平台，运用大数据分析在学期初、中、末形成学生画像，探索

实施增值性评价。平时成绩由单元测试、项目实施、课堂表现三部分组成，占总成绩的40%；期末考试，实施以赛代考、以证代考，占总成绩的60%。

（二）课程思政教学改革预期成效

首先，课程思政教学成效明显，育人效果显著，学生在国赛"云计算技术与应用""云安全应用""网络系统管理""网络系统管理"赛项中获得优异成绩。

其次，辐射范围广，示范效应显著。预计课程校内年受益学生200人以上，受益教师10人以上；线上辐射全国10所以上院校或单位，受益师生800人以上。

⧖ 课程特色与创新

（一）实施了"一统领、四导向、四模块"课程思政育人模式

以习近平总书记的网络安全观为统领，针对教学过程中存在的系列问题，围绕"长鸣警惕钟、密织检测网、筑牢防御墙、夯实真本领"四个思政导向，本课程构建攻防、检测、加固、综合四个课程模块，实施"一统领、四导向、四模块"课程思政育人模式。

（二）设计了"三环节、八步骤"课程思政实施路径

针对学生学情，教学过程贯穿"攻防之道"，围绕"课前自学——融思政、课中研学——强思政、课后拓学——升思政"三个环节，项目导向、任务驱动，按照"网络攻击、入侵危害、漏洞分析、进攻展示、防御展示、攻防演练、攻防拓展"八个教学步骤实施教学，实现专业知识和价值引领统一。

（三）构建了"知信行合一"的课程思政评价体系

本课程构建将理论考核功能与行为导向功能有机结合的考核评价机制，从"知、信、行"三个维度，实施生评、师评、企评等过程性考核，对任务完成情况进行定级；针对期末考试，融入"以证代考、以赛代考"，实施结果性评价；构建的增值性评价指标体系，运用大数据分析，探索实施增值性评价。

☀ 团队思考

提升课程思政效果，关键在于教师。本课程涉及信息、数学、物理、社会学、法学、军事学等多学科，知识交叉融合，作为授课教师，需要树立正确的理想信念，具备宽广的学术视野，尤其要养成跨学科的思维能力，能够善用思政元素，做到融会贯通、运用自如、潜移默化地影响学生，这样才能提升"跨学科融合课程"的课程思政效果。另外，还需要进一步建设完善专业课程思政体系，让每一门专业课程都承担起"为党育人，为国育才"的责任。

"计算机网络安全技术"课程思政教学设计

临沂职业学院课程团队
参赛团队负责人：李守存，团队成员：邵菲菲、吴慧颖、李依桐、王金义
2023年12月

教学设计课件

课程基本信息

课程名称	计算机网络安全技术
课程类型	专业核心课程
所属学科门类	电子与信息
所属专业	计算机网络技术
课程性质	理实一体化课程
学　时	72
学　分	4

网络安全是国家安全的重要基石。一个国家的网络安全不仅关乎个体的隐私和安全，更关乎国家的政治稳定、经济发展和文化传承。没有网络安全，就没有国家安全，筑牢网络安全屏障是维护国家安全的必然要求。

"计算机网络安全技术"课程的任务是学习网络安全知识，掌握网络安全技能，提高网络安全意识，赋能网络强国建设。通过本课程的学习，学生能够敏锐地察觉潜在网络威胁，严格遵守网络伦理和法律法规，积极参与网络安全的构建和维护工作，为保护网络空间的安全和稳定作出贡献。

课程教学团队基本情况

本课程教学团队共有5人，包含专业课教师4人和思政课教师1人。教学团队有成员被评为山东省高校思想政治工作先进个人、山东省学校优秀思政课教师、山东省

高校黄大年式教师团队成员、山东省职业教育青年专家等。自课程思政教学改革实践以来，课程团队成长为一支政治素质高、业务能力强、结构合理、专思融合的"双师型"教学团队。

课程团队在课程思政比赛、教学能力大赛、技能竞赛、教学研究等方面共获40余项荣誉，其中，国家级奖项2项、省部级奖项21项、省部级科研成果13项。课程团队举办课程思政相关活动65次，参加国家级、省级课程思政学习培训26次，组织并参加集体教研45次。

 课程思政建设总体设计情况

（一）建设思路

"计算机网络安全技术"课程服务于国家战略，立足产业需求，结合办学定位、专业特色和课程内容，对接职业岗位、职业院校技能大赛和国家职业资格证书，确定了课程的知识目标、能力目标和素质目标。课程团队进一步挖掘课程思政元素，形成了"慎思笃行、安全保密、敬业守法、守正创新、网络强国"的思政主线，实现专业知识与思政育人深度融合。

专业知识与思政育人深度融合不仅能够为学生提供必要的专业知识和技能，还可以培养学生的思想政治素养，使学生能够在网络安全领域内作出积极的贡献，为国家的信息安全和网络强国建设贡献一己之力。

（二）内容设计

在本课程的内容设计过程中，课程团队依托思政主线，修订课程标准，结合问题分析，重构教学内容，将原来的8章内容重构为5个项目、18个典型工作任务，形成了"心有所戒懂网规""行有所思慎网行""言有所畏勤网思""守有所创拓网技""情有所系护网安"五大思政主题。

本课程以"协议与法规""认证与控制""加密与解密""访问与过滤""网络与病毒"为项目主线，挖掘思政元素，收集并整理典型网络安全事件等思政素材，形成了丰富的课程思政资源库。

（三）育人模式

本课程构建了"15633"课程思政育人模式：一条思政主线贯穿课程体系；五大主题项目重构教学内容；通过课前导学、问题引入、案例解析、仿真实训、归纳总结、课后拓学六环节引领教学，实现课程思政贯穿教学全过程；通过"思政育人有高度""思政融入有温度""思政探索有深度"三个把握促进课程思政实施；将学习阶段分为"埋头苦干的新兵""警惕戒备的哨兵""攻守兼备的尖兵"三个阶段加强学生技能训练，提升学生职业素养。

✉ **课程思政教学实践情况**

本课程通过课前导学、问题引入、案例解析、仿真实训、归纳总结、课后拓学六个环节全面引领教学过程。在教学实践中，教师巧妙地将课程思政元素润物无声地融入每个教学环节，以取得更好的思政育人效果。接下来以项目五中的任务2"蠕虫与防护，守护网安"为例，具体介绍课程思政教学实践情况。

（一）课前导学

在课前导学阶段，教师为学生提供了关于蠕虫病毒的微课学习视频和课前测试任务。学生自主学习微课视频，并完成与蠕虫病毒相关的测试任务，这有助于培养学生的自主学习能力和思考问题的能力。教师根据课前任务测试的结果和学生在讨论模块提出的疑问，确定了本次课程的主要内容。此阶段有效地激发了学生的学习兴趣，并为课堂教学提供了有针对性的指导方向。

（二）问题引入

在问题引入环节，教师通过真实的网络攻击事件，告诉学生其严重威胁了我国国家安全，并引出中国网络安全报告统计，告诉学生我国境外网络攻击事件时有发生。常见的网络攻击方式包括蠕虫网络病毒攻击等，因此，掌握蠕虫病毒与防护已刻不容缓。教师通过问题分析的方式，提高学生的网络安全意识，使学生清楚认识到网络空间安全与社会和国家安全密切相关，引导学生努力维护国家网络安全。这一引入方式生动地展示出网络安全对国家和社会的重要性，引发学生的思考，激发学生的学习兴趣，进一步培养具备高度社会责任感的网络安全专业人才。

（三）案例解析

在案例解析环节中，教师深入解析2017年爆发的"WannaCry勒索病毒"事件，通过对勒索病毒样本的行为分析，引导学生不仅理解事件的技术细节，更重要的是明确维护网络安全的伦理和社会责任。教师以此案例教导学生：网络空间不是法外之地，要恪守网络空间道德，增强个人法治观念。通过上述案例分析，培养学生在职业生涯中具备高度的网络道德观念和遵纪守法意识，使学生成为网络安全领域的合格专业人才。

（四）仿真实训

在仿真实训环节中，教师布置实训任务，要求学生完成"WannaCry 勒索病毒复现"任务，并引导学生以团队合作、共同协商的方式完成任务。同时，教师强调此次任务必须在虚拟仿真环境中进行，并明确要求关闭 Windows7 系统的文件共享功能，旨在培养学生慎思笃行的习惯和精益求精的态度。通过这一任务，学生能够深入了解蠕虫病毒的危害，同时受到了道德和法规方面的引导，明确维护网络安全的重要性，学会遵守网络道德和增强个人法治观念，为网络安全事业作出贡献。

（五）归纳总结

在归纳总结环节中，教师对课程内容进行梳理和总结。同时，教师倡议学生做到以下三点：遵纪守法，不触碰网络法律底线，做网络文明的践行者；恪守道德，不恶意网络攻击他人，做网络正能量的传播者；技术报国，学好网络安全技术，做国家网络安全的维护者。通过归纳总结，教师引导学生认识到自身在网络安全中的重要责任，培养出具备高度社会责任感的网络安全专业人才。

（六）课后拓学

在课后拓学环节中，教师引领学生探讨网络安全技术日新月异的话题，特别关注"人工智能助力蠕虫病毒防护"。通过这一课后任务，教师鼓励学生不仅深入思考网络安全领域的最新发展，还引导学生树立守正创新的意识。学生在这个环节中被鼓励探索新的方法和技术，以更好地应对不断进化的网络威胁，从而为网络安全领域的创新和发展贡献自己的思想和智慧。这一教学环节不仅能够促进学生对网络安全领域的兴趣和深入了解，还能够增强学生的创新和实践能力。

课程评价与成效

（一）构建了多元化、全过程考核评价体系

在评价方面，本课程建立了多元化、全过程考核评价体系。综合性评价分为过程性评价（60%）、终结性评价（30%）、增值评价（10%）。增值评价以学生学业成绩为依据，使用大数据技术记录和追踪学生在本学期内成绩的变化。

（二）课程成效

1. 课程思政教学改革成果多

学生的专业技能、职业素养、创新能力飞跃式提升，在省级以上的网络安全技能大赛或创新创业大赛中获一等奖10项，获二、三等奖累计30项。

2. 师生社会服务能力评价好

师生进行社会服务36次，在企业服务中提供漏洞评估、培训等，帮助企业建立健全网络安全体系；举行信息安全类培训10次；为企业做等级保护方案15次；参与公安部门的护网行动8次，帮助打击网络犯罪、提升社会网络安全水平。

3. 课程思政示范辐射范围广

建成并完善了"计算机网络安全技术"课程思政资源库，主要包括：团队主编数字化教材3部，在线课程2门，课程思政案例76个（网络安全国内案例40个、国际案例36个），图片资源89张，视频资源153个。3年以来，课程思政资源库被11所学校和8000多名学生使用，课程思政效果备受好评。

课程特色与创新

（一）创建了"15633"课程思政育人模式

本课程构建了"15633"课程思政育人模式，即一条课程思政主线贯穿课程体系、五大主题项目重构教学内容、六步教学环节实施课程教学、三维度结合促进思政实施、三阶段培养网络安全人才。

（二）运用数字化手段提升课程思政育人成效

本课程以数字化手段（人工智能、大数据、虚拟现实等）丰富了思政教育内容，创新了思政教学方式，提升了课程思政育人成效。

团队思考

（一）探究新技术，挖掘新元素

本课程具有时代性、综合性和实践性，教师需要不断学习和探究新技术，挖掘新的思政元素，推动育人质量不断提高。

（二）研学新政策，融入新观念

随着网络威胁的不断增加，网络安全领域政策和法规也在不断更新，教师需要不断研学和掌握新政策，融入新的政策观念，进一步促进网络安全教育与社会政治的融合。

深耕课程思政沃土　提升铸魂育人实效
——"网页设计与制作"课程思政教学设计

济宁职业技术学院课程团队

参赛团队负责人：张俊霞，团队成员：姚千惠、岳璐、郭福燕、李倩

2023 年 12 月

教学设计课件

📖 课程基本信息

课程名称	网页设计与制作
课程类型	专业必修课程
所属学科门类	电子与信息
所属专业	软件技术
课程性质	理实一体化课程
学　时	64
学　分	4

（一）基本信息——深研人才培养方案，明确课程基本信息

"网页设计与制作"是软件技术专业的专业必修课程，是一门实践性很强的基础课程。通过该课程的学习，学生将具备网页设计及制作的基本能力，能够设计制作结构合理、内容完整、图文并茂、美观大方、交互流畅的各类网站。

（二）课程定位——梳理人才培养体系，精准课程定位

为落实济宁职业技术学院培养"品优技高有才艺"的高素质技术技能人才的办学定位，结合学校"产教互融、校企共同、学岗直通、文化育人"的办学特色，以及"学岗直通"的人才培养模式，围绕"坚持立德树人，突出文化育人，素养培育与能力培养并重，培养适应软件技术领域生产第一线需要德智体美劳全面发展的高素质技术技能人才"的专业培养要求，本课程团队根据课程特点，发挥课程优势，响应国家"共绘网络

文明，共建网络强国"的号召，明确了"夯实专业基础、提高专业技能、塑造价值观念、传播网络文明"的课程定位，引导学生发挥专业技能，弘扬主旋律、宣传正能量、服务国家建设。

本课程承上启下，在前导课程"计算机应用基础""平面图像处理技术"的基础上，帮助学生开启网页设计与制作的大门，并为后续课程"Bootstrap""Javascript"等响应式网页、动态网页开发提供必备的编码基础，与它们一起带领学生进入更精彩的网页世界，成为专业的Web前端开发工程师。

（三）建设历程——加强课程建设，打造优质课堂

本课程团队以持续提升专业人才培养质量为目标，多年来深耕细作，致力于将课程打造为"智慧课堂""实用课堂""实境课堂""乐学课堂""翻转课堂"。智慧课堂是指打破时空壁垒，提高课堂效率；实用课堂是指学岗直通，助力学生光彩就业；实境课堂是指学思践行，知行合一；乐学课堂是指小组协作，角色体验；翻转课堂，始终以学生为中心。

2017年，本课程被获批为院级线上线下混合课程，2018年被评为省级精品资源共享课。2021年，本课程思政案例被评为学院课程思政优秀案例，2022年被评为院级课程思政示范课。截至2023年12月，已在学院在线教育综合平台完成开课6个轮次，学习人数近3000人，教学资源丰富，课程思政资源库完善。

📍 课程教学团队基本情况

（一）团队组成——党建引领、双专业带头人领衔结构化创新团队

本课程坚持党建引领，团队成员均为党员。课程团队是由两位双专业带头人领衔组成的，以专业课教师、山东省优秀辅导员、思政课教师和企业兼职教师相结合的结构化高素质教学创新团队，全国样板党支部、山东省第二批高校"双带头人"教师党支部书记、CCF VC（中国计算机学会职业教育发展委员会）软件技术工作组组长为课程建设顾问。团队成员共9人，其中课程顾问1人、学校专业带头人1人、企业专业带头人1人、课程负责人1人、主讲教师3人、思政教师1人、企业教师1人。课程顾问、学校专业带头人的课程建设经验丰富，高屋建瓴，全面把握课程建设标准与方向。企业专业带头人的软件开发、网站开发经验丰富，参与学校人才培养方案的制定，熟悉相应的职业岗位能力要求。

团队成员职称年龄结构合理，专业背景结构科学合理，其中2人为专业带头人、1

人为课程顾问、2人为骨干教师、3人为青年骨干教师、1人为高级工程师，能够以老带新、以优促新，通过传帮带加强课程建设，可持续发展性强。

（二）团队建设——牢记初心使命，打造卓越教学团队

团队成员牢记为党为国育英才的初心使命，努力成为"有理想信念、有道德情操、有扎实学识、有仁爱之心"的新时代"大先生"，做学生锤炼品格的引路人、做学生学习知识的引路人、做学生创新思维的引路人、做学生奉献祖国的引路人。言传身教，一个灵魂唤醒另一个灵魂，培养具有高尚品格、品行端正、品位高雅，富有中国心、饱含中国情、充满中国味的新时代"大工匠"。

近年来，团队成员积极参与多角度多层次的各类培训。参与线上线下思政培训，坚定理想信念，提升课程思政教学能力；参与专业培训、实践锻炼，提升专业能力和职业素养；参与教学能力培训、各种教学比赛，努力提升教学水平；参与红色主题教育活动，在活动中陶冶道德情操，积累课程思政素材。

3年来，团队成员进行课程思政培训25人次，专业培训15人次，教学能力培训20人次，开展红色主题教育活动42人次，企业实践锻炼42人次。

（三）团队实践——扎实开展教研活动，凝聚团队集体智慧

在课程思政教学实践过程中，课程团队采取"凝、提、设、建、改、诊"的工作机制，定期开展社会需求和毕业生调研，动态更新职业岗位能力库，完成专业调研报告并修订课程标准；落实集体备课制度，凝聚先进思政理念、教育教学理念；努力提升育人能力，科学进行教学设计，动态建设课程资源库、思政资源库，大胆进行教学模式改革，有序安排课程思政示范公开课，不断进行教学反思与诊改，循环往复，以"工匠精神"精心打磨教学的每一个环节，确保课程进阶发展。

课程思政建设总体设计情况

（一）教学目标——政企行校全面分析，确定三维教学目标

本课程以成为塑造学生品格、品行、品位的"大先生"为指导，寻找"三品"思政元素与课程的高度契合点，结合网络文明建设需要，根据前端工程师岗位职业素养要求，明确培养"有网络文明意识、有网络道德修养、有网络艺术修养、有网络安全观念、有网络法治意识、有IT工匠精神"的"六有"网络英才的思政目标。通过政企行校育人要求和学情的全面分析，立足国家需要和学生职业发展要求，科学制定课程三维教学目标，根据教学目标和学习分析，预设课程教学重难点。

根据《高等学校课程思政建设指导纲要》，结合课程特点，课程团队利用网络思政优势，发挥优秀网络文化的育人功能，深入挖掘课程思政点，形成培育"六有"网络英才的思政线。同时通过课程思政建设，推动优秀网络文化进一步传播。

（二）内容重构——"岗课赛证思"相互融通，重构课程教学内容

围绕培养"六有"网络英才的课程思政目标，课程团队在教学过程中充分融入行业实践，融通软件开发工程师、前端开发工程师等岗位群的职业岗位能力标准，结合职业院校技能大赛"HTML5交互融媒体设计与制作"赛项、"金砖国家技能大赛Web技术"赛项和"1+X"Web前端开发职业技能等级标准（中级），绘制课程知识图谱。紧密结合国际项目管理知识体系与软件行业职业规范，设计实践教学特色化项目，确定五个项目主题，以项目开发的实际工作过程为导向，将课程内容序化为7个模块21个具体任务。优化实践教学流程，实现由课本为中心向以项目为中心，由课堂为中心向以实践为中心的转变。通过网页制作的工作内容，即五大项目主题，融入网络文明、网络道德、艺术修养的思政目标，在网页制作工作过程中融入网络安全观念、法治意识、IT工匠精神等思政目标，最终实现"六有"网络英才的培养。

（三）育人模式——"223456"育人模式创新，实现"三全育人"

本课程坚持知识传授、技能培养和价值引领相统一、显性教育和隐性教育相统一，创设了"223456"思政育人模式。通过"双主线、双主体、三课堂、四融入、五载体"，最终实现培养"六有"网络英才的思政总目标。

两条思政工作主线：一是基于工作内容的"传播网络文明"的思政主线，二是基于工作过程的职业素养培育的思政主线，形成课程思政浸润双轴线。

双主体育人：一是通过校企融合、产教融合，企业参与人才培养方案、课程标准的制定，对教学过程进行全程指导，吸纳学生进行岗位实习；二是通过现代学徒制对学生进行生产指导，参与学生课程考核等，实现育人目标。

三课堂联动，即三梯度体验式教学，包括理论课堂认知体验、活动课堂职业体验、实践课堂行知体验。把握第一课堂，着力专业提升，发挥思政育人"主渠道"作用，专家引领、产学研结合，为网络文化作品创作生产夯实根基。丰富第二课堂（社团活动、技能大赛、证书考取、新媒体工作室、大学生通讯社等），为学生搭建各类平台，激发学生创作热情，开发学生潜能，开展系列学术讲坛、专家名师工作坊、沙龙等，引导学生深化专业素养，提升运用新技术创作网络作品的能力。夯实第三课堂（企业实习、志愿服务、"三下乡"），延伸思政教育的渠道和阵地，在理论与实践相结合中大幅度提升思政课教育成效。三课堂相互补充，实现多通道育人。

将思政教育融入教学内容、教学方法、教学过程、教学评价，实现全方位思政育人。根据课程思政目标，深入挖掘思政元素，建设"红色理论与红色文化本土资源""儒家文化经典""优秀网络文化作品""网络违法案例集锦""IT工匠人物故事"为载体的思政素材库。

本课程通过"双主线、双主体、三课堂、四融合、五载体"最终实现培养"六有"网络英才的思政目标，培育富有中国心、饱含中国情、充满中国味的社会主义接班人，使专业教学与思政育人同向同行，深度融合，协同创新，双向赋能。

（四）育人路径——"文化＋网络＋项目"，思政教育向纵深发展

立足红色革命文化、本色优秀传统文化、蓝色产业文化，挖掘优秀网络文化，开发五大主题项目，依托项目实践，促进思政教育向纵深发展。

✉ 课程思政教学实践情况

（一）资源建设——线上线下相结合，打造立体化教学资源

本课程有效利用国家、行业、学校各层的网络教学资源，使用国家规划教材，结合济宁职业技术学院实际开发的自编教材，线上线下相结合，打造课程立体化教学资源。

在适应"00后"大学生"网络原住民"特点的基础上，结合课程特点，教师改变传统教育模式，让学生自己从网络热点素材、优秀网络作品中挖掘思想政治教育资源，用活现实素材，激活学生情感共鸣和学习兴趣，提高学生学习主动性和自觉性，使课程思政紧跟时代节奏。

文化与网络相结合，课程团队结合课程模块结构，围绕具体教学任务，建设"红色理论与红色文化本土资源""儒家文化经典""优秀网络文化作品""网络违法案例集锦""IT工匠人物故事"详细的课程思政资源库。以党的创新理论引领网络空间，以健康向上的网络文化塑造网络空间，以良好道德风尚滋养网络空间，以良好行为规范网络空间。

（二）学情分析——多维可视化学情分析，助力教师因材施教

课程团队借助学生数据平台，采用数据分析、问卷调查、当面访谈等方法，结合以往教学经验，全面把握学生们的基本信息、学习基础、学习心理、学习能力等情况，做到精准教学，事半功倍。

软件技术专业学生以夏季高考学生为主，春季高考学生每年占比大约40%，没有单招学生，学生学习习惯较好。通过入门测试发现，学生的计算机应用基础掌握较好，多数学生熟悉计算机操作，关于图像处理知识，个别学生需要继续跟进。随着信息技术的发展，学生的自学能力逐步增强，对教学平台的使用越来越熟练，比较喜欢生动的教学方式，例如案例式、小组合作式、情境体验式等。

同时，思政基础方面，学生喜欢上网，喜欢在网络上展示自己、表达自己的观点，但是缺乏网络安全意识和网络文明的理念；前期已经学习了"习近平新时代中国特色社会主义思想概论"等课程，政治信仰比较坚定，有爱国热情和报效祖国的愿望，缺乏指引和实践，缺乏良好的职业行为习惯，职业素养有待加强。

（三）教学方法——多样教学方法，助力教学目标落地生花

课程团队采用问题引导、项目引领、任务驱动，通过演示法、练习法、头脑风暴法等教学方法，进行小组协作探究，将学生分成"强音组""复兴组""向善组""传承组"。各小组按网站实际流程进行角色分工，有项目经理、网站美工、前端开发工程师、测试工程师，营造实战氛围，提升学生的职业能力。另外，还利用学院在线教育平台和课程伴侣APP等，实施线上线下混合式学习。

（四）教学过程——"三阶段七环节"，培养高素质网络工匠

基于网页设计与制作的真实工作过程，构建"三阶段七环节"教学模式，将任务驱动教学方法贯穿始终。教学环节分为课前探究、课中学做、课后拓展三个阶段、"探、测、明、析、做、评、拓"七个环节，真正实现以学生为主体、教师为主导，通过教与学的深度互动，启匠心、知匠情、担匠责、习匠知、练匠技、铸匠魂、践匠行，最终使学生掌握知识技能，通过思政理念的课前渗透、课中引领、课后升华实现思政目标的自然浸润，培养高素质网络工匠。

知行合一，理论联系实际。本课程通过主课堂着力专业提升，答好创作实践必答题；通过主题班会、专题宣讲以及微党课大赛等第二课堂的主题教育活动，在春风化雨中淬炼学生思想教育新境界，在潜移默化中把好学生主题创作思想关，答好理想信念基础题。小校园、大职场，将教学研究与平台实践相结合，让人才在探索实践中得到磨炼。搭建新媒体工作室、大学生通讯社、红色电子先锋等多个专业技能实践平台，制作学院系部网站、微信公众号，推出优秀网络文化作品。与校外实习实训基地建立长期合作，深化产教融合，帮助学生多方面进行创作技能实训，答好项目培育应用题。

（五）重难点突破——多措并举，突破教学重难点

为有效解决教学重难点，课程团队利用学院良好的文化育人环境、丰富的教学资源及信息技术手段开展教学活动，运用省级精品资源课视频资源，以及腾讯会议远程连线、课程伴侣APP等手段，高效执行教学策略。同时，通过课前试着做、课中领着做、

课后创新做，举一反三，使学生技能水平呈螺旋式上升。

在实训环节邀请企业专家进校讲课，为学生讲解网站设计标准、规范、技巧，指导实训过程，并对学生的实训作品进行点评。

📊 课程评价与成效

（一）课程评价——"二元二维三层"，学生评价立体化

本课程依据网站设计与开发岗位能力标准、职业院校技能大赛网站设计与开发赛项评分标准、企业项目评价标准、"1+X" Web前端开发职业技能等级标准，构建基于课堂数据采集学生画像的人机协作、"岗课赛证"相融合的"二元二维三层"的学生评价体系。通过校企二元评价、个性共性二维评价，从"知、信、行"三个层面对学生进行全过程全方位的增值性评价。

对第二、第三课堂开展情况采用积分银行的方式，积分可兑换相应成绩。通过采集学生线上线下的学习数据，形成由学生个体特征、认知学情、学习风格和价值表征等数据语义串联而成的学生学习画像链，考查学生在完成专业学习之后具备的能力组合，并深析数据价值、发挥数据功用，在专业培养全过程中精准把握学生知识技能、思政生成及变化路线进行课程改革。

（二）建设成效——育人成效显著，学生满意度高

学生知识掌握牢固，专业技能提升，职业素养良好，思想觉悟提高，政治信仰坚定，服务社会的意识明显增强，在技能大赛、"1+X"认证、社会实践中不断取得新突破，涌现出一大批优秀毕业生。学生获国赛一等奖1项、省赛一等奖2项、省赛三等奖3项。"1+X"证书通过率大幅提高，学生开发的网站被企业广泛采用。

本课程不断优化升级，教学质量不断提高，学生满意度高。督导评价、同行评价、领导评价均遥遥领先。

（三）示范带动——辐射带动作用明显，影响力逐步提升

依托济宁职业技术学院牵头的教育部"以'文化+网络'双赋能的数字化思政教育教学资源库"项目，本课程作为其中重点建设的课程思政示范课，借助学校全国文化育人联盟常务副理事长单位为新时代网络思政、课程思政教育贡献可借鉴、可复制、可推广的方案。

本课程依托济宁市大数据技术与应用产教融合共同体、济宁市软件及信息服务业协会，产教融合，协同育人，为国子软件、中兴通讯、麒麟软件、新道科技等企业输出大量人才，受到用人单位的广泛好评；依托济宁市人社局职业技能培训平台，开展网页制作人员培训，累计培训500人次，为地方经济、社会发展提供人才支撑和智力支持；依托学院与乌干达信息与通信技术学院的境外合作办学项目，课程标准、教学资源将成功输出乌干达，提升课程的国际影响力。

课程特色与创新

（一）模式创新

本课程创建了"双主线、双主体、三课堂、四融入、五载体"，全员全过程、全方位、多通道思政育人。

（二）路径创新

本课程创新"文化＋网络＋项目"思政育人，三管齐下，促进课程思政向纵深发展，发挥专业课程优势，构筑课程思政、网络思政同心圆。

（三）实践创新

理论主课堂认知体验、校园课堂职场初体验、实践大课堂行知体验，社团活动力行，社会实践践行，日常习养躬行，内化于心、外化于行、固化为习。

团队思考

作为高校老师，我们要坚定理想信念，强化责任担当，深入推进课程思政建设，努力成为塑造学生品格、品行、品位的"大先生"；进一步优化课程思政设计，丰富融入方法，探索融入内容、找准融入载体和手段，做到流畅、自然地融入。未来，我们仍将以工匠精神精心打磨课程，春风化雨、润物无声，培育"六有"网络英才，描绘网络文明画卷。

"诊断学基础"课程思政教学设计

滨州职业学院课程团队

参赛团队负责人：林昌勇，团队成员：于明燕、张骋、赵金奎、吕薇

2021年12月

课程基本信息

教学设计课件

课程名称	诊断学基础
课程类型	专业核心课程
所属学科门类	医药卫生
所属专业	眼视光技术
课程性质	理实一体化课程
学　时	96
学　分	6

　　诊断学涉及医药护多专业、多学科，是运用医学基本理论、基本知识和基本技能对疾病进行分析和诊断的一门学科。它既是临床医学和技术的入门课程，连接基础医学和临床医学及医学技术的桥梁，又是疾病诊断的重要基础。将诊断学的知识和技能融会贯通是一位合格医生、技师的基本素质。根据眼视光技术专业的岗位特点、职业发展需求和人才培养课程结构设置，我们开设"诊断学基础"课程，主要涵盖问诊与常见症状、体格检查、辅助检查及病例书写四大模块知识。

课程教学团队基本情况

　　本课程教学团队共有5人组成，专业课教师4人，思政课教师1人。团队师德高尚、业务精湛，结构合理。

　　团队成员积极参加思政学习培训和集体教研，提升思政素养，筑牢立德树人；参加省级、国家级教学比赛，获多项奖励，如全国现场救护技能大赛团体一等奖、"不忘初心——常见循环系统疾病"获山东省职业院校教学能力大赛二等奖、"生命的绿色通道——心肺复苏"获山东省职业院校教学能力大赛一等奖、"聆听心声——心脏听诊"获山东省职业院校信息化教学大赛二等奖。另外，"人体解剖学"立项为院级精品资源共享课程，"临床医学概论"立项为院级精品资源共享课程。

 课程思政建设总体设计情况

（一）课程教学目标

1. 知识目标

（1）掌握问诊的主要内容，熟悉问诊的方法与技巧，了解问诊的概念和系统问诊要点。

（2）掌握各种常见症状的概念、病因与临床表现，熟悉各种常见症状的发生机制，了解各种常见症状的伴随症状和诊断提示。

（3）掌握体格检查的正确方法、重要体征及其临床意义、熟悉体格检查内容的正常状态、其他体征及其临床意义。

（4）掌握常用辅助检查及常见检查项目的参考值，熟悉常见检查项目异常改变的临床意义，了解常见检查项目标本采集的方法。

（5）熟悉病历书写的内容与格式、诊断的内容与格式，熟悉诊断的基本原则和方法、病历书写的基本要求，了解诊断的步骤和病历的重要意义。

2. 能力目标

（1）能够通过对症状的临床表现、伴随症状、诊断提示的分析，做出疾病的初步诊断。

（2）能够独立对病人进行系统性及针对性问诊。

（3）能够正确运用体格检查的基本操作方法对病人进行全身性及针对性的体格检查。

（4）能够恰当选择使用辅助检查项目，初步判断其检查结果的临床意义，提示病人检查前应做的准备和注意事项。

（5）能够对临床资料进行综合分析，做出初步诊断。

（6）具有接受新理论、新知识和新技能，并使之为实际工作服务的能力。

3. 素质目标

（1）培养学生具备严谨缜密、实事求是的科学态度。

（2）培养学生具备刻苦钻研、勤奋向上的学习精神。

（3）培养学生具备踏实肯干、团结协作的工作作风。

（4）培养学生具备救死扶伤、甘于奉献的医德情操。

（5）培养学生具备敬佑生命、善于沟通的职业素养。

4. 思政目标

在专业人才培养目标"培养高素质技能型应用人才"的基础上确立以培养和完善学生"四大素养"的思政建设目标，以"三全育人"理念机制为先导，深化"立德树人、以文化人、以技慧人、以情感人"的育人主渠道，注重"德技行智"融合最终实现立德树人，培养合格社会主义建设者和接班人的目的。

（1）职业素养：培养使命担当、责任意识，强化奉献精神，铭记医学生的誓言，认真、仔细、及时地准确诊断。

（2）道德素养：树立法律意识和道德修养，践行"医德至尚"理念，培养救死扶伤的品德，具备法律素养，能够依法行医。

（3）文化素养：挖掘人文素材，加强沟通交流，培养学生的"共情心"，仪态和蔼，加强人文关怀和仁爱教育。

（4）思维素养：培养学生珍视、尊重和敬畏生命，热爱生活，辩证思考，正视和理解"死亡"。

（二）学情分析

知识基础分析：在先修课程中，学生已学习了"人体运动学基础""生理学"和"疾病学基础"相关内容，对机体结构、生理、病理、病原微生物和生化机制等知识有初步了解，但是对疾病发生的机制和信息采集不明白，不能把问诊等信息采集与生活实际进行关联。

能力结构分析：知道并且理解疾病诊断需要耐心细致、科学严谨，但不能形成恰当的逻辑思维和利用语言准确有序地对标准化病人进行问诊和体格检查等操作，知识综合、语言表达及沟通能力有待进一步提高。

学情探讨分析：文化基础较差，动手能力较强；理论学习兴趣性弱、实训练习能动性强；不被重视，学习目标不明确，教学激励可激发学习潜能；逻辑思维能力弱，形象思维能力强。

（三）课程教学设计理念

根据《高等学校课程思政建设指导纲要》，结合学校办学定位、专业特色和人才培养要求，课程团队确定"一条主线，三个层面，六个重点"的课程思政建设方向。其中，一条主线是：精湛的疾病诊断技术教育和医者仁心的精神培育。三个层面是：国家层面、社会层面、个人层面。六个重点是：使命担当，融入爱国主义教育；辩证思维，融入马克思主义唯物观培养；关注民生，融入社会责任担当的意识培养；遵规守法，融入法律法规意识教育；敬业奉献，融入社会主义核心价值观培养；人文关怀，融入职业道德和职业素养培育。

教学具体实施以"立德树人、以文化人、以技慧人、以情感人"的育人主渠道，以理论课和实践课相结合、专业教育与思政教育相融合的方式实现"三全育人"的最终目标。其中，理论课和实践课相结合注重"德行智技"融合，依据"教师主导，学生主体，能力提升"选定教学方法，使学生思想上有所感悟，行为上有所改变，能力上有所提升。专业教育与思政教育相融合是将思政教育与"诊断学"课程教学的各个环节有机融合，更好地指导学生从实践中探索理论知识，将已掌握的理论知识解决临床的实际问题，并将这种思维模式进一步拓展，从而引导学生树立正确的人生观、价值观、道德观。

✉ 课程思政教学实践情况

（一）教学策略

1. 教学做一体

本课程结合学习目标，利用教学平台和仿真系统等信息化教学手段，采取教学做一体、线上线下混合式的教学模式，实现以学生为主体、教师为主导的教学实施过程，使学生熟练掌握诊断学重点理论知识，解决重难点，并对接岗位特点、引领价值提升。

2. 临床现实案例引领

在教学过程中，教师引入临床发生的现实案例，对接学生岗位职业需求，激发学生学习兴趣，引导学生自主学习。

3. 分组学习、角色扮演、自主探究

学生以小组为单位自主学习，小组成员进行角色扮演，小组间讨论互动，完成各项教学任务，加强情感体验，促进职业素养提升。

4. 多元化教学评价

教学评价引入多元评价体系，整体分为评教和评学两部分。形成性评价包括课堂情况、问卷调查、学生自我评价与小组互评、教师评价。总结性评价包括理论知识章节测试。整个评价以过程性评价为主，完成小组评价、师生互评和生生互评，准确体现学生的学习情况和教学质量，服务于教学诊改工作。

本课程还引入思政素养达成情况评价，非常重视学生三观（世界观、人生观、价值观）和四大素养（专业素养、职业素养、人文素养、思维素养）的培养成效评价。

（二）教学设计

本课程通过发掘专业课程思政资源，通过课前、课中、课后环节，构建思政教学模型。

（三）教学方法与手段

本课程在教学过程中采用以下几种教学方法：

第一，"三精"教学法，即"课前精彩情境导入、课中精彩案例体验、课后精彩感悟分享"，寓教于乐，寓道于美，打造快乐课堂。

第二，标准化病人教学法，经过训练的人当病人，学生当"接诊医师"，根据SP表现出来的症状评估、治疗，训练学生的沟通交流能力和人文关怀。

第三，基于现代高仿真模拟系统的案例教学和情境教学法，即基于虚拟仿真信息化技术模拟真实情境，使高仿真模拟人表现出相应的症状和体征，学生对模拟人进行处理，依据学生操作及处理实时调整模拟人的反应，提升应急处理能力。

除此以外，还采用"问题—启发式（PBHT）"教学法、探究式教学法、"团队学习（TBL）"法、角色扮演法、事故警告法、视频展示法等。同时，本课程运用现代化教学手段，如微课、慕课及信息化教学手段进行线上线下混合式的教学模式，实现以学生为主体、教师为主导的教学实施过程。每个教学方法均自然地融入思政教育。

📊 课程评价与成效

（一）考核方式

本课程通过综合考核进行教学评价，考核注重过程考核，考试成绩由平时成绩（占40%）和期末理论考试成绩（占60%）构成。平时成绩包括课堂考勤、课堂互动、平时作业、实践考核（含医德医风、工作态度、精神风貌等素质考核指标）构成。本课程考核将素质教育量化纳入课堂管理，如态度、诚信、迟到、旷课行为等；将素质行为纳入量化考核标准，如以小组为单位进行教学活动以考查学生是否有团队协作精神、集体荣誉感、良好的沟通能力及主人翁责任感。

（二）课程成效

本课程以眼视光技术专业的岗位需求制定教学内容，整合教材内容实现项目化教学，把"三全育人"理念体系和"立德树人、以文化人、以技慧人、以情感人"的育人渠道始终贯穿教学过程，符合教学规律和学生的认知过程，提高了学生学习兴趣，提升了教学效果，并反馈于教学组织实施，实现专业课堂与思政育人同向同行的闭环。

课程特色与创新

（一）创新了"诊断学基础"课程思政建设模式

本课程通过发掘专业课程思政资源，通过课前、课中、课后环节，构建思政教学模式，即注重"德行智技融合"，依据"教师主导，学生主体，能力提升"选定教学方法，使学生思想上有所感悟，行为上有所改变，能力上有所提升；把"三全育人"理念体系和"立德树人、以文化人、以技慧人、以情感人"的育人主渠道始终贯穿教学过程，实现专业课堂与思政育人同向同行的闭环。

（二）创新了"诊断学基础"课程思政教学评价方式

本课程采用多元化的课程评价体系，整个评价以过程性评价为主，引入了思政素养达成情况评价，重视学生三观和四大素养的培养成效评价。

团队思考

第一，培养优秀的诊断学人才，必须德技行智融合，才能达成立德树人的成效。

第二，专业课程与思政课程同向同行，真正实现"三全育人"大格局。

第三，不忘初心、牢记使命。教师应深化"立德树人、以文化人、以技慧人、以情感人"的育人主渠道，注重"德技行智"融合，为国家和社会培养合格的社会主义建设者和接班人。

践行责任　用"心"守护

——"验光技术"课程思政教学设计

山东科技职业学院课程团队

参赛团队负责人：于龙君，团队成员：魏媛、王祎男、唐晓璇、夏青

2023年2月

课程基本信息

教学设计课件

课程名称	验光技术
课程类型	专业核心课程
所属学科门类	医药卫生
所属专业	眼视光技术
课程性质	理实一体化课程
学　时	64
学　分	4

课程教学团队基本情况

（一）课程团队师德高尚，表率作用突出

"验光技术"课程团队坚持立德树人，具有良好的师德师风。本课程教学团队拥有山东省青年技能名师1人、潍坊市青年技能名手1人、国家一级验光师2人、国家二级验光师2人、学院品牌培训师2人、学院"金牌讲师"2人。

本课程教学团队以中青年教师为主，中共党员4人，群众1人。课程团队在山东科技职业学院生物化学系党总支带领下开展课程思政建设，在系内起到了先锋表率作用，在学校起到了良好示范作用。

（二）课程团队校企融合，"双师"素质优秀

本课程教学团队是一支校企深度融合的教师队伍，熟悉教育教学改革趋势，具有良好的合作精神和较高的课程思政水平。团队教师均有行业企业实践经验，都具有高校教师资格证和验光/配镜职业资格证，来自眼科医院的兼职教师，为企业课程思政资源融入教学提供了有力的保障。近3年，合作企业教师到校授课50余次，授课课时超过400课时；学生每学期固定到企业实践、学习，参与企业实践活动1000人次。课程团队建设目标明确，符合课程思政教学发展定位，是成长型课程团队。

（三）课程建设经验丰富，建设基础扎实

本课程团队注重开展有关课程思政的学习、交流和研讨，深入挖掘专业课中的思政教育资源，课程思政教学主题鲜明、内容丰富、融入自然，注重教研成果应用，并起到辐射带动作用。团队通过构建特色鲜明的课程思政研究体系，重点把握课程思政方向和重点。本课程教学团队参加课程思政学习培训20人次，结合培训体会，按照视光行业实际情况，以培养能够守护人民视觉健康的视光人为己任，使学生掌握验光的理论知识和操作技能的基础，了解国家建设健康中国的行动，把握国家培养视光师的机会，牢记将促进全民视觉健康、提高国民视觉质量作为使命，成长为儿童青少年近视防控的主力军。

（四）课程团队能力突出，工作成绩斐然

本课程团队能力突出，团队成员均为省级教学团队成员，合理建设省级精品课程3门；社会服务水平一流，承接政府青年技师素质提升计划等各种培训，助力企业发展。近3年，指导学生获得省级赛项一等奖2项、二等奖2项、三等奖3项，教师参加各类比赛获奖多次。

📝 课程思政建设总体设计情况

山东科技职业学院秉承"育致用英才，铸职业未来"的办学理念，培养德才兼备的高素质技术技能人才。眼视光技术专业的毕业生不仅要掌握扎实的视觉诊疗技术，更要具备建设健康中国的意识，牢记将促进全民视觉健康、提高国民视觉质量作为使命，成为儿童青少年近视防控的主力军。

（一）聚焦岗位，把握方向

"验光技术"作为专业核心课程，基于验光岗位必备素质，课程团队将培养学生扎实的职业技能、较高的责任意识和良好的医者精神作为课程建设的主要方向，提出了

"医术起航、医心服务、医梦前行"的"三医"课程思政主线。

（二）结合学情，明确目标

通过调研发现，学生有学习积极性，乐于实践，但人文关怀不足，服务意识不强，责任感不够。因此，课程团队将培养学生"建立科学严谨、实事求是的职业素养，养成同心共情、医者仁心的责任意识，树立尊重科学、勇于担当的医者精神"融入教学，提出了"从检查者到验光师再到视光人"的课程思政培养目标。

（三）更新理念，重构内容

课程团队以验光岗位工作流程为导向，全程贯穿"三医"课程思政主线，对教学内容进行重构，使由浅入深的知识结构对应逐步上升的思政目标，最终将学生培育成德技并修的视光人才。

✉ 课程思政教学实践情况

依托学院实施的知识传授、技能训练、创新实践、素质养成、价值积累"五位一体"人才培养体系，课程团队立足课程建设目标，开发了多元立体化课程思政教学资源平台，实施"五心同育"的课程思政建设模式，通过"三维并融"的课程思政实施路径，确保课程思政目标落地实施。

（一）建设多元立体化课程思政教学资源平台

第一，以眼视光专业实训室为基础，建设课程思政资料库，培养职业素养。在校内课堂教学中，建成"视光大咖身正示范"的课程思政案例库，利用故事、场景、视频等资源，以熏陶、角色扮演、情境创设等方式，培育学生的职业素养。

第二，以研学、网络、实习基地为支撑，开展常态化课程思政教学实践，培育责任担当。制订常态化活动计划：研学基地以爱心、耐心为老人和儿童服务，培养医者仁心；公众号撰写文章耐心答疑，学会勇于担当；在眼科医院真实岗位中实习，培育职业使命感。

第三，以社团活动和社会公益活动为依托，提升社会服务能力，树立职业精神。将知识、技能转化为行动，以验光服务、科学用眼宣传和视力普查等承担社会责任的实践方式，进行助老、助残、扶幼等社会服务，培育学生的责任感和使命感，弘扬职业精神。

（二）实施"五心同育"课程思政建设模式

为了实现"医心服务"的课程思政目标，课程团队利用原有校企合作"双主体"教学模式，进行了"课堂上感受优秀视光人的爱心、实训时体验同理心的重要性、实践中应用耐心来服务、分享时反思自己是否具备同情心、公益活动中践行社会责任心"这五步递进式的课程思政教学设计，通过"感受（爱心）—体验（同理心）—实践（耐心）—反思（同情心）—践行（责任心）"的课程思政建设模式，潜移默化地完成对学生认知、行为、职业和理想的培养。

（三）实施"三维并融"的课程思政实施路径

第一，以"熏陶"融理念高度，提高学生的职业意识，如使用故事说理、案例分析、小组讨论等方法，融入国家政策文件［《健康中国行动（2019—2030年）》］、真实故事和工作场景等素材，培育学生守护人民视觉健康的意识，提升学生的理念高度。

第二，以"践行"融责任宽度，锻炼学生的职业担当，如在真实工作场景中实施实操考核、组织研学服务、社会服务活动，学生得以亲身实践，通过社会资源的引入拓展学生的责任宽度。

第三，以"思考"融使命深度，培养学生的职业精神，如通过撰写心得体会、分享亲历病例、分析实践中遇到的问题等方式，使学生深入思考视光人的医者担当，加深学生的使命深度。

📊 课程评价与成效

（一）设计"多元主体、理实结合"考核评价机制，构建可量化的课程思政考核指标

对思政目标的评价指标进行量化设置，采用"课内+课外""理论+实践"的考核方式，设置教师、本人、小组、服务对象等多元考核主体，进行过程与结果并重的可衡量、可实施的考核评价。课程总成绩由理论成绩（40%）、实操成绩（30%）、思政成绩（30%）构成，从而确保课程思政目标落地生根。

（二）校内外同行和学生评价

同行评价好：济宁职业学院、潍坊护理职业学院等学校同行一致认为本课程思政设计科学合理，思政资源选用恰当，融合途径贴切。

学生满意度高：学生认为改革后的教学具有社会性、实用性、趣味性，能帮助自己更加深刻理解行业，理解视光人的职业责任。

社会认可度高：社区、教体局、养老机构等对我院的志愿服务进行高度评价。

评价反思及时有效：建立定期反馈机制，收集多元主体评价，及时完善改进。

（三）教学改革成效及示范辐射

育人效果好：学生责任意识增强，技能水平提高且主动参加社会实践；人才培育质量高，企业评价学生有责任感，毕业生供不应求。

示范辐射广：团队成员多次在学院培训班、兄弟院校交流会、视光行业研讨会进行经验分享，课程思政建设模式及路径被多所院校借鉴。

⧖ 课程特色与创新

（一）创新"三医"课程思政主线，把握课程思政总方向

本课程围绕"医术起航、医心服务、医梦前行"为主线进行课程思政整体设计，坚持以学生为主体，培养具有职业素养、社会责任感和医者精神的视光师，鼓励学生做党和人民信赖的视光人，做儿童青少年视觉健康的守护者。

（二）创新"五心同育"课程思政建设模式，确保课程思政可实施

实施"感受（爱心）—体验（同理心）—实践（耐心）—反思（同情心）—践行（责任心）"的课程思政建设模式，课程团队通过设计层层递进的教学实施环节，确保课程思政"不唱高调，不虚不空，切实落地"。

（三）创新"三维并融"的课程思政实施路径，保障思政目标可实现

课程思政实施中，教学团队"春风化雨"地熏陶学生的思想理念，使之产生"追随光"的意识；将实训实践"固化于制"，践行学生的责任担当，使之"成为光"；"落地生根"地将职业使命感内化于心，使学生成为"散发光"的视光人。本课程从"熏理念、践责任、思使命"三个维度保障课程思政目标的实现。

💡 团队思考

根据学情变化，课程团队应不断修订思政目标、完善资源库，使思政育人与时俱进；采取多种手段增加课程思政深度、拓展课程思政广度；进一步完善增值考核评价体系。

"医学营养学基础"课程思政教学设计

东营职业学院课程团队

参赛团队负责人：于娓娉，团队成员：王瑞香、王玉刚、唐少刚、李钦浩

2023年2月

教学设计课件

课程基本信息

课程名称	医学营养学基础
课程类型	专业基础课程
所属学科门类	医药卫生
所属专业	健康管理
课程性质	理实一体化课程
学　时	72
学　分	4

　　"医学营养学基础"课程是健康管理专业基础课程，研究营养素与生物活性物质对人体健康生理作用及对疾病预防与食疗影响的科学。本课程主要内容包括人体需要的营养素和热能、不同生理条件人群的营养与膳食、特殊作业人群的营养与膳食、常见疾病的营养治疗原则、食谱制定和应用等。

　　随着生命科学的发展，营养辅助疗法作为医疗和护理保健工作的重要手段，在防病、治病、增强人们体质、保障人类健康中的重要作用日益为人们所认识。因此，本课程主要任务是通过教学让学生掌握医学营养学基础知识，培养学生用营养学知识解决健康问题的能力，培育学生崇尚科学、立德修身、以人为本、康佑生命、服务健康中国等综合素养，为学生将来从事健康管理相关工作打下坚实基础。在"课证融通"方面，本课程融入健康管理师职业资格证书、"1+X"老年护理服务需求评估等级证书与营养健康相关的部分内容。

📍 课程教学团队基本情况

（一）团队成员信息

本课程教学团队是一支思政引领、楷模示范的校企（医）共建育人团队，其中，思政课教师1人（山东省优秀思政教学名师）、企业抗疫英雄1人、校课程思政教学名师3人。团队成员的知识结构和年龄结构合理，专业素质过硬、科研能力出色，教学效果理想。全体教师始终坚守教书育人之初心，并牢记立德树人之使命，长期坚持"高标准、严要求、因材施教、教学相长"的教学理念，通过深入实施课程思政教学改革，将团队打造成一支德技精湛的教师队伍。经过长期不懈的努力，课程团队形成了一套精准施教的课程思政有效教法，真正探索符合学生成长规律和教师发展规律的切实路径，并将"医学营养学基础"课程建设成校级课程思政示范课，课程团队被评为校级课程思政优秀教学团队。

（二）团队成员成果荣誉

团队成员专业素养高，教学能力强，取得了丰硕的教科研成果。其中，团队成员在山东省青年教师教学竞赛、技能兴鲁技能竞赛、课程思政教学竞赛等业务能力竞赛中获奖12项；积极参与课程思政教学改革研究，主持省级课程思政类教改课题8项，获山东省教学成果奖特等奖1项。每一位成员在提高个人教科研能力的同时，不断提升个人综合素养，多人次荣获师德标兵、劳动模范等荣誉称号。

（三）课程思政培训研讨及公益活动

教学团队始终坚持推进课程思政教育教学改革，把培育和践行社会主义核心价值观融入教书育人全过程，将立德树人落实在课堂教学主渠道。为不断提升教育教学水平，团队成员通过"走出去、请进来"等方式积极参加各级、各类课程思政学习培训，定期组织开展课程思政集体研讨、思政研课、集体备课等活动，并积极参加党员志愿服务、养老院健康指导、"三下乡"社会实践等社会公益活动。

📝 课程思政建设总体设计情况

（一）学情分析

知识储备方面，有基础，少实战。大二学生已经积累一些健康管理知识，对专业有了基本认识，对面向的职业岗位也有了一定的了解，但医学营养知识体系还没建立，缺乏深入的学习。

能力储备方面，有兴趣，少自律。经过一年的学习，大二学生已经具备一定的生活方式健康管理能力，但专业医学营养学知识应用能力还没有形成，缺乏系统的学习和应有的训练。

职业素养方面，有理想，少情怀。"00后"是一个社会责任感、爱国主义情怀以及社会主义核心价值观等基本形成的群体，但对健康管理师应有的职业素养尚未形成，仍需进一步加强。

（二）课程思政建设方向与重点

根据"医学营养学基础"课程面向职业岗位的需求，课程团队积极挖掘并重构教学内容，寻找思政教育与课程的结合点，积累与课程教学项目相关的思政素材，并将课程思政素材融入课程思政教学设计，充分利用多媒体课件、在线教学平台、视频、动画、参考文献等多种教育载体，采用讲授、课堂讨论、微课、实战活动等三课堂多种活动方式来实现课程思政的有机融入。

随着经济发展，老龄化进程加快，居民生活方式和疾病谱发生了新的变化，老百姓对营养和健康的重视程度与日俱增。2016年，习近平总书记在全国卫生与健康大会上强调，"没有全民健康，就没有全面小康"，把全民健康放到优先发展的战略地位；2022年，习近平总书记在党的二十大报告中指出，"人民健康是民族昌盛和国家强盛的重要标志，把保障人民健康放在优先发展的战略位置"。因此，本课程本着服务全民健康国家战略、服务区域健康产业发展宗旨，将"培养'以健康中国建设为己任'的德才兼备高素质健康营养类人才"作为课程建设任务，并提出"营技养心，勇担健康中国建设使命"的人才培养理念。结合学情、课程特点（知识宽、应用广、实用性强等）以及医学生育人规律，构建校企（医）协同育人团队，共同探索基于真实工作案例的三课堂递进式思政育人模式，为区域健康产业发展培养高素质营养类健康人才。

（三）课程思政建设目标

结合东营职业学院"服务国家战略、服务区域发展、服务学生成长"的办学定位，健康管理专业"就业导向、能力本位、素质基础"的专业特色，健康产业对人才"健康管理知识宽厚、健康管理技能精湛、综合素质高"等需求，以及学生"有一定知识基础但实战较少、有健康管理兴趣但缺乏自我管理自律性、有职业理想但服务健康中国意识不足"等学情状况，课程团队对本课程面向营养检测、膳食指导等职业岗位进行全面分析，确定了岗位对人才在医学营养学知识、能力、素质方面的基本需求，并确定了课程知识目标、能力目标以及素质目标，并凝练出本课程"崇尚科学、立德修身、以人为本、康佑生命、服务健康中国"的课程思政主线。

（四）课程思政建设内容

1. 教学内容重构

基于课程教学目标的实现以及学习兴趣的培养，课程团队根据思政主线的引领，列出课程建设的问题清单，在目标引领、问题导向下重新修订课程标准，对课程教学内容进行重构序化，将原课程9章46节内容重构为3大模块17个教学项目，将原教学内容中第一章、第二章基础营养部分融入每一个教学项目，健康管理师职业资格证、"1+X"老年护理服务需求评估职业资格证相关内容融入课程体系，并将思政元素以润物细无声的方式浸润到每一个教学项目，真正做到医学营养学知识传授、健康营养师职业能力培养、"关爱生命、健康至上"价值观塑造融为一体，实现立德树人的育人总目标。

2. 思政主题设计

针对每一个教学模块，课程团队根据教学内容和教学目标，设计了"家人爱心、匠人匠心、医者仁心"的"三心"思政主题。

3. 课程思政资源建设

针对每一个教学项目，课程团队全面整合教学资源，在思政主题与思政主线的引领下，优化课程教学内容，深度挖掘课程思政元素，加强课程思政资源建设。

4. 思政教学实施策略

在思政主线的引领下，课程团队结合模块思政主题，通过"赋资源、增实战、促反思"的教学策略，使思政教育入脑入心、践行见效。

课程思政教学实践情况

（一）三课堂递进式思政育人模式

本课程构建三课堂实施递进式思政育人。第一课堂，即校内学习课堂，借助案例分析、任务驱动等教学方法完成知识学习、技能练习、素养形成；第二课堂，即校外实战演练课堂，借助医康养机构岗位实践、科普宣传、社会公益等活动，达成知识巩固、技能强化、素养内化；第三课堂，即交流反思课堂，通过学生交流学习、实战活动心得，教师引导反思，实现知识拓展、技能延展、素养升华，通过反思职业岗位意义，引发群体共情，将情感升华至服务健康中国建设的使命感。

本课程教学实施基于真实工作案例，采用"项目导向+任务驱动"的教学模式，通过课前案例调查唤意识、课前学习探新知、课中案例分析导任务、课中新知传授养素质、课中方案设计融态度、课后实战演练强能力、课后交流反思促升华的融入路径，将思政元素融入三课堂的6个教学环节，实现思政素养从形成、内化到升华，形成三课堂递进式的思政育人模式。

 课程评价与成效

（一）课程评价

基于促进课程育人目标达成，本课程构建了全过程多元多主体非标动态评价体系，分别从课前、课中、课后对应教学目标设置多个观测点，通过课堂测试、思想汇报、课后健康APP打卡、日常表现等多种评价形式开展。评价不设标准答案，教师与学生互动下动态评价，通过对评价结果的干预引导，提升课程思政育人成效。同时，加强大学生健康自律行为考核评价，以解决当代大学生沉迷网络、游戏而忽视自我健康的问题。评价主体多元化，由单一的教师评价增加为教学平台、企业导师、学生互评、教师、班主任等多主体的评价。

（二）建设成效

1. 教学目标达成情况

在全校构建的课程思政育人体系下，本课程采用基于真实工作案例的三课堂递进式思政育人模式，取得了显著成效，学生课堂表现、考试成绩有了明显的改观，同时其职业素养、关爱意识、自我效能感均有明显提高，学习主动性、岗位胜任力和自信心明显提升。

2. 建设成效

本课程建设成效显著，在学校贯彻落实中央战略决策和部署、推动实施高校思政工作质量提升工程、形成全员全过程全方位育人格局工作中起到了积极推动作用。

（1）实现高质量就业，70余名学生被建邦集团等知名企业提前签约。在本课程辐射下，健康管理专业全线推进课程思政教学改革，学生整体专业水平、思政素养大幅提升，在跟岗学习以及顶岗实习中，受到学习、实习单位的高度认可。优秀学生在实习期间被实习单位如建邦集团、亲祥源健康产业集团等知名企业预订签约，实现高质量就业。

（2）学生的奉献精神和敬业程度显著提升。经过精心培育，学生参加社会公益活动的积极性大幅提升，在活动中呈现出"乐奉献、勇担当"的优良品质。2019年以来，在与本课程教学内容相匹配的社会实践、社会公益等活动中，学生不仅参与度高，还能热心、耐心、用心地用所学专业知识、技能，为活动服务群体提供力所能及的帮助，受到服务对象的一致好评。

（3）思政建设经验校内外广泛推广，覆盖80余门课程，直接受益学生3000余人。本课程思政建设经验在校内外得到广泛推广，覆盖课程80余门，直接受益学生3000余人。"医学营养学基础"于2021年建成校级课程思政示范课，并建成校级精品资源共享课，在全校大力推广。

3. 教学评价

（1）教学督导方面，教学督导专家认为，本课程将思政元素融入教学全过程，在教学中注重德技并修、育训结合，互动充分，课程教学效果良好。

（2）学生方面，学生上课积极，课堂氛围活跃，98.5%的学生喜欢本课程，而且能学以致用，课程教学评价良好。

4. 学生心得感悟

学生在课程学习中找到了良好的职业体验感，对课程给予高度评价。学生认为课堂上除了可以学到膳食营养知识、各种操作技能，还学会了做人做事的道理、对待工作的态度、对人民群众的人文关怀、对国家的忠诚热爱。

学生在行业楷模、企业导师、校内教师的身上感受到了严谨、敬业、认真负责的工作态度，也感受到了作为一名健康管理师必须具备的关心、细心、责任心、自信心等专业素养，这些都将对学生走向社会做人做事和对待服务对象的态度产生积极深刻的影响。

课程特色与创新

（一）创构了三课堂递进式的思政育人模式

本课程将思政元素融入知识技能学习、实践活动，内化于心、外化于行，通过校内外三个课堂，实现思政素养的形成、内化与升华。

本课程为思维型专业基础课程，课程思政不仅提升在思想上，更要落实到第一课堂的知识、技能学习中，第二课堂的实战演练活动中，第三课堂的交流反思中，落小、落细到三个课堂的每个教学环节中。三课堂递进式的思政育人模式，让每一位学生都成长为一名德才兼备的营养管理师。

（二）重构了课程思政内容体系

基于课程教学目标的实现，课程团队设计了问题清单，在如何通过营养守护不同人群健康的系列问题导向下，进行了教学内容的续化与重构，教学内容融入"家人爱心、匠人匠心、医者仁心"的"三心"思政主题教育；对应"三心"将教学内容重构为3大模块，并将思政主线贯穿3大模块、17个教学项目。同时，在模块与项目命名上，既体现了知识性，又融入了思政元素，使教学内容更具亲和力和思考张力。

（三）创设多元多主体的非标动态评价体系，并将健康自律行为评价纳入课程考核

本课程创构了从课前到课后多元多主体的全过程非标动态评价体系，学生思政素养测试不设标准答案，促进专业知识与学生思想、情感、态度、价值体系的充分融合。同时，为强化学生健康自律意识培养，借助数智化手段，通过健康APP打卡进行学生健康自律行为考核评价，既提高了自我健康管理能力，又培养了健康自律意识。

 **团队思考**

（一）教学反思

健康管理专业学生未来从事健康管理师工作，与人的生命、健康息息相关，教师在开展健康管理专业思政教育时，应将隐性与显性思政教育相结合，同时作为核心基础课程，本课程思政应具有专业性、思想性、实践性、综合性。

1. 健康自律元素的挖掘与融入不够深刻

健康管理专业的学生，做好自我健康管理是对自己，也是对他人健康的责任，因此提高学生自律自省意识，加强自我健康管理尤为重要。基于此，本课程在综合素质考核中增加了学生健康自律行为评价的考核力度，并制定了详细的实施细则及考核指标评价体系，但实施情况并不理想。

改进措施：采取课上健康自律思政元素与知识点的有机融合、健康APP打卡评比、健康达人评选等措施，多途径加强学生修己教育，提升学生自我健康管理能力，养成自省自律的意识，以更好地服务他人健康。

2. 教师榜样引领作用融入不足

本课程教学团队成员身为健康管理师、医务工作者，在抗疫工作、营养知识科普宣传、健康助老、健康城市建设等方面都做了大量的工作，对学生具有很好地榜样引领作用。但是在课程教学中，教师的榜样引领作用没有与课程教学内容深度结合，体现不足。

改进措施：将团队成员在营养健康、抗疫等方面承担的专业工作融入教学内容，把典型事迹做成思政素材融入课程教学，让教师成为学生身边的榜样，以引领学生更好地服务健康中国建设。

（二）下一步研究方向

课程思政与思政课程一样重要，在国家实施健康中国行动的战略下，不断开发新的课程思政教学资源，充实教学内容、丰富教学手段，使本课程具有丰富的思政内涵，构建思政教育体系，实现全员全方位全过程育人，才能将高职思想政治教育融入日常教学，共同发挥协同效应，促进高职健康管理专业思政教育迈向更高水平。

明药化之理　育时代新人
——"药物化学"课程思政教学设计

济南护理职业学院课程团队
参赛团队负责人：宗杨，团队成员：李明、冯红敏、滕月泰、田野
2023 年 2 月

教学设计课件

课程基本信息

课程名称	药物化学
课程类型	专业核心课程
所属学科门类	医药卫生
所属专业	药学
课程性质	理实一体化课程
学　时	133
学　分	3

课程教学团队基本情况

　　本着"双师为主""三维融合""专思并进"的理念，本课程团队包含了专任教师、思政课教师和行业兼职教师。其中，通过专任教师集体备课，相互听课，共同挖掘课程思政元素，形成思政主线，以及适合本课程的思政教学方法和教学模式；思政课教师提供思想政治理论指导，帮助专任教师进一步凝练思政元素和主线，共同研讨教学方法和模式；行业兼职教师提供最新的行业标准和用人需求，参与课程标准的修订，制定符合行业人才综合素质的考核标准。

　　本着育人先育己的教育理念，课程团队以一支队伍引路、一个品牌助力、两位名师掌舵，多点开花，硕果累累。团队成员在科研项目、论文发表、技能大赛等方面屡创佳绩。

课程思政建设，团队教师一直在路上。他们通过研课题、写论文、广参赛积累经验，快速成长，师生共同深入社区、企业一线，接地气，观前沿，增长见识。

📝 课程思政建设总体设计情况

（一）建设目标

课程团队深入挖掘本课程思政元素，充分体现其在药学职业教育中的育人功能，在教学过程中注重培养学生爱岗敬业的职业精神、严谨求实的工作作风、为国为民的家国情怀等，通过春风化雨、润物无声的方式将教学内容与思政元素深度融合，使理想信念、职业素养进课程、进教材、进课堂，入脑、入心、入行。

（二）建设内容

结合医药行业特殊性、科学研究重要性、职业教育独特性、爱国教育必要性等，课程团队提炼出包含"仁、爱、担、当"等五大元素贯穿的一条思政主线，并且通过品德、知识、技能进行三维共育，达到课程启智、思政铸魂、立德树人的效果。

（三）实施路径

本课程形成了"1+N"全覆盖的课程思政体系，打破课程教材限制，重建七大模块，五大元素贯穿始终，打造"N个药物，多堂好课"。典型药物本身就是一个鲜活的思政元素，比如青蒿素已成为一种符号，每次授课至此，都能充分感受到学生强烈的民族自豪感、职业使命感。

（四）实践情况

理论授课：以青蒿素为例，授课内容分为五个部分，采用演示法在内的多种教学方法，配合在线视频等教学资源，有机地将思政主线融入整个教学过程。

实训开展：以阿司匹林合成为例，将全过程分为六大教学环节，多种方法引入，结合网络平台等教学资源，实现五大元素融合、职业素养贯穿始终。

📊 课程评价与成效

（一）课程评价

本课程采用校内与校外、知识与技能、岗位与实践相结合的评价模式，创新多种考核方式。立德树人是教育的根本任务，德育教育要贯穿教学全过程。课程团队在理论、技能、综合三级考核中，将思政元素作为决定性关卡，把学术不规范、操作不严谨学生纳入劝返系统，经谈心辅导后重新考核，实现贯穿全程、德智结合、理实并重的综合性评价。

（二）课程成效

通过课程思政建设，学生理论扎实，技能娴熟，取得大赛获奖多、学生就业好、行业评价高的良好效果。

课程特色与创新

本课程构建了"1+N"全覆盖的"药物化学"课程思政体系，以点成线、点线成面，覆盖广泛，渗透深入，使得"药物化学"课程思政，满足学科特点、职业育人和课程改革需求；培养了一支政治理论过硬、专业知识扎实、技能操作熟练、又红又专业的"双师"教学团队。

团队思考

一是实现课程思政建设的标准化，如何精巧抓取更多更好的思政素材形成本门课程的素材库，并服务于其他专业课程，同时适时恰当引入，精彩呈现，盐溶于水般地融入教学过程。

二是进一步探索课程思政的增值评价标准。一堂好课，往往能激发师生更多的思考。在青蒿素的讲授过程中，教师以家国情怀引领的五大元素有机融入，与学生交流中，很多同学谈到绿色化学理念、家庭关系与个人发展的平衡等，是教学设计之初未曾想到的，如何将这些增值目标量化，是值得思考的问题。

财经商贸大类

"互联网文案撰写与活动策划"课程思政教学设计

山东商业职业技术学院课程团队

参赛团队负责人：彭坤，团队成员：陈利华、张丽、张伟、杨曼

2021年12月

教学设计课件

课程基本信息

课程名称	互联网文案撰写与活动策划
课程类型	专业核心课程
所属学科门类	财经商贸
所属专业	网络营销与直播电商
课程性质	理实一体化课程
学　时	48
学　分	3

课程教学团队基本情况

（一）组织实施课程教学

本课程教学团队在"互联网文案撰写与活动策划""新媒体推广""网络推广"等近10门课程授课过程中融入包含职业道德、爱国教育、诚信教育等思政元素的德育教学体系，结合山东商业职业技术学院课程和学生特点开发特色思政元素教学体系。

（二）开设课程思政建设

本课程教学团队主编或参编6部教材，并将思政目标融入教材开发建设体系；参与建设国家级在线开放课程1门、省级课程思政示范课2门、省级精品资源共享课2门、校级资源共享课4门，在课程实施汇总融入思政元素的教学资源200余个。

（三）课程思政教研

本课程教学团队多次参加"课程思政认知升级与设计创新""线上教学课程思政设计"等课程思政培训 10 次，发表多篇思政主题论文，多次开展以课程思政、创新思维等主题的教研讨论，邀请思政课教师、"齐鲁文化名家"等高层次人才指导团队的教研工作，还参加并面向全院进行了多次主题分享。

（四）课程教学获奖情况

本课程教学团队在不断完成课程思政体系推进课程建设的同时，获得校级课程思政教学比赛奖项 1 个；将课程建设成果和教学实践应用于各类教学大赛，受到大赛专家认可，共计获山东省教学能力大赛奖项 3 个、校级教学能力大赛奖项 4 个，指导学生参与各类大赛国家级奖项 5 次、省级奖项 10 余次，充分展现了课程思政育人的成果。

📝 课程思政建设总体设计情况

（一）建设思路

"互联网文案撰写与活动策划"是网络营销与直播电商专业的核心课程，立足学校"立德树人、兴商润民"的使命，秉持"岗位所要即专业所学、社会所需即专业所长、国家所用即专业所精"的人才培养理念，服务于现代商务服务从业者"内容创作素养突出""数字化营销能力出色"的培养定位。本课程思政建设紧扣《高等学校课程思政建设指导纲要》，紧跟国家经济发展战略和政策，坚持四个特色：专业特色、职业特色、区域特色、商科特色。

（二）建设目标

落实立德树人根本任务，提升教师课程思政建设意识和能力，构建课程思政教学体系，培养符合新时代中国特色社会主义经济建设需要的高素质技术技能人才。

（三）建设内容

课程团队贯彻落实《高等学校课程思政建设指导纲要》的人才培养要求，结合习近平总书记关于内容创作的相关论述，如创作"不仅要有当代生活的底蕴，而且要有文化传统的血脉""文章合为时而著，歌诗合为事作"，要"发时代之先声"，提炼出本门课程的思政主题——厚植文化自信，发时代之先声。

基于人才培养理念、课程教学标准以及学情分析，明确课程教学知识目标和能力目标，结合习近平总书记的讲话精神以及人才培养素质目标，课程团队在课程教学实践中梳理出课程思政目标，提炼出"一个根本、两个支撑、三轮驱动"的课程思政体系，实现润物无声的育人目标。

其中，一个根本是指立足社会主义核心价值观，以诚信务实、守正创新为根本准则，教给学生正确的互联网文案写作与推广之道，杜绝抄袭与低俗恶趣味，不违背法律法规，符合公序良俗。

两个支撑是指文化支撑与科技支撑，在教学中植入中华优秀传统文化、社会主义先进文化，引导学生从中华优秀文化中汲取知识力量，培养学生对自身文化的认同感，能够发时代之先声；同时，通过引入智能创作、智能投放、AI交互、融媒体等新技术工具的应用，引导学生创新内容表达形式与传播方式，讲好中国现代故事。

三轮驱动是指通过自我驱动引导学生扎根本土，为家乡文化、特色产品发声；通过学习驱动培养学生商科素养，做好内容营销，为企业品牌发声；通过价值驱动引导学生关注社会现实，为身边人发声，培养学生的社会责任感。

✉ 课程思政教学实践情况

（一）深入挖掘课程思政元素，有机融入教学全过程

基于企业典型工作流程，结合专业人才培养方案以及课程教学标准，整合教学资源，紧密融合知识传授、能力培养和价值塑造，课程团队提炼出九项教学任务。在此基础上，挖掘与课程内容契合的思政元素，包括3类、23个元素，构建课程思政矩阵，确定思政目标和思政教学载体或教学活动，建立专业知识和思政元素的关联关系，同时统筹课程思政元素在全课中的分布，确保教学覆盖上述全部思政元素，使得思政教育与专业教学协同进行。

（二）"三轮驱动"实现课前、课中、课后全方位育人

在教学全过程中贯彻三轮驱动，实现课前、课中、课后全方位育人。课前自学，教师引导学生将搜集家乡文化经典在课上分享，如学生在学习标题写作时分享齐鲁老字号招牌与儒商文化，在自主学习中潜移默化地增强文化自信与自豪感。课中，教师将思政内容引入案例分析、实践操作、课堂辩论等环节，实现为品牌发声，比如在学习SCQA写作模型时引入古诗《清明》，通过分析古诗结构及意象，引出山西汾酒品牌及营销文案，将文化经典与专业特色相结合，博古通今学营销。课后拓展，教师引入企业真实项目，如为乡镇农产品直播项目撰写文案脚本，引导学生在增长实干的同时，服务地方经济。

通过"三轮驱动"实现"三个提升"，提升学生思想意识、内容创作素养以及综合

文化素养。在思想意识方面，引导学生胸怀家国，爱国爱党，高扬社会主义核心价值观，牢记社会责任，在新媒体内容创作过程中要扑下身子、沉下心来，扎根本土，察实情、说实话、动真情。在内容创作素养方面，增强脚力、眼力、脑力、笔力，成为运用现代传媒新手段新方法的行家里手，推出有思想、有温度、有品质的作品。在文化素养方面，不断提高学养、涵养、修养，加强思想积累、知识储备、文化修养、艺术训练，做到"笼天地于形内，挫万物于笔端"，讲好中国故事、传播好中国声音、阐发中国精神、展现中国风貌。

📊 课程评价与成效

本课程建立了实现课程思政育人功能的多元化考评体系，强化教学过程管理和思政元素融入考核。

本课程评价体系强调过程评价和总结评价相结合。过程评价不仅包括课中的课堂讨论、头脑风暴、主题辩论和知识测试，还包括课后的实践作业和思政实践活动。课中活动主题和课后作业题目均融入思政元素，不仅评价学生在专业知识、技能、创新等认知方面的发展，还评价其文化认同、社会主义核心价值观和公民道德修养、中华优秀传统文化传承，以及职业理想、职业道德、职业素养等方面的认知和作为，最终全面实现课程的知识、能力、素质和思政目标。总结评价通过评估学生的课前和课后技能掌握情况、真实项目图文作品、实习表现等，关注学生自我迭代成长，探索增值评价。

学生期中座谈和期末课程评价结果显示，学生对课程思政元素熏陶的认同度非常高，学生的学习主观能动性、学习态度得到明显改善，学生在爱国、责任心、细心、敬业等职业素养方面得到提升，对中国传统文化的认知得到深化。

课堂教学与思政育人紧密结合，在教学过程中增强学生的价值认同与素养提升，学生发现问题、分析问题、解决问题的能力进一步提高，并能够学以致用，多次在全国职业技能大赛中获奖，实现教学和大赛的融会贯通，成效显著。该课程的思政教学改革对进一步探索构建商科专业群中全员、全课程的"大思政"教育体系起到了一定的借鉴作用。

⏳ 课程特色与创新

本课程特色体现在以下四个方面：

（一）家国格局找定位

本课程通过构建"一个根本、两个支撑、三轮驱动"的课程思政体系，找准课程思政建设定位与人才素质培养目标，构建了元素挖掘、资料建设、方案设计、教学实施的系统化课程思政建设模式，可复制、可推广。

（二）潜移默化学经典

围绕"厚植文化自信，发时代之先声"主题，本课程将思政元素有机融入教学，通过线上和线下结合、学校学习和企业实践结合、理论讲解和案例分析结合等方式实现全程全方位育人，达到润物无声、春风化雨的育人效果。

（三）贴近生活易理解

课程团队分析课程的人本特征和商业属性，挖掘学校特色、家乡文化与本课程相结合的思政元素，确保思政教育与专业教育高度融合。本土文化帮助学生更容易、更深刻地消化专业知识，"为家乡发声"增强学生对本土文化的认同感，引导学生在内容创作过程中扑下身子、沉下心来，扎根本土，创作有思想、有共情、有共鸣的内容作品。

（四）身边做起勿空谈

实践出真知，思政教育需要落实到学生的行动之中，融入学生的日常学习生活，引导学生在课后实践活动中关注社会、关注身边人，利用所学专业技能服务当地，增强自身社会责任感和担当意识。

团队思考

第一，持续挖掘思政元素。课程团队应紧跟时代主题和国家经济发展变化，不断更新思政元素，做到与时俱进。

第二，持续建设课程思政资料库。课程团队应进一步挖掘思政案例，持续更新、丰富课程思政资料库，为教师素材选取提供更丰富的选择。

第三，进一步细化考评体系。目前，课堂讨论、头脑风暴、实践作业等内含思政元素考核评价的主观判断因素太强，需要进一步细化评价指标，使考核评价体系标准化，便于复制和推广。

"税法"课程思政教学设计

山东水利职业学院课程团队

参赛团队负责人：张燕，团队成员：周丽、陈慧、王健、赵一蔚

2021年12月

教学设计课件

📖 课程基本信息

课程名称	税法
课程类型	专业核心课程
所属学科门类	财经商贸
所属专业	大数据与会计
课程性质	理实一体化课程
学　时	56
学　分	3

"税法"课程的前置课程为"基础会计""财务会计"，后续课程为"纳税申报"。学生在前期的学习中，虽然对税有了初步的认识，但仍存在诸多误解，对税收业务规范掌握得较差。本课程的开设除了让学生掌握税收知识、具备税收技能，更重要的是让学生树立正确的税收理念。

📍 课程教学团队基本情况

本课程教学团队共有5人组成，团队成员师德高尚、业务精湛，结构合理。团队成员中，曾获得全国水利职业院校优秀德育工作者、山东省农林水牧气象系统"工匠人物"称号、山东省"三下乡"社会实践活动优秀指导教师等多项荣誉，主持国家级科研课题3项、省级科研课题8项，在山东省第七届"超星杯"高校青年教师教学比赛中获一等奖、在山东省第三届高校思想政治理论课教学比赛中获一等奖、在山东省职业院校教

学能力大赛中获三等奖，主编课程思政教材4部，发表课程思政论文7篇。团队成员参加四级课程思政培训、研讨，分别是日常培训一学期10次、集体备课一个月1次、学校培训一年4次、教育部培训一年2次。

 课程思政建设总体设计情况

（一）思政主线

根据专业定位和"厚商德、精财务、重操守"的人才培养目标，按照"依法纳税、按时纳税、精确计税"的岗位职业要求，结合学情分析，本课程从"为何纳税、据何纳税、如何纳税"三问题出发，从而培养学生树立"取之于民、用之于民"的人民税收理念，依法纳税的法治意识，诚信纳税、精确计税的职业素养，进而确立人民税收价值理念的出发点，与法治线、职业面"三位一体"的课程思政主线。

（二）建设目标

根据人才培养目标和课程基本要求，结合岗位需求和具体学情分析，本课程确立了"四强""四知""四会"的育人、知识、能力三方面目标，通过三方面目标的实现，达到德识能相融的课程建设目标。

（三）建设思路

本课程思政建设是以习近平法治思想为指导思想，按照课程目标，重构了课程大纲。根据征税对象不同分为6个项目，每个项目又根据"取之于民、用之于民"的税收理念，凝练为"取、管、用"3个环节。其中，取，主要是指国家从哪个领域、哪个层次征税，学习中渗入税收公平、法治意识等思政元素；管，主要是讲解税法对税目、税率的相关规定、税费计算、税收优惠，让学生理解国家是如何管控税收，融入精确计税、诚信纳税等思政元素；用，主要是通过讲解税收在国防、教育等公共领域的使用，体现了税收"集中力量办大事"，在提高国家基础公共领域水平以及人民幸福感中发挥的重要作用，从而培养学生的家国情怀和时代担当等。

（四）建设内容

课程团队按照知识模块、思政元素进行课程思政内容网格化建设，按照家国情怀、法治意识、诚信纳税、职业素养四个方面挖掘思政素材，分别按知识模块和思政元素归类，并分项目进行课程思政的整体设计。授课过程中，团队成员结合课堂育人实际情况不断优化。

课程思政教学实践情况

在具体的教学实施中，本课程按照"育人三课堂、课堂三步走、思政三层次"的路径进行思政教育。

（一）实施载体

以三课堂为载体，通过融入税收文化、历史以及法条等，培养学生的家国情怀、诚信纳税等宏观、中观、微观三层次的思政素养。在第三课堂中，税校合作，进行税务体验式教学。税务体验式教学已开展10年，对学生法治诚信意识的培养起着重要作用。

（二）实施过程

本课程通过课堂三步走的实施步骤，实现了全过程思政。

（三）实施方式方法

本课程构建了"一心二树三导四穿"教学模式。在教学实施中，坚持以"教书育人"为中心，以树人于实践之中、树业于课堂之上为目标，通过宏观思政目标导思想、中观思政目标导学业、微观思政目标导人生三个层次将税收文化、税收历史、税收法条、税收热点四个方面内容贯穿其中，从而培养学生的家国情怀、制度自信、法治意识、精确计税、诚实守信、严谨科学等素质能力，做到以文化人、以史育人、以理服人、以案教人。

课程评价与成效

（一）考核方法

在考核评价阶段，本课程围绕"考什么、谁来考、怎么考"构建了"全要素、全方位、全过程"考核评价机制。不同的考核主体针对不同的考核内容会采用不同的考核方式。

（二）育人成效

通过课程思政建设，本课程的育人成效有了明显提升：学生学风显著改善；学生综合素质显著提高，在省和全国行业类专业技能大赛中15次获一等奖，在全省高职院校中名列前茅；社会服务意识增强，积极投身西部大开发等志愿服务；学生的职业素质高，得到企业、同行的高度认可。

课程特色与创新

（一）实施了"税务体验式教学"实践模式

本课程实施了"税务体验式教学"实践模式，坚持组织了10年的"税月春风"志愿服务，为学生真实体验税务工作提供了载体。自2012年税务研训中心成立至2021年12月，税务体验式教学累计850余名学生参与。

（二）构建了"同心四贯穿三融合"的教学模式

本课程在教学实施中，坚持以"教书育人"为中心，以树人于实践之中、树业于课堂之上为目标，通过宏观、中观、微观思政目标将税收文化、税收历史、税收法条、税收热点四个方面内容贯穿其中，培养学生树立"取之于民、用之于民"的人民税收理念，依法纳税的法治意识，诚信纳税、精确计税的职业素养，实现课程思政的育人目标。

（三）出版并使用了活页式思政教材

目前使用的活页式教材中开辟了思政园地，或课上师生共同探讨，或课下学生自学。教材的创新有利于引导学生对国家政策产生认同感，潜移默化地激发爱国情怀和专业自豪感；帮助学生从总体上认识税法，逐步树立全局意识和大局观，培养自身的决策能力和规划能力。

团队思考

本课程重点：教师的政治高度、学术深度、视野广度、人格温度、敬业精神直接决定着思政元素的挖掘、冶炼和融入，影响着教书育人的效果。

本课程难点：课程思政效果的考核评价不好量化，好的课程思政会影响学生的一生。

本课程关键点：如何做好"融"字文章，做到如盐入水有机无痕，教师应担负起教师职责，践行"为党育人、为国育才"的初心和使命。

"商务礼仪"课程思政教学设计

山东水利职业学院课程团队

参赛团队负责人：赵晓利，团队成员：王常红、徐姗姗、凌晨静、杨莉莉

2021年12月

教学设计课件

课程基本信息

课程名称	商务礼仪
课程类型	专业基础课程
所属学科门类	财经商贸
所属专业	数字商务专业群
课程性质	理实一体化课程
学　时	48
学　分	2.5

社会文明程度得到新提高，是我国"十四五"时期经济社会发展的主要目标之一。习近平总书记曾指出："礼仪是宣示价值观、教化人民的有效方式。"在全球经济一体化的背景下，随着中国日益走近世界舞台中央，发出中国好声音、讲好中国好故事，是国家的要求，也是每个中国人的使命。在这个过程中，只有提升个人礼仪修养、外塑团队形象，才能展现我国新时代的精神面貌、文明风尚和行为规范。

课程教学团队基本情况

（一）团队总体情况

本课程团队多年深耕礼仪教学与研究，荣获国家级教学能力比赛一等奖1项，全国职业院校师生礼仪大赛特等奖1项，承担国家级、省级礼仪课题"新时代高职院校尚美文化育人体系建设研究""职业院校文明礼仪教育与职业素养融合研究"课题2项，省级

教学成果奖一等奖1项，其他省级精品资源共享课程及教学比赛获奖16项，主持开发"商务礼仪与职场处世"在线课程1门，主编《商务礼仪》教材4部。课程团队年龄和职称结构合理，副高及以上职称占比40%，青年教师占比60%。课程团队行业实战和指导经验丰富，"双师"占比100%。

（二）主持人情况

本课程主持人持有国际注册礼仪师、国家高级礼仪师和国家高级政务礼仪指导师资格证书，近年来共开展政府部门、企业行业和校园礼仪培训与指导200多场，最低满意率达93.7%，最高满意度达98.6%。

（三）思政培训与学习情况

为提升自身思政素养，秉承"教育者先受教育"的理念，团队成员积极参加课程思政教研活动23次，积极探索本课程思政育人新模式。

📝 课程思政建设总体设计情况

（一）课程思政育人方向

依据专业人才培养方案、课程教学标准和系部数字商务专业群"尚美文化"的专业特色，本课程的课程思政建设方向确定为培养具备美好思想、美好形象、美好行为，满足数字商务专业群营销岗、客服岗、运营岗、物流岗等岗位职业素养需求的"三美"学生。

（二）课程教学目标

依据问卷调研结果、文明礼仪综合测评成绩和日常观察，课程团队发现学生对商务礼仪存在："礼仪警察"式认知（重责人、轻克己）、"礼仪奴隶"式行为（重规则、轻变通）和"礼仪演员"式思维（重形式、轻内涵）。在此基础上，根据人才培养方案要求、结合专业教学标准和企业员工职业素养规则设定教学目标。

（三）课程思政育人模式

为有效达成育人目标，本课程构建了"11433"式思政育人模式，即以"文明、和谐、平等、友善"的价值观为导向，在"明德、修身、雅言、慎行"思政主线的引领下，从古代礼仪与现代礼仪、传统礼仪与国际礼仪、校园礼仪与行业礼仪三个维度融合创新，将教学内容整合为6个模块24个任务，涵盖商务交往的所有细节，以"道之以德""齐之以礼""知行合一""止于至善"为思政面，对应设计"明内涵、懂规范、会操作、善反思"四个教学环节，实现课程思政的全过程浸润，打造学生学习有热度、教师教学有深度、课程育人有高度的"三度课堂",培养具备美好思想、美好形象、美好举止的"三美"学生。

 课程思政教学实践情况

（一）思政点的融入

在教学实施的过程中,课程团队从传统礼仪到现代礼仪(历史文化)、中华礼仪到国际礼仪(国内国际)、校园礼仪到行业礼仪(行业企业)三个维度深挖思政点,以大量历史典故、礼仪格言、现代企业案例、文明礼仪时事热点和身边的榜样人物为思政素材,将思政育人渗透至教学全过程。

1. 历史文化维度

从历史文化维度,本课程通过礼仪典故、礼仪格言等传统礼仪精粹解读和周总理的外交礼仪故事分享等,使学生坚定中华礼仪自信。

2. 国内国际维度

从国内国际维度,本课程通过中西方文明礼仪时事热点、国内外文明礼仪案例讨论等,提升学生的跨文化交际视野。

3. 校园到行业企业维度

从校园到企业维度,本课程通过"大学生文明礼仪守则"的日常践行考核和校企合作企业员工职业素养标准在校中厂的践行考核等,激励学生养成文明礼貌的行为习惯、塑造谦恭有礼的职业形象。

4. 个性化作业浸润

教师在课内教学的基础上进行个性化作业设计,将课程思政浸润空间从课上延伸至课下并拓展至课外,从理性思考、躬身实践到社会服务实现课程思政的全过程、全方位浸润。

（二）教学实施举例

以项目五"商务接待与拜访礼仪"中的任务2"会议座次礼仪"为例,在教学实施的过程中,本节课通过"东京审判"背后座次风波的讨论对学生进行爱国主义教育,同时使学生意识到座次礼仪的重要性;通过"中西方方位文化差异"的探究,使学生坚定中华礼仪自信;在"会议座次排列"的情境演练中提升学生"以客为尊"的职业素养;最后借助抗疫等时事热点进行反思升华,使学生感悟中华秩序文化的优越性,引导学生树立文明守序的秩序观。本课程思政教学在整体设计时运用历史典故、经典案例和时事热点，激发学生兴趣，采用任务驱动和情境浸润实施理实一体化教学，最后通过对秩序文化的解读增强学生的文化自信，达成育人目标。

 课程评价与成效

（一）课程考核评价体系

本课程采用过程性评价与终结性评价相结合，以校园生活、数字商务专业群校中厂、礼仪社为实践载体，重点考查学生对商务礼仪规范的践行情况。

（二）课程思政成效

1. 建成并完善了思政资源库

自本课程思政教学改革以来，团队建成并完善了"商务礼仪"课程思政资源库，资源库包括团队主编课程思政教材2部，在线课程1门（运行半年以来被7所学校15000名学生使用，效果备受好评），课程思政案例65个（历史典故18个、国内案例32个、国际案例15个），图片资源896张，视频资源153个。

2. 全系形成了文明礼仪育人大格局

近3年，全系共开展文明礼仪进宿舍、进课堂、进校中厂、进社区等活动上百次，形成了文明礼仪育人的大格局，受到了周边院校和地方社会的广泛好评。

3. 学生的学习热情显著提升

问卷调研结果显示，学生的课堂满意度在95%以上，学生课上课下与老师的互动性显著增强，学生之间在学习平台上的讨论、交流、留言比上学期增加了1300多条。

4. 师生以行践礼效果显著

全体师生在校园日常生活、校中厂岗位实践和社会服务中的主动性有了较大提升，师生精神面貌和传播礼仪文化的积极性焕然一新。

5. 社会服务评价好

礼仪社的学生积极参加各级志愿服务活动，部分学生凭借自身良好的礼仪素养入选国家"两会"服务、全国脱贫攻坚总结表彰大会和全国政协十三届四次全会等国家高级政务活动志愿服务团队，以积极向上的工作态度、谦恭有礼的职业素养获得中国民主同盟中央委员会第五、六组政协委员和民盟秘书组的嘉奖。

⧗ 课程特色与创新

（一）依托专业特色，创新了"11433"式思政育人模式

本课程将系部"尚美文化"的育人理念融入课程思政建设全过程，创新"11433"式思政育人模式，培养具备美好思想、美好形象、美好行为，满足数字商务专业群岗位素养标准的"三美"学生。

（二）重视日常践行，突出本课程"即学即用"的实践特色

本课程依托校园日常生活场景、数字商务专业群6个校中厂和礼仪社，充分锻炼学生对礼仪规范的践行情况，有效提升学生的文明礼仪素养，岗位职业礼仪素养和传承中华礼仪文化的信心。

💡 团队思考

（一）注重提升专业研究能力

"商务礼仪"课程具有时代性、文化差异性和实践性，需要教师不断学习和探究，提升自身专业素养，积极探索形式多样的实践育人途径。

（二）充分发挥榜样示范作用

"礼者，所以正身也；师者，所以正礼也。"教师本人要充分发挥自身高级礼仪师和行业礼仪培训师的榜样示范作用，通过自身谦恭有礼的职业素养去感染和激发学生向善向美，同时加强自律，与学生教学相长，共同在日常生活中自觉以行践礼，增强中华礼仪自信。

"礼仪是宣示价值观、教化人民的有效方式。"礼的终极目标是和，礼的核心精神是敬，礼的外在形式是规范，礼的重要特色是典雅。在国家大力弘扬中华优秀传统文化的时代背景下，"商务礼仪"课程思政的重点在于探索构建家庭、学校、社会协同发力的礼仪教育体系，让师生一起在实践中自觉践行礼仪，推动全社会形成适应新时代发展的文明风尚。

"商务礼仪"课程思政教学设计

东营职业学院课程团队
参赛团队负责人：李雅洁，团队成员：李永莲、王中一、张芳芳、李延华
2021年12月

课程基本信息

教学设计课件

课程名称	商务礼仪
课程类型	专业基础课程
所属学科门类	财经商贸
所属专业	管理类专业
课程性质	理实一体化课程
学　时	72
学　分	4

课程教学团队基本情况

自2017年，本课程开始思政教学改革实践，课程团队成员不断完善、壮大，是一支政治素养高、业务能力强、专思协同、结构合理的课程思政教学团队。课程团队从设立之初就积极进行课程思政建设，现有专业课教师4人、思政课教师1人、企业导师2人，行业实战和礼仪指导经验丰富，团队"双师"占比100%，党员占比71.4%。

（一）课程思政研课与培训

本课程团队教师积极参加课程思政培训，外出指导课程思政建设300余学时，聘请省内外知名专家20余名莅临讲座，培训学时800余学时，如高校课程思政建设专题培训、课程思政教学设计线上训练营、全国职业院校课程思政专业思政一体化建设与课程思政示范课建设培训、推进课程思政深化协同育人专题培训、高校课程思政线上专题研讨会、课程思政与一流课程建设研讨会、职业院校课程思政建设及教师思政教学能力提升培训。

（二）获奖情况

团队成员积极参加各类教学比赛，成果丰硕，如曾获2022年校级课程思政研课比赛特等奖，山东省职业技术教育学会思政课程与课程思政研究分会2021年度"课程思政研课总会"一等奖，山东省第八届"超星杯"高校青年教师教学比赛三等奖，山东省职业院校教学能力大赛二等奖，2018年山东省教学成果奖特等奖、一等奖，2018年国家级职业教育教学成果奖二等奖。

（三）示范辐射

课程团队应邀出席讲座30余次，与省内高等院校交流经验。同时，将成果与省内外兄弟院校分享，起到示范辐射作用；为政府机关、企业行业和学生社团等提供礼仪培训与指导百余次，深受培训对象好评。

课程思政建设总体设计情况

（一）建设思路

习近平总书记指出："礼仪是宣示价值观、教化人民的有效方式，要有计划地建立和规范一些礼仪制度……一些重大礼仪活动要上升到国家层面，以发挥其社会教化作用。"在课程思政总体设计中，课程团队充分结合国家区域战略、东营职业学院办学定位、专业特色和人才培养要求，同时结合学生就业岗位中的商务礼仪需求要点，提炼本课程的思政建设目标。

国家战略：服务黄河流域生态保护和高质量发展国家战略。

办学定位：服务国家战略、服务区域发展、服务学生成长。

专业特色：面向一线、注重能力、商学结合。

课程特点：文化性、审美性、传承性、创新性。

课程定位：专业基础课程，承担着"传授礼仪规范、塑造美好形象、提升职业素养、夯实文化自信"的重任。

岗位需求：立场坚定、形象专业、沟通和谐、服务规范。

（二）课程思政主线

按需导学，以情定策，确定课程的知识目标、能力目标和素质目标，课程团队进一步提炼出课程思政主线：知礼守矩、规范服务、向善向美、德行合一、文化自信。

（三）建设模式

本课程构建了"1463"课程思政育人模式，即一线贯穿、四大主题、六步推进、三阶提升。课程团队在课程思政主线的指导下重构教学内容，形成"知礼明德""肃容修身""雅言端行""敬业敬人"四大思政主题项目，通过六步推进——课前自学、任务导入、知识传授、课内实训、归纳总结、实践提升，达成教学重点，解决教学难点，实现课程思政贯穿全过程。本课程将商务礼仪融入课堂教学、日常行为、社团实践，三阶提升，逐层推进，塑造学生美好形象，提升学生职业素养，坚定学生文化自信。

（四）建设内容

依据思政主线，结合四大主题，重构教学内容，形成"知礼明德——认识商务礼仪""肃容修身——塑造商务形象""雅言端行——开展商务交往""敬业敬人——出席商务活动"4个主题性项目、15个任务。

（五）三维融入思政素材库

课程团队进一步通过日常行为、职业岗位、中华传统礼仪文化三维深度挖掘思政元素：融学生日常礼仪，塑造学生行为，尚美生活；融岗位职业礼仪，提升职业素养，规范服务；融中华传统礼仪文化，坚定文化自信，引领国潮。对标四大主题，建立丰富的"三维四主题"的课程思政素材库。

 课程思政教学实践情况

（一）教学方法

本课程采用的教学方法有示范指导法、小组讨论法、任务驱动法、启发式教学法、实境化训练法、案例教学法。

（二）具体实施

以"商务礼仪"课程项目四中任务二"商务引领礼仪"为例，本部分属于"敬业敬人"主题，通过学习有礼有序的商务引领礼仪，融入知礼有序、礼敬来宾、敬业敬人、自然大方的商务礼仪素养，培养学生美好端正的形象、专业规范的行为和敬业敬人的态度。

1. 课前导学

【课前准备】根据岗位实际工作流程，课程的先修内容为商务接待礼仪当中的"制订接待计划，进行接待准备"，学生对于接待工作有了基本的了解，课前教师通过学习平台发布任务导学单，引导学生观察生活当中的商务引领活动，并以本专业学生服务中国休闲大会的实际引领感悟为例，创设任务情境，要求学生初步尝试商务引领礼仪，小组模拟并上传模拟视频，引发小组对如何进行商务引领的思考，激发学习兴趣。

2. 课中探学

【任务引入】教师首先根据课前学生观看小组提交的模拟视频的感受与疑问，启发学生对商务引领礼仪中的"位次"和"规范"的思考，归纳本节主要解决的问题，并通过发布立足岗位实际的子任务——引领初次到访的经理参观公司，创设情境，贯穿知识点，逐步突破。

【知识传授】根据课前预习分析，学生的疑问主要集中表现在引领陪同的礼序位次以及在实际工作中的应用两大方面。礼序位次的原则是学习商务引领的基础，主要通过我国传统礼序位次的沿革使学生明确我国较长时间内"尚左"的礼序规范，并通过孟子、朱熹等传统文化强化中华礼序位次的尊长原则，进而在对标国际以右为尊惯例的同时传承中华礼仪。现代商务活动引领要点则是在掌握位次礼序基础上分析现代商务活动引领礼仪的重点，即引领时的位次，并通过模拟感受生活中错误引领，此次递进，引导学生不是简单的记住位置，而是真正的换位思考、以客为尊，加深对引领位次尊重、礼敬内核的理解。要规范做好引领工作，还应该正确使用引领手势，通过教师示范、多媒体展示及常见问题纠正等方法，学生边学边练，养成严谨、认真的工作态度。同时，根据真实场景讲解引领的注意事项，强化真诚、周到的工作意识。

【课内实训】接下来通过课堂综合实训：小组结合所学分角色模拟引领陪同经理参观操作车间。本环节通过真实情境融合本节所学知识点，实操性强，在反复实境操练中掌握礼仪知识点的操作规范，发现问题，加深对引领礼仪的理解。同时，教师引导学生感受体会不同角色以及小组同学间的互相观察，小组自评和互评，发现差距，互帮互纠，突破重难点。

【归纳总结】结合课堂模拟，教师归纳点评学生礼仪实操的优缺点，总结本讲主要内容，同时结合小组模拟及评价强化商务引领礼仪的礼敬内核，即在商务引领陪同时做到以右为尊、居中为尊、居前为尊、侧前引领、距离适度、灵活应用，使学生明白引领礼仪不是形式，更是对来宾的尊重和企业形象的展示，是敬业敬人和真诚服务的体现。

3. 课后拓学

【实践提升】学以致用，课后拓学。教师进行课后任务布置，通过小组学习、礼仪社团等应用实操，结合实境化考评、小组自评和互评，使本节所学商务引领礼仪内化落地，对学生个人成长、志愿引导服务和实际工作起到三重助力作用，达成本节学习目标。

课程评价与成效

（一）课程评价

1. 评价模式

本课程构建了多元多维全过程的课程思政评价模式。多元指多元评价方式，即学生自评、小组互评、教师评价、第三方评价；多维指多维评价内容，包括知识维度、技能维度、素养维度；全过程为过程性评价、终结性评价。

其中，终结性评价中商务礼仪实境化考核和理论考核占40%，主要通过实境化场景、实境化任务、实境化礼仪、实境化要求来考核学生的贡献度、完成度、规范度和商务礼仪规范的掌握度，综合考核学生的专业形象、和谐沟通、规范服务，突显"商务礼仪"课程的实用性、功能性。

2. 评价方法

本课程实行"一任务一评价、一情境一考核"的评价要求。针对每一项教学任务，细分具体的礼仪活动，制定"一对一"的任务评价表，如"走姿任务评价表""站姿任务评价表""微笑礼、点头礼、鞠躬礼任务评价表""邀请手势任务评价表"等，每一任务逐一考核，融入思政目标，如体现端正、自信大方等，运用学生自评（30%）、小组互评（30%）、教师评分（40%）等方式，考核细化、落地。同时，结合"商务礼仪"课程的实用性与思政目标，创设真实应用情境，选取典型的商务礼仪综合活动进行系统考评，运用小组互评（30%）、教师评分（40%）、第三方评价（30%）等方式，制定了一系列的情境考核表，如"面试情境考核表""迎送情境考核表""社交拜访情境考核表""颁奖情境考核表""商务洽谈情境考核表"等，形成了"一情境一考核"的特点，突显课程真实应用性。

（二）课程成效

1. 教师教学质量评价优秀，人才培养质量显著提升

课程思政实施后，学生的礼仪规范、服务能力、沟通能力、诚实守信、爱岗敬业等各项职业素养、职业精神均得以显著改善，人才培养质量显著提升，用人单位评价好，学生实现高质量、高水平就业。

2. 专业社团活动丰富，社会服务评价好

课程思政实施以来，学生知礼明礼，并践礼用礼，志愿服务热情高，综合素养明显提高，礼仪社团多次应邀参加学校重大庆典、外宾来访、服务区域重要活动，社会服务评价好。礼仪服务队被表彰为"市级青年志愿服务先进集体"，选拔优秀学生参加国家领导人视察黄河接待服务，学生在专业规范的服务中感受到了礼仪的庄重、荣誉与使命。学生主动参加各项服务活动，参与当地重点项目接待，主持全校学生代表大会，助力中国休闲度假大会。

3. 建成了动态的课程思政素材库

本课程通过三维深度挖掘，对标四个主题，形成了丰富动态的课程思政线上素材库，课程思政建设经验惠及校内外300余门课程。

 课程特色与创新

（一）形成了"1463"课程思政育人模式

本课程构建了"1463"课程思政育人模式，坚持"知礼守矩、规范服务、向善向美、德行合一、文化自信"一线贯穿，形成"知礼明德""肃容修身""雅言端行""敬业敬人"四大思政主题项目，通过课前自学、任务导入、知识传授、课内实训、归纳总结、实践提升六步推进，借助课堂教学、日常行为、社团实践三阶提升，逐层推进，塑造学生美好形象，提升学生职业素养，坚定学生文化自信。

（二）形成了实境化考核特色

本课程通过创设真实应用情境，选取典型的商务礼仪综合活动进行系统考评，实行"一任务一评价、一情境一考核"的评价要求，使所学商务引领礼仪内化落地，对学生个人成长、志愿引导服务和实际工作起到三重助力作用，达成课程学习目标。

团队思考

首先，加强课程团队教师素质提升，认真学习党的二十大精神，强化自身社会责任担当，提升团队以礼育人水平。

其次，深化"商务礼仪"课程思政改革探索，积极探索数字化技术，增加"商务礼仪"课程体验、聚合思政教学资源、改善教学评价，思政建设永不止步。

"不学礼，无以立。"作为职业教育"商务礼仪"课程的专任教师，我们将汲取中华传统礼仪文化的精神内涵，结合新时代特征与要求，以礼规行、以礼养德、以礼育人，助力学生以良好的职业形象走向工作岗位。

"三心"筑梦　兴税强国
——"纳税实务"课程思政教学设计

山东轻工职业学院课程团队
参赛团队负责人：安翠，团队成员：孟丽红、丁晓娇、张弛、岳秋丽
2023年2月

教学设计课件

📖 课程基本信息

课程名称	纳税实务
课程类型	专业核心课程
所属学科门类	财经商贸
所属专业	大数据与会计
课程性质	理实一体化课程
学　时	64
学　分	4

📍 课程教学团队基本情况

　　本课程团队成员有5人，专业课教师4人、思政课教师1人。团队成员多次获得"优秀教师""优秀共产党员"荣誉称号，获得省市级荣誉14项，主持参与国家级课题1项、省级2项、市级2项、院级1项，建设精品资源共享课程7门、省级社区教育优秀课程1门、省级精品在线开放课程1门。团队教师参加课程思政教学能力提升培训20余次。任课教师主动学习，坚定理想信念，强化育人意识，提升育人能力。同时，课程团队通过教师企业工作站、集体研讨、经验分享、教学观摩、思政培训等形式，逐渐成为课程思政建设的"主力军"。

📝 课程思政建设总体设计情况

（一）设计思路

1. 建设思路

"纳税实务"课程以习近平新时代中国特色社会主义思想为指导、以教育部《高等学校课程思政建设指导纲要》为抓手，通过教学，培养学生具备处理企业涉税业务的基本技能，胜任企事业单位的涉税岗位工作能力，最终达到德法兼修、经世济民、诚信纳税的目的。

2. 建设依据

课程团队以国家教材委员会制定的《习近平新时代中国特色社会主义思想进课程教材指南》为建设依据，基于大数据与会计专业的人才培养目标、税收岗位的职业要求、"纳税实务"的课程特点来建设本门课程。大数据与会计专业的人才培养目标是精核算、懂管理、能创业，税收岗位职业要求是精确算税、规范报税、依法纳税，"纳税实务"课程特点是变化性、法制性、综合性。

（二）建设目标

"纳税实务"课程通过第一、第二课堂有机融合，加强学生对流转税、所得税、资源税等税种的认知，通过"行企政校"四方共建的实践平台，提升税务实操技能和职业素养。针对本课程实践性、时效性强，关乎国家、企业及个人实际利益等特点，课程团队将本课程思政建设目标确定为：帮助学生了解国家税收战略，熟悉有关税收的法律法规，引导学生深入社会实践、关注税收热点，培育学生依法纳税、诚信服务、经世济民、德法兼修的职业素养。

本课程的知识目标是知法律、知方法、知流程，能力目标是能计算、能申报、能筹划，素质目标是强法治、育素养、提自信。

（三）课程建设任务

为了达到课程思政目标，本课程的建设任务主要包括教学团队、教学改革、教学资源、教学评价四个内容。具体内容见下一板块。

✉ 课程思政教学实践情况

（一）课程建设内容

1. 构建了"一探二议三析四练五拓"的思政育人教学模式

本课程围绕"民心、法心、信心"的"三心"思政主线，实施"一探二议三析四练五拓"思政育人模式，全员、全程、全方位实现思政目标。通过案例教学法、讨论教学法、启发式教学法、情境教学法等教学方法，在教学项目中贯彻思政主线，在教学任务中融入思政元素，在教学案例中提炼思政融合点，形成课程思政全贯穿的课堂教学设计模式。

一探新知：教师在课前任务中分享本课程的思政教育视频或法律条文，学生在学习平台分享观后感。通过教师点拨、同学互助，培养学生自主思考与团队合作的能力。

二议热点：课上，教师分享时事政治与社会热点话题，结合教学目标开展思政教学设计。各个小组根据搜集到的资料交流感想或提出质疑，教师及时点拨指导，以帮助学生解决问题、完成学习目标。通过问题汇总、小组讨论，展示解决各个小组存在的问题，确保解答每位学生的疑惑，确保思政要素融入恰当、学生表达得当、进展速度适当，培养学生树立民生意识，助力国家经济发展的服务意识。

三析原理：课上，教师分析各税种的计算原理、计算方法以及申报方法，培养学生熟悉税法、依法纳税、严谨细致、一丝不苟的工作作风。学生通过各种税费计算与申报，掌握计税原理，熟悉国家税收战略。

四练技能：课上，学生通过操作金税三期企业办税平台，对专项训练进行实时交互纠错反馈，使学生在模拟仿真的环境下掌握各税种的计算和申报，使学生养成严谨细致、精益求精、团队协作的职业素养和追求卓越的工匠精神。通过专业平台操作帮助学生了解职业素养，为以后求职树立正确的职业观。

五拓思维：课后，学生通过调查报告、社会实践等方式开展第二课堂活动，引导学生关注税收热点，关心民众疾苦，关注税法战略，提升学生的德法兼修、经世济民、爱国爱岗的职业素质，打造具有真正本领的思政型思维人才，培养知行合一的中国特色社会主义事业的建设者。

2. 采取以学生为中心的教学方法

本课程采取以学生为中心的案例教学法、讨论教学法、启发式教学法、情境教学法。比如在使用讨论教学法时，教师让学生讨论："增值税改革减税降费，如何助推实体经济腾飞？"在使用案例教学法时，引入问题："房住不炒，房产税的时代真的来临了吗？房价真的要降了吗？"在使用情境教学法时，创设税收筹划真实情境。

3. 丰富教学内容

在理论教学方面，教师结合"1+X"证书内容授课，学生"1+X"证书的通过率每年均为100%。在实践教学方面，学生参加各级各类大赛成绩优异；学生课下参加调查调研、社会实践，综合实践能力强；本专业的学生已经可以运用所学财税知识走进乡村、企业，进行税收惠民的研究调研、税法宣传、纳税服务等工作，助力乡村振兴、企业发展；利用校企合作资源，举办税收环境、数字化转型前沿专题讲座，拓宽学生财税知识的广度和深度。

4. 完善教学条件

山东轻工职业学院工商管理系进行实训硬件软件的持续改进，进行理实一体化教学；利用学习通教学平台进行线上线下混合教学；持续建设课程思政教学资源库，不断丰富和更新思政案例，贯彻课程思政全员全程全方位融入。

5. 构建全员全程全方位评价体系

本课程构建了全员全程全方位的考核评价机制，考核内容涵盖平时表现、项目考核、期末考核，评价主体包括学生、教师、企业。

学生采用自我评价、小组互评等方式开展课程思政评价。教师从平时表现、项目考核、期末考核方面对学生表现实施课程思政成果评价。企业主要通过对学生调查调研、社会实践等课外实践参与效果进行课程思政评价。

（二）课程思政主题与主线

为了达到课程建设目标，在"三心"筑梦、兴税强国的思政主题下，对每一税种的学习过程凝练出了"三心"思政主线，即"民心"是依据"取之于民、用之于民"的税收理念，讲述为何纳税；"法心"是通过"依法算税、守法敬法"的职业操守，教会学生据何算税；"信心"是通过"诚信纳税、制度自信"的家国情怀，让学生学会如何纳税。

（三）课程大纲（课程标准）修订

本课程重新修订了课程教学标准。在教学标准的课程目标、教学内容、课程评价中融入了以"民心、法心、信心"为主线的课程思政元素，详见表2。

表2 课程教学标准

课程目标		描述	支撑的培养规格代码
知识	C1-1	掌握财经法律法规的基本内容和职业道德要求	1-1
	C1-2	掌握流转税、所得税、其他各类税种税费的计算方法	1-5
	C1-3	掌握流转税、所得税、其他各类税种税务申报方式和步骤	1-5
	C1-4	了解税务风险预警方法	1-5
素质	C2-1	增强学生守法敬法、依法纳税的法治意识	3-2
	C2-2	培育学生爱国、爱岗、敬业、诚信的综合素养	3-3
	C2-3	提升学生制度自信和道路自信，树立家国情怀	3-4
能力	C3-1	能熟练计算流转税、所得税、其他各类税种的应纳税额	2-3
	C3-2	能运用纳税申报平台进行纳税申报	2-3
	C3-3	能运用所学知识进行纳税筹划、风险预警	2-3

（四）修订课程评价标准

本课程重新修订了评价标准，详见图2。

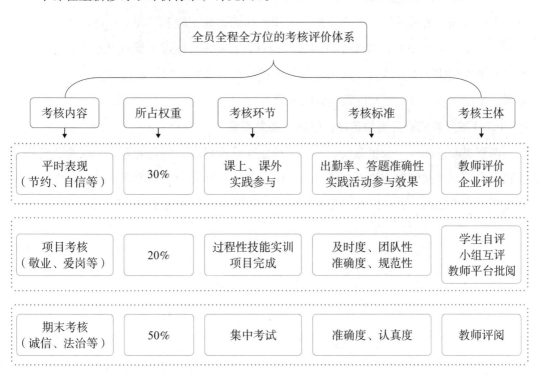

图2 课程评价标准

（五）思政元素挖掘与融合

1. 思政元素挖掘

以落实立德树人根本任务为出发点，融合课程思政目标，在项目内容中挖掘核心思政元素。在明确课程思政目标的基础上，结合教学内容、教学资源及教学环境，课程团队将课程思政元素融入的重点放在守法敬法、家国情怀、生态文明、民生保障、创新赋能、社会责任等方面。思政元素确定后，充分发挥课程团队、第一课堂与第二课堂、政府及企业实践环境等元素的积极作用，创新课程思政教学形式，实现思政融入与知识技能培养同频。

2. 思政元素融合

本课程在每一个项目任务的单元设计中提炼出思政元素与教学内容融合点。如在税收认知教学中，播放纪录片《大国重器》的视频片段，让学生观看讨论，并以"江河汇流成海，分文积累强国"为主题演讲，感悟中国梦的实现离不开税收的巨大贡献。

 **团队思考**

（一）持续关注课程思政元素的挖掘与更新

本课程团队凝练了"三心"筑梦、兴税强国的思政主题和"民心、法心、信心"的"三心"思政主线，并在此基础上针对每一税种特点和内容挖掘出课程思政元素，但由于税收政策变化快、专业性强，教师需要不断挖掘政策变化、时政新闻、社会热点等思政元素，不断更新思政元素与课程内容的融合点。

（二）融合方式需要更加自然、贴切，画龙点睛

课程思政的融入不是生搬硬套、为了课堂思政而思政，而是能够让思政教学更贴合课程内容实际，起到锦上添花、画龙点睛的功效，这样才能做到课程思政如盐入水、润物无声，增添乐趣，真正做到理论有温度、课堂有新意，达到课程思政目标。

厚植三农情怀　助力乡村振兴
——"农村电商"课程思政教学设计

济南电子机械工程学校课程团队

参赛团队负责人：李飞飞，团队成员：甘信丹、周美君、凌斌、宗丽娜

2023年2月

教学设计课件

📖 **课程基本信息**

课程名称	农村电商
课程类型	专业技能课程
所属学科门类	财经商贸
所属专业	电子商务
课程性质	理实一体化课程
学　时	72
学　分	4

"培养什么人、怎样培养人、为谁培养人"是教育的根本问题，立德树人成效是检验学校一切工作的根本标准。

"农村电商"课程思政教学设计是以习近平新时代中国特色社会主义思想为指导，贯彻落实习近平总书记关于教育的重要论述，特别是在学校思想政治理论课教师座谈会上的重要讲话精神，根据《关于深化新时代学校思想政治理论课改革创新的若干意见》《高等学校课程思政建设指导纲要》等文件精神，围绕培养"有文化、精技能、善经营、能创业"的电子商务人才的社会需求，结合济南电子机械工程学校办学定位和电子商务专业人才培养目标，在统筹推进电子商务专业课程思政体系建设的基础上，为本课程打造的"三线融合、四阶递进"的课程思政教学改革设计方案。

课程教学团队基本情况

本课程教学团队共有5人组成，团队成员师德高尚、业务精湛，结构合理。团队成员中，有山东省青年技能名师、省级品牌专业带头人、省级教学团队带头人、市优秀教师、市首批职业教育专家库成员，主持山东省研究课题2项、市教育科学规划课题1项，获山东省教学成果二等奖、山东省首届思政课教学设计大赛一等奖、全国行业职业技能竞赛第三届全国电子信息服务业职业技能竞赛电子商务师赛项二等奖等。

团队成员积极参加思政学习培训和集体教研，并赴湖南湘西凤凰供销社、商河县佳禾留兰香中职专业合作社、殷巷镇O2O电商直播基地、山东晶荣食品有限公司、山东世纪开元有限公司、齐鲁云商等调研20余次。

课程思政建设总体设计情况

（一）课程思政主题与主线

课程团队围绕乡村振兴国家战略的实施要求，根据农村电商行业发展现状与需求，结合学校办学定位、专业特色、课程培养目标及学生实际，确立了本课程思政的主题与主线。

1. 乡村振兴国家战略

民族要复兴，乡村必振兴。《中共中央　国务院关于实施乡村振兴战略的意见》指出，当前，我国发展不平衡不充分问题在乡村最为突出，要构建农村一二三产业融合发展体系，重点解决农产品销售中的突出问题，大力建设具有广泛性的促进农村电子商务发展的基础设施，加快推进农村流通现代化。2022年中央一号文件进一步明确实施"数商兴农"工程，推进电子商务进乡村。发展农村电商、培养高素质农村电商人是扎实推进共同富裕、实现农业农村现代化的应有之义。新时代，农村电商大有可为。

2. 农村电商高质量发展的制约因素

据数据显示，2021年我国农村网络零售额2.05万亿元，2022年我国农村网络零售额2.17万亿元，2023年我国农村网络零售额2.49万亿元。电子商务在农村的覆盖率正在逐步加大。值得注意的是，目前我国农村电商总体服务水平不高，在软件开发、仓储快递、摄影美工、网络营销等方面缺乏高水平人才，相关电商企业提供的服务不能满足农村电商快速发展的需求，制约了农村电商高质量发展。实施乡村振兴战略，推动农村电商高质量发展，必须破解人才瓶颈制约，造就更多农村电商人才。

3. 课程定位

"农村电商"是电子商务专业的专业技能课程，是电子商务在农村的延伸和深度应用。本课程旨在通过真实项目运营，让学生掌握农村电商岗位链的职责要求与知识技能，牢固树立"服务三农"的意识，激发服务农业农村现代化、服务乡村全面振兴的情怀和使命担当，增强对乡村振兴战略的认同，为今后走上农村电商相关工作岗位，成为新型农村电商人才打下坚实基础。

4. 学情分析

"农村电商"课程在高中阶段第四学期开设，此前，学生已学习了"网店美工""网店运营""网络营销"等专业基础课程，具备基本的理论知识。

为贯彻落实市教育局实施帮扶工作精神，2019年4月，济南电子机械工程学校与湖南省凤凰县职业中专学校开展对口帮扶工作，联合创办湘西凤凰班，招收30名湘西凤凰籍建档立卡家庭的学生来校学习电子商务专业。

通过问卷调查与观察访谈，课程团队发现学生普遍存在对农村电商行业和岗位工作总体认知度不高、对"三农"事业感情淡薄、对岗位职业道德和职业素养缺乏了解、项目实操经验少、创新能力不足等方面问题。

5. "农村电商"课程思政主题与主线

围绕国家社会发展需要、岗位要求、课程培养目标和学生实际，课程团队深入挖掘"农村电商"课程专业知识体系中蕴含的思想价值和精神内涵，以"厚植三农情怀 助力乡村振兴"为主题，以"三农情怀"为核心，形成"立'服务三农'之根、强'服务三农'之基、增'服务三农'之信、铸'服务三农'之魂"的课程思政主线。

（二）课程思政建设重点内容

针对学生存在的对"三农"事业情感淡薄、对农村电商行业和岗位工作总体认知度不高、对岗位职业道德和职业素养缺乏了解、创新能力不足、项目实操经验少等方面问题，课程团队围绕政治认同、职业品格、创新精神、服务意识等四个重点优化课程思政内容供给，并融入"爱国、敬业、法制、诚信"等社会主义核心价值观和工匠精神、感恩意识，使学生掌握农村电商岗位知识，具备岗位职业能力，树牢"服务三农"意识。

（三）课程思政目标

在确立"农村电商"课程思政主题、主线及重点内容的基础上，以"三农情怀"为核心，围绕课程思政主线与重点，将"知识线、技能线、思政线"三线融合，使价值塑造、知识传授和能力培养三者融为一体，本课程形成"知农、会农、爱农、兴农"四阶递进的课程思政育人目标体系，循序渐进、螺旋上升，培养有理想信念、有过硬技能、有"三农"情怀、有创新精神，知农、会农、爱农、兴农的新型农村电商人才。

（四）课程思政内容

1. 围绕课程思政主线，重构课程内容

围绕课程思政主线，结合农村电商岗位链要求，课程团队系统梳理了本课程教学内容，以"三农情怀"为核心，将"知识线、技能线、思政线"三线融合，采用四阶递进的方式重构课程内容，形成"立'服务三农'之根、强'服务三农'之基、增'服务三农'之信、铸'服务三农'之魂"四大教学模块，寓价值观引导于知识传授和能力培养之中，打造循序渐进、螺旋上升的教学内容体系。

（1）立"服务三农"之根。在第一模块"寻家乡之韵"的教学中，学习农村电商发展现状和人才培养相关知识，引导学生了解国情、世情，了解乡村振兴国家战略；加强生态文明教育，引导学生树立和践行绿水青山就是金山银山的理念。通过走进三农、了解三农，在学生心中埋下"三农"情怀的种子，并生根发芽。

（2）强"服务三农"之基。在第二模块"品家乡之魅"的教学中，学习选品策划、摄影美工、短视频拍摄剪辑等知识与技能，让学生练就过硬电商本领，为助力乡村振兴、服务三农发展打下坚实基础。

（3）增"服务三农"之信。在第三模块"扬家乡之美"的教学中，学习营销策划、电商直播等知识，开展线上、线下农产品销售推广活动，让学生掌握农产品电商运营全流程，发现农村电商的广阔前景，增强对乡村振兴战略的认同，牢固树立"服务三农"意识。

（4）铸"服务三农"之魂。在第四模块"展家乡之彩"的教学中，通过成果汇总、数据复盘、总结路演等活动，让学生体验农村电商的魅力，增强素质能力，立志成为有理想信念、有过硬技能、有"三农"情怀、有创新精神，知农、会农、爱农、兴农的创新农村电商人才，将"三农"情怀和使命担当融入灵魂。

2. 围绕课程思政建设的重点内容，深入挖掘课程思政元素

在重构课程内容的基础上，以政治认同、职业品格、创新精神、服务意识四大重点内容为统领，课程团队深入挖掘课程中蕴含的思政元素，并根据教学目标和重难点，将思政大目标分解成小目标，系统融入项目模块实训教学的每一个任务环节，以此达到润物无声的育人效果。

（1）政治认同。在教学中融入乡村振兴战略等内容，引导学生了解国情、世情，坚定中国特色社会主义道路自信、理论自信、制度自信、文化自信；帮助学生了解与农村

电商相关的国家战略、政策和法律法规，增强对乡村振兴战略的认同，在潜移默化中坚定学生的理想信念、厚植"三农"情怀，引导学生以强农、兴农为己任。

（2）职业品格。以"寻家乡美 蹚共富路"运营项目为抓手，项目化教学为手段，通过"双主体、实情境、真运营"的方式带领学生对家乡产品进行整合营销，开展"寻家乡美 蹚共富路"——《家乡味道》系列农村电商新实践，让学生在实践中学习、掌握电子商务策划运营、摄影美工、营销推广、客服物流、短视频直播等相关知识技能，培养遵纪守法、爱岗敬业、无私奉献、诚实守信、公道办事、开拓创新的职业品格和行为习惯，教育引导学生深刻理解社会主义核心价值观。

（3）创新精神。以真实运营项目为载体开展创新实践，让学生学会观察思考，注重运用所学知识解决实际问题，培养学生善于思考、敏于发现、敢为人先的创新意识，增强创新精神和创业能力。

（4）服务意识。通过情境教学法、任务驱动法、感受体验法、角色扮演法、案例分析法、实践教学法等方式，提升学生职业素养，增强学生服务农业农村现代化、服务乡村全面振兴的使命感和责任感，培养知农、会农、爱农、兴农的新型电商人才。

✉ 课程思政教学实践情况

（一）"双主体、实情境、真运营"课程思政教学模式

重构后的课程内容以"寻家乡美 蹚共富路"实训项目为抓手，围绕"知农、会农、爱农、兴农"的思政育人目标，创新了"双主体、实情境、真运营"的教学模式，坚持技能培养与思政教育相统一。

1. "网店＋实训室"创设真实教学情境

基于情境认知理论，按照企业真实工作环境，校企共建电子商务真实运营实训室——小智商城，实行实体化运营、公司化管理，教师变导师，学生变店员，让学生在真实情境下自主运营、合作探究，融思政教育于真实情境教学，润物无声、水到渠成。

2. "导师＋店长"双主体协同育人

学校教师筑实学生文化素养、专业知识和基础技能；企业教师通过实战运营实训，提升学生核心技能、经营管理、职业品格和创新创业能力。企业教师和学校教师均需承担课程思政教学任务与考核指标，定期开展集体教研，寻找在知识、技能、价值观培养上存在的共性问题，探究思政教育融入专业教学的方法路径。双主体协同育人，提升课程思政教学实效。

3. "运营+教学"依托真实电商项目,面向市场,开展运营实战

以"寻家乡美　蹚共富路"真实电商项目为载体,依据农村电商企业真实运营流程设立CEO、摄影、美工、物流、推广、运营、客服等实训岗位;基于学生优势特长和职业规划,按照团结合作、共同发展的原则组建阿米巴团队;通过竞标、拍摄、美工、发布、营销、推广、订单处理、物流配送、客户服务、经营核算等环节,开展真实运营,提高学生学习主动性,提高实战经验与能力,培养学生创新意识、创业能力,提升职业素养。

(二)课程思政资源平台建设

本课程围绕培养"知农、会农、爱农、兴农"的新型农村电商人才课程思政目标,打造"一中心、四库、五平台"的立体化教学资源平台,让学生练就过硬电商本领,树牢"服务三农"意识。

1. 一中心

秉承学校"知行合一、德技并修"的育人理念,根据中职学生的认知规律和接受特点,校企共建电子商务真实运营实训室——小智商城,以电子商务实训室为教学主阵地,营造真实教学情境,深入开展农产品电商运营,寓价值观引导于知识传授和能力培养之中,实现"做中学、做中教"。

2. 四库

围绕政治认同、职业品格、创新精神、服务意识四大课程思政建设重点,结合国家战略、行业发展现状和专业特色,系统整合线上、线下、校内、校外思政教学资源,开发建设战略法规集、电商名人集、运营战略集、优秀作品集四大课程思政案例库,开放共享、随时更新,拓展课程的广度、深度,提升课程的温度,增加课程的知识性、人文性,加强课程的引领性、时代性和开放性。

3. 五平台

(1)小智云商APP。校企合作开发小智云商APP,开展店铺装修、商品上架、网络销售、营销推广等系列农村电商全流程实训,让学生掌握电商岗位链职责与要求,增长智慧才干、锤炼职业品格。

(2)小智云商云课程平台。利用云课程平台,企业教师与学校教师共同开发专业知识微课与课程思政微课,学生利用平台开展视频学习、答题训练、案例讨论等自主学习探究活动,将现代信息技术与课程思政教学融合,激发学习兴趣,提升学习体验。

(3)企业资源规划系统(ERP)平台。校企合作开发资源规划系统,学生自主利用该系统进行农产品销售及供应链管理,提高工作质量和效率,体验农村电商工作的乐趣,

培养勇于探索的创新精神和善于解决问题的能力，提高获得感与成就感。

（4）新媒体平台。在利用校企平台开展教学的同时，学生利用一些电商平台进行农产品直播带货、农产品广告作品发布，开展农产品电商销售实践，在市场竞争中经风雨、见世面、壮筋骨、长才干。

（5）校外合作平台。学校与湘西凤凰供销社、商河县佳禾留兰香中职专业合作社、殷巷镇O2O电商直播基地、山东晶荣食品有限公司等电商企业共建平台，开展周末研学、岗位体验、经验交流、社会实践、公益服务等系列校外活动，开发第二课堂，拓展课程思政实施路径。

（三）优化课堂教学过程，开发课程思政七大教学环节

在教学过程中，教师精心开展教学组织与设计，综合运用多种教学手段和方法，形成"自主探究、启发引导、剖析讲解、实操练习、展示风采、多维评价、拓展提升"七大课程思政教学环节，坚持以学生为中心，不断提升学生的课程学习体验、学习效果，激发"服务三农"的情怀和使命担当。

（四）课程思政实施路径

围绕"立'服务三农'之根、强'服务三农'之基、增'服务三农'之信、铸'服务三农'之魂"的思政主线和"知农、会农、爱农、兴农"思政育人目标，三线融合、四阶递进，形成"双元协同"的课程思政实施路径。

1."导师+店长"校企协同

企业教师和学校教师均需要承担课程思政教学任务与考核指标，通过开展集体教研，寻找学生在知识、技能、价值观培养上存在的共性问题，探究思政教育融入专业教学的方法路径，实现"三线融合、四阶递进"。

2."运营+教学"理实一体

依据企业真实运营流程，设立CEO、摄影、美工、物流、推广、运营、客服等岗位，通过竞标、拍摄、美工、发布、营销、推广、订单处理、物流配送、客户服务、经营核算等环节，将真实运营贯穿整个实训教学。同时，融入思政元素，实现"做中学、做中教"，学思践悟，知行合一。

3."线上+线下"双向贯通

基于学生兴趣、课程思政要求、技术更迭、时代发展，挖掘整合线上课程资源，如新华网"新华思政"全国高校课程思政教学资源服务平台，国家职业教育智慧教育平台，学习强国平台，官方媒体微信公众号、微博号、B站号等，组建线上思政新媒体矩阵。同时，通过实训教学中心、企业资源规划系统等线下教学平台开展真实运营，线上线下，双向贯通、有机结合。

4."校内+校外"内外联动

课程思政建设始终以校内课堂教学为主渠道，同时，积极开发第二课堂，与校外企业、兄弟学校进行深度合作，开展社会实践、志愿服务、实习实训等活动，拓展课程思政实施路径。

 课程评价与成效

（一）构建"四维度七主体"的考核评价体系，促成课程思政目标的达成

在教学过程中，本课程将德、知、技、行四维度评价有机结合，采用自评、组内互评、组间评、企业导师评、教师评、家长评、顾客评的七维评价主体；利用线上评价、线下评价、拓展评价有机结合的方法，依托网络教学平台，采取课前线上推送调查问卷、课堂线下随堂小测、课后线上跟踪反馈等教学评价手段，构建"四维度七主体"的考核评价体系，促成课程思政目标的达成。

（二）强化教学过程管理和思政元素融入考核

本课程评价体系强调过程性评价和总结性评价相结合。过程性评价不仅包括课中的课堂讨论、头脑风暴、主题辩论和知识测试，还包括课后的实践作业和思政实践活动。课中活动主题和课后作业题目均融入思政元素、思政教学目标的考核。根据认知层面的认同、感情层面的内化以及行为方面的转变等不同层次的思政内容，设置动态评价机制，有效监控知识目标、技能目标和思政目标的完成情况。本课程评价体系不仅评价学生在专业知识、技能、创新等认知方面的发展，还评价其政治认同、职业品格、创新精神、服务意识等方面的认知和作为，最终全面实现课程的知识、能力、素质和思政目标。总结性评价通过评估学生的课前课后技能掌握情况、真实项目图文作品、实训表现等，关注学生自我迭代成长，探索增值评价。

（三）保障与管理

1. 建立课程思政工作管理体制

学校建立党委统一领导、教务部门牵头抓总、相关科室联动、专业科组落实推进的课程思政建设工作格局。实行专业科科长课程思政建设责任制，结合实际研究制定课程思政建设工作方案，健全工作机制，强化督查检查，修订考核奖励办法，明确教师的育人责任。

2. 提升教师课程思政建设的积极性、主动性

选拔政治素质好、业务能力强的教师担任课程思政建设改革任务，组建一支政治坚定、业务精湛的课程思政改革建设团队；建立课程思政集体教研制度，支持思政课教师与专业课教师合作教学教研。把教师参与课程思政建设情况和教学效果作为教师考核评价、岗位聘用、评优奖励、选拔培训的重要内容，充分发挥教师的主体作用，切实提高团队每一位教师参与课程思政建设的积极性和主动性。

3. 统筹资源，加大支持保障力度

统筹学校资源，结合教学实际，在课程安排、实训室改造提升、专业课教师配备等方面为课程思政建设工作提供最大限度支持。将电子商务专业作为课程思政建设先行专业，打造电子商务专业课程思政教学名师团队，推出"农村电商"课程思政示范课程，充分发挥电子商务专业课程思政的引领带动作用。

（四）课程思政教学成果显著

自本课程思政教学设计实施以来，学生评价高，家长、企业、顾客高度认可；学生的职业认同感、责任感显著增强，就业竞争力提高，2020—2022年，共有500多名学生参加教育部"1+X"职业技能等级证书"网店运营推广"和"直播电商"的技能考试，证书过关率100%。课程示范、推广辐射效果好，截至2023年2月，本课程教学模式在全国18所职业院校推广，2022年6月，获山东省教学成果奖。

课程特色与创新

本课程以"立'服务三农'之根、强'服务三农'之基、增'服务三农'之信、铸'服务三农'之魂"为思政主线，坚持以"双主体、实情境、真运营"课程思政教学模式，借助"一中心、四库、五平台"立体化教学资源，实现了协同育人，实施了有效评价，为国家和社会培养有理想信念、有过硬技能、有三农情怀、有创新精神，知农、会农、爱农、兴农的新型农村电商人才。

营中国产品　塑中国品牌　讲中国故事　扬中国品格
——"市场营销"课程思政教学设计

潍坊职业学院课程团队
参赛团队负责人：王琳，团队成员：刘迪迪、马珀、周娉
2023年12月

教学设计课件

课程基本信息

课程名称	市场营销
课程类型	专业基础课程
所属学科门类	财经商贸
所属专业	电子商务
课程性质	理实一体化课程
学　时	64
学　分	4

　　《高等学校课程思政建设指导纲要》指出，落实立德树人根本任务，必须将价值塑造、知识传授和能力培养三者融为一体、不可割裂。在数字化转型、全球化视野的背景下，"市场营销"课程的思政主题确立为"营中国产品　塑中国品牌　讲中国故事　扬中国品格"，将课程思政与课程育人相结合，共同完成人才培养。本课程在知识传授和技能培养中以润物细无声的方式实现价值引领，实现技能培养、职业素养与思政教育的融合效应，旨在培养"懂营销、擅策划、能担当、敢创新"的高素质复合型技术技能人才。

　　本课程从2018年开始探索课程思政建设，依据学情分析，围绕营销新业态发展需要，对接"1+X"职业技能等级标准，结合营销岗位能力要求和人才培养方案等，挖掘课程思政元素，完善思政目标，建设专门的思政案例资源库，重构教学项目，打造全

方位的考核评价体系，实施教学方法改革，实现课程思政和知识传授、价值引领和能力培养有机统一。2020年，本课程立项为校级在线开放课程；2022年，立项为校级高效课堂；2023年，获批市级课程思政精品课程。

课程教学团队基本情况

本课程团队由思政课老师、专业课教师和企业导师组成，其中，副教授2名、讲师1名、助教1名，均为党员、"双师型"教师。本课程团队是一支"政治坚定、技艺精湛、专思结合、结构合理"的课程思政教学团队。

课程团队一直以来致力于课堂教学改革和思政研究，积极参加各类教学比赛，多次参与学院重大项目申报。

课程主持人获市级青年岗位能手、校级党员先锋岗等荣誉称号，近3年，先后获校级青年教师教学比赛一等奖，山东省第七届、第八届高校青年教师教学比赛二等奖，2023年山东省职业院校教学能力大赛三等奖，带领课程团队连续3年获校级教学能力比赛一等奖。

团队成员先后考取电子商务师、法律职业资格证书、"1+X"网店运营推广职业技能等级证书（中级）和高级培训教师证书等，"双师"素质高。在师德师风方面，获评市级五一劳动奖章、新时代最美女性、三八红旗手、优秀共产党员等称号；在荣誉称号方面，获评全国商业服务业技术能手、山东学校优秀思政课教师、市级思政课教师年度人物以及市级十佳思政课教师等称号；在教师竞赛方面，获首届全国高校思想政治理论课教学展示活动特等奖、全国财经商贸类专业教师数字技术技能大赛特等奖、山东省高校青年教师教学比赛一等奖、首届全省学校思政课教学设计大赛一等奖、山东省职业院校教学能力大赛三等奖等奖项；在学生竞赛方面，指导学生参加职业技能大赛获省级以上奖项20余项；在教科研成果方面，荣获2023年国家级教学成果奖二等奖1项、2022年山东省省级教学成果奖（职业教育类）一等奖2项，主持山东省高校思政课"金课"1项，立项市级思政名师工作室，发表《信息化背景下高职院校思政课教学实效性提升路径》《课程思政在创新创业课中的应用》等多篇论文，编写校企合作教材1部、创新活页式教材1部。

课程团队多次参加各类线上线下课程思政培训，建设在线开放课程"市场营销实务"和市级课程思政精品课程"市场营销"，课程建设经验丰富。根据课程特点和课程思政建设要求，课程团队精心研讨、凝聚合力挖掘"市场营销"课程的思政元素，设计整体教学环节，建设专门的思政案例资源库，打造全方位的考核评价体系；借助第一课堂、技能竞赛等多类型平台，形成营销技能训练与思政教育同向同行，实现了课程思政和知识传授、价值引领和能力培养的有机统一。本课程团队始终坚守立德树人初心，担当教书育人使命，努力培养担当民族复兴大任的时代新人，培养德智体美劳全面发展的社会主义建设者和接班人。

 ## 课程思政建设总体设计情况

（一）设计背景

2020年5月，教育部印发了《高等学校课程思政建设指导纲要》，使课程思政成为我国高等教育教学改革的重要内容。2023年2月，中共中央、国务院印发的《质量强国建设纲要》也明确指出，培育以技术、标准、品牌、质量、服务等为核心的经济发展新优势，推动中国制造向中国创造转变、中国速度向中国质量转变、中国产品向中国品牌转变，坚定不移推进质量强国建设，从而增强人民群众质量获得感和满意度。

在上述背景下，结合潍坊职业学院的办学定位和学情分析，课程团队围绕营销新业态的发展需要，对接"1+X"职业技能等级标准，结合营销岗位能力要求和电子商务专业的人才培养方案等，以"营中国产品　塑中国品牌　讲中国故事　扬中国品格"为价值引领，重点从创新思维、家国情怀、传统文化及核心价值观四个方面培养核心素养，将思政元素有机融入课堂教学。

（二）设计思路

本课程结合办学理念和专业人才培养目标要求，秉承"明德尚学　强能善技"的校训，确立了"营中国产品　塑中国品牌　讲中国故事　扬中国品格"的思政主线，明确了"培育科学创新思维，弘扬社会主义核心价值观，厚植家国天下情怀，传承中华优秀传统文化"的思政育人目标，培养"懂营销、擅策划、能担当、敢创新"的高素质复合型技术技能人才。依据学情分析、营销岗位工作技能要求、"1+X"职业技能等级标准以及人才培养方案、技能大赛评价等要求，重构课程模块，确保教学内容对接岗位标准；引入原创项目案例，融入新业态、新标准、新规范；教学过程采用任务驱动式教学，设计分层任务工单，实施分层分类培养；建立多元多维评价体系，实现增值赋能。

1. 深入剖析学情，以教学痛点为导向，确定教学目标

本课程授课对象为大一新生，电子商务专业班额通常为35人左右。课程团队运用自

然观察法、书面材料法、谈话法、调查研究法、测验法等多种方法，借助教学平台数据分析工具，采用静态分析与动态分析相结合的方式对学生情况进行监测分析。

（1）学习概况。电子商务专业班的生源类型多样化，分为夏考、春考、三二转段三类。专业基础差异明显，夏季考生学习能力强、学习态度认真，专业体验几乎为零，班风好、学风浓；春季考生做事踏实、学习能力较强、专业知识和技能扎实，具有良好的专业素养，班风好、学风浓；三二转段生接触社会多，头脑灵活，社交能力强，敢闯敢试敢干，专业素养相对薄弱，班风、学风相对较差。

（2）学习特征。一是学习目标明确，社会责任弱。在市场的导向作用下，高职学生未来职业目标明确，学习动机更注重功利性、实用性，缺少社会责任意识。二是自主意识强，缺乏自控力。新媒体环境下多途径、低门槛的信息获取养成了学生独立自主的个性；相对宽松的家庭成长环境促进了学生独立意识的成熟，但动手能力和实践能力跟不上；极具诱惑力的网络产品容易使人生观、价值观没有完全定型的大学生丧失自我控制力。三是学习压力小，学习兴趣弱。高职学生学习基础较差，缺乏良好的学习习惯，多数学生学习理论知识较为吃力；相对宽松和无压力的大学学习环境，造成学生的主要精力不在学习上；而教师的学情分析不全，教学定位不准，教学目标和教学设计脱离学生的实际，导致学生听不懂、学不会、不感兴趣；还有一些学生习惯于老师的高压管理，不敢开口表达观点，害怕表达错误或表达不清。

（3）学习障碍。知识技能障碍：教学目标和教学设计脱离学生的实际，导致学生听不懂、学不会；学生轻理论、喜实践，课下自主训练投入不足；高阶学习偏低，理论联系实际的能力仍需要提高。心理障碍：面对学习困难，常产生习得性无助和自卑感，出现厌学、逃避等心理反应；喜欢随大流，集体协作，甘当绿叶。

通过分析可以看出：电子商务专业大一学生的职业目标明确，社会责任较弱；学习压力小，学习兴趣较弱；喜技能训练，吃苦精神较弱；合作学习能力强，多元化交流能力较弱。

在全方位监测分析学情的基础上，深入挖掘教学痛点——差异化学习的创设、学生能动性的激发、从知识传输到信念传播、社会适用的精准对接、实现"人"核心素质发展的五大痛点问题，以问题为导向，在探寻教学痛点解决方案过程中，形成知识、能力、素质以及思政四大教学目标。

2. 依据"岗课赛证"，重构教学内容

传统的教学内容强化技能训练，忽视发展学生的核心素养；过多规定性训练，缺少培养学生的创新型思维；强调就业导向，忽视培养学生的社会责任；重专业技能训练，忽视培养学生的通用能力。本课程在全方位学情分析的基础上，深挖教学痛点，从问题角度出发，在探寻教学痛点解决方案的过程中，明确教学目标，参考"1+X"职业资格等级证书的考试要求，结合人才培养方案，重构教学内容。

本课程着重以核心素养为导向，以社会主义核心价值观为引领，设计以校企合作真实营销任务为主线，遵循实际工作流程，将教学内容进行重新整合为"走进市场、开发市场、抢占市场、巩固市场"4个项目，14项学习任务，每一项工作任务根据所挖掘的思政元素都构建了对应的育人目标和具体的课程思政教育主题教学活动，真正做到内容体系与思政教育的结合。

3. 精确思政元素，优选思政素材

课程思政元素主要包括创新思维、家国情怀、传统文化及核心价值观四大方面，素材为原创案例库。根据教学目标、思政主线，深入挖掘本课程思政元素，重新修订教学大纲，并结合本课程内容特点重构教学内容，激发学生学习兴趣，建立章节的思政切入点，有机融入课程教学。

4. 依据教学目标，确定融入方法

深入挖掘课程思政元素及素材后，通过"情感内化、行为转化、意志强化"的融入策略，结合案例法、引用法、关联法、比较法等方法，将思政元素有效地融入教学模块中，助力品牌强国的营销。

5. 依托多维平台，丰富课程思政教学资源

依托智慧课堂平台、智慧树平台、中国大学MOOC平台，整合相关资源，开展线上线下混合式教学。运用"岗课赛证"实训系统开展系列虚拟电商营销作业实训操作，通过深入校企合作实践基地等进行技能实操训练，强化重点、破解难点，培养学生的职业能力与职业素养。

（1）线上教学资源。依据学情分析和教学内容，依托智慧课程平台与中国大学MOOC平台，整合国家市场营销教学资源库相关资源，搭建线上课程，结合"岗课赛证"实训系统锻炼学生的操作能力，开展线上线下混合式教学，实现全程教学管理和综合评价。

（2）线下开发新形态教材及数字化教学资源。紧扣任务需求，校企联合共同开发了以真实工作任务为导向的活页式教材，建立了人物、故事、企业、国家四大思政案例资源库等。

（3）进行多场景多岗位训练。依托校外实践基地、校内实训室和无线投屏系统，以真实案例营造工作情境，进行模拟任务、工作流程教学，开展多任务真实情景模拟，沉

浸式实施营销活动，把营销环节融入岗位训练，快速提升学生的职场适应能力；利用校内新媒体营销实训室、直播实训室等，全面匹配岗位场景，有效突破"模拟活动缺乏现场感"的教学痛点。

 课程思政教学实践情况

（一）构建"1443"课程思政建设模式

以"营中国产品　塑中国品牌　讲中国故事　扬中国品格"为价值引领，构建人物、故事、企业、国家四大思政案例资源库，浸润创新精神、家国情怀、中华传统文化、社会主义核心价值观等思政内容，教学实施过程以任务驱动为主线，实施"知识传授（知识线）+技能发展（技能线）+价值塑造（思政线）"三线并行，通过三个教学环节实现情感内化、意志强化、行为转化三融效应。

（二）创设"三段递进，七步进阶"混合教学模式

以"任务驱动+课程思政"为引领，基于校企合作企业真实项目，分解工作任务，设置进阶式工作流程节点。针对课前浸润、课中引领、课后转化三个阶段，设计"探、明、析、解、练、评、拓"实施教学活动的七大步骤，适时融入思政元素，将案例库素材贯穿教学始终，借助信息化技术手段与教学策略有机融合，及时针对学生学习和实训反馈进行微调。在传授知识与技能训练的同时，培养学生高雅的审美素养、精益的工匠精神、积极的人生态度。

1. 课前浸润

课前，教师通过线上平台发布营销任务，创设自主学习情境，融入特定的思政元素，学生自主"探任务"，观看视频资料，明确任务背景，教师通过监测平台数据记录学生的完成率和认知水平。

2. 课中引领

课堂教学环节，教师按照"明任务、析案例、解难点、练技能、评效果"五步实施教学，通过小组讨论、案例探究、情景模拟等方式将中国优秀传统文化、社会主义核心价值观、家国情怀等潜移默化地传递给学生，在技能联系环节实时纠错，引导学生步步探究，层层深入，解决教学重难点，实现"教、学、做、评"一体化教学。

3. 课后转化

课后，教师通过"拓任务"帮助学生内化知识和技能，利用信息化教学手段如智慧课堂、i博导等辅助进行进阶任务训练内化理论知识，同时结合技能大赛、社会实践等活动固化实践技能，浸润思政元素，解决教学重难点，知识线、能力线、思政线三线并行，贯穿始终。

（三）实施多样化的教学方法

1. 任务驱动法

以实际企业营销项目任务为切入点，按实际营销岗位工作流程，将工作任务转化为具体的学习任务，任务设计中嵌入思政元素。课前在智慧课堂平台上发布具有思政教育意义的学习任务，实现思政浸润；课中以思政主题为引领贯穿教学任务，培养学生自主学习和合作探究能力；课后任务巩固，培养学生实践应用能力，实现思政育人转化。

2. 案例教学法

在课堂教学中，借助具有中国传统文化、社会主义核心价值观、家国情怀等元素的经典案例，比如中国品牌发展史视频、华为研发芯片产品研发、国家乡村振兴等案例，与教学内容有机结合，引导教育学生坚定四个自信，树立正确的人生观、价值观等。

3. 情景教学法

通过校内实训场所的情景模拟创设或校外实践基地真实场景体验等方式，实现理论知识运用、技能提升以及团队合作精神、吃苦耐劳精神、工匠精神、社会责任等思政育人目标的转化。

4. 小组讨论法

以学生为主体，以教师为主导，各项目小组通过组内讨论、成员协作等完成任务进阶训练，培养学生的沟通能力和合作意识，锻炼语言表达能力，激发创新思维。

（四）打造"五真"课堂

根据当前传统营销课堂教学存在岗课脱节、内容滞后、脱离真实工作情景、评价不全面等问题，本课程突出以学生为主体，打造"五真"课堂。通过企业调研了解客户需求，按照真实岗位的要求，承接真实项目，课堂教学围绕真实任务，学习真实案例，实施真实活动，创设沉浸式工作场景，实现知识与技能的双向提升，有效对接岗位需求。

（五）教学实践示例

以"项目四任务13品牌营销"中的"品牌人格化策划"为例。在教学过程中，教师以校企合作蔬菜企业的真实任务进行导入，培养学生心系农业、爱农助农的意识；通过李子柒等多个国货品牌的案例分析，借助小组讨论等活动，坚定文化自信、树立新时代营销人的责任担当，厚植家国情怀；在技能训练中，不断优化完善策划表，践行精益求精的工匠精神。通过"明任务、析案例、解难点、练技能、评效果"五步实施教学，内容环环相扣，任务层层递进，有效突破教学重难点，实现育人目标。

课程评价与成效

（一）考核评价方法

本课程通过将学生纵向发展与横向发展相结合、过程性评价与诊断性评价相结合，围绕岗位要求、课程标准、大赛评分标准、职业技能证书要求四类考核要素，从知识、能力、素质三个维度对学习效果进行全方位评价，即"过程性考核+成果性考核+增值性考核"，保证评价效果的开放性、全面性和客观性。

1. 多样化的评价方式

通过在智慧课堂平台进行知识测试、提交作业，由教师批阅，开展线上考核；线下通过实训项目对项目拓展任务的完成情况进行考查，构建课前线上和线下相结合、校内校外多场景、课中课后全过程的混合式考核模式。

2. 多元化的评价主体

采取专业教师评价、企业导师评价、学生自评、小组互评等多主体参与，进行全方位评价，学评同步、学评结合，以评促学。

3. 全面化的评价内容

从知识、能力、素质等三个维度对学习效果进行全方位评价，即"过程性考核+成果性考核+增值性考核"。过程性评价包括课堂任务完成情况，成果性考核包括项目任务方案汇报展示和期末考试，增值性评价考查学生的学习兴趣度、活动参与度、成果产出度、成绩增长度，实现多维度、多要素考评。

（二）课程质量评价

第一，校内外专家对本课程将思政教育融入专业教学的探索十分认同，给出了较高评价和真诚建议。第二，学生学习兴趣和整体素质普遍提升，通过本课程的学习，学生能够有效运用所学知识分析现实问题，且团队合作意识、责任意识、协作意识明显增强，个人价值在学习、实践中得到了升华。第三，课程团队成员在学校组织的历次教学比赛、听课评课、学生评价中均表现亮眼，评教分数均在98分以上，评教结果均为优秀。

（三）课程思政教学改革成效

1. 学生素质大幅提升，人才培养效果明显

本课程开展思政改革后，从中国产品、中国品牌、中国故事、中国品格入手，着力

弘扬职业道德、工匠精神、创新精神等，提高了学生上课的积极性，知识技能考核通过率100%，优秀率65%以上，有效达成教学目标。教师将教学中的知识点和技能大赛、"1+X"证书标准中技能点相融合，将大赛训练与实践教学相融合，学生考取"1+X"网店运营职业等级证书、"1+X"数字营销技术应用证书通过率为100%；学生在技能竞赛中成绩突出，共获省级以上电商类、营销类技能竞赛奖项20余项。

学生参与直播助农，为潍坊各地等农户开展直播带货，并多次参加志愿活动，足迹遍布潍坊各地；学生利用在校实践基础，在校期间成立工作室，成功创业；毕业生就业质量明显提升，就业率超99%，35%以上的学生就职于知名电商平台，获用人单位高度认可，做到了知行合一、学以致用，在一定程度上实现了专业育人与思政育人同向同行。

2.团队教师教科研能力显著增强，育人水平不断提高

实施课程改革以来，学生对教学效果满意度明显提高，本课程教学团队的学生评教分数均在98分以上。团队成员在进行课程思政教学改革的过程中，掌握了较新的教育教学的技术手段和教学方法，提升了教师的课程设计与教学能力，多次参加校级、省级、国家级教学比赛、技能大赛，荣获多项荣誉。团队紧跟营销行业数字化、智慧化发展，以原创营销项目为依托，开展教学，更好地掌握企业和市场需求的人才标准、练就营销实践技能。通过课程建设，目前已建成典型的资源库，本课程获评市级课程思政精品课程、校级高效课堂，具有完整配套的教学资源，已完成校企合作教材1部、创新校本教材1部。截至2023年12月，校级在线开放课程已完成建设，学期选课人次3000余人，累计互动5万余次。

 课程特色与创新

（一）创新探索出"1443"课程思政建设模式

本课程坚持全员、全程、全方位育人，以课程思政案例为引领，创设一个价值引领、四大思政案例资源库、四大项目模块、三条主线并行的课程思政融通育人模式，实现思政育人总目标。

（二）打造"五真"课堂，精准对接社会适用

本课程按照真岗位要求，对接真任务，实施真项目，学习真案例，开展真活动，创设沉浸式工作场景，增强真实工作体验，培养学生的实践技能和职业素养，在知识传授和技能培养中以润物细无声的方式实现思政价值引领，精准对接社会适用，满足

岗位需求。

（三）开发4大案例资源库，厚植思政元素

课程团队在认真梳理课程知识点的基础上剖析课程思政元素，围绕"走进市场、开发市场、抢占市场、巩固市场"四个学习模块，设计了一系列与时事热点问题相结合的案例，主要包括人物、企业、故事、国家四个维度，将营销发展趋势和中国实际紧密结合，增强教学的吸引力、说服力和感染力，引导学生主动学习、积极思考，在潜移默化中实现思政教育。在案例选择方面，由于市场营销课程理论性太强的问题，主要选择突出社会主义核心价值观、传统文化、家国情怀等内容，重点挖掘中国商业人物、中国营销故事、本土企业使命、国家重大战略部署等案例，实现思政教学与知识教学的自然过渡和无缝衔接，进一步丰富教学内容，提高了教学质量。

团队思考

未来课程思政建设将从挖掘、融入和建构三个维度入手，持续优化课程思政元素"怎么挖""如何融"以及课程思政体系"怎样建"等问题。

（一）进一步优化思政元素"挖"的方式

一是明晰逻辑思路，立足专业知识"定点"挖掘；二是实现重心下移，立足章节内容"定向"深挖；三是凸显学科特色，立足专业类别"定位"挖掘。

（二）进一步丰富思政元素"融"的方法

一是持续将思政元素融入教育教学全过程；二是积极探索融入的内容、方法及载体；三是把握融入的节奏和火候，讲求融入的"时、效、度"。

（三）优化课程思政课程体系、教学体系、教材体系

下一步，课程团队将通过定期研讨和经验方法交流，将时代的、社会的正能量引入课程，逐步破解课程思政"建"的碎片化、同质化问题，重点培养学生的思维能力、职业能力和社会责任感，帮助学生专业成才，引导学生"精神成人"，培养出一批"懂营销、擅策划、能担当、敢创新"的高素质复合型技术技能人才。

"运输管理实务"课程思政教学设计

潍坊职业学院课程团队

参赛团队负责人：林琳，团队成员：庞立伟、李莹、韩尧尧、张敏

2023 年 12 月

教学设计课件

课程基本信息

课程名称	运输管理实务
课程类型	专业基础课程
所属学科门类	财经商贸
所属专业	现代物流管理
课程性质	理实一体化课程
学　时	64
学　分	4

　　"运输管理实务"课程持续探索实践"三教"改革，贯彻立德树人教育理念，坚持"双线互融"设计理念，实施基于职业岗位能力本位与德育融合双线并行的"三段式"课程思政融入模式，强化运输管理技能与品德塑造的同步同行。

课程教学团队基本情况

　　本课程团队由 1 名思政课教师和 4 名专业课教师组成。其中，副教授 2 人、讲师 2 人、助教 1 人，结构合理。课程主持人为潍坊职业学院课程思政教学研究中心成员，先后获全国中职"创新杯"信息化教学说课大赛一等奖，山东省教学能力大赛一等奖（主持）、二等奖（主持）各 1 项，山东省高校青年教师讲课比赛二等奖，全国职业院校教师微课大赛二等奖，山东省信息化教学比赛教学设计单元二等奖等多项教学奖项；参加潍坊市第五届"市长杯"工业设计大赛获鸢都设计新星奖；指导学生参加创新创业大赛，先后获

全国高等职业院校"发明杯"大学生创新创业大赛一等奖，山东省大学生科技创新比赛二等奖、三等奖各1项。团队思政课教师为潍坊市"十佳思政课教师"，主持驻潍高校"十大思政课程"，获得2020年潍坊市思政课教师年度人物提名奖、山东省学校思政课教学设计大赛一等奖。

课程团队成员多次参加线上线下课程思政培训，2021年完成在线开放课程建设，并已在中国大学MOOC平台运行8个学期，2020年出版《运输管理》教材。"运输管理实务"课程先后获评市级课程思政精品课程、院级课程思政精品示范课、院级精品资源共享课程。

课程思政建设总体设计情况

（一）设计背景

2020年，教育部印发的《高等学校课程思政建设指导纲要》明确要求，"把思想政治教育贯穿人才培养体系，全面推进高校课程思政建设，发挥好每门课程的育人作用，提高高校人才培养质量"，针对管理类课程，高校教师"要帮助学生了解相关专业和行业领域的国家战略、法律法规和相关政策，引导学生深入社会实践、关注现实问题，培育学生经世济民、诚信服务、德法兼修的职业素养"。

2021年，《中共中央　国务院关于全面推进乡村振兴加快农业农村现代化的意见》指出，民族要复兴，乡村必振兴。党的二十大报告也明确提出，全面推进乡村振兴。

在上述背景下，结合现代物流管理专业的人才培养定位及"运输管理实务"课程的人才培养目标，以服务乡村振兴为课程主题，以经世济民赤子心的货运人才为培养目标，确定课程的知识、能力及素养三维目标。

（二）设计理念

整体依据"双线互融"的设计理念，本课程将"懂流程、会操作、善组织、巧处理"的专业线与"有情怀、遵法律、守诚信、能担当"思政线有效融合，强化乡村振兴人才的货运技能与品德塑造。

（三）设计思路

基于PBL教学模式，本课程进行了"三段式"思政设计，具体如下：

PBL（Project-Based Learning，项目式学习）是一种以学生为中心，以现实真实问题为基础，以团队为单位收集资料，发现和解决问题，培养学生专业素养和创新能力的教学方法。"运输管理实务"课程将每个模块中的教学任务，结合岗位需求，凝练出对应的乡村振兴手工艺品货运任务，采用任务驱动，引导学生逐步解决问题，按步骤完成对应任务。在这种模式中，思政融入实现像盐溶解到各种食物中一样，帮助学生自然而然地吸收，达到知识传授、价值引领和能力培养的目的。

在PBL教学模式应用中，教师通过课前渗透、课中引领、课后转化三个阶段，融入爱国情怀、文化自信、民族自豪感、社会公德等思政元素，培养学生的政治认同，提升学生的道德品质及职业素养。课前，通过线上课程平台，教师发布农村手工艺品货运任务，让学生了解与任务相关的中国文化和政策背景，渗透文化自信及民族自豪感等；课中，通过引导学生思考任务过去如何、现在怎样、未来可能，用比较法引领学生思考三个阶段的不同，强化情感认同与社会担当；课后，则通过对应的拓展提高任务，让学生将所学的知识、能力和素养内化于心、外化于行，实现思政育人之目的。

✉ 课程思政教学实践情况

在教学中应用杨国荣主编的"十四五"国家规划教材《运输管理实务》，结合中国大学MOOC在线课程平台、优慕课平台、课程资源库、物流沙龙网站或APP多种信息化资源平台，按课程思政设计思路组织教学。

（一）课程思政元素及素材

课程思政元素主要包括政治认同、道德品质及职业素养三大方面。

（二）课程思政融入方法

课程团队深入挖掘课程思政元素及素材后，通过"一渗透、二引领、三转化"的融入策略，结合案例法、引用法、关联法、比较法等方法，将政治认同、道德品质及职业素养三维思政元素有效融入教学模块，助力乡村振兴。

（三）课程资源

课程团队根据教学目标、教学内容与教学模式，依托智慧课程平台与中国大学MOOC平台，整合相关资源，开展线上线下混合式教学。运用3D仿真、VR虚拟现实，开展系列虚拟货运作业实训操作，强化重点、破解重难点，培养学生的职业能力与职业素养。

（四）实施过程

1.课前渗透

课前，教师在线上发布助力乡村的货运任务，让学生在网络上查询具体任务的背景，与时俱进地了解国家重大战略及其意义，了解相关政策，了解我国货运发展具体相关数据，理解为何货运要助力乡村振兴，"自己"在乡村振兴中能起到什么作用，潜移默化地激发学生的爱国情怀和民族自豪感。

2. 课中引领

课中，学生在教师的引导下通过小组讨论、网络查询等方式解决问题，完成任务，在此过程中，教师通过具体案例引领学生加深遵纪守法的意识，强化其科学严谨、诚信服务、脚踏实地的工作态度，并以任务过去如何、现在怎样、未来可能为主线，强化学生的文化自信、国际化视野，将思政元素固化为其内在的思政意识，实现育人中价值与知识的双线并行。

3. 课后转化

课后，借助实训中心或实训基地，通过具体项目强化学生知识与技能的转化。学生通过课上所学巩固提升专业能力的同时，通过资料查询、教师指导，提升文化自信、国际化视野、责任担当等素养。

 课程评价与成效

（一）评价机制

课程评价机制采用基于PDCA闭环考核管理方式，由学校教务处、二级学院教务办公室、学院督导对考核计划、考核执行、考核核查以及考核完善四大部分动态循环监控管理，充分保障课程考核与思政元素融入的有机结合，实现课程考核的知识性、技能性与价值性的三维融合与贯通。

（二）考核评价

评价由教师、学生、企业专家三方针对课前、课中和课后学生的表现进行评价。教师对任务操作阶段的完成结果及总任务完成效果进行评价，学生进行组内自评和组间互评，企业专家进行操作过程评价及操作开始前、结束后"6S"规范性评价。

评价过程中通过查阅资料、总结评估等考核方式，对学生货运组织能力、了解政策意识等指标进行考核，结果通过课程平台实时反馈，促进学生持续性学习，提高教师精准教学能力。

课程特色与创新

本课程的特色在于：以乡村振兴为主题，培育德技并修的货运人才；基于PBL教学模式的"三段式"思政设计，铸就货运人才赤子之心。

本课程的创新之处：以"过去如何、现在怎样、未来可能"为主线，提升学生经世济民的社会担当。

 **团队思考**

教育学家黄炎培先生曾说过，办职业教育，万不可专靠想，专靠说，专靠写，必须切切实实去"做"！课程思政亦是如此，"运输管理实务"课程团队一定脚踏实地落实完善课程思政设计方案，推动货运人才培养，持续助力乡村振兴！

"商贸物流管理"课程思政教学设计

临沂职业学院课程团队
参赛团队负责人：任玉洁，团队成员：洪运、张洪忠、王金义、陈敬芬
2023年12月

📖 课程基本信息

教学设计课件

课程名称	商贸物流管理
课程类型	专业基础课程
所属学科门类	财经商贸
所属专业	现代物流管理
课程性质	理实一体化课程
学　时	54
学　分	3

📍 课程教学团队基本情况

（一）团队总体情况

　　课程团队成员共有5人，其中，思政课教师1人，均为中共党员。近3年，团队成员在教学能力比赛、青年教师比赛、课程思政讲课比赛、技能竞赛、课程思政教学研究等方面共获得40余项奖励。其中，省级及以上思政育人课题5项，编写《沂蒙红色故事读本》1部，获评校课程思政示范课程1门，荣获校课程思政讲课比赛一等奖1项、二等奖2项，课程思政设计比赛一等奖1项。1人被评为"山东优秀思政课教师"，1人为"山东省黄大年式教师团队"负责人，1人被评为"临沂市沂蒙先锋共产党员"，3人被评为校"最美教师"，2人被评为校"师德标兵"，1人被评为校"十佳青年园丁"。

（二）团队课程思政培训研课情况

　　为提高自身思政素养，秉承"教育者先受教育"的理念，团队成员积极参加各类

课程思政学习培训和集体教研,自2018年开始,积极探索将课程思政元素融入教学内容的实践,不断进行课程思政教学改革,深入挖掘思想政治教育资源,重构课程内容,建设沂蒙红色故事素材库。本课程思政实践效果较好、成果突出,被评为校课程思政示范课程。

课程思政建设总体设计情况

(一)自上而下确定课程目标、思政主线

《商贸物流高质量发展专项行动计划(2021—2025年)》指出,到2025年,我国将初步建立畅通高效、协同共享、标准规范、智能绿色、融合开放的现代商贸物流体系,为形成强大国内市场、构建新发展格局提供有力支撑。

为落实立德树人根本任务,培养"有理想、有本领、有担当的时代青年",临沂职业学院现代物流管理专业紧跟产业前沿,面向山东省绿色低碳高质量发展战略需求和临沂市商贸、物流支柱产业发展需要,培养"讲诚信、善沟通、懂技术、会管理"的服务现代物流业"提质降本增效",以及临沂"现代物流之都"建设的高素质技术技能人才。

通过对初级岗位仓库管理、运输调度、配送管理、物流客户服务等职业岗位能力进行分析,课程团队确定了本课程的知识目标、能力目标、素质目标,继而凝练出"讲诚信、勇担当、尊自然、敢创新、善传承"的课程思政主线。

(二)重构"岗课赛证"融通教学内容

通过解构仓库管理、运输管理、配送管理、客户服务等岗位必要的素质点、技能点,分解"智慧物流作业方案设计与实施"技能比赛的技能点,以及物流管理"1+X"职业技能等级标准,基于工作过程形成典型工作任务。为有效达成育人目标,结合学情分析,课程团队重构了课程教学内容,形成6个项目、25个任务。

(三)构建"四平台三阶段四路径"课程思政教学模式

为有效达成育人目标,本课程构建了"四平台三阶段四路径"的课程思政教学模式。通过校企双主体育人,共同修订课程标准、建设课程资源、进行教学设计,将"讲诚信、勇担当、尊自然、敢创新、善传承"的思政主线全面贯穿课程内容、课程资源、项目任务、实践活动。依托网络学习平台、学校培根铸魂思政VR体验馆、现代物流实训中心、校外实训基地四个平台,通过课前导学、课中探学、课后拓学三个阶段,利用启发引导、沉浸感知、赛训融合、实践体悟四条路径,实现课程思政的全过程、全方位融入。

✉ **课程思政教学实践情况**

本课程以"讲诚信、勇担当、尊自然、敢创新、善传承"为思政主线，结合专业特色和课程特点，挖掘"爱国、敬业、诚信、节约、精益、创新"六个思政元素，通过启发引导、沉浸感知、赛训融合、实践体悟等方式，利用课前、课中、课后三个阶段，通过"明学情、选素材、巧点睛、践促知"四个步骤实现多维度、多层面、多形式的复合立体式教学，让学生在认知层面、态度层面、行动层面均有所转变。

以项目六任务2"冷链，为美好生活加速"任务为例：

首先，课前导学。

步骤一：进行学习者分析，发现问题。课前发布讨论问题：你怎样看待冷链企业经营者为了节省物流成本在运输途中关闭制冷机的行为？学生是否存在诚信服务意识缺失或不足的问题？

步骤二：选取思政素材，激发思考。选取以"诚信"为先的希杰荣庆物流供应链有限公司案例，让学生了解该公司从最初创始人靠单纯的运输蔬菜发展到如今的冷链物流领先企业的创业故事，引导学生思考："诚信经营"与"利润为先"具有统一性还是矛盾性？

其次，课中探学。

步骤三：巧妙融入课堂任务，引导学生主动学习。通过导入生活观察："你买过一煮就破皮的速冻水饺吗？""超市里有些盒装酸奶的杯身上为什么会有一层细小水珠？""接种疫苗时，你注意过疫苗是从冷藏柜里取出来的吗？"引发学生联想，以此引入冷链的概念、特点，以及冷链中存在的断链问题。

教师就课前问题"'诚信经营'与'利润为先'具有统一性还是矛盾性"的讨论情况进行分析总结，讲述权威专家观点，让学生从内涵上理解二者的统一性问题。

随后，教师发布"怎样防止断链问题，让冷链物流为美好生活加速"的小组任务，引导学生从国家政策、冷链信息技术、行业标准等角度搜集资料，形成主动认知。

最后，课后拓学。

步骤四：发布实践活动，以践促知。让学生分组调研学校周边生鲜物流冷链现状，并形成总结，提出改进建议。在践学的过程中，让学生升华对诚信服务的理解，并逐渐将其内化为自身职业素养、道德素养。

📊 课程评价与成效

（一）构建"三主体五维度"课程思政考核评价体系

本课程基于学习全过程进行课程思政考核评价，以教师、学生、企业导师为主体，依托课程教学平台，从课前自学达成度、行业问题关注度、专业知识掌握度、技能操作规范度、职业素养提升度五个维度进行评价，设置质性与量化评价相结合的评价指标，形成多主体、多维度、立体化的评价指标体系，系统反映知识传授与价值引领的结合程度。

（二）课程思政成效明显

第一，学生专业学习兴趣提升，学习参与度提高。课堂上的抬头率、点头率、活动参与率，作业按时提交率、成绩优秀率均大幅提高。

第二，学生素质提升带动知识、技能提升，实现价值引领。近3年，1名学生获山东省大学生青春贡献奖，多名学生在山东省大中专学生志愿者暑期"三下乡"社会实践活动中获得表扬，多名创业学生不忘回馈母校，捐赠物资、赞助比赛活动等。多次收到鲁南制药、顺丰集团等企业嘉奖喜报、感谢函，用人单位平均满意度97.91%以上。另外，学生在山东省职业院校技能大赛"智慧物流作业方案设计与实施"赛项中获二等奖1项、三等奖2项，"货运代理"赛项中获二等奖2项、三等奖1项，物流管理"1+X"职业技能等级通过率达100%。

第三，建成课程思政资源库。资源库主要包括省级在线课程1门，截至2023年12月，已被14所学校2400余名学生使用，效果备受好评；课程思政案例52个（榜样人物18个、企业案例49个）；图片资源294张；视频资源185个。

⧗ 课程特色与创新

（一）课程特色

挖掘本土思政素材，讲好沂蒙故事——沂蒙人民"抗战"故事、沂蒙榜样"奉献"故事、沂蒙红商"奋斗"故事、沂蒙企业"创新"故事，让学生在感同身受中熟悉区域物流行业中企业境况，增强家国情怀、行业自信，自觉传承沂蒙精神。

（二）课程创新

本课程构建了"四平台三阶段四路径"的课程思政教学模式，多平台、多渠道地实现课程思政的全过程、全方位融入；还构建了质性与量化结合的"三主体五维度"的课程思政考核评价体系，在实现高效教学的同时提升评价效能。

团队思考

第一，课程思政设计的根本是"课程"，灵魂是"思政"。课程思政可以赋予知识和技能以方向，让课程变得鲜活、生动、有亲和力，学生能够感受到强烈的价值引领。

第二，课程思政实施的出发点是"学生"，落脚点也是"学生"。教师应从大学生的发展需求和新的期待出发，坚持在改进中加强、在创新中提高，回应学生的现实关切和思想困惑，真正做到以学生为中心。

寻中华历史文脉 品美丽中国故事
——"导游基础知识"课程思政教学设计

威海职业学院课程团队
参赛团队负责人：韩丽英，团队成员：韩颖、赵喜婧、李峰
2021年12月

教学设计课件

课程基本信息

课程名称	导游基础知识
课程类型	专业核心课程
所属学科门类	旅游
所属专业	旅游管理
课程性质	理实一体化课程
学　时	64
学　分	4

　　"导游基础知识"是旅游管理专业的一门核心课程，是导游资格证书考试课程之一，是导游服务必备的知识素养方面的基础课，因此本课程具有证书课程和工具课程的双重功能。

课程教学团队基本情况

　　在团队组建方面，按照"学校+企业、专业+思政"的思路，本课程组建了由校内"双师"教师为主、思政课教师跟进指导、行业专家共建的课程团队。成员间有分工，有合作，形成了良好的课程建设合力。

近3年，课程团队从课程特点出发，积极进行思政教育与专业能力培养同向同行的课程思政教学探索。

第一，集体研课。本课程所涉内容自身就带有诸多思政教育元素，与学生人文素养、家国情怀养成教育关联性强，因此，团队通过定期研课活动，在思政课教师的指导下，第一时间筛选出正能量的时政话题、行业典型事件，通过研讨确定融入的内容及引入课堂，与专业学习进行融合。

第二，多措学习。采取校内外结合、专题培训与社会实践相结合的方式，利用学校所在地丰富的旅游资源，尤其是丰富红色旅游资源的地域优势，走出学校，进到现场，去进行沉浸式学习；邀请胶东党性教育基地专家来校培训，同时通过学校统一组织或自费等方式参加课程思政培训活动。

第三，成效初显。本课程已经成功申报校级课程思政示范课程。团队成员中，山东省思政课名师工作室负责人、省级教学名师1人，院级教学名师1人。团队成员主持完成省级教改课题5项。

📝 课程思政建设总体设计情况

（一）基于专业确定思政主线

首先，从专业核心能力出发确定本课程的思政主线。根据对目前旅游业发展态势的分析，课程团队将旅游管理专业的专业核心能力划分为导游服务、旅行社运营、智慧旅游服务、研学旅行服务四大能力模块，其中，针对导游服务这个专业的基础核心能力模块，主要开设了三门序化的模块化课程，以中国故事为主线，找出了读、写、讲三个依次递进的环节，"导游基础知识"作为先行课，它的思政主线就是品读中国故事。

（二）基于学情确定教学目标

本课程的授课对象为大一新生，作为专业入门生，课程团队从思想特点、学习习惯、专业适应性等方面进行分析。通过分析可以看出：大一新生虽然有较高的专业兴趣点，但学习能力、文化修养、职业认同感等方面还有欠缺。由学情确定本课程的知识目标、技能目标及素养目标，重点从文化自信、民族自豪、职业使命三方面培养学生的职业素养。

（三）围绕主线实现课政同向

突出知识点与思政点的对接。以"寻中华历史文脉，品美丽中国故事"为主线，课程团队围绕培育学生的文化自信心、民族自豪感、职业使命感，对课程内容进行了重构，从五个部分引导学生读好美丽中国故事，具体如下：

以建党百年成就展现精神之美，感悟伟大建党精神；以中国历史文化知识展现人文之美，增强文化自信和民族自豪感；以中国文学知识展现语言之美，感悟家国情怀；以旅游景观展现自然生态与人文之美，强化生态环保理念和民族自豪感；以建筑园林艺术展现匠技之美，弘扬工匠精神，增强文化自信。让学生在品读中国故事中感悟中华文明。

 课程思政教学实践情况

（一）同向同行，全程融合

课程团队根据本课程知识点杂、记忆性强、趣味性高的特点，依托线上教学平台实施翻转课堂教学，设计了平台任务引入、教师课堂导学、学生学习分享、教师总结评价、课后项目实战五个教学环节，并对应设计了思政元素引入、思政点解读、学生品味吸收、思政升华、实战应用五个思政教学环节，做到了双线同步进行。

（二）点线结合，自然融合

教学过程中，教师根据教学内容的不同、素养目标的不同，选择了不同的对接方式，起到了自然融入、水到渠成的育人效果。

【案例1】以点带面式融入。

在"中国历史文化知识"模块的戏曲知识学习中，教师选取了最具代表性、被誉为国粹的京剧艺术作为载体，以"京剧——凝结中华民族精神品格的艺术"为题展开对中国戏曲知识的学习，通过"识、聊、学、鉴、讲"五个环节与教学过程中的五个思政环节相融，让学生在知识学习中感受戏曲艺术带来的文化自信和民族自豪感。

【案例2】串点成线式融入。

在"中国的古桥"的知识学习中，因为中国的建桥历史悠久，自古至今成就斐然，在世界上占有重要的地位，形成了独特的中国桥文化，蕴含了极为丰富的课程思政元素。因此，教师以"跨越时空的中国桥"为题，从一名职业导游的视角，设置了"桥的历史、桥里的文化、桥里的匠技之最、桥里的中国精神"四个小主题，对中国桥的发展历史、世界地位、文化内涵、建造工艺等进行知识讲解的同时，向学生进行了文化自信、工匠精神、民族自豪感的浸润式教育，让学生自始至终都感受到文化与工匠精神的熏陶，以及身为中国人的自豪感。

课程评价与成效

通过三效评价方式实现课程思政教学效果。本课程从有感、有悟、有行三个维度对课程思政育人效果进行评价。有感，指学生是否在知识的学习过程中能够同时对中国的历史和文化产生良好、正确的自我认知；有悟，指学生是否能够从中对于中国文化产生自豪与共鸣，并能够进行自我学习与思考；有行，指学生是否能够将所学、所悟应用到具体的实战项目中，做到修德强能、学以致用。对于每项教学目标的达成度评价都做到有抓手，可定性、可量化。

本课程通过课程思政的融入达到了良好教学效果：

在校生方面，从平台统计数据看，课堂到课率、作业提交率均达100%，学生中期课程满意度达99%，学生信用评价考评体系中的各项数据指标亦呈现上升趋势。

毕业生方面，对毕业生的跟踪调查数据显示，用人单位普遍认为该专业学生的思想水平高，稳定性高，单位满意度达98.5%。学生对职业的认同感、自豪感加强，近3年，毕业生的初次就业率98%以上。

课程特色与创新

本课程思政教学设计的特色主要有以下三个方面：

（一）素养目标设定体现系统化

立足专业思政，从专业人才培养目标、课程体系中各课程能力目标的关联性出发，设定本课程思政目标，突出素养目标的系统化，做到了与其他课程思政教育的有机衔接。

（二）从三个维度确定思政点

找准关键思政点，通过时间、事件（事物）、精神三个维度的交汇点确立关键思政点，并进行相关思政资源的遴选配置，突出针对性与时效性。

（三）课程思政成效实行三效评价

本课程从有感、有悟、有行三个认知递进层面来实现对课程思政的全程效果评价。

团队思考

第一，教师心中有信仰，上课有情怀，是做好课程思政的基础。

第二，课程的准确定位必须基于专业能力的培养，只有把握好主线才能将各个思政点串珠成链。在教学过程中，思政素材的选择一定要与时俱进，力求最新，将思政元素以润物细无声的方式全程融入、自然融入，有效实现育人目标。

第三，学生的内生动力是课程思政实施成功与否的关键。

第四，课程思政的成效贵在融会贯通地应用。

课程思政绝不是被动去展示的一种形式，而是一种内化于心的责任与行动！

"美育—实用礼仪"课程思政教学设计

淄博职业学院课程团队

参赛团队负责人：龚梦捷，团队成员：陈刚、梅振华、阚玉丽、冯烨

2023年2月

教学设计课件

课程基本信息

课程名称	美育—实用礼仪
课程类型	公共基础课程
所属学科门类	旅游
所属专业	旅游管理
课程性质	理实一体化课程
学 时	32
学 分	2

习近平总书记指出："礼仪是宣示价值观、教化人民的有效方式。"导游员作为"民间大使"，其示范、提醒和引导能有效提升公民的旅游文明素养，推动社会主义核心价值观的践行；同时，导游员高水平的礼仪服务可以让世界人民全面认识中国，感知中国的文明礼节，树立国际形象。

本课程贯彻"以礼育人、以礼化人、以礼养德"的育人理念，以知礼仪、传播中国文明礼仪为主线，重构"感知礼仪、体悟礼仪、内化礼仪"的教学内容；以树立中国形象为目的，基于OBE理念，以"礼仪认知、礼仪价值认同、礼德融通"三阶段预期成果为导向，创新教学模式，构建"沉浸学习、实践体验、综合迁移"教学组织形式，引导学生在沉浸中感知礼仪、在实践中体悟礼仪、在综合应用中内化礼仪知识与技能，打造旅游管理专业"金课"，培养复合型导游岗位高素质人才。

课程教学团队基本情况

本课程教学团队共有5人组成，团队成员师德高尚、业务精湛，结构合理。课程主持人曾获2022年山东省职业院校教学能力大赛二等奖、2019年全国职业院校礼仪大赛教师组二等奖、2018年教指委微课教学比赛一等奖，参与山东省教学改革项目1项。团队其他成员主持、参与市级科研课题近10项，参加职业院校教学能力大赛获省级一等奖1次、二等奖3次。

团队成员积极参加思政学习培训和集体教研，如参加教育部全国高校教师网络培训中心主办的高校教师课程思政教学能力培训、推动职业教育高质量发展课程思政教学改革研讨会、观摩学习2022年第四场"课程思政研课会"、高校教师课程思政教学能力培训等，在培训中逐步提升思政素养，筑牢立德树人根本任务。

课程思政建设总体设计情况

（一）融合"岗课赛证"，基于导游工作岗位重构教学内容

依据旅游管理专业教学标准、人才培养方案和课程标准，对接文旅业新业态、新技术，融入导游员资格证书标准和职业院校"导游服务"技能大赛技能点，以学生求职面试、职场社交到岗位历练职业发展优化教学模块，聚焦导游典型工作岗位对礼仪知识和能力的需求，将礼仪教学内容重组为两个职场通识礼仪模块、一个导游岗位礼仪模块和一个综合实训模块，培养学生"示人以美、从业以敬、服务至诚、谦容以和"的职业素养。模块三"导游岗位服务礼仪"，基于岗位需求，按照导游员的不同工作岗位序化模块内容，将"游客为本，服务至诚"的旅游行业核心价值观融入礼仪学习，构建"美、敬、诚、和"四个礼仪维度，设计景区讲解员职业仪态训练、地陪会面礼仪训练、地陪用餐服务礼仪训练、全陪沟通服务礼仪训练、海外领队西餐服务礼仪训练六个学习任务，共12学时。

（二）靶向采集数据，精准分析学情

本课程的授课对象为旅游管理专业大一学生。课程团队通过问卷、自主学习测量表、课堂观察以及学习风格测试，从知识与技能基础、认知与实践能力和学习特点方面进行诊断性分析，掌握学情，以学习风格特点作为分组依据。

（三）内化礼仪素养，确定"懂礼、行礼、明德"的教学目标

基于专业人才培养方案、课程标准，结合学情分析，本课程的知识目标是掌握导游

员各岗位服务礼仪规范——懂礼，能力目标是能针对不同情境、不同游客正确得体地为游客提供个性服务——行礼，素质目标是能自觉为游客提供有温度的服务——明德。依据教学目标进一步明确了本课程教学内容的重点和难点。为了解决重点、突破难点，坚持教师导学与学生自学结合，教师运用翻转课堂理念，综合运用启发式、情景式、案例式、讲授法等教学法，学生运用自主学习法、合作探究法、角色扮演法、练习法等学习法，做到主导性和主体性相统一。

（四）以学生为主体，构建"二情境、三阶段、六步骤"的教学模式

紧扣教学目标，按照导游员的不同工作岗位的学、做要求，本课程构建了"二情境、三阶段、六步骤"的教学模式，即在课前、课中、课后三个阶段中，以任务为驱动，创设与之对应的、贯穿工作过程的虚实双境——虚拟仿真情境与景点实践情境，小组协作完成景区讲解、带团流程等子任务，通过"探究、解析、示范、练习、复盘、拓展"六个步骤达到理实虚一体化教学，从而突破教学重难点，实现知识内化、技能学习与训练。

（五）基于工作过程，校企联盟打造立体化教学资源

1. 线上教学资源

依据学情分析和教学内容，依托清华同方网络教学资源平台和智能课堂平台，整合国家旅游教学资源库相关资源，搭建线上课程，开展线上线下混合式教学，实现全程教学管理和综合评价。

2. 多场景多岗位训练

依托校外教学基地、校内实训室和无线投屏系统，以真实案例营造工作情境，进行模拟任务、工作流程教学，开展多任务情景模拟沉浸式演练，把礼仪融入岗位训练，快速提升学生的职场适应能力。旅游VR实训室720度旅游景点全景画幅展示岗位环境，有效突破"模拟活动缺乏现场感"的教学痛点。

3. 紧扣任务教学需求，开发新形态教材及数字化教学资源

校企联合共同开发了以真实工作任务为导向的活页式工作式手册，建立了岗位礼仪、旅行社典型案例等资源库。

（六）创建六阶指标，探索增值评价

本课程依据线上与线下并重、定性与定量结合、过程与结果兼顾的原则，以开放性和层次性为特点，构建教学评价体系，共有12个一级指标和24个二级指标，建立了科学、多元、动态和规范的评价机制。

课程思政教学实践情况

（一）"美、敬、诚、和"引领任务，提升明礼崇德意识

本课程按照塑造景点讲解员形象（美）——规范地陪接待行为（敬）——构建全陪全面服务（诚）——提升领队国际服务（和）递进方式开展教学，将"美"融入红色旅游景区讲解员仪态礼仪塑造，把"敬"融入"蓝色经济"商务考察团地陪接待礼仪，把"诚"融入"诗礼少年"研学团全陪接待服务，"和"体现为"一带一路"国家商务考察服务中的文化碰撞与文明互鉴。通过学习做到知行合一，学生"美、敬、诚、和"的职业素养和明礼崇德的意识得到提升。

（二）三阶段、六步骤贯穿校内校外，增强职业认同感

本课程以任务为驱动，将导游员典型岗位工作流程贯穿课前、课中、课后三个学习阶段，通过课前任务引导，课中教师的规范礼仪展示、学生的实操练习、相互点评，课后拓展延伸，形成"探究、解析、示范、练习、复盘、拓展"六步骤线上线下混合教学模式，以学生为中心，针对每个教学任务的重点和难点，确定教学方法，实现"示人以美、从业以敬、服务至诚、谦容以和"的礼仪职业素养的外显与内化。

1. 课前：感知礼仪，探究职场

课前，教师在优慕课平台推送学习资源，发布企业工作任务。学生自主探究工作任务，观看教学视频，查阅资料，并与同学、老师进行积极探讨，达到知礼仪、探职场的目的。

如任务 2-2 用餐礼仪：课前教师在平台发布小品《吃面条》片段，并在讨论区谈谈对视频中人物吃相的感受，并要求抓拍一周内同班同学在食堂用餐时的照片，让学生观察日常生活中的中餐礼仪，树立良好的行为意识，拓宽学习时间和空间的维度，并引发学生对本节课的兴趣。

2. 课中：懂礼行礼，精匠技艺

课堂教学采用理实一体化、情景模拟等沉浸式教学方法，通过"解析、示范、练习、复盘"四个环节，将知识学习、学以致用、以赛促教、复盘提升贯穿全过程。

"解析"，针对教学的重难点，教师注重知识讲解。如任务 2-2 用餐礼仪：教师创设地陪接待情境，与学生一起解析席位礼仪和就餐礼仪两部分内容，并融合《鸿门宴》《红楼梦》中的古代位次礼仪，将博大精深的中国礼仪文化传递给学生，从而增强文化自信。

"示范"，根据教学重难点，教师注重讲授、示范在不同职业岗位情境下应有的礼

仪规范和要求。如任务1-1导游职业仪态训练：教师根据教学重难点，向学生示范导游讲解时标准规范的手势、站姿、行姿等，讲练结合使学生有直观感受，从而突破教学难点。

"练习"，学生通过演练、比赛等形式把礼仪在教师创设的职业场景中运用，让学生在真实工作场景中感受礼仪规范的重要性。如任务3-2接送站服务礼仪训练：学生分小组模拟演练接站服务与送站服务，同时教师进行精准纠错，解决教学难点。

"复盘"，对学生的汇报和实践演练进行复盘评价，通过平台数据、校内教师、企业导师、学生自评、小组互评等多方评价，以评促提升。如任务3-1沟通服务礼仪训练：由企业导师、教师共同对小组演练进行评价，指出与游客沟通时容易产生的问题以及解决方法，做到"服务至诚"。

3. 课后：拓展延伸，礼德融通

课后，教师拓展深化实践任务，学生通过社会实践活动将所学知识迁移应用，如大型展会礼仪服务、"红话筒"品牌公益讲解活动、企业实践等，促使学生养成良好的礼仪行为习惯，让礼仪内化为一种长效的自觉行动，达到礼德融通的目的。

（三）思政元素贯穿教学全过程，打造深度学习课堂

根据导游岗位需求，以职业能力培养为重点，将课程思政融入教学。课前进行课程资源库的思政建设；课中以案例教学方式，融入思政元素，体现"示人以美（美）、从业以敬（敬）、服务至诚（诚）、谦容以和（和）"的主题，将四个岗位任务贯穿其中；课下延伸践行思政理念，激发学生的职业自豪感。

在中国优秀传统文化的大视角下，以儒家文化、国学为基础，给予学生启示，在工作岗位上践行"游客为本，服务至诚"的旅游核心价值观，增强职业责任感。科学设计与规划，由表及里，由理论到实践，帮助学生掌握知识又能逐渐塑造其内在情感与价值观。

📊 课程评价与成效

（一）课程评价

本课程采用过程评价（60%）、结果评价（30%）和增值评价（10%）三个方面组成的评价体系。其中，过程评价主要从学生线上学习情况、课堂表现得分、课堂实践情况三个方面进行考查；结果评价主要从期末理论考核、导游岗位礼仪综合汇报两个方面进行考查；增值评价主要注重学生前后任务总成绩的对比。另外，本课程还采用校内教师评价、学生自评与互评、企业导师评价、平台数据监测多主体相结合的评价方式。

（二）课程教学成效显著

本课程教学的任务点划分合理，成果为导向有利于目标达成，学生的学习兴趣和学习效率显著提升，能够学以致用服务企业，提升职业适应能力。

 课程特色与创新

本课程融合旅游大类职业背景，将礼仪教育、美育教育、思政教育三条线串在一起，讲解符合旅游行业岗位需求的礼仪知识，培养学生对自然美、社会美和艺术美的审美意识，践行社会主义核心价值观，落实立德树人的根本任务。

1. 以思政浸润课程，培根筑基

本课程深度挖掘礼仪包含的尊重他人、与人为善、表里如一、内外一致的价值内涵，践行社会主义核心价值观，将礼仪与思政教育浸润对接，将立德树人、社会主义核心价值观、优秀传统文化中思政元素嵌入礼仪课程设计与教学实践，实现课程育人功能。

2. 以美育渗透内涵，知行合一

本课程以基于"情动于衷而形于外"的原理，狠抓养成教育，让学生按礼仪标准来规范自己的行为举止。课后注意开展礼仪美育活动体验，从而使得礼仪美育的培育成果得到固化，真正"将美育融入学校教育全过程"。以美教学，寓教学于美，用教学促美，不断让学生表现美，实现以美育人的目标。

3. 以行业反哺教学，深耕本土

针对旅游管理专业职业能力和未来岗位需求，本课程将"接待外宾商务团"为情景任务，注重学生主体参与性、代入感，不断将课程行业实践性向纵深推进。课下注重社会实践活动的参与，在社会实践中丰富礼仪内涵，培育精益求精的工匠精神和劳动精神，使礼仪教育落地、生根。

 团队思考

（一）进一步完善评价指标体系

不足：虽然利用六阶综合评价体系，但素质目标的达成在评价体系中体现得较为隐性。

改进：进一步探索增值评价，健全评价职业素养的客观性指标，教学团队目前已启动基于学生个体的评价指标体系的研究，以实现课堂高效准确运用，提升评价效能。

（二）进一步融入中华美育精神

不足：现代礼仪主要为西方体系，中华审美风范的融入有待提高。

改进：积极探索教学方法与礼仪体系建设，融入中华美育精神，引起学生对传统文化的认同感，提高学生综合素质。

"管理方法与应用"课程思政教学设计

威海海洋职业学院课程团队
参赛团队负责人：王倩，团队成员：李玫莹、孙树君、刘子薇、相昌慧
2023年12月

教学设计课件

📖 课程基本信息

课程名称	管理方法与应用
课程类型	专业基础课程
所属学科门类	旅游
所属专业	酒店管理与数字化运营
课程性质	理实一体化课程
学 时	48
学 分	3

　　"管理方法与应用"是威海海洋职业学院与家家悦集团、威海香海豪生度假酒店等企业联合开发的课程，建有精品在线开放课程，课程全面实施线上线下混合式教学，并深入开展课程思政建设，创新设计五步渐进教学模式，有效培育学生的品德素养、文化素养、职业素养。2020年，本课程获评学院课程思政示范课第一名，2021年被评为山东省继续教育数字化共享课程精品课程，2022年获评山东省职业教育在线精品课程。

📍 课程教学团队基本情况

　　本课程团队是一支政治硬、思维新、能力强、结构合理的课程思政教学团队，共有7人。其中，专业课教师5人、思政课教师1人、企业管理人员1人。

　　团队成员积极参加思政学习培训，在培训中提升教师思政素养；参加集体教研，主持、参加省级课题3项、市厅级课题4项，在研究中变革课程思政教学模式；获山东省

青年教师教学比赛二等奖1项、三等奖1项。本课程被立项为山东省继续教育精品数字化课程、山东省职业教育在线精品课程。

 课程思政建设总体设计情况

（一）聚焦岗位，服务专业，明确目标

基于威海海洋职业学院"立足威海、面向山东、辐射全国、服务海洋"的办学定位，落实教育部印发的《高等学校课程思政建设指导纲要》文件精神，在对酒店岗位进行充分调研分析的基础上，课程团队明确了酒店管理与数字化运营专业的人才培养目标，并确定了"一核心（社会主义核心价值观）、二精神（工匠精神、创新精神）、三意识（合作意识、适应意识、责任意识）、四思维（系统性思维、数据化思维、效率性思维、逻辑性思维）、五用心（关心、诚心、耐心、细心、恒心）"的专业思政目标。

本课程在保留课程特色的基础上，聚焦专业思政目标中的"社会主义核心价值观、效率性思维、细心、诚心、恒心"，形成了"三效（效果、效率、效益）、三心（细心、诚心、恒心）、三观（整体观、发展观、人本观）"的课程思政主题，将价值塑造、知识传授和能力培养紧密融合，培养学生具备做正确的事（效果）、正确地做事（效率）、正确地做正确的事（效益）的能力，养成服务行业应该具备的细心、诚心、恒心，并逐步形成正确的整体观、发展观、人本观。

（二）基于OBE理念重构课程结构，优化教学内容

在课程目标总体要求下，依据行业企业调研、遵循学生认知规律，基于学习成果导向和工作过程的系统化，课程团队对教学结构和内容进行重构，根据管理知识由浅入深、管理能力由低到高、组织发展由初建创立到创新发展的递进式顺序，将教材结构分为五大模块。

同时，实施线上线下混合教学，模拟企业工作情境，进行"岗课赛证"融通设计，将教育部《企业管理咨询职业技能等级标准》中的组织结构设计、《餐饮服务管理职业技能等级标准》中的客户关系管理、智慧企业管理创新设计大赛等内容有机融入。以学习成果导向设计学习任务，围绕学生创业主线设计学习活动，将管理通用知识内化成学生创业的做法，在实践应用过程中筑牢思政目标。

（三）深挖课程思政教育资源，打造优质思政资源库

本课程实施线上线下混合式教学，在线开放课以师生身边管理故事为导向传授管理智慧，以情景短剧呈现师生身边故事，以剧说理，通过情景剧、传统阅读、课程测验、课程作业等方式循序渐进地传授知识、培养能力、提升素质。线下课堂案例剖析融入传统文化故事、家国文化故事、酒店文化故事"三化"故事资源，选取融合管理知识和思政元素的管理名家、文学名著、强国案例等，在深化学生对管理方法认识的同时，增强学生文化底蕴，实现以文化人。以学生模拟创业为主线，将管理方法内化在学生完成游戏活动任务过程中，在"课程导入、知识准备、学以致用、学习总结、拓展提升"等教学环节中嵌入游戏教学法、任务驱动教学法、案例教学法、团队合作法等多种教学方法，以行育人、智德互促。

　　思政资源库个性定制，及时更新。师生身边故事资源以发生在师生身边的故事为主，在学习实践中组织学生角色扮演践行管理方法，团队协作拍摄主题情景剧，优秀作品入选课程资源库，丰富学生与课程成果，以剧说理，以行促果。借助时政新闻、酒店经营情况进行案例资源的实时更新。"三化"故事资源中，传统文化故事以旅游中国的行为，发现不同地区"名人"，汲取古人管理智慧；家国文化故事增加特色海洋文化故事；酒店文化故事在传播酒店行业文化的同时，增加旅游文化资源。游戏活动任务以学生创业为主线，从第一课堂向第二课堂延伸，丰富多彩的课外活动有助于在实践中提高学生的组织能力、管理能力，通过相互合作培养集体主义精神，发展学生智能，提升学生的职业素养。课程思政资源库实现了学生的个性定制，做到边建边用边更新。

✉ 课程思政教学实践情况

　　以"学生为中心"变革课堂教学模式，"管理方法与应用"课程本身理论性比较强，教学团队通过问卷调查和师生访谈进行充分的学情分析，在学情分析中发现学生存在缺少专业知识的积累、学习的持久性相对较弱、上课时注意力容易不集中等问题，但学生也具有思想活跃、个性张扬、善于表达自我等特点，因此本课程打造了线上线下混合式五步渐进思政教学模式，设计了课程导入、知识准备、学以致用、学习总体、拓展提升等教学环节，并嵌入游戏教学法、任务驱动教学法、案例教学法、团队合作法等多种教学方法，将思政教学资源库有机融入教学各环节，通过"入眼、入脑、入心、入行、化果"五步渐进的形式使学生在行为养成过程中逐步提升素养。

　　（一）打造智慧课堂，提升课程效率，让智与德融起来

　　本课程打造了线上线下混合式五步渐进的教学实施模式，通过线上线下相结合提升课堂学习效率。

　　在线开放课程以情景短剧的形式化解学生管理疑惑，以微言大义的形式将传统文化

与专业知识融会贯通，实现智育与德育线上融合。

线下选取师德师风优秀的教师组建课程建设团队，根据团队成员的特长进行模块化分工教学；课程安排课业指导教师，对小组职场挑战训练、团队创业等活动项目进行专项指导，发挥教师言传身教、身正为范的作用。在教师的智慧与品德影响下，逐渐引导学生认识和发现自我价值，加强行为规范，善于学习、勤于反思。

以性格测试为基础进行智慧分组，为学生营造自主、合作、探究的学习空间，通过互补、互助、互学使被动的接受学习转到主动探索性的求知学习，从而培养学生的合作能力、探究能力、创新能力。

（二）打造趣味课堂，打牢课堂效果，让学生忙起来

设计可以犯错、敢于纠正、不断进步的课堂，鼓励学生发现教师的授课错误，对学生的纠错行为进行适当奖励，激发学生认真思考、纠正错误的积极性，同时拉近教师与学生的距离，培养学生的科学精神和思考能力，树立正确的价值观，教师"知错能改"给学生树立榜样，培养学生积极向上的人生态度及良好的道德品质。

设置课堂管理值，教师可以利用管理值在职场挑战环节竞拍挑战主题，在课堂活动中也可以赢得管理值，增加课堂趣味性的同时，锻炼学生发现问题、分析问题、解决问题的能力，培养学生正确的竞争协作意识。

（三）打造活力课堂，做实课程效益，让学生强起来

转变课堂角色，教师由讲授者变为指导者，学生由旁观者变为参与者，学生在课堂上有事可做、有言可发、有情可感、有德可育。将企业工作情境带到课堂中，以学生为中心，以"团队竞技＋创业任务"为主线，以团队合作为基础，以学习成果为导向，通过创业工作任务培养学生应用管理知识的能力，实现理论教学实践化、实践教学任务化和技能素养进阶化，打造活力课堂，将"要我学"转变为"我要学"，营造一个让学生积极参与的个性化学习环境。通过团队创业、社区服务、酒店服务将课堂延伸至第二课堂，做实课程成果效益。增强课堂的参与性、体验性，激发学生学习的原动力，培养学生自主学习能力、团队协作能力以及解决问题能力等综合素养。

课程评价与成效

（一）课程考核评价机制

本课程建立多维度多主体立体化的评价考核机制，通过细化考评表，即从单一百分制转变为细化指标、单指标多维化赋分考评，使得评价更为具体、准确。评价主体包括教师、学生、企业导师、游客、社区等，评价考核包括课前、课中、课后，线上、线下，过程评价、成果评价、综合评价。课程评价注重学生动手能力和在实践中分析问题、解决问题能力的考核，对学生学习情况进行全过程、实时性、客观性、准确性的评价考核。

开发"课程评价系统"软件实现学生增值评价，透视学生学习品质。增加学习档案和评价量表以呈现学习经历：学习档案包括团队拍摄情景剧、开展创业活动等学生作品，注重学生能力进阶性考核（进阶评价标准：完成、展示、评选、入选资源库）；评价量表通过教师、学生、专家等多主体全面评价知识掌握、能力应用、素养形成等情况。

（二）课程思政改革评价及示范成效

课程思政改革受到专业教师、行业企业、选课学生的一致好评，改革模式被"人力资源管理""职场礼仪"等多门课程学习应用，受众学生在实习中得到实习单位的赞誉，受到广泛好评。在教学实践中形成"停课不停学，改革促质量"的教学案例，在山东省职业院校应对疫情优秀教学案例评选中荣获三等奖。建设的在线开放课程已被全国300多所高校的1万多名学生选修，课程运行良好，平台数据反馈学生的学习热情高。课程获批山东省继续教育精品数字化课程、山东省职业教育在线精品课程。

1. 保障质量，德、智育人效果显著

课堂活动丰富，保障课堂质量。"课前自学＋互动授课"：启发学生思考，加深对知识的理解；"参与式学习＋文化故事"：互动合作，德智互促，增强对知识的思考与应用，提升智育与德育效果；"课后任务＋学习档案"：巩固提升，为知识的掌握提供多重保障。教师通过合理运用多种教学方法，在讲解管理方法的过程中，科学地融入很多做人做事的道理，并结合家国文化、传统文化等文化故事深入浅出地加以引导，实现了德育与智育的结合。

随着教学活动的深入开展，师生互动、参与度和学习成果不断攀高，课堂气氛活跃，课程受到学生赞誉，教学效果显著，学生效率意识、计划能力、职业素养显著提升。学生学习能力和专业水平提高，线上学习总体参与度达83.6%，成绩优良率提升至59.76%；学生效率意识增强，团队意识、可持续发展观念、以人为本等素养显著提升，实习单位对学生评价的优良率达95.45%，14名学生被评为企业优秀实习生，学生就业率达98.51%；用人单位平均满意度为98.98%。

2. 改革课程思政教学模式，为教学改革提供借鉴

课程内容与双创教育、思政教育深度融合，建设符合学生认知规律的在线开放课

程；以文化故事、师生故事为契合点，思政教育贯穿始终，强调学生参与式互动和反馈，提升学生课堂上的思维活跃度，落实立德树人的根本任务；在三阶线上线下混合式教学模式基础上，形成"德育"与"智育"双线融合、"三效、三心、三观"三面素养培育、"入眼（认知）、入脑（认可）、入心（认同）、入行（践行）、化果（成就）"五步渐进的全过程课程思政建设模式，为今后在线开放课建设、课堂组织实施、课程思政建设提供借鉴。课程评教率保持在97.76%以上，团队在教学比赛、教学案例等方面均获得教学奖励，如获山东省青年教师教学比赛二等奖1项、三等奖1项，获学院师德标兵1人、优秀教师2人。

3. 个性化教学，学生满意度高

重视学生主体地位，建立学生个性化学习档案，对职场挑战优秀团队颁发奖励证书奖励管理值，因材施教，直观展现学生成长与进步。在团队合作、协同学习的过程中，实现全体学生的共同进步。课程评价实行双向反馈，针对学生反馈调整课堂教学，学生满意度高，从"要我学"转变为"我要学"。学生普遍反映受益匪浅，在课堂上既能学会高效管理，同时获得了做人做事的道理，使他们更加喜欢自己的专业，更加自信、具有正能量。学生也积极将课堂学习成果应用到技能大赛、公益服务中，组成志愿服务队在本地社区开展志愿服务，将课堂知识应用到第二课堂中，在山东省大学生科技节智慧企业管理创新设计大赛中获得一等奖2项、二等奖5项、三等奖3项，获创新创业大赛、"挑战杯"创业计划大赛等各级各类创新创业比赛三等奖及以上5项。

课程特色与创新

（一）双线融合、五步渐进、三面素养培育的全过程课程思政建设模式

本课程紧紧围绕立德树人的教育理念，构建线上线下混合式双线融合、五步渐进、三面素养培育的全过程课程思政建设模式，有效培养学生"效率、效果、效益"的课程学习深度，对接"细心、诚心、恒心"的专业服务广度，深化"整体观、质量观、人本观"的核心价值温度，以润物无声的形式将正确的价值追求和理想信念有效传达给学生。

本课程在整体设计过程中，没有以插入"思政广告"的形式进行思政说教，而是以情景剧的方式呈现应用管理方法解决身边管理问题的智慧，以例激趣；通过文化案例故事对管理知识提炼升华，启发思考、以文化人；学习实践中组织学生开展创业活动践行管理方法，团队协作拍摄主题情景剧，优秀作品入选课程资源库，丰富学生与课程成果，以行促果。通过课堂活动，将专业知识与思政教育有机融合，让学生动起来，在活

动的过程中逐渐养成行为习惯，筑牢核心素养。

（二）行为示范，隐显结合，润物无声

本课程除了需要提前设计好的显性育人环节，还需要机动、隐性育人环节。因此，课程团队中的思政课教师，在对课程思政进行系统规划的同时，提升团队其他成员的思想道德素质，真正做到以身作则、言传身教。课堂以学生为主，以活动为重，在学生活动过程中会出现各种不可控因素，需要依靠教师的素质水平和教学技巧，在显性教育和隐性教育两条线上都能做到润物无声。

典型教学案例：学生在完成课堂最后评价环节任务时，有时需要使用双面粘胶，任务完成后纸屑散落一地，多数学生并没有清理，授课教师当即自行打扫，为了让学生印象深刻，还讲授了"一屋不扫何以扫天下"的故事，自此之后，再有类似的情况学生都会主动打扫；在另一堂"决策计算"的课上，教师发现自己的表达有错误，但是没有进行更正，而是问学生哪里有误，学生兴趣十足，对这部分知识记忆最为牢固，犯错课堂也被应用到思政模式中；在一次学生演讲过程中，教师发现有几位学生在其他学生演讲结束后都会鼓掌，教师在评价总结时对此现象给予正强化激励，培养学生赞美别人的习惯，形成积极乐观的职业态度。

匠心巧设计　匠艺暖安家
——"居住空间设计"课程思政教学设计

威海职业学院课程团队
参赛团队负责人：张宁宁，团队成员：初丹丹、段军、刘永娟、王焕杰
2021 年 12 月

教学设计课件

课程基本信息

课程名称	居住空间设计
课程类型	专业基础课程
所属学科门类	文化艺术
所属专业	建筑装饰设计
课程性质	理实一体化课程
学　时	48
学　分	3

"居住空间设计"课程主要面向装饰装修企业一线，旨在培养学生德智体美劳全面发展，培养学生掌握室内设计相关专业知识、职业技能及可持续发展的能力，具备从事室内设计师岗位工作的职业能力，具有良好的职业素养和职业精神。

课程教学团队基本情况

本课程教学团队是一支知识结构、学科结构、学历结构合理的教学团队。团队秉承"教育者必先受教育"的理念，在课程思政建设、课程思政学习培训、课程思政集体教研等活动当中，进行了一系列的建设、研讨、交流、观摩等等，形成了一支"同向同行、

同频共振"的思政育人团队。

 课程思政建设总体设计情况

根据"居住空间设计"课程的人才培养方案和课程标准，结合学情分析和岗位需求，在教学过程中，课程团队发现学生存在以下普遍问题：重个性表达，轻人文关怀；重个人发展，轻社会责任；重知识能力，轻创新思维。

基于现存问题，本课程秉承以人为本、"五新"为基础，以匠心为轴、文化为魂的理念，围绕"家国情怀教育、服务美丽乡村建设、创新设计教育"三条主线，形成"五结合"的思政目标，即文化自信、人文精神、创新精神、工匠精神、绿色设计相结合的思政目标。

课程团队结合思政目标重构课程内容，将课程内容四大模块整合为：愿景与现实、责任担当、对话大师、走进职场，将家国情怀教育、服务美丽乡村建设、创新设计教育等思政元素与教学有机融合。

通过学习知识，厚植家国情怀，树立民族自信。洞悉居住空间设计中从传统风格到创意设计、从非遗文化到创新应用、从项目到绿色设计，挖掘中国传统文化中实践创新、绿色设计、家国情怀等元素。

通过分析案例，探索设计元素，助力创新设计。通过古今中外的典型案例、经典设计项目，挖掘精益求精、规范操作等元素，培养学生的批判性思维和设计应对能力，并帮助其树立正确的设计观。

通过实践锻炼，积极志愿服务，践行奉献担当。引导学生从追求个性的自我表达，到关注以人为本的人文情怀，传承乡土建筑文化的历史使命，以及营造美好人居环境的社会责任，真正理解"为什么设计、为谁设计、怎样设计"。

教学过程参与实践锻炼，通过一线技术指导、小小鲁班服务中心、美丽乡村志愿服务、工匠班设计指导等，参与公共事务，增强社会实践，推进知行合一，培养服务意识与社会担当。

 课程思政教学实践情况

本课程构建了课前、课中、课后相结合，校内与校外相结合，线上与线下相结合，内化与外化相结合，启发与示范相结合的"五结合"教学实践模式。

举例简要介绍课程思政的实施。

案例1：在讲解厨房设计时，教师通过校企合作项目，让学生全程参与旧房改造公益项目中厨房空间设计的任务。在校企共建的室内设计工作室开展双元教学，校内教师与企业教师为双导师，进行双重指导，工学结合，增加学生的职业融入感，贯穿职业能力培养。

案例2：在讲解大户型空间设计时，通过带领学生参与志愿服务，教师对民宿设计的特色要点进行技术指导，使学生在实践当中增长智慧才干，培养学生的服务意识和家国情怀。

案例3：在讲解中式风格家具时，教师课前布置任务，让学生查阅明式家具的历史资料，并通过讲解明式家具在设计中的实用功能、精神内涵，使学生树立对中国优秀传统文化的认同感和自豪感。通过分析汉斯瓦格纳中国椅的案例，让学生明白传统文化的继承是不分国界的，如何做到古为今用是每个人都应该思考的问题。中国传统文化给了汉斯瓦格纳启发，他对中国传统文化的继承做了最好的诠释，也向世界展示了中华文化的独特魅力。

📊 课程评价与成效

本课程围绕"家国情怀教育、服务美丽乡村建设、创新设计教育"三条思政主线。课程中融入思政元素的教学比例超过一半，有效达成了行知合一、学以致用的教学效果。

本课程围绕"职业素养、知识技能、综合评价"三大内容10个模块进行过程性评价考核，体现了素质与技能并重的育人途径，培养学生的全面发展。同时，运用教学资源库平台进行数据化全程管理，推动全过程多维度评价改革。

本课程思政建设自实施以来，依托学校及行业企业资源，探索和实践"五结合"，以"以人为本、'五新'为基、匠心为轴、文化为魂"为理念，以"家国情怀教育、服务美丽乡村建设、创新设计教育"三条主线开展教学活动，提高了课堂教学效果，激发了学生学习兴趣，培养了学生的家国情怀等优良品质，参赛获奖率显著提高，示范辐射广。

⏳ 课程特色与创新

本课程在"家国情怀教育、服务美丽乡村建设、创新设计教育"的主线下，重点强调以下两点：

第一，强调"融合"的知行合一。本课程将实践项目载体的选取、学习情景的实施、成果的评价与思政元素深度融合。其中，项目载体的选取聚焦"最美劳动者"，引导学生深入生活、崇尚劳动；教学过程中创设真实工作环境，按照设计工作流程，将审美素养、传统文化、创新创意等贯穿其中，培养学生的职业素养，弘扬中华美育，增强文化自信；教学成果，校企共评，方案优化提升，培养学生精益求精的工匠精神。

第二，突出"创新"的双创教育训练。课程教学中更加注重学生创新思维的训练，以大学生创新创意设计大赛等赛事为抓手进行创新实训，以真实工作项目为载体进行创意实践，以学生自主经营的小微公司为平台进行创业实战，以培养更多的"擅创意、会创新、能创业"的应用型艺术设计人才，助力"人民对美好生活的向往"。

在非遗技艺传承工作室、尚意空间工作室、室内设计实训室、家具制作工艺车间、非遗展厅及校企合作示范基地开展实地实景实岗沉浸式教学，注重学生双创能力综合训练和岗位职业文化浸润，致非遗、敬匠心、传技艺、承技能、创内涵，实现立德树人总目标。

💡 团队思考

首先，在课程思政建设中，教师应提高自身综合能力，育德意识、能力、经验、素养等。教师言传身教，显性隐性教育并存，以学生为中心，教师深入引导，提高育人效果。

其次，课程内容与思政教育润物无声地有机融合，知识点、技能点、思政点产生化学反应，相互融合促进，改进学生的学习体验。课程团队继续探索丰富的实践形式，坚持全员育人、全过程育人、全方位育人。

"居住空间设计"课程思政教学设计

山东水利职业学院课程团队
参赛团队负责人：苏明静，团队成员：者奕宁、孙晨、张晓艳
2021年12月

教学设计课件

课程基本信息

课程名称	居住空间设计
课程类型	专业核心课程
所属学科门类	文化艺术
所属专业	室内艺术设计
课程性质	理实一体化课程
学　时	76
学　分	5

"居住空间设计"作为室内艺术设计专业的核心课程，对接"1+X"室内装修设计师的岗位标准，以培养室内设计行业能审美、会设计、敢创新、诚服务的高素质技术技能人才为目标。

课程教学团队基本情况

本课程团队是一支"同向同行、同频共振"的思政育人团队，年龄、学历结构合理。

近年来，团队在教学能力大赛、技能竞赛、课程思政教学研究等方面共获奖40余项，其中国家级获奖11项，省部级一等奖5项。团队成员积极参加研课、调研等活动，如参加全国课程思政建设教师培训班、全国高校课程思政教学能力培训、课程思政建设及教师思政教学能力提升高级研修班、课程思政教育教学改革专题培训等。

📝 课程思政建设总体设计情况

依据室内艺术设计专业的教学标准、国家行业标准，结合企业调研，对接居住空间设计职业的岗位需求，根据学生的年龄、心理、智力水平及认知规律等学情分析，课程团队将本课程内容结构调整为四大项目：尊老爱老主题——60平方米小户型颐养公寓空间设计，关爱民生主题——110平方米中户型公租房居住空间设计，多元文化主题——200平方米大户型新中式风格空间设计，探索创新主题——人才公寓装配式装修设计。同时，将职业岗位的典型工作任务转换成学习性的工作任务，根据工作任务的设计重点及教学内容，深入挖掘内含的思政元素。

（一）学情分析

本课程开设在第四学期，授课对象为室内艺术设计专业二年级学生。课前，教师通过科尔布学习风格测试、调查问卷、学前检测等大数据技术从以下几方面分析学情。

知识和技能基础：已经掌握居住空间室内装饰材料，能够较为熟练地使用云设计软件。

认知和实践：缺乏岗位实践，对室内设计、装配式装修设计原则及设计方法不够了解，职业精神与职业素养有待提升。

学习特点习惯：喜欢在情境中学习，善于观察与模仿，喜欢操作，有一定的动手能力。但喜欢借鉴国外设计，设计中缺乏同理心，缺乏独立思考，创新能力不强，对专业前沿知识缺少关注。

（二）依据SMART原则及岗位需求、学情分析确定教学目标

通过对室内艺术设计用人单位人才需求的调查发现，用人单位在招聘时对毕业生设计表达与创新能力、是否具有一定的实践经验、是否具有良好的团队合作意识与沟通能力也较为重视，依据SMART原则，根据职业岗位群人才需求分析及方案设计师、绘图员、深化设计师、室内装饰设计员（师）等的典型工作任务，课程团队将培养复合型人才作为本课程的培养目标，并根据学情分析确立了素质、知识、能力三大教学目标。

（三）教学内容

教学内容对接新业态、新技术、新工艺、新规范，以企业真实项目为载体，采用"岗课赛证"融通的五步递进教学模式、基于PBL的"导、启、究、展、评"五步教学法，综合利用线上、线下多元立体化教学资源，把培养室内艺术设计职业岗位的"会策划、能创新、精表达、可深化、善沟通"能力作为技能主线；贯彻"培根铸魂，启智

润心" 的育人观，将"强自信、强审美、强匠心、强服务" 作为思政主线，融入文化自信、孝道美德、人文关怀、环保意识、工匠精神、创新意识、服务意识等思政元素。实施过程坚持德技并修，以美育为载体，贯穿三课堂，注重增值评价，进行"三位一体" 的精准评价。

 课程思政教学实践情况

（一）构建"五步递进、双线并行、美育贯穿三课堂"的育人模式

本课程采用与合作企业真实的工作项目，构建"岗课赛证" 相融通的"设计准备、方案设计、设计表达、深化设计、方案交付" 五步递进，思政主线和技能主线双线并行，美育贯穿三课堂的教学模式，在每个阶段任务的实施过程中运用基于PBL"导、启、究、展、评" 五步教学法，小组配合完成各任务环节，让学生在企业真实的工作流程中体验工作过程，实现课堂教学与实际设计岗位的零距离接轨。

（二）运用多元立体化资源合理组织教学

为促进学生的个性发展，教师遵循同组异质、异组同质的原则将学生分成六个小组，综合运用问题教学法、游戏教学法、头脑风暴法、体验教学法、模拟教学法等教学方法，实现线上线下混合式教学。为达成素质目标，本课程构建了与学习项目一一对应的思政资源库，综合运用多元立体化教学资源，如云BIM平台提高设计效率，将作品实时分享，实现资源共享，服务社会；VR技术、AR实训系统，增加空间漫游体验，可视化检验方案可行度；在线精品资源课、开放课、云设计平台助力课后拓展；教学平台的数据分析助力教学过程的精准评价，学情画像档案系统可视化关注学生的增值评价，同时可作为学生的作品资料库，促进教学目标有效达成。

（三）构建以学生为主体，教师为主导的五步教学法

本课程基于PBL教学理念，构建了以学生为主体，以教师为主导的"导、启、究、展、评" 五步教学法。教学过程增强趣味性、互动性、启发性，充分突出学生的主体地位，从"关注每一个学生发展" 的角度出发，坚持在教学中发现问题，以解决问题为中心，在问题的解决过程中培养学生获取知识、解决问题、自主协作等方面的能力。

课程评价与成效

本课程基于大数据的"三位一体"实施全方位全过程精准教学评价。学生成绩由任务过程性评价、项目成果性评价、项目增值性评价三部分构成。评价主体包括教师、学生、企业导师、社会评价，注重学习过程的持续性、动态性、综合性，注重学生个性，制定个性化评价标准，关注学生增值评价并注重非预期结果。评价过程包含课前、课中和课后，对各阶段的训练任务、培养目标、设计成果设定明确的评价指标。

课程特色与创新

本课程形成了"五阶递进、双线并行、美育贯穿三课堂"的育人模式，坚持思政主线和技能主线双线并行，构建"岗课赛证"相融通的"设计准备、方案设计、设计表达、深化设计、方案交付"五步递进，通过"一学（艺术、文化大讲堂、专题讲座）二观（周末艺术行）三感（适老馆拟态体验、节假日尊老爱老活动）四展（展名家、展范例、展样板、展教师、展学生）五实践（社会实践、爱心设计服务队）"将思政育人目标落实、落细、落地，培养室内设计行业高素质技术技能人才。

团队思考

教师应坚守育人初心，不断完善个人德行，在文化中传承美，在实践中创造美，以美育人，以美化人，走出一条"为民族而设计"的文脉传承之路。

牢记中国初心　唱响时代强音
——"声乐"课程思政教学设计

烟台汽车工程职业学院课程团队
参赛团队负责人：殷海燕，团队成员：时政、施力健、姜帆
2023 年 2 月

教学设计课件

📖 课程基本信息

课程名称	声乐
课程类型	专业核心课程
所属学科门类	文化艺术
所属专业	音乐表演
课程性质	理实一体化课程
学　时	96
学　分	4

📍 课程教学团队基本情况

　　本课程团队结构合理，老教师、骨干教师、青年教师齐上阵，共研思政教学模式；声乐专业、思政专业、文学专业强强联合，细致打磨课程思政教学设计。团队成员德技双馨，素养深厚，能力突出。近年来，累计荣获大赛类成果 20 余项，如获山东省高校音乐舞蹈专业基本功大赛（声乐）三等奖、全国门德尔松钢琴总决赛（烟台赛区）青年组一等奖、山东省职业院校艺术专业技能竞赛三等奖，《人民的丰碑》等作品荣获烟台市总工会三等奖。

📝 课程思政建设总体设计情况

（一）锚定德艺双馨，确定思政目标

"声乐"是音乐表演专业的专业核心课程。立足党的二十大报告中提出的"培育大批德艺双馨的人才队伍"的目标，结合烟台汽车工程职业学院"点亮人性之美，发掘潜在之能"的办学理念，课程团队围绕音乐表演专业"心中有爱、眼中有美、身上有艺、行中有范"人才培养目标的要求，确立了本课程"唱中国歌曲、讲中国故事、知中华文化、扬中国精神"的课程思政建设重点，明确了"训练中唱中国歌曲、巩固中讲中国故事、演唱中知中华文化、实践中扬中国精神"的课程思政育人目标，培养学生的家国情怀、理想信念、职业道德、文化修养、审美素养等思政素养。

（二）聚焦角色转换，优化内容供给

围绕德艺双馨声乐教师行业发展的新方向，结合音乐表演技能大赛赛项标准，聚焦"学生—准教师—教师"的角色转变，课程团队将课程内容设计了声乐演唱初探、演唱能力巩固、演唱能力提升、声乐教育实践难度递进的教学项目；通过"入琴房、融课堂、登讲台、上舞台"浸润式的育人方式，让学生在声乐学习中"入耳、入心、入魂、入行"。本课程通过"唱、讲、知、扬"思政建设中的重点，挖掘提炼出家国情怀、理想信念、职业道德、文化修养、审美素养五大思政元素，从"微、中、外、宏"角度层层落实思政育人，做到讲台上育德，学习中求法，演出中磨砺，拓展中升华。

✉ 课程思政教学实践情况

本课程采用挖掘思政元素，构建课程思政资源库；明晰育人目标，重构课程内容；聚焦空间拓展，创新育人体系的思路方法，开展课程思政实践教学。

（一）挖掘思政元素，建立"中国中华"为中心的声乐资源库

本课程由专业课教师与岗位名师结合课程特点梳理"歌曲曲目与词曲作者、时代背景与演唱价值"等思政元素与资源，再与思政课教师系统梳理作品背景、词曲作者等故事中蕴含的中华文化，提炼歌曲中所弘扬的中国精神，建立课程思政内容供给；以"选中国歌曲、讲中国故事、知中华文化、扬中国精神"为主线，围绕"中国中华"这一核心词汇，梳理了家国情怀、理想信念、职业道德、文化修养、审美素养五大思政元素，26首红色育人歌曲，110多个思政育人素材，构建了"中国中华"声乐资源库。

（二）明晰核心目标，重构"四融三结合"角色转换课程内容

本课程按照"唱中国歌曲、讲中国故事、知中华文化、扬中国精神"的课程主线，采用"四融三结合"的方式，即"四融"为岗、课、赛、证，"三结合"为结合课程思政大背景、结合信息技术人工智能、结合音乐表演行业的职业素养，重构了学唱——声乐演唱初探、演唱能力巩固，教唱——演唱能力提升、声乐教育实践的四模块课程内容，助力"学生—准教师"的角色转变。深入挖掘思政元素，有机融入教学标准与教学过程，实现以中国歌曲为主题的声乐演唱基础训练，以中国故事为主题的声乐演唱技巧训练，以中华文化为主题的舞台表现能力提升，以中国精神为主题的歌曲演唱创编实践。

（三）聚焦单元教学，践行"知忆学扬"的教学模式

在单元教学中，教师采用"知忆学扬"的方式将思政元素与课堂教学进行自然融合。知歌曲背景：通过中国歌曲导入项目内容，引领学生了解曲词作者、时代背景、演唱价值，同时构建起"中国中华"的思政主题。忆歌曲故事：回忆挖掘歌曲背后的中国故事，引发学生初步的爱国情感。学歌曲演唱：学唱歌曲的演唱技法、音乐元素（强弱规律、节奏、音乐符号）、歌曲情感等知识，在歌唱中抒发爱国热情，落实教学重点。扬歌曲精神：各组展示演唱，在演唱中体验中国精神，交流并总结歌曲中所蕴含的中国精神及衍生价值，解决课程难点，并通过校外实践将中国精神进行弘扬。

（四）多元空间拓展，创新"微中外宏"生态系统思政育人模式

本课程依据布朗芬·布伦纳的生态系统理论，建设"声乐"课程的"微中外宏"思政育人生态系统。微系统是思政育人的最直接系统，采用"课内课外—声乐演唱初探—进琴房"的方式，落实"唱中国歌曲——心中有爱"的目标；中系统是微系统相互作用的表现，通过"线上线下—演唱能力巩固—润课堂"的方式，落实"知中国传统——眼中有美"的目标；外系统是指学生实现初步角色转化，将微中系统进行内化升华的系统，通过"校内校外—演唱能力提升—登讲台"的方式，落实"扬中国精神——身上有艺"的目标；宏系统是思政育人的最外层辐射功能，通过"台上台下—声乐教育实践—上舞台"的方式，落实"讲中国故事——行中有范"的目标，以达到由课程到课堂，到学校，再到社区辐射，实现"学生—准教师—教师"角色的二度转变，全面系统实现思政育人。

📊 课程评价与成效

（一）完善了"四全"激励评价机制

本课程采用"全员化、全程化、全方位、全面化"的"四全"激励评价机制。评价主体全员化，即学生团队、教师、企业导师全员评价；评价过程全程化，即课前、课中、课后全程评价；评价手段全方位，即坚持全程采用过程性评价与结果性评价的评价方法，课中增加增值评价，课后增加综合评价；评价角度全目标，即建立健全课程前中后的知识、技能、素养多维量化的评价细则。

（二）校内外同行与学生评价

本课程得到行业协会、兄弟院校、用人单位的高度认可，将思政元素与艺术改革巧妙融合，形成崭新且有温度的"专业+思政"的教学模式，为音乐表演专业艺术教学提供思想引领与实践范式。同时，从对学生的数据与访谈调查发现，学生对课程的兴趣浓厚，经过对两届学生的教学实践，整体教学评价表现优秀。

（三）课程思政教学改革成效显著，示范辐射

2020年"声乐"建成院级精品课；2021年"声乐基础"获学院第一批课程思政示范课，获院级课程思政教学设计比赛三等奖，借助有直播教学，在线学习人数1万余人；2021年成功申请为山东省唯一奥尔夫音乐教学基地；2022年向周边多所学校开展"童心向党·红色梦想"的思政宣传辐射活动。

⏳ 课程特色与创新

（一）创新"微中外宏"生态系统思政育人模式

本课程创设"微中外宏"生态系统思政育人模式，系统挖掘思政元素为生态阳光，思政案例库为育人种子，"声乐"精品资源课程为培育土壤，教师团队为哺育园丁，教学实践为滋养水源，思政环境为隐形空气，由内到外，由微观到宏观，落实思政全面育人。

例如，在校内"唱响《我的祖国》厚植爱国情怀"主题课上，声乐老师教授学生演唱歌曲，思政课教师讲述抗美援朝战场上志愿军战士一幕幕英雄事迹，学生翻转课堂化身"小老师"，融"学与教"一体；课外，在教学实践中，将《我的祖国》课堂教学带给孩子们，红歌童唱，延伸至祖国的秀丽河山，与孩子们共同成长为堪当民族复兴重任

的社会主义事业建设者和接班人。

（二）"院园企社"联通"五台"整合，拓宽音乐教育空间

本课程联通学院、学校、社区，创设"教室讲台、线上云台、比赛擂台、演出舞台、社会平台"五大学习情境，将课堂教学、线上拓展、竞赛促学、艺术实践和社会检验有机组合，打造情境化、体验性、高效能的音乐大课堂。

例如，精选《没有共产党就没有新中国》等红色歌曲为课堂必学曲目，通过比赛擂台选出优秀选手，在庆祝建党100周年、专业汇报表演、社区大舞台等演出中登台亮相，丰富学生的舞台表演经验，提高专业素养，更坚定学生听党话、跟党走的信念。

 **团队思考**

（一）不足与改进措施

问题一：课程思政实证研究有待深入。

改进措施：基于课程思政课题立项，开展课程思政的建设体系研究，提升思政育人质量；将"声乐"在线精品课程不断优化，以"挖、融、建、评"的方式，探索融盐化水新模式，提升课程育人质量。

问题二：课程思政依托材料有待完善。

改进措施：深入挖掘声乐作品中所蕴含的思政内涵，做到作品处理和政治思想教育融会贯通，切实发挥其思想引领作用；完善教学管理体系，编写一系列具有思政特色的声乐教材，建立内容完整、特点突出的配套教学文件；实现内外兼修、以文化人、以德育人，让课程思政成为新时代教学的新常态，使学校音乐教育成为"有本之木，有源之水"。

（二）反思与未来展望

小歌曲，传承中华文化；小歌曲，弘扬中国精神。在"声乐"课程思政建设的路上，我们一路向前但也曾存在迷茫，遇到过许多困难但仍继续向前。在未来的思政育人路上，我们一定会坚守初心，不忘本心；倾囊相授，细心慧心地设计；凝心聚力，信心匠心地实施；兼容并蓄，潜心静心地反思；携手并进，砥砺潜心地坚守。依托"声乐"思政课程，让学生真正能够"牢记中国初心，唱响时代强音"！

探寻国风之美　传承经典文化
——"标志设计"课程思政教学设计

威海职业学院课程团队
参赛团队负责人：李欣，团队成员：王一童、王自成、刘亮
2023年12月

教学设计课件

📖 课程基本信息

课程名称	标志设计
课程类型	专业核心课程
所属学科门类	文化艺术
所属专业	广告艺术设计
课程性质	理实一体化课程
学　时	56
学　分	3.5

　　"标志设计"是广告艺术设计专业的一门专业核心课，是"1+X"产品创意设计职业技能等级证书考试课程之一，是"品牌形象设计"课程必备的知识和技能素养方面的核心课，因此本课程具有证书课程和工具课程的双重功能。

　　本课程选用普通高等教育艺术类规划教材《标志设计》；充分利用校内广告实战基地——视点广告工作室的设备环境以及合作企业真实项目的基地资源，为学生打造实景、实地、实岗、实战的学习环境，立足岗位实践标准及要求，提升学生的职业素养和广告实践能力；采用超星泛雅在线课程"标志设计"教学班课及中国大学MOOC平台"标志设计"课程网络资源，并引入校企合作开发的网络学习资源，为学生提供了拓宽视野、提高专业素养的平台。

课程教学团队基本情况

本课程按照"育人为本、育德为先、育技为重"的育人思路，结合专业特点，组建以校内"双师"教师为主体、专职思政教师跟进指导的校企共融、专兼结合的课程团队。成员间分工协作，形成了良好的团队张力。

近3年，课程团队从课程特点出发，积极进行思政教育与专业能力培养同向同行的课程思政教学探索。具体如下：

团队研课。团队成员通过定期研课活动，在思政课教师的指导下，第一时间筛选出正能量的时政话题、企业优秀品牌案例，将蕴含其中的思政教育元素引入课堂，与专业学习进行融合。

多措学习。采取校内、校外结合，专题培训与现场体验相结合的方式，利用学校的非遗学院，跟随多位非遗技艺传承人现场学习非遗技艺，感受中国传统文化的魅力，学习大师工匠精神。邀请全国技术能手、山东省五一劳动奖章获得者来校培训，分享做人学艺经验，展示报国为民信念，诠释工匠劳模精神。同时，还通过学校统一组织或自费等方式每年参加各类课程思政培训活动。

成效初显。截至2023年12月，本课程已经成功申报校级课程思政示范课程，教学团队获得山东省职业院校教学能力大赛一等奖、全国职业院校教学能力大赛二等奖、全国艺术设计教师教学创新大赛全国总决赛三等奖。团队成员中，有3人为山东省首批课程思政示范课主讲教师、国家级在线精品课程主讲教师，1人为市级优秀共产党员、市级优秀教师，1人为校级美育学科带头人，1人为校级实训改革先进个人。

课程思政建设总体设计情况

（一）基于专业核心能力确定思政主线

首先，从专业核心能力出发确定本课程的思政主线。通过对目前广告行业发展态势的分析，课程团队将广告艺术设计专业的核心能力划分为商业广告设计与制作、品牌形象设计、商业包装设计与制作、广告策划与营销四大能力模块。其中，针对品牌形象设计核心能力模块，开设了三门序化的模块化课程，以"品牌强国"为主线，找出了讲中国故事、树品牌形象、助品牌崛起三个依次递进的环节，"标志设计"作为中间核心课，它的思政主线就是树品牌形象。

（二）基于学情分析确定教学目标

本课程的授课对象为大一新生，作为专业入门生，课程团队从思想特点、学习习惯、专业适应性等方面进行分析。通过分析可以看出：大一新生虽然具有较高的专业兴趣，但学习能力、文化修养、职业认同感等方面比较欠缺。基于学情，课程团队确定了本课程的知识目标、技能目标及素养目标，重点从人文素养、文化自信、民族自豪、职业使命四方面培养职业素养。

（三）围绕主线实现课政同向

以收集"中国风设计"为任务驱动，通过线上线下混合式教学。"集"中国风设计作品：学生分享课前收集的中国风作品，品味文化之美。"知"中国风：结合优秀的中国风设计案例资源，教师引导学生理解中国风的定义。"析"设计思路：教师带领学生分小组进行分析，如何将中国传统元素应用到标志设计中，讨论出中国风标志设计的方法。"练"真实项目：结合工作室真实项目验收标准，进行创意设计，学中做、做中学，渗透劳动之美，突破教学难点。"结"设计方案评比：对比课中方案的优缺点、学生作业，有机融入精益求精的工匠精神。"创"设计项目：承接"非遗学院"标志设计项目，养成"诚实劳动实现理想"的劳动观，有效激发学生学习的积极性。

✉ 课程思政教学实践情况

本课程围绕学校"立足区域发展，服务地方经济；一切为了学生，为了学生发展"的办学定位，结合"标志设计"课程特点，践行职业教育"产教融合、校企合作、工学结合、知行合一"理念，培养广告艺术设计专业高素质技能型人才；围绕"大思政"理念和格局，理论结合实践，使学生在"全空间"和"浓氛围"中潜移默化地接受教育。

（一）抓牢课程思政关键点，深度融入教学内容

本课程精选公益、扶农助农、乡村振兴等国计民生需求的真实案例为教学载体，培养学生的家国情怀、责任担当；将非遗大师、中华优秀传统文化元素融入教学，以美育人、以文化人，培育艺心匠心，坚定文化自信；将设计中的敬业精神、质量意识、版权意识和品牌意识贯穿教学全过程，培养学生的岗位职业素养和品德修养，宣扬诚信价值观与社会正能量。

（二）抓好教学"主战场"，"三品进阶"成果导向实施教学

本课程以作品、产品、商品"三品进阶"的成果导向实施教学，在成果层层递进中培养学生热爱劳动和精益求精的工匠精神，强化师生"素养+创意+技能"的共生共长，

培养师生乐传承、精设计、善创新的专业精神和职业素养。

（三）抓住课堂"主渠道"，双引领实施教学模式，树匠心育匠人

本课程依托产教融合视点广告工作室和国家级技能大师工作室，校企双工作室双导师双引领，将我国优秀传统文化中的思想价值和精神内涵融入教学全过程，引导学生树立正确的艺术观和创作观，结合"练、学、思、拓"教学环节，厚植工匠精神和品牌意识，培养学生的综合素养。

（四）抓牢实践"主阵地"，实地实境实岗沉浸式教学，践匠行精匠技

本课程依托非遗技艺传承工作室、视点广告工作室、图文社、非遗展厅、校企合作示范基地多重场地开展实地实境实岗沉浸式教学，工学结合、知行合一，注重学生"德、技、艺"综合训练，致力培养"德艺双馨"具有"中国灵魂"和创新精神的新时代艺术设计工匠，实现立德树人总目标。

📊 课程评价与成效

（一）构建主客观多元评价主体

本课程借助企业导师、教师、学生互评、线上平台反馈，组建多元评价主体，共同验证教学效果，围绕三维目标，构建课前、课中、课后三段多元化的评价体系，实施信息化数据的全过程采集。

1. 评价内容全面化，关注学生的科学素养

结合课前自学测试评价，课中理论的掌握及操作规范、布线整洁程度的评价与完成小组任务时的参与程度，课后对作业及堆叠技术内容的思维能力拓展评价，强化学生的科学素养。

2. 评价方式多样化，加强增值性评价

基于学生学习全过程的自我评价，小组间对分享成果的互相评价，教师对学生课堂教学活动参与情况评价，对小组实操配置质量与完成度的过程性评价，着重观测学生的增值性评价，课后拓展内容完成度的课后评价等方式，对学生在学习中的表现情况进行相应的评价引导。

（二）校内外同行和学生评价

本课程采取教、学、孵、产、服"五位一体"的育人模式，受到校内外教育同行及行业、企业专家一致好评。在课程建设评估中，获得山东大学艺术设计系主任和上海汉智品牌创始人的高度评价。课堂满意度连续3年100%，教师教学评价全部为优秀。

（三）课程思政教学改革成效显著

本课程将美育、中华优秀传统文化、精益求精、工匠精神、原创与创新、敬业精神等思政元素融入教学，知识传授与价值引领有机贯穿教学全过程，学生专业知识能力得到有效提升，多次在省级、国家级的设计大赛中获奖。毕业生专业水平高、思想品德好、设计功底强、发展可持续，有的考上军校保家卫国、有的自主创业成功、有的扎根基层服务群众、有的乡村支教成就自我。依托课程思政建设，团队教师获得教师教学能力大赛省赛一等奖和国赛二等奖，改革成效显著。

（四）示范辐射广

学生评价教师的师德高尚，为人师表，有助于提升个人的美育素养和综合素养。本课程教学团队多次为中高职兄弟院校开展课程思政培训，形成的教学案例库可以为同类院校提供可借鉴的推广范式。

课程特色与创新

（一）依托中华传统文化育人，强调知行合一

本课程走进国家级锡镶技艺传承工作室现场教学，感受锡镶魅力及非遗大师的工匠精神和守艺人生，聆听锡镶技艺第四代传承人谷伟捐献65万元助学的感人故事。课程设计中融入中国传统"纹、形、色"元素与习近平主席外交观中"和合"思想，在技艺传承中深植中国传统文化，厚植民族情怀，树立文化自信。

"标志设计"课程定位中国风，在双工作室及校企合作示范基地开展实景实境实岗教学，师生进入企业生产一线将无形的艺术设计转化为可触的劳动产品，培养学生职业素养和审美素养相融合，引导学生树立正确的审美观、精益求精的劳动精神，把培育和践行社会主义核心价值观融入艺术设计人才培养全过程，工学结合、知行合一。

（二）突出"创新"的五感教育训练

本课程突出创新思维训练，融入形、声、闻、味、触五感协同教育，引入音乐诠释艺术设计思想，以双创大赛为抓手进行创新实训，以真实工作项目为载体进行创意实践，以学生自主经营的小微公司为平台进行创业实战，全感官引领、全方位塑造、全过程沉浸式教学，培养"擅创意、会创新、能创业"的应用型艺术设计人才，助力人民从"向往"美好生活到"实现"美好生活。

团队思考

　　课程思政绝不是被动与形式上的思政，而是内化于心的责任与行动！"标志设计"课程就像一部包罗万象的中国历史文化之书，打开了它，就有责任在授课的过程中主动做一名饱含情怀的讲述者、传统文化的传播者、中国品牌发展的助力者、课程思政的践行者，也是做好课程思政的基础。

　　心中有信仰，课上才有情怀，思政教育是使命，育人初心永不忘！

新闻传播大类

"H5交互融媒体设计"课程思政教学设计

东营职业学院课程团队
参赛团队负责人：逯涛，团队成员：张培杰、王会、刘靖、王瑞香
2021年12月

课程基本信息

教学设计课件

课程名称	H5交互融媒体设计
课程类型	专业必修课程
所属学科门类	新闻传播
所属专业	影视动画
课程性质	理实一体化课程
学　时	90
学　分	5

课程教学团队基本情况

　　本课程团队由4名影视动画专业课教师和1名马克思主义学院思政课教师组成。在课程思政建设中，专业课教师与思政课教师结对子，结合专业特点、课程内容、行业趋势、时事热点等，共同挖掘思政元素，形成优质思政资源。团队教师每2周进行一次集体备课，依托信息技术，实施"三教"改革，提高教学效果。教师参加课程思政教学研修培训常态化运行，不定期派教师参加课程思政培训及研修，以提升团队教师的思政教学水平。课程团队成员均有10年以上的专业教龄，经验丰富，学习能力强，主持多项省市级科研课题，在各类比赛中斩获众多奖项。

📝 课程思政建设总体设计情况

东营职业学院坚持以立德树人为根本，以产教融合为主线，根植区域，致力于建成黄河三角洲地区高素质技术技能人才培养培训基地，建设技能与新技术培训基地、科技研发与技术服务中心、继续教育与文化传播中心；影视动画专业作为国家骨干校重点专业，是山东省优质校重点建设专业群专业，被授予全国动漫游戏人才培养"示范单位"和"特色院校"称号。

基于学校和影视动画专业的办学定位及专业特色，为了满足社会对H5设计人才的需求，2018年学院开设了本课程。本课程面向H5交互融媒体设计师岗位，以培养H5交互融媒体设计人才为目标，培养学生策划、设计和制作H5交互融媒体产品的能力，使学生具有扎实的操作技能，具有团队协作、自主创新的职业素养，满足H5交互设计师的岗位任职要求。

在课程设计方面，课程团队通过对H5交互设计师职业岗位以及工作领域分析，明确岗位能力需求，以及本课程的知识需求、能力需求和素质需求；课程思政建设也同步展开，邀请了思政课教师加入团队，结合专业特点、课程内容、岗位需求等方面，共同确定了本课程思政建设的设计思路，即通过H5设计师就业岗位分析，一方面将岗位工作领域进行转化设计为六大教学项目，另一方面总结分析H5设计师应该具备的知识水平、能力要求和综合素质要求，两方面相结合共同为新的知识、能力和思政目标而服务。

通过分析梳理总结本课程的知识、能力和思政目标，本课程最终确定了"三方融合、一条主线、一个目标"的课程思政总体设计方案，通过充分挖掘思政元素，合理融入教学过程，在知识传授、能力培养的过程中，解决"培养什么人、怎样培养人、为谁培养人"的核心问题，围绕"讲好中国故事、传递时代声音"的思政主线，最终实现培养有过硬技能、有担当追求的新时代H5设计工作者的思政目标。

✉ 课程思政教学实践情况

在确定课程思政建设总体思路的基础上，课程团队对应思政目标，结合学情分析、课程特点、行业发展、时事热点等，总结提炼出五大思政元素，分别是：政治素质、职业道德、法治意识、家国情怀、创新精神。

同时，针对H5的前世今生、H5产品创意策划、H5产品的版式设计、H5产品的动效与交互、H5产品的融媒体运用和H5产品的融媒体设计综合实践六大教学项目，深入挖掘思政素材，合理设计融入。团队成员对应每个教学项目内容和主要知识点，设计思政元素图谱，建设思政素材库，探寻思政融入的方法和载体，并在实践过程中持续不断地进行更新思政素材资源，以确保学生接触到的思政素材是新鲜、及时的，这也是传媒行业基本的要求之一。

课程评价与成效

本课程采用过程性、多元化的评价方式，教师对学生学习期间的出勤、认真程度等综合表现进行评价，向校内外同行、学生们收集对于教学和思政内容的评价意见，通过毕业生就职跟踪评价机制了解毕业生和就业单位的满意度。

在课程建设和思政建设齐头并进的3年里，团队在学生作品和团队建设方面都取得了一定的成绩，学生社会责任感和职业使命感明显增强，参与各类专业赛项的积极性提高，作品主题内容方面表现出了更多对于国计民生、家国情怀的关注度，思想深度明显提升。

课程特色与创新

新，是本课程最大的特色和优势，同时更是挑战。开课以来，课程建设和思政建设几乎是同步展开的，各个方面都在不断探索前进。相较于其他实力雄厚的课程团队来说，本课程团队的建设基础相对薄弱，但团队成员轻装上阵，无畏前行。

本课程作为融媒体技术在移动端的应用，其功能和内容随着网络技术的发展而不断变化更新，同时传媒行业的特点也决定了课程思政素材必须要新鲜、真实、准确；因此教学团队必须具备扎实的政治素养和高度的新闻敏感性，紧跟时事热点、及时更新思政素材。

此外，新媒体行业本身就是新闻政宣、科普教育的重要工具，必然要传达出新时代的精神和声音，因此本课程教学中思政元素和资源的挖掘、运用、融入是顺理成章、理直气壮的，不仅可以做到潜移默化、润物无声，也可以做到朗朗上口、如雷贯耳。

团队思考

　　课程思政建设关键在于教师。想要做好课程思政建设，教师不仅要有高尚的人格品质、过硬的职业道德，还要端正态度加深认识，才能耐下心来深耕细作，搞好课程思政建设。

　　教师不能故步自封，要努力了解学生，熟悉学生的喜好习惯，才能挖掘筛选出学生愿意接受的思政元素，真正将课程思政做到学生的心里。

教育与体育大类

"声乐基础与幼儿歌曲演唱"课程思政教学设计

东营职业学院课程团队

参赛团队负责人：蔡文萍，团队成员：侯慧静、许丽丽、杨士荣、陈世兰

2021年12月

教学设计课件

📖 课程基本信息

课程名称	声乐基础与幼儿歌曲演唱
课程类型	专业技能课程
所属学科门类	教育与体育
所属专业	学前教育
课程性质	理实一体化课程
学　时	36
学　分	2

📍 课程教学团队基本情况

　　本课程团队由专业课教师、思政课教师和课程建设指导教师组成，是一支学历、职称、知识结构合理的课程思政教学团队。其中，4名教师是中共党员，政治素质过硬，在课程思政建设方面发挥着模范引领的作用。课程主持人是教学能手，自2014年开始致力于中华优秀传统文化与声乐课程的融合研究与实践；2名专业教师业务精干，在声乐课程教学方面经验丰富；1名教师是市级教学能手、省级精品资源共享课程负责人；1名教师是省级教改项目负责人。团队秉承"育人先育己"的理念，积极参加课程思政建设与培训，开展集体教研，协同合作，持续发力，积累了丰硕的教学成果。

📝 课程思政建设总体设计情况

"声乐基础与幼儿歌曲演唱"课程思政建设总体设计思路是：在"德美交融，润物有声"课程思政理念指导下，围绕"培养'四有'好老师"的课程思政主线，将"家国情怀、审美修养、文化传承和职业精神"四种思政元素融入"三大领域、七大模块"，采用"入脑入心、入情入理、躬身力行"的教学策略，培养学生的"德、识、技、能"四大素养，将价值塑造、知识传授和能力培养有机地融合在一起。

（一）根据课程专业定位，确定课程思政目标

"声乐基础与幼儿歌曲演唱"是高职院校学前教育专业的一门必修课、专业技能课，课程的主要任务是培养学生树立正确的艺术观，系统掌握声乐基础发声的理论与技能知识，具备声乐演唱的基本素养、欣赏并演唱歌曲的能力，坚定教育理想，能够以美育人。

传统的声乐课程，重技能训练、轻人文关怀，重个人发展、轻家国情怀，重专业素养、轻职业精神。课程团队根据课程特点，依据课程思政理念，结合《学前教育专业人才培养方案》与《幼儿园教师专业标准》，确定课程思政目标：浸润优秀传统文化与先进思想，培养有理想信念、有道德情操、有扎实学识、有仁爱之心的"四有"好老师。

（二）秉承课程思政理念，挖掘思政元素

秉承课程思政理念，在课程思政教育目标的指引下，课程团队挖掘了四种课程思政元素，分别是：家国情怀、审美修养、文化传承和职业精神。

其中，家国情怀包括爱党爱国爱社会主义、社会主义核心价值观、民族复兴的理想与责任，艺术审美包括正确的艺术观、丰富的审美体验、以美育人的价值取向，文化传承包括民族文化、传统美德、国学启蒙，职业精神包括理想信念、教育情怀、身正为范。

（三）根据课程特点，提出"德美交融，润物有声"的声乐课程思政理念

我国的教育方针要求培养德智体美劳全面发展的社会主义事业的建设者和接班人，倡导"五育并举"。孔子说："兴于诗，立于礼，成于乐。"意思是以诗歌来感发意志，促使个体向善求仁的自觉，以礼实现人的自立，最后在音乐的教育熏陶下实现最高人格的养成。"声乐基础与幼儿歌曲演唱"课程是美育课程，要贯彻课程思政理念，就要充分融合美与德，使德美交融，将美与德用声音传达出来，达到润物有声的课程育人效果。

（四）重构教学内容，构建"三个领域、七大模块"

课程团队根据课程思政理念，重构了"讲中国故事，唱中国歌曲""辨析音乐，科

学歌唱""教歌育人"三个领域，构建了"唱童谣知礼仪、唱儿歌习美德、唱国学启智慧、唱诗歌识五音、唱红歌忆党史、唱民歌品乡情、唱中国风思传承"七大模块，并深入挖掘每个声乐作品的思政元素，将专业素养与思政元素紧密融合在一起。

✉ 课程思政教学实践情况

（一）找准思政载体，用"四个用心"讲好"五个故事"

在落实思政元素上，课程团队运用"四个用心"讲好"五个故事"，将思政目标有机融入教学过程。"五个故事"是指讲好优秀传统文化故事、民族民间故事、红色革命故事、改革开放故事、新时代故事。"四个用心"是指采用教师用心、内容赏心、方法得心、学生入心等"心灵互动"的方式传递价值。将传统文化、民族民间文化、红色文化，以及中国特色社会主义的伟大实践和成就、新时代改革创新的优秀成果等内容自然融入课程实践的立体空间。

（二）优化教学设计，将思政元素有机融入教学全过程

在教学过程设计上，课程团队找准思政载体，系统设计"观、赏、析、唱、论、演、练"七个环节，通过课前创设情境"观、赏"激发情感、课中"析、唱、论"明理入心、课外实践"演、练"躬身力行等，实现课前启化、课中内化和课后转化，将思政元素有机融入专业教学全过程。

（三）采用"史、艺、技、行"四步教学法和"入脑入心、入情入理、躬身力行"的教学策略，实现课程思政效果

根据"德美交融，润物有声"的声乐课程思政理念，本课程采用"史、艺、技、行"四步教学法和"入脑入心、入情入理、躬身力行"教学策略，培养学生"德、识、技、能"四大素养，实现课程思政效果。

"史、艺、技、行"四步教学法是：以史明理，探究先进思想；以艺明志，表达情感意志；以技善歌，提升演唱技巧；以行践知，培育未来园丁。

"入脑入心、入情入理、躬身力行"教学策略是：入脑入心，即讲中国故事，唱中国歌曲，浸润历史文化与优秀思想；入情入理，即辨析音乐，科学歌唱，树立正确的艺术观、创作观；躬身力行，即坚定理想信念、具有教育情怀、身正为范，教歌育人。

📊 课程评价与成效

本课程围绕"评什么，谁来评，怎么评，成效如何"，构建了"思政四要素、评价三主体、内外双课堂以及三维看成效"的课程评价体系。"思政四要素"包括家国情怀、审美修养、文化传承、职业精神，"评价三主体"包括任课教师、全体学生、实习单位，"内外双课堂"是指课内表现和课外实践，"三维看成效"是指课内实践、比赛演出、社会服务。

自本课程思政改革以来，教学成效显著，学生的学习热情高涨，参加省赛获奖多项，成绩优异，比赛演出成绩突出，得到用人单位好评。

⧗ 课程特色与创新

本课程思政教学设计实现了四方面创新：一是提出"德美交融，润物有声"声乐课程思政理念；二是构建了"3457"课程思政体系，即三个领域、四大元素、五个故事、七大模块；三是创新了"史、艺、技、行"四步教学法，实现"入脑入心、入情入理、躬身力行"的思政效果；围绕"评什么，谁来评，怎么评，成效如何"，构建了"思政四要素、评价三主体、内外双课堂以及三维看成效"的课程评价体系。

💡 团队思考

在课程思政建设过程中，课程团队成员坚定了为党育人、为国育才的使命担当。

第一，两代师表，一起塑造。教师的政治高度、学术深度、视野广度、人格温度、敬业精神、专业能力直接决定着课程思政建设的水准，影响着教书育人效果。

第二，德美交融，润物有声。美育与德育深度融合，实现声乐课程的独特价值。

第三，课程思政需要不断积淀教学智慧，形成个人独特的教学风格，以自己的人格精神引领学生成长。

谷建芬老师曾说："如果这些歌不能伴着孩子们长大，我将永远遗憾。"近代仁人志士曾用学堂乐歌尝试改变国民精神。今日之大学，更应秉承着传统，在声乐课程中教歌育人，润物有声。

"声乐基础"课程思政教学设计

山东科技职业学院课程团队
参赛团队负责人：郭梦萦，团队成员：谭清国、张海鸿、朱虹、刘倩汝
2023年2月

教学设计课件

课程基本信息

课程名称	声乐基础
课程类型	专业基础课程
所属学科门类	教育与体育
所属专业	学前教育
课程性质	理实一体化课程
学　时	32
学　分	2

课程教学团队基本情况

（一）课程团队师德高尚，表率作用突出

"声乐基础"课程团队坚持立德树人，具有良好的师德师风。团队成员以中青年教师为主，多次获得学院优秀共产党员、优秀党务工作者、先进个人、最美教师、优秀教师等称号。

课程团队在山东科技职业学院基础部党支部带领下开展课程思政建设，在系内起到了先锋表率作用，在学校起到了良好示范作用。坚持"党建引领——以党带团夯基础，党团合力助发展"的原则，坚持守好课堂主阵地的同时打造课后服务新阵地，累计为学生讲党课、团课40余次，在专业内开展技能比赛、志愿服务和社会实践三大类实践育人活动，培育学生专业能力、爱国主义、吃苦精神、创新意识和良好品德习惯，提升学生的整体素质全面发展。

（二）团队成员积极探索课程思政教学改革，建设经验丰富，基础扎实

课程团队所有成员认真钻研，勇于创新，注重开展课程思政的学习、交流和研讨，参加课程思政学习培训20人次，深入挖掘专业课中的思政资源，课程思政教学主题鲜明、内容丰富、融入自然，注重教研成果应用，并起到辐射带动作用。

团队积极探索课程思政教学改革，在课程思政领域成绩斐然：成功申办省级非遗传承教育实践基地；团队成员获得"山东学校优秀思政课教师"称号，获教育部高校思想政治理论课教学展示二等奖1项、市级思政课程教学改革示范点项目1项，获多项省级思想政治教学比赛奖项，立项教育部高校思想政治理论课教师研究专项课题1项、山东省课程思政示范课程1项，立项省级课程思政相关课题3项、市级思政相关课题2项、市级思政课教学改革项目1项，主持参与市课程思政精品课2门，发表课程思政相关课题论文10余篇、多人参加校内课程思政教学能力比赛并获奖。

（三）团队成员深入企业实践，幼儿园一线实践经验丰富

本课程团队是一支深度校企融合的教师队伍，熟悉教育教学改革趋势，具有良好的合作精神和较高的课程思政水平。

团队成员每学期定期前往市内优质公、私立幼儿园进行企业实践，同时聘请行业内容优秀幼儿教师来校交流，兼职外聘教师。近3年，合作企业共派出教师10余人到校授课超过600课时；学生每学期固定到合作幼儿园实训、学习，参与幼儿园日常教学管理，共3000人次。课程团队建设目标明确，符合课程思政教学发展定位，是成长型课程团队。

（四）团队成员业务能力全面，在科研、社会服务及大赛方面持续发力

科研方面，团队成员获省教学成果奖2项，出版专著1部；社会服务方面，依托山东省非遗传承教育实践基地，组织艺术类社会培训815人次，建设省级社区精品课程2项；大赛方面，专业成立4年以来，指导学生获得省学前教育技能大赛三等奖3项，从业技能大赛一等奖1项、二等奖1项、三等奖3项。

📝 课程思政建设总体设计情况

本课程是学前教育专业的基础技能课程，秉承学院"大爱厚德，善思精技"的人才理念，致力于培养德才兼备，掌握先进育儿技能与理念，具备扎实人文素养，拥有高尚教师职业道德的未来幼师的高素质技术技能人才。因此，本课程以"以理展声，以声动情，以情入心，以心铸教"为主线打造课程思政教学体系。

（一）聚焦幼师职业素养，明确课程思政建设方向与重点

本课程以幼师职业素养为依据，坚持以学生中心，利用声乐学科优势，探索"知识传授与价值引领相结合"的有效途径，培养学生建立学科自信——利用多角度提升学生声乐艺术技能，确立专业认知——全方位提升技能与对岗位无缝对接，培养职业认同——引导学生将自身职业发展与我国教育事业发展相对接，树立人生理想——培养学生"明大德、守公德、严私德""扣好人生第一粒扣子"，真正做到学为人师，行为世范，在提高传道授业解惑本领的同时，努力成为党和人民满意的"四有"好老师，为培养德智体美劳全面发展的社会主义建设者和接班人贡献力量。

（二）践行"师德教育"理念，确立课程思政建设目标

调查研究发现，大一下学期，学生学习的意愿强烈，但专业认知程度较低，职业素养方面，责任感低，将艺术技能运用到岗位实践中的能力比较欠缺。根据学情分析，践行"师德教育"理念，围绕未来幼师职业核心素质，"重技""善教"，将声乐演唱技能与岗位需求相对接，培养学生的职业认同感，基于此，课程团队确立本课程思政建设目标：全面提升教师自身职业道德素养，为教学赋能，打造"以理展声，以声动情，以情入心，以心铸教"的课程思政内容体系，培养有理想信念、有道德情操、有扎实学识、有人爱之心的"四有"好老师。

（三）重构教学内容，优化课程思政内容供给

本课程以幼儿园真实岗位任务需求为导向，转换教学思维，将原有的以知识结构为主的教学内容，重构为"以理展声、以声动情、以情入心、以心铸教"四个模块，14个主题的教学内容，结合声乐技能学科特点，从各个环节融入相应主题的思政教育内容，由浅入深逐步上升为思政目标。融通"岗赛证"中与课程相关的价值要求及考核标准，将其嵌入教学文件、课程资源、教学实施、考核评价等教学要素中，实现教学要素优化，使学生从"艺术技能"学习逐步提升到"岗位技能"，继而发展、提高"岗位能力"，最终将学生培养成为德技并修的合格教育工作者。

✉ 课程思政教学实践情况

本课程立足学院"大爱厚德，善思精技"的人才理念，依托学院实施的知识传授、技能训练、创新实践、素质养成、价值积累"五位一体"的人才培养体系，借助声乐学科与资源优势，构建多维度声乐思政资源库，创设特色教学模式，探索课程思政建设路径，助力思政育人目标实现。

（一）借助学科特色和资源优势，围绕思政主题建设课程资源库

本课程以技能技巧与岗位实践教学内容为指引，教学团队立足专业人才培养目标和课程教学目标，建立多维度课程思政教学资源平台库。精选适合学前教育专业学生学习的歌曲，构建声乐歌曲集——"百年复兴路""传统的风采""魅力民歌""多彩的儿歌"；以幼儿园岗位能力需求为导向，构建职业提升素材库——"古今音乐名人堂""玩转多元音乐""有趣的音乐游戏"；对接专业前沿，构建专业名师名讲堂——"一线幼师来讲课""大赛参赛优秀选手集锦""我身边的幼教名师"，并持续优化。

（二）构建"1234"声乐课程思政建设路径

在课程思政建设中，课程团队探索了一条适合本课程的路径，助推育人目标实现。

一条主线：以习近平关于教育的重要论述为指引，按照"四有"标准，即坚定理想信念，提升道德情操，强化扎实学识，坚守仁爱之心，贯穿教学目标优化、教学要素开发、教学内容重组、教学方式创新、评价体系健全等教学全过程，构建具有学前教育专业特色的声乐课程思政教学体系。

两校协同：本课程依托校内实训基地与校外合作幼儿园，让学生零距离对接一线幼儿园，实景、实地考察、学习；聘请幼儿园一线优秀教师来校进行现场指导，或承担部分实践教学任务，安排学生定期与合作幼儿园进行音乐剧或儿歌表演教学专项成果汇报演出，为学生提供丰富的舞台表现机会，提高表现力，提升个人综合能力。

三方助力：发挥团队资源优势，课程内容融通"岗赛证"要求，拓展课程维度，力求将课程实施、技能大赛、优秀企业和技能证书融通育人，实现大赛思维智慧育人、企业理念帮服育人、证书价值拓惠育人。

四大品牌：通过声乐类社团活动、专业云课堂"今天我来当老师"、学前技能"一周一赛"、校园科技文化艺术节四大品牌活动，丰富学生校园生活的同时，助力学生全面成长。通过多元平台发展，激发学习兴趣；通过专业类作品的呈现与展示，提升专业自信；通过作品的社会反馈，提升职业认同，潜移默化地促进课程思政目标的形成。

（三）实施"声情心合一，知行用融通"的课程思政教学模式

根据重构后的课程模块，分析对应的主题及专业知识点，基于思政资源和课程内容找准教学方法，加强思政元素和课程内容融合融通，呼应课程思政重点，围绕"以理展声"的科学发声方法、"以声动情"的歌曲演唱技巧、"以情入心"的多样演唱手法、"以心铸教"的岗位应用技法四个主题开展教学，利用课前、课中、课后，线上线下混合式教学，设计实施"导任务、讲故事、析内容、践技能、悟道理、拓思路"六环相扣教学活动，帮助学生"知、行、用"和谐统一，达成思政育人目的。

📊 课程评价与成效

（一）构建"N+1"考核评价体系，促成课程思政目标达成

课程团队根据课程内容重构考核评价体系，结合增值性评价原则，建立"N+1"考核评价体系模型，其中，"1"代表期末终结性考核，"N"代表多元化的过程性考核。本课程评价体系将思政目标的评价指标量化到教学任务中，通过教师、企业教师、学生、班主任等多位考核主体，将考核内容融入教学全过程，体现评价的多元化、客观性、全面性、公平性。

（二）人才培养成效显著，用人单位反馈良好

学校学前教育专业与省内外多所优质公、私立幼儿园建立合作关系，形成有效地实习反馈评价机制。学生实训、实习期间，由校外企业导师与校内班主任共同从专业理念、专业知识、专业能力三个维度对学生进行综合评价。学生毕业后，定期进行单位回访调查。专业已有两届毕业生，用人单位对于学生的职业素养水平有较高评价。

（三）校内外同行和学生评价

同行认可度高：10余所院校前来调研，对课程思政建设的成效给予了一致好评。专家评价高：在学院组织的专家评价中，专家们认为该课程思政主线突出、特色鲜明。学生满意度高：通过线上调查问卷，学生普遍认为改革后的教学具有实用性、趣味性，能聚集幼教行业前沿内容，提升技能掌握程度，深刻理解幼师的职业责任。

（四）课程思政教学改革成果

本课程自思政改革以来，取得了丰富的教学成果。

1. 学生艺术技能提升迅速，作品成果丰厚

根据记录调查统计，近2年，学生艺术技能水平迅速提升，形成特色作品4个，录制特色MV视频10余个。数个特色演唱视频在"学习强国""山东省教育网"网站中报道发布。专业学生积极参加省、市、校各级文艺活动及比赛，获得校级歌唱类比赛奖项50余个，参加市级校园歌手大赛获潍城区亚军、潍坊市"前十强"。

2. 特色社团文化展风采，活动持续开展

专业特色社团——学生合唱团与学生艺术团，依托课程开展了丰富多彩的活动，社团不仅成为学院迎新晚会、五四展演等校园活动的主力军，还举办多场校园专场音乐会，学生参与度高，师生反响效果好。

除此之外，社团借助学院大平台定期去往当地武警部队、社区等进行艺术交流活动。

3. 人才培养质量提升，用人单位评价高

学生就业率高，就职于教育类行业比例达90%，用人单位满意度高，普遍评价学生个人品质突出。

4. 学生素质明显提升，育人成效明显

学生积极参加各种社会实践服务活动及职业生涯规划等活动，获省级大学生职业生涯规划大赛三等奖多次。2022年，学前教育"红星闪闪"志愿服务队立项为国家级社会实践团队。

课程特色与创新

（一）创新"声情心合一，知行用融通"的课程思政教学模式，助力实现思政育人、知识积淀、技能提升

本课程围绕课程思政育人目标，线上线下结合，创新实施以"以理展声、以声动情、以情入心、以心铸教"的知识内容，通过"导兴趣、讲故事、析内容、践技能、悟道理、拓思路"六环相扣教学活动，帮助学生达到"知、行、用"和谐统一，达成思政育人目的。

以模块二"'动情'——多样的歌唱艺术"中主题三"领略中国民歌魅力——《沂蒙山小调》"内容为例：课前教师发布课前任务，了解、收集中国革命精神，学生明确任务分工、收集资料、在线学习，感悟老一辈革命家勇于实践、勇于探索、勇于思考、奋发进取的开拓精神，不畏艰险、坚韧不拔、顽强拼搏、攻坚克难的奋斗精神与为党和人民的事业"鞠躬尽瘁、死而后已"的献身精神。课中教师通过导入歌曲《沂蒙山小调》，讲解歌曲背后的中国故事，了解中国革命精神——沂蒙精神，通过游戏、讲解等方法，解析歌曲"鱼咬尾"的创作手法以及方言在歌唱中的运用，引导学生进行演唱实践；通过电影《长津湖》的片段进行思想感悟，组织学生利用多种方式编创歌曲。课后，结合中国革命精神，学习更多的相关歌曲。

（二）创新"1234"声乐课程思政建设路径，积极探索专业教学与思政教育同向同行

以习近平关于教育的重要论述为指引，培养学生坚定理想信念，提升道德情操，强化扎实学识，坚守仁爱之心，利用校内外两大实践平台，合理运用"岗赛证"在课程实施中的融通，通过四大品牌活动，激发学生的学习兴趣，提升专业自信，提高职业认同，使课程思政内化于心、外化于行。

团队思考

第一，思政资源库需要不断完善。教师应根据学情变化、社会发展，持续更新完善课程的思政资源，进一步优化思政内容。

第二，教材需要进一步更新。当前使用的专业教材中缺乏思政元素的体现，要进一步开发蕴含思政资源的教材。

第三，教师应积极挖掘思政元素，采取多种手段增加课程思政深度，拓展课程思政广度。

"舞蹈基础"课程思政教学设计

济南幼儿师范高等专科学校课程团队
参赛团队负责人：周惊，团队成员：杨泓、陈琛、张雯、高衍玉
2023年2月

教学设计课件

📖 课程基本信息

课程名称	舞蹈基础
课程类型	专业基础课程
所属学科门类	教育与体育
所属专业	学前教育
课程性质	理实一体化课程
学　时	72
学　分	4

本课程的开设帮助学生学习舞蹈理论和基本技能，强化各种类舞蹈技能和身体协调性、灵活性的训练，培养学生幼儿舞蹈的教学能力和知识储备，使其能胜任在幼儿园实际教学中进行与舞蹈相关的教育教学活动，在学前教育专业人才培养目标中起着重要的基础性作用。

📍 课程教学团队基本情况

本课程教学团队共有成员5人，其中，中共党员3人，教授1人、副教授2人、讲师2人。团队成员中有舞蹈专业课教师4人，思政课教师1人，5人皆为"双师型"教师。成员主持或参与多项课程思政或思政研究专项课题，全部参加了教育部全国高校教师课程思政培训，多次参加各类比赛和观摩活动。团队成员年龄结构、学科专业搭配合理，具有较强的科研能力、丰富的实践教学经验。同时，还邀请山东省委党校党建部主任、

教授吴荣生作为特别顾问，给予了精心指导。

 课程思政建设总体设计情况

（一）学情分析

从知识与技能水平看，通过问卷调查发现，学前教育专业绝大多数学生对舞蹈课认识不深刻，90%以上学生是零基础的，且年龄多在17至18岁之间，身体柔韧性、软开度等方面的技术能力有所受限。但是，90%以上的学生对舞蹈课充满好奇和兴趣，兴趣是最好的教师，这对于舞蹈课程的顺利推进有很大帮助。

从认知与实践能力看，大一新生基本具备一定的学习能力和信息技术技能，能接受网络学习、资料收集整理、小组合作等学习方式，青春期的学生活泼好动，接受能力强，参与意识强，具备一定的自主学习能力，对于舞蹈情感的理解与表达较充分。

从思政基础看，大一新生对学前教育专业认识较薄弱，缺乏职业体验，职业认同感和职业精神有待建立；学生正处于青春期，是价值观、人生观树立的关键期，具有很强的可塑性，需要持续不断地强化教育。

（二）舞蹈课程思政整体设计

济南幼儿师范高等专科学校办学历史悠久，是山东师范教育的开端和山东新文化运动的传播地，是中共一大代表王尽美的母校，具有深厚的文化底蕴和光荣的革命传统。学校以"童心童真童趣，同心同德同行"为校训，是山东省重要的幼教师资培养、培训基地。"舞蹈基础"课程在思政建设的整体设计中，依据舞蹈相关教学理论，融入舞蹈文化和学校办学史，开展"以文化人"的课程思政教育；注重在舞蹈技能培训中加强与深化美育教育，培养有童心、有爱心、有理想的时代新人，实现"以美育人"的课程思政教育；教学重在提高学生能跳、能演、会教的能力，增强职业教育技能，激励学生"向舞而行"。基于学校、专业、课程定位，本课程确立了"以文化人、以美育人、向舞而行"的课程思政主题和主线，建立课程思政教学体系。

（三）建设目标与任务

1. 建设目标

课程思政重在专业课程的教学过程，通过挖掘思政教育元素来发挥价值引领的作用，实现课程育人的目标。本课程以其特有的理论知识、技能传授和美育教育在课程建设中实现以下目标。

知识目标：掌握舞蹈的基本理论和专用术语；掌握舞蹈的基础技能和训练方法，积累舞蹈语汇；学习幼儿舞蹈，掌握幼儿舞蹈训练的方法；了解各类舞蹈的历史文化、风格、特色。

能力目标：提高肢体的灵活性、协调性和表现能力；具备从事幼儿舞蹈教学必备的技能，增强舞蹈艺术鉴赏力；培养实践能力、沟通交流能力与团结合作精神。

素质目标：培养坚强的意志和吃苦耐劳的精神；培养审美情趣，增强人文底蕴，强化艺术修养；热爱学前教育事业，有童心、爱心、有理想，具备良好的教师职业道德；培育社会主义核心价值观；筑牢忠诚于党的教育事业的思想基础。

2. 建设任务

依据课程教学内容和课程思政设计的三大主题，完成三大思政教育任务。

"以文化人"的任务：在各章节舞蹈的相关理论教育中，通过特有概念、发展历程、文化内涵等理论知识，以及学校、专业办学历程的学习，培养学生的家国情怀和社会主义核心价值观。

"以美育人"的任务：通过课程实践教学中各项专业训练包括基训练习、组合学习、舞蹈排练等内容，塑造优美形体，以及教师课上的示范展示和感染力，开展美育教育；利用学校各类文体艺术活动、舞蹈艺术教育等开展美育实践育人。

"向舞而行"的任务：通过理论与实践教学，引导学生热爱学前教育专业，坚定专业信念，增强职业精神，激励学生投身幼儿舞蹈教育，向舞而行。

（四）思政融合与建设内容

依据学校《学前教育专业人才培养方案》，确立"以文化人、以美育人、向舞而行"为思政主题，课程团队对本课程内容进行全面梳理，在技能训练的基础上整合幼儿舞蹈的内容，深度挖掘其文化底蕴、挖掘思政元素，融合凝练出以中华传统文化、红色历史故事、民族文化、非遗传承及职业情感、校风校训等"思政点"，延伸扩展、串联形成以政治认同、国家意识、民族精神、文化自信、职业精神等为主的"思政线"，有机结合舞蹈课程实践性、操作性强的特点以及学前教育专业特色，形成德、艺并重，德育、美育同行，向舞而行的"思政面"。

基于以上融合设计，本课程着力构建"塑形体、育美德""厚底蕴、知传统""习文化、增自信""授之渔、向舞行"四大思政模块。

模块一：塑形体、育美德。课程内容以芭蕾基础训练为主，通过把上练习、地面练习、中间练习等训练，塑造优美形体，锻炼学生吃苦耐劳的品格，磨炼意志，培养持之以恒、拼搏奋斗的精神。课前、课间、课后安排学生欣赏经典红色芭蕾舞剧《红色娘子军》，通过感受红色经典，提升审美意识与鉴赏力，传承娘子军不怕吃苦、英勇无畏、追求理想的革命精神，思考娘子军精神的时代价值和现实意义。

模块二：厚底蕴、知传统。课程内容以中国古典舞学习为主，通过古典舞蹈基本手位、脚位、身韵训练，体会中国古典舞独有的东方式刚柔并济的美，提升学生气质。利用课件导入讲解，帮助学生了解中国古典舞的相关知识，通过学习平台推荐不同时期的古典舞优秀作品欣赏，如《春江花月夜》，理解中国古典舞文化的博大精深，一代代舞蹈家对中国传统文化的坚守与传承，领会传承中华民族优秀传统文化的精髓。

模块三：习文化、增自信。课程内容以各民族民间舞蹈学习为主，通过基本的体态动律、手位、脚位、步伐、组合等训练学习，全面了解各民族民间舞蹈的风格特点，了解民族历史及文化，体会独特的民族精神气质。利用课前、课中、课后查阅资料、交流讨论、思考论证了解各民族的历史背景、民俗文化、非遗传承与社会发展等情况，欣赏优秀舞蹈作品《孔雀舞》、经典红色舞剧《乳娘》和《永不消失的电波》等，让学生全面了解国家民族政策及优秀民族文化精华，感受革命者的家国情怀，体会民族精神，增进民族团结，增强文化自信。

模块四：授之渔、向舞行。本模块的内容主要是结合前三个模块的训练学习，以培养幼儿良好的生活习惯、行为道德规范，以及与时俱进传承红色文化、爱国爱党爱集体等内容作为选材依据，选取立意明确、教育意义鲜明、具有时代特色的优秀儿童舞蹈片段或中国舞蹈家协会的儿童舞蹈考级作品为教学内容，将幼儿舞蹈组合学习分门别类地分散在各个模块的教学中。例如，在组合学习完民族民间舞基本的内容后，加入与之相关的幼儿舞蹈组合训练，将各模块的主题训练顺畅地与幼儿舞蹈衔接，把课后欣赏"童心向党"第十一届小荷风采全国少儿舞蹈大赛获奖作品作为拓展延伸，让学生掌握幼儿舞蹈训练方法，积累幼儿舞蹈语汇与素材，充分认识幼儿舞蹈对引导幼儿健康成长的重要意义。助推学生习经典、知规范，树立规范意识，培养学生的童心童趣，增强对幼儿的情感认同，提升职业意识，培养学生对幼教职业的兴趣和热爱度，突出学前教育专业特色，同时为后续幼儿舞蹈课程的学习作先导，打下技能与情感基础。

✉ 课程思政教学实践情况

（一）紧密结合思政模块，构建多维立体闭环的课程思政教学模式

结合四大思政模块的教学内容，本课程坚持目标导向，抓好"课前、课中、课后、第二课堂"四个阶段，抓实"教师引领、学生自主学习、小组互助讨论、专业技能传授、实践练习、学生自主复习、课外拓展延伸、社团活动、舞台实践"九个环节，充分运用线上线下混合互动及翻转课堂教学，建立"课前+课中+课后+第二课堂"多维立体闭环的课程思政教学模式。同时，明确方式方法和载体路径，实现课内和课外、线上和线下全过程的课程思政。

课前，根据教学模块设计，教师上传相关课程资料及思政素材至教学平台，采取小组任务驱动法引导学生主动学习，完成专业理论与思政素材的先导渗透，自主构建认知体系，并记录遇到的难点问题及初步学习体会，奠定课堂学习的基础。课中，采取示范、纠错、情景带入法，开展讨论交流，技能传授，实践练习，解决问题。同时，有目的地选取优秀作品进行欣赏，教师引导，进一步巩固知识，加强思想碰撞交流。课后，采取实践性学习法，开展实践练习，小组合作练习，延伸拓展、思考讨论。布置一定数量的技能练习和思考讨论以及优秀舞蹈剧和幼儿舞蹈作品欣赏内容，将思政元素融入其中，提升教学成效，检测学生目标任务的完成情况。第二课堂，通过社团活动、艺术佳作鉴赏、专家讲座、舞台实践等形式，拓展学生的视野，提高文化素养、思想境界和职业教育的深度和广度，助其搭建完整的知识架构，促进受教育者情感的升华和知识的内化。

以中国古典舞手位训练教学为例：课前，教师将中国古典舞介绍、体态、手形、手位、舞姿等学习资源上传至学习通平台，布置课前导学任务，通过学生自主学习，了解中国古典舞的文化发展与传承，了解本节课基本的知识点与学习任务，让学生知道"做什么"，培养学生自主学习能力。课中，针对课前导学，小组进行交流讨论，师生互动，了解学习情况，教师有针对性地对学生答疑解惑，进行技能传授，学习、纠正动作，让学生感受中国古典舞之美；强调重点难点，以学生为主导，让学生知道"怎么做"，推动学生养成在技能学习中的精益求精的态度。通过学生的课堂分组合作实践练习，巩固知识技能，配合音乐，加强情感渗透，让学生"学会做"。教师进行归纳总结，突出对中华传统文化情感内在的提升。课后，学生分组练习，巩固课堂知识，录制练习视频作业通过学习通平台提交，赏析中国古典舞经典作品《春江花月夜》，通过网上平台讨论交流学习心得，深化对中国优秀传统文化的认识。

（二）积极探索课程思政实践方法路径，增强综合实践育人品质

本课程在确立一个主题、构建四大模块、抓好"四阶九环"的基础上，紧密结合学校的人才培养目标和学前专业特点，开展教学改革，积极探索课程思政实践方法路径，完善"一个标准"，用好"一个基地"，开辟"五个阵地"，切实增强综合实践育人品质。

完善"一个标准"：修改完善"舞蹈基础"的课程标准，增加课程思政教学目标和内容，强化课程思政考核和达成度评价，突显"舞蹈基础"课程的学前教育专业特色，推动课程思政落地。

用好"一个基地"：将学校特有的王尽美纪念馆和校史馆作为思政教育基地，组织师生观摩学习、接受红色教育，增强家国情怀，领会传承百年师范校风校训。作为王尽美的母校，学校将其革命历程事迹进行全面整理，以"泉城之光"——王尽美与中国共产党创建史展的形式陈列展出，并提炼出"责任、奉献、尽美、励新"为教育主题，激励师生奋进、引领党建和思政工作发展。王尽美纪念馆已成为全市、全省重要的党性教育基地。

开辟"五个阵地"：充分发挥第二课堂、红色剧展演、专家讲座、专业培训、学研训项目的阵地作用，巩固拓展提升思政成效。一是专门开设舞蹈选修课，组织舞蹈社团，代表学校积极参与省、市级艺术展演活动，丰富了第二课堂。二是积极挖掘红色文化资源，师生自编自导自演校园红色音乐剧《尽善尽美》，弘扬红色文化、传承红色基因，取得良好的社会效果。三是聘请省内外知名专家为客座教授，开展幼儿舞蹈等主题讲座，拓宽知识视野。四是团队成员积极参加教育部、省教育厅以及学校组织的课程思政专题培训，紧密结合实际开展舞蹈课程思政研究与设计，承担多项课程思政课题研究任务，进一步提高思政意识和教学能力水平。五是充分依托学校幼教集团，开展学、研、训项目，团队成员以担任科研园长、实习指导教师、学研训指导教师等形式，驻靠幼儿园一线工作，并聘请幼教集团主任及各幼儿园园长担任导师，积极主动了解行业需求和学生表现，找准专业定位，提升课程教学的精准性、实效性。

课程评价与成效

（一）建立多元评价体系机制

为科学有序推动"舞蹈基础"课程思政建设落实落地，充分考虑课程的教学实际，与专业人才培养目标相融合，本课程建立了学生评价、教师评价、社会评价，以及教学成果评价、增值评价组成的多元评价体系机制，坚持过程评价与结果评价相结合，凸显评价的人文性和综合性。

1. 教学评价方面

通过全面收集学校督导建议、师生自评和互评、学生调查问卷等信息，进行综合性研判分析，开展教学反思和教学总结，发现整改薄弱环节，及时调整完善教学设计和教学方法，提升教师的思政意识、育德能力和教学水平。

2. 学习成效评价方面

以教学目标达成度为基准，将隐性的思政元素融入各项考试考核，通过合理设计平时或阶段性考核，线上和线下的讨论、作业完成、课外实践等，考查学生知识技能的增值，情感和价值观的变化，检验课程思政教学的育人成效。

3. 社会评价方面

高度重视实习实训评价，搜集反馈意见，加强支教实习、社会演出、艺术展演等社会实践，不断完善课程思政教学体系，客观审视课程在教学目标设定、具体实施及最终育人成果的成效及不足，不断促进课程思政规范化建设。实习实训单位对学校学生的教育教学能力给予高度认可，取得良好的社会评价。

（二）教学成效显著提升

"舞蹈基础"课程思政教学取得明显成效，有效发挥了协同育人作用，学生的职业素养、思想觉悟显著提升，实现价值塑造、知识掌握、技能培养的有效融合。

1. 专家给予充分认可

校外专家、校马克思主义学院有关专家领导对"舞蹈基础"课程思政教学模块体系建设给予充分肯定。如山东省委党校党建部主任、教授吴荣生认为，"舞蹈基础"课程思政设计以本校特有的"尽善尽美"的精神为引领、传承校风校训，增强审美情趣，强化职业精神，具有师范特色，值得推广。

2. 学生职业综合素养明显提升

从用人单位、实习实训单位反馈情况看，各单位对本校学生综合素质方面普遍给予好评，毕业生受到用人单位的欢迎，许多毕业生迅速成长为骨干教师。同时，通过调查，学生普遍反映，现在的课程内容充实，内涵丰厚，不仅学习训练舞蹈技能，贴近专业特色，接触了解了很多幼儿舞蹈，还学习了很多课本上没有的历史和文化知识，增长了见识，拓宽了视野。

3. 进一步助推"岗课赛证"融通

本课程思政教学体系的实施，有力推动学前教育专业"岗课赛证"融通，以赛促教，以赛促学，切实提升学生岗位专业能力、实践能力。学生在全国职业院校技能大赛高职组学前教育专业教育技能比赛中获得团体二等奖，多次在山东省师范类高校学生从业技能大赛中获学前教育组一、二、三等奖；学生排练的舞蹈作品在全国大学生艺术展演、山东省高校音乐舞蹈专业师生基本功比赛、山东省青少年舞蹈比赛、山东省大学生才艺大赛等活动中多次获奖；许多学生经系统舞蹈训练后，取得中国舞蹈家协会考级教师执教资格证书。

4. 教师教科研能力进一步增强

团队教师在全国、全省艺术展演中多次获得指导教师奖，成员主持或参与教育部、省社科等课题10余项，编写教材5部，撰写论文多篇。

 课程特色与创新

（一）"一个主题四大模块"，实现课程思政润物无声

课程团队紧扣教育部《高等学校课程思政建设指导纲要》的精神要求，找准"舞蹈基础"课程与思政元素自然契合的逻辑规律，深挖课程内容蕴含的"思政点"，延伸扩展串联成"思政线"，总结提炼升华形成"思政面"，确立了"以文化人、以美育人、向舞而行"的课程思政主题，全面构建"四大思政模块"，与专业课程内容结合紧密，有的放矢，实现从传统关注技能技术到综合职业素养的根本转变。

（二）抓好"四阶九环"，构建科学教学体系

结合确立的思政主题和"四大思政模块"教学内容，抓好"课前、课中、课后、第二课堂"四个阶段，抓实"教师引领、学生自主学习、小组互助讨论、专业技能传授、实践练习、学生自主复习、课外拓展延伸、社团活动、舞台实践"九个环节，本课程建立了"课前+课中+课后+第二课堂"多维立体闭环的课程思政教学模式，将思政元素合理分布在课前学生自学、课中讲解实践、课后提升巩固、第二课堂拓展深化中，专业与思政有机融合，润物无声，自然顺畅，实现课内和课外、线上和线下全过程的课程思政。

团队思考

"舞蹈基础"课程思政的实施取得良好效果，但课程思政是一项长期的、系统的工程，需要与时俱进、不断深化，目前本课程思政建设还处于推进阶段，学科建设滞后于"大思政"环境的发展。为确保课程思政落地落实、见功见效，一要进一步深入挖掘课程蕴含的思政教育元素，不断完善、更新已有的思政素材库，使其更贴近学生、更具有时代感。二要加强专业课教师课程思政培训，到先进院校进行观摩交流学习，提升思政意识和思政能力。强化团队协作，并请马克思主义学院或校外有关专家给予指导。三要充分利用现代信息技术手段，实现各学科各专业优质思政资源共享。

"幼儿教师口语"课程思政教学设计

滨州职业学院课程团队

参赛团队负责人：张盼，团队成员：王园、任洁、傅方一、刘云飞

2023年2月

教学设计课件

📖 课程基本信息

课程名称	幼儿教师口语
课程类型	专业必修课程
所属学科门类	教育与体育
所属专业	学前教育
课程性质	理实一体化课程
学　时	30
学　分	2

（一）课程定位

2018年《中共中央　国务院关于学前教育深化改革规范发展的若干意见》强调，要完善教师培养体系，加强幼儿园保育教育实践类课程的建设，提高培养专业化水平，强化专业学习与跟岗实践相结合。"幼儿教师口语"正是需要高度重视的学前教育专业理实一体化的课程，对培养学生的职业技能和综合素质起到重要作用。由于其实践性强的特点更加有利于思政元素的挖掘，本课程也是有巨大发展潜力的专业必修课程。

本课程属于学前教育专业必修课程体系中的支撑课程，对应的职业岗位是能从事学前教育教学和管理的岗位，本课程站在"学前心理学""学前教育学"等课程基础上实现理论与实践一体化，坚持《教师教育课程标准》所倡导的"育人为本、实践取向、终身学习"的基本理念，弘扬《幼儿教师专业标准》所倡导的"专业、践行、反思"的精神，立足幼儿园教育教学的现实需要，结合学前教育学、学前心理学等理论知识，研究探讨幼儿园实际的教育教学活动，为更好地提升学生职业素养及设计、组织、评价幼儿园教

育教学活动的能力而服务。

本课程的总体思政主题为：有理想信念、有扎实学识、有仁爱之心、有道德情操，热爱并传承中华优秀传统文化的中国特色"四有"好幼师。本课程不仅使学生掌握与时俱进的口语技巧，更要兼顾学生的内在气质与文化修养，提升学生的交际能力、学习能力、工作能力、实践能力和创新研究能力的同时，在专业教育与课程思政教育的共同作用下，潜移默化地使"祖国花朵"的"启蒙人"具备优良的个人品质和人格魅力。具体体现在：热爱祖国语言，认真学习、积极贯彻国家语言文字工作方针政策，增强语言规范意识，传承并发扬汉语文化精髓，传递爱国主义情怀；提高自己的业务素养，了解和精通幼教业务，提升自己的口才技能，热爱并传承中华民族优秀的传统文化；树立为幼儿教育事业服务与奉献的精神，融家国之爱、教育之爱和学生之爱为一体，始终保持爱心、耐心、责任心和一颗乐观向上的童趣之心；站在爱的基础上服务幼儿、家长、学校和社会，强化正确的劳动观念和积极的社会责任感，真正站在"立德树人"的角度培育能力强、素质优的中国"四有"好幼师。

（二）课程设置依据

滨州职业学院作为首批中国特色高水平高职学校，目标是打造高素质技术技能人才培养高地，核心是落实立德树人的根本任务。紧跟学校的办学定位，在"五大因素"（人口基数不断增长、消费升级不断加温、家庭结构不断捆绑、重视教育的传统越来越强、城镇化发展的推动）的强力支撑和"三大产业"（幼儿园、培训、幼儿产品）旺盛需求下的学前教育专业越来越亟须高素质、多技能的复合型人才。而"幼儿教师口语"不仅是学前教育专业的必修课程，更是培养一名传授幼儿知识文化、培养幼儿高尚人格、塑造幼儿美好心灵的合格幼儿教师的基础课程。在学校和专业的统筹引领下，首先，依据学前教育专业的人才培养目标，本课程要求学生具有基本的言语、非言语沟通技巧，能够适应现代社会交流沟通的需要，与学前儿童、家长之间建立信任、合作和相互支持的关系，能够观察和评估学前儿童发展、设计与组织幼儿园教育活动；热爱幼儿，具有耐心、责任心，具有科学的世界观、正确的人生观、价值观和教育观。其次，根据职业能力要求，学生应具备环境的创设与利用、一日生活的组织与保育、游戏活动的支持与引导、教育活动的设计与实施、激励与评价、沟通与合作、反思与发展中的口语组织与表达能力。再次，基于"有魅力"的幼儿教师和幼儿园管理者的岗位要求，学前教育专业的学生应具备幽默机智的高情商和感染力强的丰富情感。最后，根据证书要求，学生应具备幼儿教师资格证的面试、普通话等级证书、"1+X"幼儿照护等级证书领域活动实施中的口语表达技巧和能力。

（三）课程性质

在课程性质方面，本课程属于学前教育专业必修课程体系中的支撑课程，不仅以爱心、耐心、责任心为支撑，培养学生流利标准的普通话、沉稳的教学能力、观察幼儿的能力、随机应变的能力、团队协作的能力、人际交往的能力、文化传承的能力、适应环境的能力、创新研究意识等，还更加注意在教学过程中潜移默化地融入世界观、人生观、价值观、道德观的教育，真正站在立德树人的角度打造能力与素质并举的幼儿园教师和管理者。

（四）课程地位

"幼儿教师口语"在高职学前教育专业大一下学期开设，共30个学时。并行课程"学前教育学"和"学前心理学"为本课程提供理论依据，而它们共同为后续课程"幼儿园活动设计与指导"打下基础。

（五）课程作用

本课程站在立德树人的基础上，结合幼儿教师岗位的技能要求和具体教学任务的能力要求，培养学生传承博大精深的汉语文化的人文修养，最终使学生成长为具备健全的人格、爱岗敬业的精神、正确的劳动观、高度的社会责任感、处理和谐人际关系的能力和良好的团队协作能力，有理想信念、有扎实学识、有仁爱之心、有道德情操，热爱并传承中华民族优秀传统文化的中国特色"四有"好幼师。由此可见，本课程是促进学生德智体美劳全面发展的不可缺少的重要途径之一，对学生职业素养的形成起支撑作用。

（六）教学目标

1. 知识目标

普通话基础知识：（1）掌握普通话语音基础知识、普通话发音的基本原理和规律。（2）掌握普通话声母、韵母、音变的发音方法。（3）了解普通话水平测试的试卷结构和考试流程。

一般性口语：（1）了解朗读、朗诵、态势语、演讲、幼儿故事表演、童话剧表演、复述、即兴说话的基础知识。（2）了解语言表演、口语交际的一般特点，掌握口语表达的基本技巧和基本形式。

职业性口语：（1）掌握幼儿教师教学口语、幼儿教师教育口语、幼儿教师交际口语的基础理论知识。（2）掌握幼儿教师教学语言的特点。（3）熟知幼儿教师教育口语的基本特点和针对不同环境、不同对象所使用的教育语言特点。

2. 能力目标

普通话基础知识：能掌握普通话语音特点，讲一口标准、流利的普通话，顺利通过国家普通话等级测试，毕业时能达到国家规定的幼儿教师普通话合格等级。

一般性口语：（1）能流利使用口语进行表达，掌握朗读、朗诵、交谈、辩论、态势语、演讲、幼儿故事表演、童话剧表演、复述、即兴说话的基本技巧。（2）能参加、组织校内外各种语言类活动。

职业性口语：（1）熟悉幼儿教师教育、教学工作环境，在课堂模拟教学中正确且熟练地使用各类教学语言，能针对不同环境、不同对象使用教育语言。（2）有一定的语言交际能力和应变能力。

3. 素质与思政目标

家国情怀：（1）热爱祖国语言，认真学习、积极贯彻国家语言文字工作方针政策，增强语言规范意识。（2）传承并发扬汉语文化精髓。（3）增强爱国主义情怀，立足时代、结合时政、扎根人民、深入生活，传递爱国主义、社会主义和集体主义。（4）培养传道情怀、授业底蕴、解惑能力，融家国之爱、教育之爱和学生之爱为一体。（5）以德立身、以德立学、以德施教，做有理想信念、有道德情操、有扎实学识、有仁爱之心的"四有"好幼师。

职业素养：（1）树立学为人师、行为世范的职业理想，培养爱国守法、规范从教的职业操守。（2）树立学生为幼儿教育事业服务的精神，热爱儿童，饱含教育工作者的爱心、耐心和责任心，时刻背负教育者的责任。（3）树立团结合作的意识，促进良好的人际关系。（4）强化劳动观念，刻苦学习，弘扬勤俭、奋斗、创新、奉献的劳动精神，注重利用所学知识技能，服务幼儿、家长、学校和社会，强化社会责任感。

个人品格：（1）培养健全的人格，时刻保持乐观向上的心态，用丰富的表现力向幼儿传递活泼愉悦的情绪。（2）培养自主学习能力，树立终身学习观念。（3）为人谦虚、待人真诚、积极进取。（4）保持爱心和童心。

（七）学情分析

1. 知识、能力、素养基础

大一下学期学生已经掌握了幼儿教师普通话和朗读、朗诵、幼儿故事表演等一般口语技能，有了一定的口语基础，为本课程的开展做好了知识与技能前提。这样，学生便可以在已有的基础之上最大限度地发挥创造能力，也为思政元素的融合提供了充足的时间。

知识层面：（1）已学习"学前心理学""学前教育学"等课程，对于幼儿身心发展特点有所了解，有助于学生迅速掌握幼儿教师职业口语的基础理论和基本技能。（2）学生通过前期课程的学习，对幼儿教师口语等的基本理论、特点有了较为系统的掌握。（3）虽然学生掌握了一定理论知识，但是缺乏实践能力。

能力层面：（1）在前期课程的学习中，已掌握幼儿教师口语的基本理论和基本技能。（2）能表演幼儿故事，能改编设计简单的儿童剧，能大方自然地演讲朗诵等。

素养层面：（1）在合作幼儿园完成了三个假期的见习活动，已了解幼儿园相关岗位的工作职责与要求，并具备初步的职业素养，但是在幼儿教师教学教育口语方面的职业素养尚未系统培养。（2）从跟岗实习结束后的调研问卷中可以发现，学生抗挫能力不强，吃苦耐劳精神、人际沟通能力需要强化，幼儿故事表演能力需提升。

2. 学习情绪化

高职高专学生的学习情绪化较强，对感兴趣的东西学习积极性较高；对于枯燥的、过于抽象的内容，学习效率较低。因此，在组织教学过程中必须注意结合生活、工作实际，增强教学的生动性。

3. 职业定向性

高职高专学生的学习具有较高层次的职业定向性，学前教育专业学生自进校初就已经基本明白将来的工作岗位（岗位群），因此，课程设计需要以真实的幼儿园教师工作情境为教学平台，将幼儿教师真实的教育教学活动改编为真实的项目教学情境，实境耦合，学做一体，以激发学生的积极性与主动性。

4. 学习能力

高职学生观察力比以前中学阶段强，能通过观察事物而发现问题，认识事物；记忆力也得到较好发展，往往对抽象、系统的逻辑知识不感兴趣，短于学科知识的理解与记忆，长于实践操作与具体感知与分析；思维能力也得到高度的发展，思维的独立性、灵活性、创造性等品质已逐步完善，但往往难以形成系统的逻辑分析；能较全面地分析问题，易于接受新知识，敢于提出自己独到见解；想象力增强，这个年龄的学生在听教师讲课时，即使没有直观的教具帮助，也能在一定程度上对这些现象、过程展开想象，从而快捷地理解其内在规律。根据上述心理认知特点，教师应自觉地尊重学生的主体地位，把学生的学习需求作为教学设计的首要基本原则，具体来说，就是要树立"以生为本"的教学理念。

5. 群体特征

当代大学生的生活特点决定了其创新创造意识和能力，而这种意识和能力能够为本课程注入新的生命力，推动本课程的发展。因而，发挥好学生的学习主体作用不仅有助于学生自身掌握新的知识和能力，更能带给教师灵感，进而不断完善本课程的教学内容，做到与时俱进。

（1）个性特征：思想活跃，标新立异，善于表现自我；有强烈的自我意识；喜欢平等式讨论、争论，乐于接受新鲜事物。（2）行为特征：兴趣导向、社交伴随、全移动化日常、弱目的性阅读、注重效率和沉浸。（3）能力特征：对微信、微博、短视频等新媒体平台有一定了解，有丰富的渠道了解最新的幼儿园课程标准、优秀教案、获奖公开课等，足够的技术支撑能辅助学生学习本课程理论知识和实训锻炼。

课程教学团队基本情况

本课程团队共有5人，由专业课老师、思政课老师、口才学校实践导师、幼儿园一线实践导师组成，结构合理。团队成员积极参加思政学习培训和集体调研，在培训中逐步提升教师思政素养，主动探索课程思政育人模式。

课程思政建设总体设计情况

本课程打破传统知识本位的课程设计理念，以能力培养和素质提升为重点，依据幼儿教师岗位的技能要求，幼儿园具体教学任务的能力要求和学校人才培养目标，挖掘有理想信念、有扎实学识、有仁爱之心、有道德情操，热爱并传承中华优秀传统文化的中国特色"四有"好幼师的思政元素，革新课程内容和教学模式，充分利用好合作企业小马哥哥口才学校的资源和平台，在现有课程基础之上打造好幼儿教师口语课程的"课程思政产教融合"的典范。始终保持"校企"双元开发主体，进而成立"双元"教研团队，做到实时更新课程内容，使重构的项目化教学内容不仅遵循了颗粒化、系统化，还能始终维持新颖化、灵活化。课程教学资源的建设秉持学校与小马哥哥口才学校双轨并行又互有交叉的思路，高职课程强调理论知识，口才学校突出实践能力，最终汇聚成专业、实用、新颖的课程思政案例库。依据"幼儿教师口语"在线开放课程的平台，本课程思政建设还按照课程教学单元划分组织编写教学讲义，定期补充各种教学文件，随时补充相关文献资源，及时补充最新国家政策法规、教研论文和教学成果，形成配套的灵活性、立体化的活页式教材，使思政元素随着国家的时政热点实时更新，与时俱进，不断发展。

（一）教学设计理念

1. 建构主义教学理念

根据学生个性独立的认知特点，充分发挥他们在独立思考和选择方面的自主性，课程团队将建构主义学习理论作为指导课程设计的理论基础，形成以学生为中心的教学模式。一是强调学生对知识的主动探索、主动发现和对知识意义的主动建构；二是以学生的组内讨论和组间评论为主要形式开展讨论和交流等协作学习，以教师适时提出问题引导学生的进一步思考和讨论推进教学进程。

2. 动静态教学诊改理念

本课程引入实时教学诊改，确保教学有效果。一是在每一个相对独立教学环节设置监测点，教师根据平台大数据分析结果和主动观察判断进行学情诊改；二是根据诊改结果及时动态调整教学内容或方式。

3. 跨学科的新颖教学理念：高参与+高认知=广告创意原则

第一，目标原则。明确目标，整合资源。广告创意不能随心所欲，信马由缰，是有明确目的的创造性思维活动。同理，"幼儿教师口语"在进行课程教学设计前也必须明确目标，本课程教学资源丰富，要围绕目标进行整合，根据真实的工作情境构建教学项目，创设以职业能力为导向、以项目工作任务为驱动的新型课堂。

第二，关注原则。关注受众需求，尊重主体地位。广告创意关注原则强调广告创意要抓住广大受众的眼睛和耳朵，千方百计地吸引消费者的注意力，使广告作品传递的信息在消费者心中留下深刻的印象。广告创意关注原则要迎合与满足消费者的心理，以消费者为核心，教学设计也需要满足学习者的需求。学生是学习的主体，从满足主体对象需求的综合效应、尊重主体地位这一目的来看，二者是相同的。因此，本课程在教学设计时借用广告创意中的关注原则，从学习者的需求出发，运用多种方法与手段，吸引学生的注意力，进而达到期望的教学效果。其一，关注学生的注意力，高职高专学生的学习情绪化较强，对感兴趣的东西学习积极性较高；对于枯燥的、过于抽象的内容，学习效率较低。因此，在组织教学过程中必须注意结合生活、工作实际，增强教学的生动性。其二，创设真实的项目情境。高职高专学生的学习具有较高层次的职业定向性，学前教育专业学生自进校初就已经基本明白将来的工作岗位（岗位群），因此，本课程设计需要以真实的幼儿园教师工作情境为教学平台，将幼儿教师在一日生活、游戏活动、日常交际活动中的口语应用场景创设为一个个生动、真实的项目教学情境，实境耦合，学做一体，以激发学生的积极性与主动性。其三，把握学生心理认知特点，尊重学生主体地位，树立"以生为本"的教学理念。

第三，转换性思维原则。广告创意的转换性，指的是从逻辑思维到形象思维的转换，从抽象思维到具象思维的转换。正因为广告创意中善于转换思维，使得创意充满新奇，产生强烈的视听觉效果。广告创意的新奇性是广告作品引人注目的奥秘所在。本课程在教学设计时也应从固有的思维定式中走出来。其一，将抽象的概念原理转换为生动有趣的任务情境。其二，借用现代信息化手段，创设新型课堂。空间可以缩小或放大，时间可以拉长或缩短，抽象的事物可以形象化，复杂的问题可以简单化，师生之间可以全方位的互动。创设轻松、生动活泼的学习环境，激发学生学习的主动性与创造性。其三，以能力为核心，以任务为驱动，转变主客体关系。学生成为真正的主人，教师的作用主要表现在课程教学环境创设、教学资源的提供、教学过程的组织、学习效果的评价等方面。

4. 微格教学法＋微实践＝提升学习效率

所谓微格教学法，就是将复杂的学科知识细化为单项的知识点或教学技能，围绕该技能进行自我审视和旁人信息点评的教学方法。而微实践则包含了课堂微训练、校园微活动、社会微实践，一个"微"字分解了复杂的知识点、肢解了高难度的技巧技能，这样更有利于高职学生熟练掌握理论知识和技能技巧，大大地提升了学习效率。

（二）教学模式的探索与创新

1. "循环式"思政化教学模式

本课程在教学模式上推陈出新，区别于传统的基于真实任务的项目化在线课程，在幼儿园提供真实任务之后，采用在线课程设计和课堂教学设计相结合的同时，又加入了企业（即小马哥哥口才学校）的实践课程设计，使每次任务都能够形成落地使用的作品或方案，最终回归幼儿园，形成"线上线下互动、理论指导实践、实践完善理论"，课前、课中、课后教学一站式解决，不断更新的"循环式"思政化教学模式。

2. "三全育人"结合"三螺旋"的思政培养体系

本课程积极探索全员、全程、全方位的"三全育人"的教学策略与高职学前教育专业"三螺旋"培养机制相结合的培养体系，通过滨州校园合作理事会（幼儿园）、学校、小马哥哥口才学校三个育人主体，构建教师自我诊改、师生互动诊改和学生自我诊改等三个螺旋，以达到学生和教师在每种课堂开展的过程中，不断通过反思和诊改提升自我，形成"三主体、三课堂、三螺旋"的课程思政培养体系。

3. 课上课下混合式教学，"春风化雨"讲思政

教师在课前将任务清单、电子教材、教学课件、名词术语、教学录像、教学图片、课前作业等融入课程思政的资源发送给学生，同时利用网络平台与学生活动交流，满足学生课前自主学习的需要，实现学生课前的自主熏陶；课上教师根据学生自主学习的反馈情况，利用平台的教学动画、案例视频、教学教案、动作纠错、考证评估、问答测试等资源辅助思政化教学，实现教学目标；课后通过学习拓展资源、课后作业、师生交流

等实现学生能力拓展和课堂评价。

 课程思政教学实践情况

（一）教学方法

1. 情景教学法

（1）"幼儿教师口语"课程与情境教学法。

所谓情境教学法，就是教师根据课程内容，借助一定的感性材料和手段，创设出形象鲜明的场景或营造一种浓厚的氛围，辅之形象的语言表达和感染力，再现课程内容描绘的情境表象，以引起学生一定的态度体验，使学生犹如身临其境之感，在特定的语境之中进行交融互动的教学活动，加深学生对学习对象、重难点内容的理解，完成对知识和技能的掌握。

在"幼儿教师口语"课程教学中需要强调口语练习环境的创立，教师要为学生创设一个通过说话活动获取资讯的交际环境，而不仅仅是教授一些发音方法、文体格式和演说技巧等。情境教学法正因为能够创造或利于情感释放的语言情境或接近生活的语言情境，让学生能够身临其境，受到情境的感染，激发学习兴趣和求知欲。而更多情境的创设，才能让学生有机会运用到已学的语言材料和口语技能中。

（2）多样化的情境创设手段。

①利用多媒体创设课堂情境。以第一章《普通话语音训练》中第一节的《普通话基本常识》中的小练习为例，让学生用普通话和家乡话分别朗读彼得·基·贝得勒的《我为什么当教师》的节选片段，总结普通话和方言的区别。为了帮助学生深入体会方言和普通话对于情感传达的不同作用，并借助教室音响外放背景音乐，营造情感氛围，帮助学生总结。例如在讲解"音高"的概念时，为了帮助学生理解男女生不同的音高特点，利用多媒体资源让学生在歌曲创设的特定情境氛围中掌握概念，欣赏歌曲的同时也是理解概念的过程。

②创设游戏情境。以《教育口语》单元中"沟通语"的教学为例，让学生领会教育幼儿的过程中，要善于倾听。为了让学生形象地了解如何更好地倾听这一环节，教师设计了一个传话游戏。

游戏规则：首先，将班级学生七行分为七组，以一句话为内容，进行同行传话。其次，先由老师将传话内容的纸条悄悄给每一组的第一个学生，然后以最快的速度往下传。最后一个学生接到传话后，立即大声把内容说出来，又快又准为胜。

在游戏结束后分小组总结本小组的传话情况，要求每个小组都从听话、传话、说话方面进行评价，总结失败原因。该游戏旨在引导学生要用心听、认真记、善于把握住说话内容中的重点、善于思考，从而提高学生在幼儿教师教育口语中的倾听技巧。

③利用"服化道"创设故事情境。以《幼儿故事讲述》一课为例，为了加强学生讲故事的技巧，鼓励学生利用各种手段增加故事的情趣，创设故事情境，如配上背景音乐渲染氛围，利用图片、服装、玩具、手偶等强化人物身份等。故事情境越真实，越能帮助学生沉浸于故事内容中去练习巩固幼儿故事讲述的技巧技能。

④通过"角色扮演"模拟真实的课堂情境。特别是在《幼儿教师教学口语》单元的教学中，学生分别扮演教师和学生来模拟真实的课堂情境，有利于不断强化学生的教学口语技能。

（3）情境教学法应遵循的原则。

①坚持师生互动原则。首先，教师在情境的创设中起着决定性的作用。教师在本课程教学中，指导学生在各种情境下揣摩各种不同情境，扮演不同角色，使得学生在不同的情境能有效地获得知识、掌握技能。其次，本课程的实践性很强，所以为了让学生能充分掌握，一定要抓紧有限的课堂时间，尽可能地让每个学生都能得到比较充分的训练。

②重视实效性原则。在课堂中，要努力选择贴近生活的话题，采用灵活的形式组织教学，有关专家强调以贴近生活的话题或情境来展开口语交际活动，重视日常生活中口语交际能力的培养。但如果我们所创设的情境仅仅是让学生在原有水平上进行口语训练活动，那么就失去了口语课程教学的意义所在。同时，作为高职学生毕业后直接面临就业，本课程也要从学生的就业出发，让学生切实掌握一些能帮助将来就业发展的口语交际技能。比如，如何应聘面试、如何在不同场合下进行自我介绍、如何进行工作汇报等等。一些在日常生活中学生已经充分掌握的情境，尽量避免在课堂中再次出现，要真正体现口语课程中"教"与"学"的特点。

③兼顾差异性原则。由于男女生生理差异、城乡差异、性格差异、兴趣差异、知识能力差异等各种差异性，每一个学生的幼儿教师口语能力不可能在相同的课程中有相同的发展，或是在每一种情境中能胜任每一个模拟角色。所以在情境设计、实施过程中，都应兼顾到学生的差异性，尽可能让每一位同学在适合的位置上。在兼顾差异性后，才更可能让每一位同学都能积极参与，确保学生在多种情境中都能有所得。

2. 独创课程思政教学方法与手段

【故事说理】在讲解主要知识点时，教师先与学生分享与课程有关的、涉及本节课思政目标的经典小故事，由此引入主要教学内容。

【典型案例】在讲授"讲解语基本要求"时，教师先与学生分享《胡适的白话电报》的经典小故事，由此引出"讲解语基本要求"。故事内容：20世纪30年代初，胡适在北京大学任教。讲课时他常常对白话文大加称赞，引起一些只喜欢文言文而不喜欢白话文学生的不满。一次，胡适正讲得得意时，一位学生突然站了起来，生气地问："胡先生，难道说白话文就毫无缺点吗？"胡适微笑着回答说："没有。"那位学生更加激动了："肯定有！白话文废话太多，打电报用字多，花钱多。"胡适的目光顿时变亮了，轻声地解释说："不一定吧！前几天有位朋友给我打来电报，请我去政府部门工作，我决定不去，就回电拒绝了。复电是用白话写的，看来也很省字。请同学们根据我这个意思，用文言文写一个回电，看看究竟是白话文省字，还是文言文省字。"胡适刚说完，同学们立刻认真地写了起来。十五分钟过去，胡适让同学举手，报告用字的数目，然后挑了一份用字最少的文言文电报稿，电文是这样写的："才疏学浅，恐难胜任，不堪从命。"白话文的意思是：学问不深，恐怕很难担任这个工作，不能服从安排。胡适说："这份写得确实不错，仅用了12个字。但我的白话电报只用了5个字：'干不了，谢谢！'"胡适又解释说："'干不了'就有才疏学浅、恐难胜任的意思；'谢谢'既对朋友的介绍表示感谢，又有拒绝的意思。所以，废话多不多，并不看它是文言文还是白话文，只要注意选用字词，白话文是可以比文言文更省字的。"

教师进行思政总结：学生应该理解并热爱祖国博大精深的汉字文化，培养和传承爱国主义情怀，融家国之爱、教育之爱和学生之爱为一体，做有理想信念的中国好幼师。

【头脑风暴】教师设计与本节课主要内容有关的问题，引导学生讨论思考，由此引入教学。

【情境创设】教师根据课程内容和练习内容，借助一定的感性材料和手段，创设出形象鲜明的场景或营造一种浓厚的氛围，辅之形象的语言表达和感染力，再现课程内容描绘的情境，引起学生一定的态度体验。

【金句嵌入】在一节课的结尾时进行思政升华，配背景音乐渲染氛围，带领学生一起朗读和本节课思政育人目标有关的名人名言，熏陶学生的思想情操。

【典型案例】在"巧口童心"项目的任务一"朗读"的教学中，结尾嵌入习近平总书记关于"教师修养"的金句："三寸粉笔，三尺讲台系国运；一颗丹心，一生秉烛铸民魂。"

教师进行思政总结：学生应该传承博大精深的汉字文化，提升博古通今的文化修养，做有扎实学识的中国好幼师。

3.多种教学法的混合搭配

（1）案例分析法。根据幼儿园实际教育教学活动中真实的情景加以典型化处理，形成供学生思考、分析和判断的实例。

（2）项目教学法。以幼儿园的一个真实教育教学任务，要求学生独立或者合作完成工作任务，理论和实践融为一体。

（3）对分课堂教学法。它是"隔堂讨论"，即课上教师讲授时间和课下学生讨论时间错开。一次对分课堂由教师课堂授课、学生课下自学、师生课堂讨论三个环节构成，重视学习者对知识的内化过程，强调对学习成果进行过程性评价。

（二）学习方法

1.自主学习法

校企合力营造全实境教学环境，充分激发学生的自主学习意愿，培养自主学习能力。

2.合作学习法

关注学生个体差异，根据组间同质、组内知识、能力互补原则组建学习小组，学生通过组内互助和组间互评协作学习。

3.探究学习法

引导学生主动探索、主动发现，以学生的组内互助和组间互评为主要形式开展讨论和交流协作学习，自发形成知识意义的主动建构。

（三）教学内容

本课程内容依据幼儿教师岗位的技能要求、幼儿园具体教学任务的能力要求、人才培养目标和必考证书要求，以实际的幼儿教师教学情境为切入点，融合"有理想信念、有扎实学识、有仁爱之心、有道德情操，热爱并传承中华优秀传统文化的中国特色'四有'好幼师"这条思政教育主线，以真实的教学任务为驱动，选取和设计课程内容，并形成了四大项目模块。项目一，"扬证起航"，秉持"课证融通"的理念，将学前教育专业必考证书的考察重点融入课程，对"证"教学，提升学生灵活的应试能力。同时，深入挖掘"有理想信念"的思政元素。项目二，"巧口童心"，以幼儿园真实的活动为任务和案例，进行必备口语技能的教学，从态势语的训练到童话剧的排演，难度层层递进，完成任务的综合能力不断强化。同时，深入挖掘"有扎实学识"的思政元素。项目三，"教诲有方"，还原真实的教学、教育情境，真正使学生掌握使用教育教学口语解决实际问题的能力。同时，深入挖掘"有仁爱之心"的思政元素。项目四，"将心比心"，院园合作为基础，加强实践教学，不断提升学生与幼儿家长、本班教师、幼儿园领导等的口语交际能力。同时，深入挖掘"有道德情操"的思政元素。

每个项目又分别对接小马哥哥口才学校相应的课程内容，形成针对性强、创新性高的实践课程，使学生在幼儿园真实工作任务的驱使下学习口语知识和技能，又在最贴近幼儿、服务于幼儿的企业中完善作业、作品，最终输送给幼儿园，在循环往复的过程中既掌握了专业知识和技能，又培养了创新实践能力。

（四）教学资源

1. 硬件资源

（1）校内实训室：能够开展在线精品课教学的"教学做一体化"实训室，配备相应的设备设施，同时，学校正在积极筹建学前智慧实训室、幼儿保育实训室、幼儿活动实训室等新型功能化实训室，为接下来的在线课程建设提供有力支持。

（2）小马哥哥口才学校：与知名企业小马哥哥口才学校合作，充分利用口才学校的"智慧教室""小舞台"等作为学生实践基地，同时参与小马哥哥口才学校的社会实践活动、电视台合作等的大型演出或比赛，把握机会灵活运用"移动的社会实训室"，即各大社会实践、比赛、演出场地，使学生身临其境，在真实的活动中掌握专业知识技能，激发创新意识。

（3）职教联盟幼儿园：在院园合作理事会、学前教育职业教育联盟的基础下，与教学硬件设施完备的幼儿园合作，借用幼儿园的真实教学环境检验学生作业、作品，使所学知识技巧更贴合岗位需求，更符合幼儿心理，增强课程教学内容的实用性、适用性和针对性。

（4）教学资源库：本课程已有6年的教学积累，形成了丰富的教学资源库，具体包括教材、教学视频、多媒体课件、习题、实训任务单、试题库、动画等。

2. 对接知名企业，融合"明星课程"，构建课程思政案例库

本课程是一门不断发展、需要实时保持"年轻"的课程，学生在提升内涵素养的同时，还要掌握一定的口语技巧，更要学会运用口语技巧。如何利用自身的口才吸引小朋友、用自身的口语知识引导小朋友，甚至用优秀作品激发小朋友的学习兴趣等实际问题都决定了本课程的创新性和实用性。因而，本课程与最了解孩子且处于幼儿口才研究与教育一线的知名企业小马哥哥口才学校合作，对接其"最时尚、最创新、最专业、最闪亮"的口才精品课，实时更新本校课程，使学生始终能够把握最新的理论知识和最受欢迎且最实用的技能技巧，同时不断发展课程的思政元素，构建不断丰富与完善的课程思政案例库。

3. 依附在线平台，开发活页式教材，实时更新思政元素与案例

建设立体化活页式教材，在内容方面具备灵活性和立体化的特点，相较于传统教材，呈现出符合学生学习需求和行业人才需求的新颖体例。除此之外，活页式教材的使用还配套了较为完整的数字化教学资源库。这些数字化资源主要包括视频、动画、三维图、测试题等，并根据教学设计，在课前学习、课堂教学、课后复习中交叉灵活运用，发挥了潜移默化的思政育人作用。立体化活页式教材和数字化资源及时补充更新幼儿园的真实案例、及时应对理论的发展、及时改进学生的培养目标等，实现最新案例滚动，不断更新教材内容，使学生掌握最新理论技能。

4. 充分拓展丰富的校内外实训资源

通过观看幼儿园活动设计录像，组织学生评议，营造自由讨论的氛围；模拟幼儿园教学环境，组织学生设计具体活动的方案，鼓励学生通过个别试讲、小组试讲的方式提高教学实践能力，同时潜移默化地让思政目标可视化；组织学生参加校园实训活动（如各种文化艺术节的文艺演出）以及校园或社会组织的各项比赛，如学前教育专业技能大赛、朗诵比赛等，加强学生对口语技能的吸收；总结实用的幼儿教师口语技巧、实践经验、口才技能以及优秀学生作品上传到智慧职教网等影响力大的平台，吸取多方评价不断完善幼儿教师口语技巧的同时，传递课堂所学思政内涵的正能量。借助小马哥哥口才学校的平台，参与滨州市电视台、滨州市广播电视台、中国教育电视台、中央少儿频道、中华儿童文艺艺术促进会等各大单位主办或参与的活动、比赛，在真实的实践环境中检验理论知识和口语技能。

（五）课程应用

本课程教学产生了良好的效果，学生把所学技巧运用在学习生活的方方面面，如丰富多彩的校内活动和社会实践，教学资源也共享到慕课平台，学生的作品上传到网络平台，课程应用效率提升的同时，不断促进本课程的高质量发展。

（六）教学内容的组织与序化

本课程的四个项目19个任务82个知识点全部来源于幼儿园真实工作岗位所需的知识与技能。另外，为了培养学生更高层次的口才技能，还融合了口才学校的"明星课程"，如快板、相声等中华优秀传统文化，拓展提升学生能力的同时，丰富了本课程的思政元素，进一步启迪学生的心灵、陶冶学生的情操。

"扬证启航"项目旨在奠定学生普通话的基础，使学生能够说一口流利标准的普通话，并且熟练地发准声母、韵母、声调、音节，掌握语流音变的规律，最终在把握普通话水平测试应试技巧的前提下顺利考取普通话证书，为接下来的"口才技巧训练""教

学口语学习"“教育口语学习"和“交际口语训练"铺好道路，这便是“扬‘普通话’证书，启‘口语’学习之航"的重要意义。本项目承担起引导学生热爱祖国的语言文字的思政育人责任，使学生在了解并贯彻执行国家语言文字方针政策的基础上，养成讲规范语言、标准语言、文明语言的良好习惯，懂得“做好中国人，讲好普通话"是每一个挺起脊梁的中国人的神圣宣言，同时担当起传承“中国话"蕴含的中华民族五千年灿烂文化的责任，做有理想信念的中国特色“四有"好幼师。

“巧口童心"项目旨在提高学生的口才，使学生掌握幼儿教师必备的“傍身技巧"，所谓“巧"既是“口才技巧"，而“口"则是“口语应用能力"，鼓励学生在热爱幼教事业的“童心"驱使下提升自身的口才，从而成为一个深受小朋友喜欢的有魅力的老师。对接幼儿园工作需求和学前儿童语言、思维等素质的发展需求，结合小马哥哥口才学校的“明星课程"，本项目选取了朗读、幼儿故事表演、儿童剧、主持人、演讲、快板、相声等“口才技巧"以提升学生的语言表达能力、随机应变能力和创新思维能力，使学生在掌握技巧的同时学会积累，不断提高自己的业务素养，热爱并弘扬中华民族优秀的传统文化，做有扎实学识的中国特色“四有"好幼师。

“教诲有方"项目旨在培养学生的职业口语素养，无论是不同表达方式的教学口语，还是主要教学环节的教学口语，抑或是日常生活中的教育口语都围绕着一个“爱"字展开，在教授学生口语技巧的同时，潜移默化地融入“爱的教育"，使学生明白解决一切教育难题的“秘诀"都来源于“爱"，这便是“教诲幼儿"最巧妙、有效的“方法"。因此，本项目的思政内涵是教学生提升“会爱"的智慧和能力，要求学生有“知爱"的真善美的心灵，不仅善良正直，更能够尊重幼儿，并善于自我反省，做一个始终保持爱心、耐心、责任心和一颗乐观向上的童趣之心，富有中国心、饱含中国情、充满中国味儿的有仁爱之心的中国特色“四有"好幼师。

“将心比心"项目旨在提升学生交际口语的能力。一名优秀的幼儿教师不仅要会与不同气质的、有特殊需求的幼儿交流，更要会与幼儿家长、同事、幼儿园领导以及社会相关人员等沟通，并且在沟通的基础上创造和谐的人际关系，同时传递出端庄大方的社交礼仪与文化修养。因此，本项目在教学中深入挖掘中华文明社交礼仪的思政元素，使学生能够站在他人角度思考问题，不断丰富自己为人处世的智慧，从而提高自己的情商，此为“将‘教师之心’比‘他人之心’"的精神实质。而学生也能够在技巧练习、情操陶冶、情商提高中传承中华民族社交礼仪的精华，学会真诚待人，并提高创造和谐氛围的能力，争做有道德情操的中国特色“四有"好幼师。

📊 课程评价与成效

（一）思政育人效果考核方式

本课程将口才学校导师、幼儿园导师评价后完善的优秀作品做成视频或音频上传各平台集赞，扩大"思政影响力"；调研学生作息变化，并制作图标统计去图书馆、自习室等学习场所的频率和时间；统计学生刷有关传统文化、汉语文化、教师职业理想、如何提升教师爱心与耐心等与本课程思政元素有关的小视频、图片等的频率；组织学生写"思想行为"改变的反思报告书；完成学生之间的互相评价单；收集学生的学习感受。

（二）"主体多元，角度多维"的思政评价机制

学生自评、小组互评、教师评价、幼儿园导师评价、软件评价、幼儿家长评价的多元评价贯穿教学全过程；基于学情进行群体特征分析、阶段测评成绩和学生见习职业素养分析；基于学生课前预习情况进行学习检测和课后内化吸收；基于学生课中学习情况进行作业展示、幼儿园任务分析、视频讨论、组间互评、企业评价、教师总评；基于课后任务完善情况进行落实方案、案例分享，幼儿园综合评价。信息化手段为科学评价提供数据支撑，运用云班课、Mindmaster软件、职教云、中国大学MOOC平台等多维角度的信息化手段获取客观公正的评价数据，客观描述学生画像、教师画像、班课画像，最终形成一个完整的课程画像，支撑课程的全过程、多元化评价。

（三）形成性评价

形成性评价是相对于传统的终结性评价而言的，是对学生日常学习过程中的表现、所取得的成绩以及所反映出的情感、态度、策略等方面的发展做出的评价，是基于对学生学习全过程的持续观察、记录、反思而做出的发展性评价。本课程采用的形成性评价方法主要有以下两种：

一是档案记录法。形成性评价是动态的，档案记录是形成性评价的基础和基本途径。自学习本课程开始，每个学生都要建立一份档案，主要记录学习基础、兴趣、学习态度。在学习过程中，教师通过设计和开展一系列口语活动，例如朗读、讲故事，创设交际、教学情境，让学生在活动中锻炼口语，教师也从旁记录下他们的强项和弱点。通过档案记录，学生的学习状态记录被实时更新，学生对自己各个阶段的学习变化和发展有更好的了解，教师也能根据档案的内容及时调整教学策略。

二是专题考核法。专题考核法，即教师针对课程要求、学生掌握的各项知识和技能，设置考核专题并细化评分规则。在具体交际环境中，根据教学的实际情境，教师应

该创设与之相关的有针对性、实践性强的口语交际环境，让学生参与其中。

（四）及时性、过程性评价贯穿教学全过程

学情：群体特征分析、阶段测评成绩和学生见习职业素养分析，反映学情基础。

课前：学习检测和课后内化吸收笔记，反馈学生理论学习成效。

课中：作业展示、幼儿园任务分析、视频讨论、组间互评、企业评价、教师总评，组间评价和教师评价反馈学生技能学习成效。

课后：落实方案、案例分享、幼儿园评价综合，反馈学生知识、技能提升成效。

以上全员、全过程、全方位评价，形成了每一位学生的能力测评报告，为学生自评和改进提供依据，并为后续教学改进提供指导。

（五）预达成的教学效果

1. 学生理论、技能水平提升

有效突破教学重、难点，课前理论测试平均分90分以上；课中技能训练阶梯式进行，学生反馈思路清晰，理论易懂，技能训练易掌握；课后幼儿园反馈学生的项目报告整体水平显著提升。

2. 学习效率、积极性增强

有效拓展了学生的学习时间，有效提高了学生的学习效率。引导学生在完成幼儿园任务过程中，发现问题、解决问题，同时对劳动创造价值、传承中华优秀传统文化、热爱幼儿教育事业等方面有直观的、深刻的认识，且能深化职业情感。

3. 职业素养进一步提升

课前幼儿园调研实践活动、课中幼儿园真实项目跟进、课后幼儿园真实采用学生优秀作品，进一步增强了学生的职业道德、职业意识、职业行为习惯、职业技能。

4. 思想行为发生改变

能够反思自己的行为习惯，慢慢朝良好的行为习惯改进，如提高去自习室、图书馆、钢琴房的频率。

5. 更加热爱幼儿教师的职业

相较于之前关注娱乐信息较多，学生上完课后更喜欢搜集有关幼儿教师优秀课堂等的信息。

课程特色与创新

（一）课程内容革新

本课程内容的选取不仅依据学校办学定位、学前教育专业人才培养要求、职业能力需要、幼儿园或企业岗位需求、学生考取证书需要，还需要注重紧跟时代脚步，实时更新案例库、不断充实资源池、深入完善知识理论、创新总结技能技巧。因此，本课程在已有课程体系基础之上对接小马哥哥口才学校优秀课程，重构课程内容，并配套形成活页式教材，打造学生感兴趣、幼儿园使用方便的灵活立体化课程体系。

（二）建立"产教融合"典范，开创"校企双元思政元素"开发基地

本课程思政示范课的建设和研发站在"职教20条"所提出的"校企双元"核心理念之上，遵循"行业指导、企业参与广泛调动社会力量参与"的原则，坚持产教融合、校企"双元"合作开发。紧跟产业发展趋势和行业人才需求，及时将企业、行业发展的新理念、新技能、新规范纳入课程内容，反映典型岗位（群）职业能力要求：（1）加强校企合作，确保"双元"课程研发主体——职教专家、高职院校教师和企业、行业专家共同参与，根据职业院校学生的特点和实际，对课程的实用性、适用性、针对性等进行把关；（2）依托企业真实项目选取教学内容——以幼儿园真实工作过程为依托，以师范技能训练为核心和工作任务要求为导向，对接小马哥哥口才学校课程，依托小马哥哥口才学校实践平台来选取教学内容，形成以思政主线串联的四大项目化模块；（3）突出理实一体化，强调实践性——对接企业工作模式，深入考查幼儿园真实任务的工作流程和企业真实活动的要求，灵活开发课程实训模块；（4）成立校企一体化资源库——成立企业院校一体化教学资源平台（研究交流平台、资源管理平台、虚拟仿真平台），在小马哥哥口才学校的支持下，实时更新资源库，丰富课程展示形式，服务学生个性化学习；（5）建立多维度考核评价体系——评价体系多元丰富，不仅有以"档案记录法"和"专题考核法"为核心的形成性评价方法，同时引入"动静态教学诊改理念"，结合多样化的信息手段丰富评价体系。

（三）教学模式革新：循环式思政化教学模式，校、企、园实时共享

本课程在思政示范课程的服务与应用中，按照"以学生为中心、以学习成果为导向、促进自主学习"的思路进行设计，项目化课程开发伴随新型活页式教材建设，理论知识与实践相结合，使课堂教学达到"教、学、做合一"。线上线下互动、理论指导实践、实践完善理论，课前、课中、课后循环式教学模式既能满足高职学前教育专业学生

上课需要，又能满足幼儿园教师组织幼儿园五大领域教学活动需要，同时满足企业的发展，实现高职院校和幼儿园、企业共同使用。

（四）思政元素与思政案例库的实时更新机制

本课程思政案例库及时补充更新幼儿园的真实案例、及时应对理论的发展、及时改进学生的培养目标、及时更新时政热点等，实现最新思政案例滚动，不断更新课程思政元素的实时更新机制，使学生掌握最新理论技能，不断丰富精神世界，持续提升思政内涵。

（五）"三全育人"结合"三螺旋"思政培养体系下的思政效果可视化措施

本课程在积极探索"全员、全程、全方位"的"三全育人"的教学策略与高职学前教育专业"三螺旋"培养机制相结合的培养体系中，探索了多种检验课程思政育人效果的可视化途径。在可视化效果的检测中随时调整教学思路，不断完善教学模式，大大提高了课程思政育人的质量。

坚定文化自信 讲好中医故事
——"职场英语"课程思政教学设计

潍坊护理职业学院课程团队

参赛团队负责人：王红梅，团队成员：陈炜炜、杜丽芳、仲诚、王瑾

2023年12月

教学设计课件

📖 课程基本信息

课程名称	职场英语
课程类型	公共基础课程
所属学科门类	教育与体育
所属专业	中医专业群
课程性质	理实一体化课程
学　时	64
学　分	2

根据潍坊护理职业学院的办学定位和中医专业特色，紧密对接教育部确定的四项高职英语学科核心素养，本课程的课程定位为"夯实岗位英语语言知识，提升职场涉外沟通能力，培养中医药文化传播力"。"职场英语"课程是培养中医专业国际化人才的重要一环，是山东省中医五运六气研究基地重点培育课程、潍坊市级课程思政精品课程。

📍 课程教学团队基本情况

（一）团队总体情况

本课程团队是一支具备高效融合能力的"外语+中医"双专长型教师队伍，由英语教师、思政课教师、中医专业导师和市政府外事办专员构成。其中，博士2人、硕士3

人，山东省教学名师1人、潍坊市青年岗位能手2人、潍坊市中医工作先进个人1人。团队成员兼具外语能力和中医药文化知识，英语教师全部是中医专业定向专任教师，长期从事中医专业英语教学育人研究，并定期对中医药知识文化进行研修。中医专业导师从事双语教学，并长期针对省内国际学生群体开展中医传统文化教育活动。外事办专员负责对外交流礼仪素养的指导。

本课程团队于2019年12月成立，定向对中医专业英语课程思政工作进行集体教研和实践，2021年11月，被潍坊护理职业学院评为"跨学科互融互通战略团队"。近3年，课程团队获得省级以上荣誉30余项，其中，包括2023年全国"智慧树杯"课程思政案例大赛特等奖、2023年全国外研社"教学之星"大赛特等奖；指导中医专业学生参加英语技能和就业创业类比赛，获得国赛二等奖1项、三等奖2项，省赛一等奖5项、二等奖4项。

（二）团队主持人情况

团队主持人为英语学科带头人、教研室主任、市青年岗位能手、市课程思政精品课主持人，主要承担中医专业"职场英语"课程的授课任务，年均授课600余学时。为更好地进行课程思政育人工作，助力"外语＋中医"双专长型师资队伍建设，定期赴山东省中医五运六气研究基地交流学习。近3年，参加教师教学能力大赛获得国赛特等奖1项，省赛二等奖1项，指导学生参加英语技能大赛获得国赛二等奖1项，省赛一等奖3项。

（三）课程思政参训参培情况

课程团队积极参与院内外线上线下课程思政专题培训活动，尤其是面向公共基础课或中医专业的交流项目。截至2023年8月，共计参加学习培训86学时，开展"二十大进课堂"等主题的课程思政集体教研活动7次，面向院内外各部门开展示范分享活动4次。

📝 课程思政建设总体设计情况

（一）学情分析

课程团队针对授课对象（2021级中医专业群学生）进行了"知识、能力、素养"三维学情分析。分析结果显示，授课对象弱点主要集中在：知识维度——英语语用知识，能力维度——英语口语能力，素养维度——文化思辨品质、文化定力，传承意识。

（二）育人目标和思政主线

党的二十大报告中明确指出，"加快构建中国话语和中国叙事体系，讲好中国故事、传播好中国声音"。同时，习近平总书记在给北外教授回信中提到，外语教学应努力培养更多有家国情怀，有国际视野，有专业本领的复合型人才。国家中医药管理局印发的《"十四五"中医药人才发展规划》提到，加大国际复合型中医药人才培养力度，培养一批专业过硬、通晓国际规划的中医药国际化人才。潍坊护理职业学院中医专业的人才培养目标是培养具有精湛技艺和人文底蕴的德技并修的中医人才。本课程的定位是夯实岗位英语语言知识、提升职场涉外沟通能力、培养中医药文化传播力。课程团队根据以上信息，从学情分析的弱点出发，结合学生"感知—认知—实践"的学习规律，制定了螺旋上升式课程思政主线，即"容多元价值，植文化自信，承岐黄薪火，扬大国之风"，最终达成"坚定文化自信，讲好中医故事"的育人目标。

（三）思政目标引领的课程内容构建

首先，宏观上，课程内容以"典型涉外工作任务"为核心，紧密对接思政主线。

在本课程思政育人目标的引领下，课程团队以中医岗位群的英语需求调研为基础，就岗位英语技能使用频率进行社会需求分析，并充分对接教育部高职英语的课程标准，最终构建了以"典型涉外工作任务"为主线的应用型职场英语课程内容体系，包括6个专题模块，18个职场情景任务。模块内容排列顺序紧扣课程思政主线，各模块思政元素互联互通，紧密对应思政主线内容。情景创设和思政素材选取方面进一步对接中医专业，强调交际的真实性和实用性，将英语语言学习和职场情景刨设与职业素养培养有机结合。

其次，微观上，课程内容以POA产出导向理念为引领，知识、能力、素养、任务四条线无缝融合

POA产出导向理念强调"反向设计、正向实施"。本课程的产出任务紧扣中医职场涉外交流需求，具备高度的适用性和实用性；同时，为保证产出任务的效果，输入内容的选取以产出任务为出发点，反向倒推，精准定位完成产出任务所需要的语言知识、文化知识、策略知识以及语言能力和职业能力，并再次验证是否能够支撑思政主线。

✉ 课程思政教学实践情况

（一）教学实践模型

本课程思政教学实践以POA产出导向理念为引领，深入践行"以学生为中心"，巧妙借助"古今"时间视域和"中外"空间视域，第一课堂、第二课堂、第三课堂三个平台高效联动，充分依托"启发引导、沉浸感知、赛练融合、身体力行"四个路径，通过

双语直播、视频连线、英文话剧、影视配音、小组访谈、话题辩论等多种互动活动，将课程蕴含的思政元素充分活化，形成了"一理念、二视域、三课堂、四路径、X活动"的金字塔式教学实践模型。

（二）第一课堂——SOIPAT教学模型

1. 第一课堂整体设计

第一课堂是发挥育人作用的主阵地，课程团队原创SOIPAT教学模型，包括"Stimulate（激发）—Objective（明确目标）—Inquiry（问题探究）—Presentation（知识呈现）—Assimilation（内化升华）—Transfer（外化迁移）"六个步骤，贯穿课前、课中、课后三个阶段。课前，创设情景，驱动输出。诊断学生在中医职场情景下语言知识的薄弱点及沟通技能、文化礼仪缺失，明确学生存在的共性问题，确定教学重难点，调整教学设计。采取的方法有面对面访谈，以及线上任务、线上测试等。课中，促成学习，螺旋上升。任务设定方面，通过层层递进、螺旋上升式的教学任务设定，分主题、分场景逐一击破各个小目标。学生学习过程中，充分发挥主体作用，有目的地进行学习、探索问题、展示成果，教师恰当地发挥引领、设计的主导作用。采取的方法有游戏竞赛、主题讨论、话题辩论、故事讲述等。课后，实践体验，巩固所学。学生学以致用，迁移外化。采取的方法有录制主题英语演讲、制作双语宣传资料等。

2. 第一课堂实施案例

该案例选自课程内容中模块一任务4，其产出任务是英文邀请信写作。课前，教师创设关于中医文化交流会的情景，发布不同主题的写作任务。课中，通过相关图片引入，引发学生对邀请信写作目的的思考；通过色卡拼图对邀请信语言特点进行合作探究，引导学生体验涉外交际的基本语言礼仪（正式、礼貌）；通过电影片段《刮痧》引出文化差异，引导学生对文化差异词汇配以正确的英文注释，培养学生的文化思辨意识；通过主题讨论"何为跨文化交流之礼仪"，引导学生认识到跨文化交流中的礼仪不仅仅是语言礼貌，更重要的是对不同文化的包容和尊重。课后，通过分层任务对课堂内容进行外化迁移，完善邀请信，并录制文化差异双语视频，进一步提高文化包容意识。

（三）第二课堂——"五一工程"

为培养学生的自主学习意识，强化课程思政育人效果，课程团队实施了"五一工程"，即周一到周五，学生每天自主完成一项中医情景线上英语学习任务，包括双语故事阅读、主题词汇打卡、名言名句翻译、话题影视配音、场景会话模仿。同时组织各类专项比赛（职业主题演讲、写作、翻译比赛等），对学习成果进行检验，让学生体验到滴水穿石的成就感。

（四）第三课堂——国际交流实践项目

进行国际交流实践项目是提升中医药文化国际传播力最直接的途径。学院开设了以"一带一路引领，就业创业助力"为主题的中医药文化国际交流实践项目。2022年10月，学院与菲律宾西利曼大学合作成立"中医文化研修班"，截至2023年12月，已开展9期中医文化主题的线上交流，包括线上五禽戏展示、中医药英文情景话剧、斗鱼英语直播等。2023年10月，学院与加拿大谢尔丹学院签订"班墨学院"共建协议。2023年11月，学院与菲律宾克里斯汀大学签订协议，成立"五运六气传承培训项目班"。此外，还鼓励学生积极参与创业就业项目，学生自制中医药产品、制作养生小妙招英文版，并通过直播、视频连线等方式推荐给外国友人。

📊 课程评价与成效

（一）课程思政评价

课程团队努力实现思政育人评价由"润物无声"转向"掷地有声"，采用"全程多维、量化指标"的动态考核体系，从课程思政主线出发，将评价内容逐级分解，最终形成6个二级指标和12个三级指标（观测点），最大限度地实现隐性效果显性评价。采用的方法包括目标对照、行为分析、调查问卷、情感探测、自我反思等。评价结果反馈教学过程，形成闭环循环。同时，注重增值性评价对于教学过程的指导作用，下一步将采用增值性成长系数机制，即根据增值性评价结果提升幅度将系数设定为1.1、1.3、1.5，并纳入思政评价最终结果。

（二）课程思政育人成效

1. 课堂开口率达82.3%，较其他专业级高13.1%

课程后台数据显示，本课程活跃度达98.2%，课堂活动、课程资源、主题讨论和学习完成率均在90%以上。学生在课堂上开口率达82.3%，较其他专业同类班级课堂任务参与率高13.1%。

2. 参与涉外交流的学生比例达67%，中医药国际宣传活动空前丰富

数据统计，两学期课程结课后，所教班级通过线上、线下方式参与过涉外交流（5次及以上）的学生比例达67%，收到国外友人正面反馈的31次。学生通过学习本课程不仅拓宽了国际视野，更重要的是增强了跨文化交流的信心。

3. 学生技能水平和职业素养优势显著

近3年，中医专业学生参加英语技能大赛，获得国赛二等奖1项、三等奖2项，省赛

一等奖5项、二等奖4项。同时，在与兄弟院校中医专业学生职业素养评价中，学校学生整体得分较高，且职业知识和英语能力优势格外明显。

课程特色与创新

（一）基于POA产出导向理念，构建以"典型涉外工作任务"为主线的职场英语课程内容体系

本课程摒弃传统英语教学内容，以中医岗位群的岗位需求为出发点，形成了以"典型涉外工作任务"为主线的应用型职场英语课程内容体系，模块内容排列顺序紧扣课程思政主线，各模块思政元素互联互通，紧密对应思政主线内容。微观层面，对课程输入内容进行反向设计、正向实施，输入内容的选取以产出任务为出发点，反向倒推，精准定位，完成产出任务所需要的语言知识、文化知识、策略知识以及语言能力和职业能力，并再次验证是否能够支撑思政主线。

（二）构建"一理念、二视域、三课堂、四路径、X活动"的金字塔式课程思政教学实践框架模型

以POA产出导向理念为引领，深入践行"以学生为中心"，巧妙借助"古今"时间视域和"中外"空间视域，第一课堂、第二课堂、第三课堂三个平台高效联动，充分依托"启发引导、沉浸感知、赛练融合、身体力行"四个路径，通过双语直播、视频连线、英文话剧、影视配音、小组访谈、话题辩论等多种互动活动，将课程蕴含的思政元素充分活化，育人效果显著。

（三）增加"五一工程"第二课堂、"一带一路引领，就业创业助力"第三课堂育人路径

周一到周五，每天自主完成一项中医情景线上英语学习任务，是对第一课堂教学的有力补充，且能有效提升学生的自主学习能力。以"中国—菲律宾中医药文化兴趣交流班"为主体的国际交流实践活动，紧密对接就业创业项目，见证了英语课程育人"掷地有声"，帮助学生实现国际交流素养和就业创业能力双丰收。

团队思考

（一）深入探索"一生一档案"增值性评价机制

重点规范学生实践活动的影像资料，作为档案赋分的重要依据。实行增值性成

长系数，根据增值性评价结果提升幅度将系数设定为1.1、1.3、1.5，并纳入思政评价体系。还要建立电子档案，实行教师学生双重管理，每学期分别在期中和期末开展两次增值性评价。

（二）拓宽学生中医药国际交流机会

与留学生资源丰富的兄弟院校开展合作，组织中医药文化交流活动，以学期为单位制订交流项目计划，包括交流主题、交流形式、开展次数等。与当地中医药对外贸易机构开展合作，鼓励学生定时分批开展观摩交流。

（三）增加课程思政育人效果评价方式

与兄弟院校中医专业群英语课程育人效果定期展开横向比较，以便于从更高站位了解本校职场英语课程的育人效果，及时改进完善。

音乐思政筑牢青春信仰
——"声乐"课程思政教学设计

济宁职业技术学院课程团队

参赛团队负责人：马祯，团队成员：王珊、郝亚惠、梁承忠、王静

2023 年 12 月

教学设计课件

课程基本信息

课程名称	声乐
课程类型	专业基础课程
所属学科门类	教育与体育
所属专业	学前教育
课程性质	理实一体化课程
学　时	64
学　分	4

　　学前教育直接影响儿童身心全面健康发展，是关乎国民素质整体提升的国之大计，强教必先强师，加强高素质、专业化的幼儿教师队伍建设是建设教育强国非常重要的基础工作。因此，学前教育专业的毕业生既需要有理想信念、有道德情操、有扎实学识、有仁爱之心，将"四有"好老师作为自己的职业理想，又需要具有科学的儿童观、保教观，富有爱心、责任心、细心、耐心，始终将立德树人作为自身的行动指南，立志成为高素质良匠之师。作为学前教育专业基础课，"声乐"课程一直将幼师职业素质培养作为本课程的重点任务，发挥艺术类课程以美育人、以美化人的隐性教育优势，将学为人师、行为世范的职业理想，爱国守法、规范从教的职业操守，传道授业解惑的教育情怀通过音乐思政的方式融入课程，帮助学生筑牢青春信仰。

（一）立足齐鲁文化，突出地域文化特色

依托济宁职业技术学院"以文化人、以文育人"的文化育人理念以及"三融三进三课堂"的文化育人体系，结合学前教育专业"文化融入、双环境育人、三阶段交叉"的学岗直通人才培养模式，发挥"声乐"课程在文化育人方面的艺术感染力优势以及天然的艺术隐形育人因子，本课程定位为："以乐合德，以课赋能，寓教于乐"，围绕培养未来幼师的艺术技能型人才进行课程设置，形成了以"立德树人"为根本任务，"地域特色文化育人"为建设思路，教学、管理、服务三方融入，涉及育人格局、要素、平台、团队N个层面的"一核二维三融入N圈层"的文化育人课程思政建设方向。

（二）构建"五有课堂"模式，推动课程思政建设

依据2010年7月中共中央、国务院颁布实施的《国家中长期教育改革和发展规划纲要（2010—2020年）》，课程团队开始本课程的改革探索，"有用、有趣"的教学模式开始萌芽。为了培养新时代卓越幼师，2013年根据中共中央办公厅印发的《关于培育和践行社会主义核心价值观的意见》，把社会主义核心价值观纳入国民教育总体规划，基于2013年山东省精品课程建设，本课程"有心、有用、有趣"的教学模式形成。2014年根据国务院《关于加快发展现代职业教育的决定》以及山东省高等职业院校教学团队建设的获批，本课程"有心、有用、有趣、有境、有效"的"五有课堂"教学模式成形。

经过7年的改革与实践，本课程于2017年获批山东省首批精品资源共享课程立项，"有心课堂"创新"音乐+主题+思政"的专业课程思政融入途径，丰富了以乐育人新内涵；"有用课堂"强化目标引领，重构了"岗课赛证"融通的教学内容架构；"有趣课堂"深化培养理念，创建了"五位一体"的乐学课堂模式；"有境课堂"拓展育人途径，创新了社会主义核心价值观引领的"小课堂看大世界"的育人环境；"有效课堂"凸显评价功能，改革了"模块+任务+个人"的三级评价体系。

课程教学团队基本情况

本课程教学团队由5名党员组成，其中，2021年全国职业院校技能大赛教学能力比赛一等奖获得者3人，优秀的思政课教师1人。本课程团队师德师风优良，业务精湛，有山东省职业教育青年技能名师1人，济宁市五一劳动奖章1人，山东省高校黄大年式教师团队成员5人，山东省哲学社会科学青年人才团队成员1人，济宁市优秀共产党员、优秀教师、教学能手3人，二级教授1人，副教授2人，博士研究生2人、硕士研究生3人，"双师型"教师5人，高级职称占比60%，"双师"占比100%。团队结构合理，体现

出相当厚重的实力、能力、潜力，是一支政治强、情怀深、学历高、视野广、思维新、自律严、充满活力的高水平师资队伍。

（一）功能重组相向而行，打造"多维度复合式"的课程思政育人团队

依托"党支部+教研室+实践基地"，本课程构建由党支部先锋队、骨干专业课教师、思政课教师、行业企业导师、知名校友等多方资源互补的课程思政育人创新团队，明确"党建引领、专业支撑、多方协同、深度融合、铸魂育人"的课程思政改革创新路径。

课程团队充分发挥"校企共育、专思共研"的优势，根据专业人才培养方案、课程标准和模块化任务的需要，积极发挥合力作用。"专业党员教师+思政课教师"优势互补、常态育人：专业党员教师作为本课程思政的主干力量和直接践行者，在课程思政实践过程中起保障作用；思政课教师发挥专业优势和示范引领作用，以思政课守正创新带动"声乐"课程思政创新发展，积极参与集体备课，将马克思主义的观点、立场、方法，以及政治认同、家国情怀、文化素养、文化基因等，融入"声乐"课程的知识技能体系，打造常态育人格局。"专业课教师+辅导员"双向融合、协同育人：专业课教师在立足学前教育专业实际、发挥音乐专业特长的基础上，为学生暑期"三下乡"社会实践活动和志愿者活动提供智力支持；辅导员可依据"专业+行业"特征，设计课外实践活动，在推动工作创新发展的同时，提升教学的认可度。"专业课教师+行业企业导师"知行合一、动态育人：一方面，专业课教师加强与行业、企业导师的沟通交流，在提升自身专业技能的同时，了解在幼儿园和其他教育机构跟岗实习、顶岗实习学生的在企状况，动态调整育人方案，切实提升学前教育学生的职业素养与职业道德；另一方面，行业、企业导师在本课程思政中渗透企业文化，将"象牙塔"与大社会动态结合，及时"充电"，持续更新"声乐"课程的新储备。"专业课教师+知名校友"内外联动、开放育人：基于专业课教师与知名校友的天然情感基础，二者充分发挥校内校外"双环境"育人功效。通过幼儿园企业专家、历届优秀校友的成长历程、劳模的工匠精神渗透，为学前教育专业学生的自我成长、职业规划提供发展眼光，赋予学生充足的学习动力。团队成员协作交流、研究探索，在行业企业文化、专业文化和职业文化的交融中，持续深化本课程思政改革与实践。

（二）立体化全链条筑基，创新"PTSA工作模式"持续优化工作过程

近3年，本专业群建立了"立体化全链条"教师能力培训体系，形成了多层次、多角度理实结合的培训机制。教学团队通过参与培训讲座、研讨、专题报告、教学工作坊、现场教学观摩和典型经验交流等立体化方式，以及集体备课和定期交流研讨会制度，强化团队的政治理论学习，探索文化教育，丰富企业劳动实践经验，与不同专业教师交流学习，探讨解决问题方法，提升团队教师整体素养和能力，将自我可持续发展和道德修养的自我提升统一起来。

针对"声乐"课程思政教学中隐性化、高阶性教学要求及育人效果评价的复杂性现状，第一阶段，课程团队构建出持续改进的专业课程思政建设路径：以PDCA（Plan—Do—Check—Act）的工作流程循环为纲，从学前教育专业课程思政建设的中观层面出发，构建学年/学期、课程模块、课程的思政建设目标，不同层级负责人通过问卷、深度访谈、声乐专业课教师自评报告、跟踪问卷完成对"声乐"课程思政教学内容安排组织、学习效果、教学方法、教学案例、认同感等的整体性反馈，周而复始地解决"声乐"课程思政工作中的问题，并进入下一个循环，使团队课程思政的思想方法和工作步骤更加条理化、系统化、图像化和科学化。

第二阶段，团队创新PTSA课程思政持续优化改进工作模式，将PDCA中"Do（做）"的部分更新为"Try（尝试）"，这就要求团队在课程思政过程中不断寻找新内容、更新新方法、挖掘新元素。同时将PDCA中"Check"的部分更新为"Study（学习）"，避免了"Check"自上而下检查工作的固定模式思维和抹杀工作创新灵感的可能性，站在边工作边学习的角度，时刻保持"声乐"课程思政工作中对敏感问题的捕捉、发现新问题的能力，不断提升团队课程思政工作的创新能力，使团队持续改进课程思政育人效果，实现价值引领、知识教育和能力培养的有机统一。

（三）聚焦课堂赛教相长，呈现"教育科研服务"一体化的精湛业务成绩

团队成员连续3年参加职业院校技能大赛教学能力比赛，获省赛一等奖2项、二等奖1项，国赛三等奖1项，经过反复打磨、历练，最终夺取2021年全国职业院校技能大赛教学能力比赛一等奖的桂冠。同时获国家级教学成果一等奖1项、二等奖1项，省级教学成果特等奖1项、一等奖1项，山东省优秀实践教学成果奖2项、学院课程思政优秀案例、院级教育教学改革项目特等奖等。

📝 课程思政建设总体设计情况

（一）梳理四方数据，关注成长规划，分析多维学情

本课程的授课对象为高职学前教育专业一、二年级的学生，借助线上教学平台调研活动中对学生知识基础、认知能力、学习特点、专业特性的分析测试，对前序课程"幼儿教师音乐基础"对应本课程相关知识的摸底测试、线下课内外表现综合分析，以及伴随式采集教学过程中学生个体行为、认知人格、学习风格等全要素数据，形成海量数据集合，建立学生数据画像，得出"知理论不擅深思，能表现不擅精技，乐爱岗不擅创新"的学情。同时，通过数据清洗、训练和微调形成可用的数据预测模型，准确把握学生特征，为反映和描述学生学情提供依据，助力课程思政推进精准化。

（二）明确育人任务，精准对标研判，确立教学目标

课程团队根据立德树人的根本任务，以育人为本、德育为先，立足大德层面、公德层面、私德层面，结合学前教育专业培养"四有"幼儿教师的人才培养目标，确定"声乐"课程思政目标为"美润心、乐育德，培养乐学善教的幼儿成长支持者"。本课程通过"以德立身、以德立学、以德施教"，培养"身心健康自然人、职技过硬职业人、人文丰实文化人、品格优秀社会人"，使学生"人生有方向、做人有境界、心中有信仰、做事有底线"，立好青春航标。

同时，对接国家专业标准、行业标准以及学前教育专业师范生教师职业能力标准，结合人才培养方案以及课程标准确定三维教学目标。根据教学目标，结合学生的困惑点、需求点和关切点，确定教学重点，根据学情分析，预判教学难点。

（三）融通"岗课赛证"，立好青春航标，重构教学内容

紧紧围绕学前教育专业知幼爱幼、敬岗爱岗等职业素质要求，认真贯彻落实习近平总书记在全国高校思想政治工作会议上的重要讲话精神，把思政工作贯穿"声乐"课程教育教学全过程。结合高职本科专业建设要求，在"三全育人"理念的指导下，寻找大德、公德、私德与"声乐"课程思政的高度契合点。基于高职院校学前教育专业教学标准和人才培养方案，教学内容参考《幼儿园教育指导纲要（试行）》，融入幼儿园教师资格证考纲和学前教育技能大赛赛项要求，以幼儿园最新、真实岗位任务需求为导向，选用国家规划教材《声乐》，补充主题任务活页式教材，强化实践能力和创新精神，立足学科德育的课程思政本质，将思政教学设计的"一根线"拧进"声乐"课程教学设计的"一股绳"，融通"岗课赛证"综合育人重构课程教学内容。

（四）浸润主题文化，"三线五环"并进，创新育人模式

在习近平总书记关于"培养什么人、怎样培养人、为谁培养人"等教育重要论述指引下，课程团队经过"目标分析与整合、内容梳理与重组、主题选择与确定、活动设计与实施、构建课程评价策略"五个环节，通过信仰塑造、专业提升、职业发展"三线"，将专业技能的锻炼和职业素养的养成，贯穿信仰精神梯度解析教学全程，创新文化引领、主题浸润的"主题文化+N"思政育人模式。

根据课程核心价值观，以社会主义先进文化、中华优秀传统文化、红色革命文化、

中国教育文化"四种文化"为切入方向，开发出"音乐与生活""音乐与家国""音乐与文化""音乐与梦想"四大音乐主题，将社会主义先进文化树新风、中华优秀传统文化立自信、红色革命文化表初心、中国教育文化抒情怀融入歌唱理论的学习、歌唱技法的训练、歌唱艺术的处理以及歌唱活动的实践四大教学模块，以立足时代的正确艺术观、守正创新的文化传承观、赓续红色血脉的爱国观、行为世范的职业价值观为主线，分层次、有计划地通过典型问题将思政元素潜移默化地融入教学全过程。

在体现音乐与生活的艺术歌曲中汲取社会主义先进文化，激发民族自信，塑造精神内核，引领学生认同符合社会主义核心价值理念的艺术观；在古诗词歌曲中感受中华民族的根和魂，增强学生的民族文化认同感、归属感和自豪感；红色革命文化是文化自信的重要源头，通过"共和国的音乐记忆"主题特有的旋律和歌词，滋养大学生的精神世界，歌颂中国人民的革命精神，筑牢青年学生的理想信念；在"德智体美劳儿歌"的主题中，通过"唱给孩子、唱响时代"的方式埋下民族文化传承之根，用职业梦想推动民族文化融入课堂教育。教学设计包括爱国爱党的热情、民族自豪感、爱岗敬业的职业道德、勇于探索的学习观、引领幼儿的教育情怀、关爱儿童的师德教育、中国精神与学前教育实践改革及研究创新等思政元素。课程团队通过"四大主题＋四种文化"资源库，将具有中国特色、中国风格、中国气派的教学典型案例融入教学内容，增强了教学内容的实时性、趣味性、实践性。

为进一步落实习近平总书记关于"重视和加强第二课堂建设"，"以文化育人和实践育人"的讲话精神，课程团队积极探索艺术类课程"寓教于美、寓教于思、寓教于乐、寓教于行"的立德树人特色路径，在教学中坚持理论教学与实践教学相统一、显性教育与隐性教育相统一、价值塑造与能力培养相统一。依托大学生艺术团，丰富第二课堂活动，以国家级、省市级相关竞赛为锻炼契机，兼顾大学生艺术展演、主题音乐党课等艺术实践，以舞台实践的艺术形式诉说中国故事、文化传承和职业精神。立足课堂、辐射全校、联结单位、行业及各领域党组织，构建区域统筹、条块协同、上下联动、共建共享高校课程思政的新思路新格局，通过"N"条实践路径"活化"思政教育。

✉ 课程思政教学实践情况

（一）四种文化聚资源之核，"双平台四层面"共建共享联动化资源

结合学前教育专业特点与"声乐"课程需求，课程团队深入挖掘不同层面的思政要素融入教学资源：基于《幼儿教师专业标准（试行）》《幼儿园教育指导纲要（试行）》

《新时代幼儿园教师职业行为十项准则》，融入行为世范的职业理想；选取幼儿教师系列纪录片、复盘反思表、活动报告单等素材，融入爱岗敬业、劳动精神的职业素养；契合《中华人民共和国教育法》《3—6岁儿童学习与发展指南》，发展学生尊重儿童的职业价值观；落实深入生活的审美艺术作品集，构建立足时代的正确艺术观，使教学资源既是专业知识与技能的学习载体，又拥有思政功能。

依托"国家职业教育智慧教育平台""课程在线教学平台"双平台，从国家层面以"施教者先受教"为主线，打造学习强国资源库；从行业层面以助力幼教行业发展为主线，打造幼师岗位资源库；从专业层面以培养德技并修的幼教人才为主线，打造技能大赛资源库；从课程层面秉承"以乐合德"的理念，打造主题文化资源库，形成专思一体化教学资源。通过对思政要素的有效排列和单一或复合运用，实现思政元素的全程全链全覆盖。

（二）乐学模式践教学之行，"三技并举五位一体"推行个性化教育

课程团队从学习论视角明确"声乐"课程思政中政治认同、家国情怀、道德规范、生活规范等社会规范类内容的实质，将课程思政的教学定位为学生态度的形成与转变和品德的形成与提升。遵循态度和品德形成规律，采用多种方法推行个性化教育。

思政课教学融于专业技能锻炼，通过情景再现创设认知冲突，课堂参与提升主动融合，实践深化彻底转变态度，实现学生态度的"顺从—认同—内化"三段式改变。运用多样化的教学活动，"讲、唱、演"三技并举，有意识地将思政教育内容嵌入个人展示、小组任务、综合展演、集体自评互议、小组成果分享等教学形式。采用合作探究、案例分析、情景模拟等教学方法，使学生在知识共享和同伴支持的基础上，建立逻辑知识技能结构，达到能力体系的完整构建。同时，依托音乐智慧教室，让教学理念、方法"软件"与教学环境"硬件"良性互动，以趣味导入、自主探学、多样训练、闯关比赛、多方互评的"五位一体"乐学模式推行个性化教育。采用游戏化学习策略将音乐形式进行体验式学习，运用动态图形谱、库乐队等信息化技术手段，使学生乐于学习；基于教学平台进行随机提问、动态分组、闯关游戏、弹幕发言，使学生趣味学习，实现音乐可视化、声音形象化、学练赛趣味化。采用差异化学习策略根据学生能力和特点的不同，对不同课堂任务分层分类、动态分组。针对岗位要求幼师自信心、表现力等职业素养与精神，采用"强强联手""以毒攻毒"，扬长补短，从"互相说""互相学"达到"互相教"的目的，增强学生自信心，并将核心素养的培养融入专业教学，促进学生道德意志与道德行为习惯的培养。

（三）三师共育凝育人之魂，"五步进阶五情融入"打通专思融通路径

学习领会《思想政治教育融入专业课堂要点"30条"》的基本观点及方法论，遵循学生思想品德形成发展规律，解构课堂教学的关节点，开展有针对性的教学设计。

课程教学通过"品、析、练、演、评"五步进阶，达到"酝、共、融、抒、升"五情融入。"品内涵"：通过思政案例、音视频等听辨导入、创设思政情境等，引导学生进行思政情绪的酝酿，进行"酝情"。"析方法"：运用故事讲述法、案例分析法等，讲思政故事，解析思政案例，对思政内涵进行点拨，优化内容供给，强化学生思政意识，引起学生对思政元素的"共情"。"练技能"：通过小组协同演练、信息化软件辅助等方式开展"试做—纠错—优化—再做"的技能训练模式，互帮互学，提升学生技能的同时增强其自信心，学会职责担当、团队精神，将精益求精的职业素养等内化于心，达到"融情"。"演作品"：将内化于心的思政元素外化于行，实现"抒情"。"评效果"：通过多方讨论评价、问卷调查等方法，提升思政效果，达到"升情"。专业课教师、思政课教师、企业导师同台共育、发挥协同作用，将幼儿教师的知幼爱幼、爱岗敬岗等职业素质内化于课程思政的素质教学目标中，在教学中时刻关注、同步培育，推动课程思政从"一点一例"向"一课一境"转变。

（四）躬身践行结项目之果，"小课堂里看大世界"舞台平台服务社会

课内知识技能第一课堂、课外实践活动第二课堂、线上资源自主学习第三课堂，协调发展、拓展育人途径，创新了社会主义核心价值观引领的"小课堂里看大世界"的育人环境。通过线上线下混合式教学、翻转课堂，实现优质资源共享，多向互动，践行云台全空间网络育人；鼓励学生积极参加职业技能大赛打擂台，以大赛的内容、评价标准要求教师的教与学生的学，赛教融合提升能力，践行快乐学人；"出彩第二课堂"的舞台实践活动，全面提升学生综合音乐素养，践行出彩乐人；为学生提供参加"三下乡"等社会公益活动的途径，使学生在实践中历练、在担责中成长，增强学生服务人民、奉献社会的真本领，潜移默化地强化学生作为幼师的社会责任，践行大我成人。

📊 课程评价与成效

（一）"三段三级虚实结合"，数字化赋能增值评价

立足学生的全面发展，用情感提升评价"德"，用知识联动评价"智"，用具身参与评价"体"，用创意表达评价"美"，用实践表现评价"劳"。借助数字化手段从评判成绩、结果的经验导向逐步转向基于过程、证据的循证导向，从面向结果的测量模式逐步转向面向未来的诊改模式，从单一数据、单一分析转向多模态数据融合分析，以实现数据驱动的全场景、全要素、全流程人机协同评价。评价内容从原有模糊的关键词和概念表征，到多模态数据链式量化支撑；评价方式从原有经验主导的价值判断过程，到人机协同的循证化个性诊改。

通过课前、课中、课后三个时段，构建模块、任务、个体三级评价体系。模块层面是每个任务的过程性评价与终结性评价：过程性评价设计知识掌握能力、理论认同程度、知识迁移能力、学习积极性四个考核维度，终结性评价设计知识测试、学习成果汇报两大维度。任务层面通过课前的诊断性评价、课中形成性评价、课后拓展性评价促进学业评价和思政评价相统一。个体层面通过教务处课程教学平台、团委"第二课堂成绩单"平台、学生处学生综合素质测评平台，多模态数据分析，形成学生个人成长画像，从思想政治素养、职业精神素养、文体素质拓展、创新创业能力、社会责任担当、法制意识素养等方面对学生进行精准化、个性化评价，形成私人定制成绩单，真正做到全员、全程、全方位多角度、立体化综合评价，促进学生进阶模式深入推进、长远发展。

通过人工价值判断、机器数据感知和人机协同诊改三步突破传统课程思政评价多以量表、测验、调查为主要方式的局限，转向以伴随式数据采集为主的增值性评价。从学习态度、技能训练、日常表现、实践锻炼、知行合一五个维度，聚焦学生在学习中能力提升、态度转变和行为表现制定自主学习任务单、技能测试成绩单、日常表现打分单、实践活动评价单、知识联动成绩单，依据思政学习、职业素养、日常行为三个方面的进步度进行赋分。通过主动探究之星、技能训练标兵、学习帮助榜样、实践奉献达人的评选，建立激励机制，实现增值评价。人工价值判断部分，教师使用课堂自评、同伴互评、校企联评、情境测评等原有课程思政评价方式，做出初步价值判断；在机器数据感知部分，教师依据相关数据生成的可视化表征报告，验证和调整初步价值判断结果；在人机协同诊改部分，教师利用数据画像等可视化数据表征实施人机协同诊断，形成课程思政评价结果，并据此生成干预策略，动态调整后续教学实施。

（二）"乐学思政争相参与"，课程思政改革成效突出

本课程自开课以来本校选课学生涵盖5000余人，网络同步课程访问量600万余人次。通过数据分析，课程的课堂活跃度和学生的学习能力显著提升，呈现乐于探究、乐于合作、乐于表现的特质，课堂出勤率在99%以上，交流讨论参与率达97%，教学视频、课件学习率达100%。近5年，学生获国家级技能大赛一等奖1项，省级技能大赛一等奖7项、二等奖4项、三等奖1项。本专业幼儿园教师资格证考试通过率大幅提高，用人单位对就业生满意率98%以上。学院领导、同事及相关幼教行业对本课程的认可度都在96%以上。

（三）服务多元社会需求，成果扩散示范效应显著

本课程于2022年获批山东省职业教育在线精品课程，被省内多所高校学前教育专业选用，使用学生5000余人。教学团队还承担了山东省教育厅高等职业教育专业教学指导方案的编制，将教学成果推广到省内院校的相同、相似专业与课程当中。学习强国平台对本团队教师授课以及指导学生文艺演出的作品都进行了专门的推广传播，各级媒体也进行了相应的宣传。各兄弟院校纷纷来校学习，团队教师也走出去，先后在山东省内外10余所中高职院校和幼儿园当中进行应用实践，培训人数1000余人。该课程共享辐射范围及影响效果、社会价值日渐凸显。

课程特色与创新

（一）理念创新

本课程秉承"以乐合德、以课赋能、寓教于乐"的教学理念，关注培养新时代幼师的教育情怀，通过音乐的感染与歌唱表现，将高尚的道德理念以潜移默化的方式注入人心，着力培养学生品德；坚持汇聚各方资源，使学生具备相关职业岗位能力；坚持发展学生个性特长，打造寓教于乐活力新课堂，促进高素质幼教人才养成，培育具备美妙声音、美雅仪态、美丽心灵、美好德行的"四美"卓越幼师。

（二）模式创新

本课程采用"课堂传授+艺术实践"双通道，创新"主题+N"思政育人模式。在课堂传授中秉承"思想引领+专业学习"双理念，在单元教学设计中将四大主题文化的思政资源融入教学任务，串成思政主线，在德美交融中提升学生演绎音乐作品的能力，培养综合素养。依托大学生艺术团积极参加传统文化公益推广、主题音乐党课等艺术实践，不仅培养学生卓越的创新意识、独特的审美意趣，还引导学生树立坚定的理想信念，塑造高尚的道德情操，激发他们主动把社会主义核心价值体系融入自己的行动，提高大学生服务国家、服务人民的社会责任感，使音乐专业课程、舞台艺术实践与思想政治教育层层递进、相互支撑、同向同行，形成协同育人新格局。

（三）评价创新

本课程坚持"三段三级虚实结合"，利用"模块+任务+个人"三级评价体系实现数据驱动的全场景、全要素、全流程人机协同循证化个性诊改。基于教务处课程教学平

台、团委"第二课堂成绩单"平台、学生处学生综合素质测评平台，多模态数据分析，形成学生个人成长画像，有助于增强学生对自我的认知，促进学生自信心的建立，激发学生个人的可持续发展。通过自主学习任务单、技能测试成绩单、日常表现打分单、实践活动评价单开展"转化率"的增值评价，通过鼓励优秀学生与后进生结伴学习、帮扶互助，鼓励争当主动探究之星、技能训练标兵、学习帮助榜样、实践奉献达人，在"比学赶帮超"的学习氛围中实现学生人人成长。

团队思考

习近平总书记以"无上光荣"这四个字形容教师的地位："人民教师无上光荣，每个教师都要珍惜这份光荣，爱惜这份职业，严格要求自己，不断完善自己。做老师就要执着于教书育人，有热爱教育的定力、淡泊名利的坚守。"

作为学前教育的声乐教师，除了向学生传授专业技能与知识，更重要的是通过一堂堂课给予学生正确的世界观、人生观、价值观。也正是课程思政建设"凝心铸师魂，立德育新人"的思想引领，使我们在进行课程思政改革的过程中，发现课程思政是一项重要的、长期的、系统的工程。这就要求教师学习领会总书记的重要指示，着力提升自己的思政意识与执教能力，在实际教学中提高课程思政的教学效果，用恰当的方式方法帮助学生于细微处感受点滴的思想价值引领，大力弘扬教育家精神，培养服务支撑教育强国建设的高素质良匠之师，落实立德树人根本任务，促进职业教育高质量发展，助力强国建设。

在本课程思政改革过程中，虽然取得了一些成绩，但还需要精心选取、打磨更多的教学案例，课程思政元素的挖掘和融入方式应更加深入、合理、自然，采用学生乐于接受的方式，最终做到"育人春风化雨，铸魂润物无声"。

公共管理与服务大类

"老年社会工作"课程思政教学设计

潍坊护理职业学院课程团队
参赛团队负责人：韩笑笑，团队成员：于海萍、张瑞、王燕、毛英
2023年2月

教学设计课件

📖 课程基本信息

课程名称	老年社会工作
课程类型	专业必修课程
所属学科门类	公共管理与服务
所属专业	智慧健康养老服务与管理
课程性质	理实一体化课程
学　时	64
学　分	4

📍 课程教学团队基本情况

（一）课程教育教学情况

2013年，潍坊护理职业学院在全省率先开设了老年方向的护理专业；自2014年以来，一直承担着潍坊市民政局养老护理员的培训工作；2015年，招收三年制高职高专老年服务与管理专业学生；2020年，正式更名为智慧健康养老服务与管理专业。在学院党委领导指导下，智慧健康养老服务与管理专业俨然发展成为学院重点专业，在山东省教育厅、潍坊市教育局及职能部门大力支持下成功晋级为国家级品牌专业。"老年社会工作"是智慧健康养老服务与管理专业课程体系中的一门专业核心课程，开设在第一学期。课程理念是"坚守为老初心，守护最美夕阳"，培养目标是帮助学生掌握老年社会工作理论知识，学会运用个案工作、小组工作和社区工作方法解决老年人问题，从而使

老年人达到"颐养、乐享"的美好状态。本课程教学团队共有5人，成员坚持立德树人根本任务，具有良好的师德师风。

（二）课程思政建设

老年社会工作是一份公益梦想与事业，它从中所蕴含的利他主义、助人自助、平等尊重等理念是思想道德教育本色。作为专业第一学期开设的课程，"老年社会工作"承担着为学生树好"旗"、补好"钙"、系好专业课程"第一课"纽扣的作用，因此，铸魂育人是核心，价值引领始终贯穿，价值观培养一直是本课程教学的重中之重。近5年，本课程团队在教学中始终强调"坚守为老初心，守护最美夕阳"的尊老、敬老、孝老理念，把"大德、公德、私德"教育融入学生发展以及为老人服务的工作中，编写了集知识、能力、素质为一体的教学标准及教材，构建了特色鲜明的课程思政研究体系，对课程思政重点、难点、前瞻性等问题做了一定探索研究。

（三）参加课程思政学习培训及集体教研情况

从2019年开始，本课程教学团队参加校级及省级课程思政培训活动约20人次。结合培训心得，课程团队通过集体教研，根植养老一线，坚持以岗位职业能力和国家行业标准为指引，紧紧围绕"尊老敬老、善行孝爱"的养老理念及"明大德、立公德、严私德"的做人目标，将思政元素融入教材的目录选篇、内容安排、复习思考题等诸多方面，做到了整体规划、有机渗透。

课程思政建设总体设计情况

（一）课程思政总体设计理念

积极应对人口老龄化已上升为国家战略，如何培养医养康养相结合的人才，具备居家、社区、机构服务场景相对应的职业能力成为养老服务人才培养的重点。习近平总书记强调，要大力弘扬孝亲敬老传统美德，落实好老年优待政策，维护好老年人合法权益，发挥好老年人积极作用，让老年人共享改革发展成果、安享幸福晚年。本课程遵循成果导向、教育反向的设计原则，以需求确定培养目标，根植养老服务社会工作岗位一线，紧紧围绕"让老年人共享改革发展成果、安享幸福晚年"这一时代课题，以及"坚守为老初心，守护最美夕阳"这一主题，将"孝老敬老、善行孝爱"的养老理念与"大德、公德、私德"思政元素融入符合行业标准、岗位标准、证书标准的教学模块，融入教材编写、内容安排、复习思考题等诸多方面，同时融入学生发展及为老年人服务的工作中，为学生提供思政教育更加便捷的通道。

（二）课程思政建设方向和重点

快速老龄化的时代呼唤高素质技术技能型养老服务人才。作为智慧健康养老服务与管理专业课程思政建设的核心课程，本课程承担着为学生树好"旗"、补好"钙"，系好专业课程"第一课"纽扣的作用，因此，课程建设方向和重点为：适应养老服务行业高质量发展，聚焦老龄化国家战略需求，凝练"大德、公德、私德"三个层面的课程思政要素，锤炼能够"明大德、立公德、严私德"的新时代高素质老年社工岗位技术技能人才，肩负起青春照佑华甲的使命。

（三）课程思政建设目标

本课程贯彻价值引领、知识传授、能力培养"三位一体"的育人理念，以学生为根本，以德育为首位，以教学为中心，实现立德树人根本任务。

1. 思政目标

思政主题是：具有老年社会工作价值观，做到"明大德""立公德""严私德"。

具体思政目标：①通过讲解人口老龄化、老年人需求，学生能够具有行孝尽忠、心怀天下的家国情怀及社会责任感，做到"明大德"；②通过讲解老年社会工作价值观，学生能够具有弘扬人道主义精神，弘扬中华民族尊老传统美德，做到"立公德"；③通过讲解老年社会工作方法及实务，学生能够具有对老年人的尊严、价值、命运尊重的人文情怀，做到"严私德"。

2. 知识目标

认识老年人：了解老年人群体特征以及人口老龄化的含义、老龄化的趋势、特征，了解老年问题产生的原因和老年人的需要，掌握老年权益保护的法律规范。

认识老年社会工作：了解老年社会工作的发展历史以及用社会工作的视角看到老年人；掌握老年社会工作的概念、目标、内容、原则、伦理要求及其价值观、职能与角色；掌握老年社会工作的基础理论、方法和技巧，尤其熟悉掌握老年个案工作、小组工作和社区工作方法及技巧。

老年社会工作实务：掌握在社区、养老机构中开展老年社会工作的方法和策略。

3. 能力目标

知识能力：能用老年社会工作的理论知识分析老年人的实际需求；能制定科学合理的老年服务方案和发展规划，整合社会服务资源，保证服务质量；能够综合运用各种社会工作方法，挖掘老年人潜能，为老年人提供专业照顾服务，处理各类复杂问题。

方法能力：通过对人口老龄化问题的分析、寻找解决问题的方法，培养学生发现问题、分析问题和解决问题的能力，让学生学会独立思考，帮助其具备自主学习能力和工作能力。

社会能力：通过课堂实训、课外实践等教学方法，学生在学习及实践的过程中学会合作、交流沟通、团队协作、创新思路，培养学生的社会适应能力，提高学生的就业竞争力。

（四）课程思政内容构建

本课程紧紧围绕智慧健康养老服务与管理专业的人才培养要求及岗位需求进行设计，通过老年人与人口老龄化、认知老年社会工作、老年社会工作实务三大模块来实施。三大模块的建设思路都是紧抓授课要点，将专业教学与思政教育深度融合，挖掘思政映射与融入点，把握课程教学中思政教育内容与专业知识技能有机融合的领域，寻找课程专业知识内容中的课程思政育人元素。

本课程从老年社会工作价值观即"三德"层面挖掘课程思政内容：大德——行孝尽忠、心怀天下的家国情怀；公德——中华民族尊老、爱老、敬老、助老扶弱的传统美德，对人的尊严、价值、命运尊重的人道主义，社会责任感，公平正义；私德——吃苦耐劳、戒骄戒躁、助人自助、爱岗敬业、团结协作等，主要训练和培养学生的照顾能力、沟通能力、启赋能力、创新能力、决断能力、组织协调能力、自主学习能力、社会适应能力和人文素养。

课程思政教学实践情况

（一）思政教育资源

我国尊老文化博大精深，道德价值源远流长。习近平总书记多次就"尊老"发表重要讲话、对国家老龄事业发展和养老体系建设提出一系列高瞻远瞩的重要论述，国家在老年行业领域出台的一系列政策、法律法规，孝道文化以及尊老敬老等暖心故事，疫情期间社工积极抗击疫情故事、纪录片、微课视频等，都是思政资源的重要来源。

（二）思政内容供给

本课程将知识点、技能点与思政点重新提炼、梳理，并与行业标准进行对照，共分为三部分，分别是：讲解我国人口老龄化现状及特点，培养学生具有行孝尽忠、为"助力老人服务"贡献力量的家国情怀及社会责任感，使其能"明大德"，明确自身成长、职业发展与国家发展之间是密不可分的；训练老年社会工作伦理价值，培养学生对老人的尊严、价值、命运尊重的人文情怀，使其"立公德"，明确价值观对于老年从业者的重要性；在机构、社区实践中，明确理论对于实践的指导意义，弘扬中华民族尊老爱老、敬老助老的传统美德，弘扬社会主义核心价值观，具备无私奉献的精神，具有吃苦耐劳、爱岗敬业等良好职业心理素质、职业道德与职业情感，具有较强的集体意识，发扬团队协作精神，使其能"严私德"，增进对于职业的认知力和敬业感。

（三）思政建设路径及融入过程

本课程围绕"明大德、立公德、严私德"的目标，贯彻课前、课堂、课后全过程育人理念，构建"认知—建构—反思—应用"递进式全过程的特色课程思政育人模式，来落实课程思政。

课前，专业课教师、思政课教师及校外实践教师深入研讨本课程的思政内容，借助教学资源和网络平台发布任务，讲述思政故事，设置讨论话题，引导学生树立养老服务志向，思考老年社会工作者从善、公益、助人情怀，在认知层面潜移默化地影响学生的价值塑造。

课堂，建构"场景+实战"的教学模式，进行理论课堂、实训课堂、实践课堂授课。理论课堂上，理论知识秉承有意义学习的教学理念，按照BOPPPS教学设计方法，采用情境教学、体验式教学、小组研讨法等方式学习老年社工价值、知识、技巧；实训课堂中，团队根据岗位能力，模拟真实工作场景，系统设计实训项目，使教学场景情境化，尽可能地贴近老人真实生活，体验老年社工从善、公益、助人情怀；在实践课堂中，借助现代健康养老产业学院，转到真实岗位完成实际应用，实现将课堂建立在真实工作岗位上，在岗位中将知识传授与价值引领相结合。

课后，学生通过完成一个个案、一次活动、一份总结、一篇日记的"四个一"作业，记录老人故事及岗位上的实事，浸润真情实感，不断反思，锤炼自己。

通过课前、课堂、课后思政育人，持续引导学生初思、深思、反思，最终在学期末实践中，依托潍坊市内19家养老机构，进行老年社工岗位实习实践，在应用过程中厚植职业精神，践行"大德、公德、私德"，实现价值塑造。

（四）课程思政实践情况

本课程在落实立德树人根本任务上紧紧围绕"大德、公德、私德"教育，把实务案例、服务项目、学生能力有效结合，运用"场景+实战"的教学模式，使教学场景情境化、教学课堂实战化，形成了线上与线下教学相结合、课内课外实训相融合、校内校外培育相配合、专业实训与社会实践相聚合的课程体系。并以此创办了校内"521"养老护理节日，搭建了卓越班、精英班、集训班老年社会工作学习平台，增强了学生的实务能力，培养了学生实务外显的"硬实力"和职业知识与素养内秀的"软实力"，帮助学生具备了胜任养老服务的岗位能力，实现了与岗位职业能力的无缝对接。

课程评价与成效

（一）课程考核评价方法机制

本课程考核评价以思政目标为导向、以职业能力为核心，通过不断修订课程标准与课程内容，改进教学过程，采用理论考核、实训考核、实践考核、作业考核相结合的方式，兼顾过程性和结果性；采取多主体互动性评价策略，关注学生个性成长与全面发展，不断进行诊改，实现考核评价与跟踪反馈持续改进。

（二）改革成效

第一，由本课程教学团队编写的《老年社会工作》教材被部分高校选用。第二，通过课程思政改革，学生坚定了理想信念，提升了个人修养和职业素质。经调查，98%的学生愿意毕业后考取助理社工师证，他们认为，通过本课程的学习不仅掌握了社会工作知识，更激发了为老服务的意识及情怀。学生对养老行业的认同感、获得感显著提高，立志从事养老服务行业的学生明显增多；实践过程中表现优异，多次被机构表扬称赞。第三，学生连续四届获全国职业院校养老服务技能大赛一等奖，"老年社会工作"课程为学生练就一身真本领提供了有力支撑。

（三）示范辐射情况

依托本课程研究思路，"场景+实战"的教学模式被全国职业院校技能大赛及全国养老护理职业技能大赛采用，得到专家及评委的肯定，以及山东省民政厅等行政部门给予的认可，并在国内11所兄弟院校推广应用。

课程特色与创新

（一）课程特色及创新点

1. 创新构建"认知—建构—反思—应用"递进式全过程的思政育人路径

本课程将知识点、技能点与思政点重新梳理，重构了思政主题模块化内容，创新建成"认知—建构—反思—应用"递进式的思政育人路径，并融入课前、课堂、课后、课程外实践整个过程。

2. 体现专业特色，全过程浸润"三德"精神内涵

"人无德不立，国无德不兴。"老年社会工作理念与"大德、公德、私德"紧密结合，锤炼能够"明大德、立公德、严私德""作风过硬"的新时代高素质老年社工岗位技术技

能人才。

3. 突出实践思政，真实感受职业精神

以校企合作等形式，深化产教融合。本课程依托现代健康养老产业学院，让学生真实观看、实践老年社工服务。企业教师以身示范的职业精神，帮助学生真实感受老年社工岗位的重要性，增强学生立志从事养老服务行业的志向。

（二）案例

教师在讲授"我国人口老龄化现状"知识点时，通过对比我国与发达国家老年人口数量、经济收入水平、社会保障等差距，帮助学生明确当代青年应"心怀社会，志存高远"，为我国老龄事业发展出谋划策，增强专业使命感。以"我爷爷的一生"为讨论主题，分享"祖父辈经历的故事"，帮助学生深刻领会老年人所经历的峥嵘岁月，引导学生珍惜当下，敬重老人，激发学生为老服务的意识及情怀。

"药" 爱生命　护佑健康
——"老年用药护理"课程思政教学设计

济南护理职业学院课程团队

参赛团队负责人：王婧，团队成员：田园、赵健、张庆、朱秀娟

2023 年 12 月

📖 课程基本信息

教学设计课件

课程名称	老年用药护理
课程类型	专业基础课程
所属学科门类	公共管理与服务
所属专业	智慧健康养老服务与管理
课程性质	理实一体化课程
学　时	54
学　分	3

　　"老年用药护理"是高等职业教育公共管理与服务类智慧健康养老服务与管理专业的专业基础课程之一，承担着面向养老服务与管理、老年照护等岗位，培养掌握和熟悉常用药物特点，老年人常见健康问题的用药护理技能，具备正确执行医嘱、观察疗效和不良反应、开展用药指导与服务等科学素养，能够实现提高和维护老年人身心健康的高素质技术技能人才。

📍 课程教学团队基本情况

　　本课程团队由专业课教师、思政课教师和课程建设指导教师组成，是一支学历、职称、知识结构合理的课程思政教学团队。专业课教师均为"双师型"教师，其中，中共

党员2人，政治素质过硬，教学经验丰富，专业实践能力突出，在课程思政建设方面发挥着模范引领作用。课程主持人是教学能手，曾荣获山东省高校青年教师教学竞赛一等奖，同时担任省级教改项目负责人；专业老师2人，均为高级职称，其中一位教师是全国卫生职业教育教学指导委员会委员、首届省级在线精品课程负责人，主编教材23部，荣获首届全国优秀教材奖；一位思政课教师是全国高校思想政治理论课优秀教师。团队发挥在省内同类课程中主编教材多、承担课题多、获得奖项多、资源平台多、知名教授多的自身优势，通过近几年在学院共建养老机构的专业实践，在习近平新时代中国特色社会主义思想和党的二十大精神指引下，积极贯彻新职教法、新专业标准和教学指导意见，结合本地老年护理人才需求实际，进行了本课程的系列教学改革。同时，秉承"育人先育己，师生共发展"的思政教育理念，积极参加课程思政建设与培训，开展集体教研、专项提升、师生互评、行业反馈等活动，推陈出新，协同合作，形成了高效的思政融课机制，积累了丰硕的实践成果，营造了奋力进取的工作氛围。

📝 课程思政建设总体设计情况

（一）课程启智，思政铸魂，孝亲敬老，护佑健康，实现课程思政建设总目标

在依托对济南护理职业学院共建养老机构和山东省不同社区老年护理需求人群充分调研的基础上，紧扣"德厚、才高、业精、致远"的办学宗旨，围绕教育部和山东省最新版智慧健康养老服务与管理专业各项教学标准和人才培养要求，课程团队把"老年用药护理"课程的思政建设任务确定为：①对接岗位，坚持中华民族的孝亲敬老传统美德；②用创新型的教学模式和现代化信息技术助力本专业学生培养人文精神和职业素养；③服务新时代，全面提升老年人的健康水平和生活质量。整体设计思路是在知识和技能的传授过程中实施"双线"并行的建设内容。"双线"是指以"五心"护理为代表的思政线和以"五药"施救为主体的技能线，双线形成类似DNA双螺旋结构齐头并进，而五类思政元素像DNA上的基因片段，根据学生需要，用"一课一诊，一生一方"等方式来转录、翻译、表达，用"五度评价"来量化评测指标，实现"三全育人"的目的。

（二）对接岗位，挖掘思政元素，构建"五心"护理与"五药"施救螺旋递进的课程思政主线和"仁心药术护佑生命，至精至诚守护健康"的思政主题

本课程将崇高的养老护理职业精神凝练成"五心"护理具体目标。课前，找准学生学习的痛点与难点；课后，挖掘学生亮点，柔性反馈问题。用任务驱动和行动导向，围绕"病与痛，生与死"的情感主线，通过安眠药的推荐（生）、防治药物中毒（死）、感冒药的配伍（病）、癌痛的药物干预（痛）和帕金森病用药教育（老）的教学展示，体现对病患"爱心"、要成长"信心"、遵医嘱"细心"、问用药"耐心"、敬生命"崇敬心"的"五心"护理理念，用爱人之心激发救人之志，努力掌握"五药"施救的技能，努力成长为"能荐药、精用药、善导药、熟防药、巧施药"的最美养老人，实现"仁心药术护佑生命，至精至诚守护健康"的思政主题。

（三）课程大纲的修订与教学目标的重构

在全面贯彻党的二十大报告关于健康中国和发展养老产业指示精神的基础上，课程团队迎接新挑战，踏上新征程，服务新时代，依据对山东省各市养老机构和目标人群的问卷调研结果，结合仁心仁术综合测评和社会实践观察指标，深入剖析学情，紧扣"岗课赛证"需求以专业、行业标准为导向，对照人才培养方案，结合老年照护、失智老人照护"1+X"证书职业素养规则将课程大纲进行修订和重构，合理设计为六个教学模块，并制定相应的具体三维目标。

（四）课程思政元素的挖掘和"五心"护理的有机融合

本课程在理论教学中融入课程思政，体现在对病患"爱心"、要成长"信心"、遵医嘱"细心"、问用药"耐心"方面，达到隐形渗透，润物细无声；同时通过实验教学融入课程思政，敬畏生命，关爱实验动物，敬生命"崇敬心"，实现"五心"护理理念。

✉ 课程思政教学实践情况

（一）优化"数智资源、三段五步"的实施路径，实现"五心"护理

本课程团队在创建思政新模式的同时，并行优化各种教学资源，创建多形态智能资源库（文本、数字、设备、新资源），涵盖榜样力量、科技前沿、志愿服务、新闻事件、临床案例、专家访谈等，立足教学全过程，实现师与生、教与学全时空的互动，赋能全方位共情式、陪伴式教学相长。通过课前、课中、课后环节，实现培养"学、懂、用、辨、讲"五步递进的"五心"护理者，课程标准、教案设计融入思政元素，同步实施促进课程思政落地生根。

（二）创新"双线四环"建设模式，培育问病荐药小助手

本课程的思政教学模式的核心是采用"五心"护理的思政线与"五药"施救的技能线双螺旋并进。具体内容为：第一，"五心"护理突出职业情感养成。通过观看资源案例，体恤各类病患痛苦，培养对病患的"爱心"；通过小组互助活动，共同成长，培养要成长的"信心"；通过岗位模拟训练，严格执行医嘱，培养遵医嘱的"细心"；通过

连线疗护中心，询问用药情况，培养问用药的"耐心"；通过动物实验操作，感恩为科学牺牲的实验动物，树立敬生命的"崇敬心"。第二，"五药"施救紧扣岗位需求。在岗位模拟训练、社区用药服务中，针对不同病患，一课一诊，训练学生"能荐药（能够根据药物作用特点和疾病谱推荐选择适宜的药物品种）、精用药（精通常用药物的给药方法和调配）、善导药（善于根据病患特点进行用药指导）、熟防药（熟练掌握药物不良反应的表现及防治措施）、巧施药（具备根据护理需求协助制定给药方案的技巧）"，以此培育学生成长为问病荐药的用药助手。

本课程实施"观、学、研、评"四环优化的教学过程。"观"：观看文本（教材）、思政资源（视频）案例库，激发学生的学习兴趣，引发学生的思考。"学"：根据VARK学习风格测试，将学生分为"风、雨、雷、电"四型学习者。通过平台发布任务，视觉型（风）同学上传整理学习提纲、听觉型（雨）同学收集、录制病患问药音频、读写型（雷）同学默写药物作用、动觉型（电）同学上传并观看精品资源共享课。分层次分类教学，一生一方，精准确定帮扶对象，全面实现教学调控目标。"研"：将所学知识回馈到临床中，连线安宁疗护中心，实时解答病患用药问题。"评"：采用"五度"评价，即测试样本量大，有广度；题目难易适中，测量有深度；测评法精准，方法有高度；测评方式亲和，有温度；测评调控，实施实时反馈有力度的科学评价体系，配合适时开展的"送你一颗小红心"等趣味展评，将学生评价、同伴评价、教师评价、企业评价相结合。通过四环教学步骤，将"五心"护理、"五药"施救融入教学，深化理论，强化技能，内化素养。

（三）采用混合式教学模式，多种教学方法并举，促进学生全面发展

本课程教学以学生为主体，以培养学生的职业技能和职业素质为中心，以教师为主导，灵活运用任务驱动法、讨论法、角色扮演法等多种教学方法。通过课程育人化、内容职业化、小组合作化、学习自主化来进行课堂教学，理论武装与实践育人结合引领学生奋发有为。

（四）迈向新征程，服务新时代，推进文化育人，构建全覆盖的育人格局

课程团队始终高度重视借鉴与创新。首先，深入挖掘卫生职业院校所特有的文化资源，发挥文化铸魂育人的功能。借助校园里的职业文化这一特殊思政载体，广泛宣传"共和国勋章"及诺贝尔奖获得者屠呦呦、"中国医学圣母"林巧稚、"为培养少数民族医生奉献一生"的何秉贤、"人民的好医生"赵雪芳，推进"思政实践"校园文化建设活动，优化"德厚、业精、才高、志远"的育人软环境。教师利用第二课堂时间，借助校园载体要素，在解剖学标本馆、生命科学馆、校史馆、中医药展览馆等场所，组织学生进行体验式实践教学，发挥载体育德功能，培养医德情感；依托校园活动载体，开展青春健康教育、基础医学知识绘图比赛、医学摄影等主题活动，发挥活动的育德功能，培养学生的情感认同；借助校园文化要素，在"慈园"里栽种萱草花（母亲花），感受医学温度与魅力，潜移默化，入耳、入脑、入心。发挥文化的育德功能，提升医德修养，升华医德境界。

📊 课程评价与成效

（一）课程评价

为将思政培养与职业教育高效融合，课程团队在课程思政评价中突出学生、同伴、教师、家庭、用人单位多元化主体的作用，构建以学生评价为中心、多元化主体协同评价的多指标的课程思政教学效果评价体系。

（二）课程成效

1. 知识传授与价值引领同频共振

本课程紧扣健康中国总目标和老龄化社会现实问题，将老年用药常见问题及社会关注话题作为课堂教学的"案例源"，做好学生的理想信念教育和价值引领。在这一过程中人才培养质量出现了积极多元的变化。其中，学风班风越来越正，班级学生素质综合测评名列前茅，学生课余时间积极参加社团志愿和"三下乡"服务，每年都有毕业生到边远贫困地区服务和就业，用自己的微弱力量奉献社会，形成了学成报国的良好氛围，受到社会一致好评。

2. 课程思政结合实践育人，力求学以致用

课程团队积极贯彻山东省教育厅、济南护理职业学院开展"大思政"实施计划中将实践育人纳入课程思政体系的指导意见，创新育人方式，力求学以致用。同时，充分利用解剖绘图大赛、创新创业竞赛、社会实践和专业实习，以赛促教，以赛促学，学以致用，服务社会，探索出了课程思政结合实践育人的有效途径。

3. 课程先行，示范带动，重点形成课程思政改革辐射效应

教师充分发挥党员先锋模范作用，在课程建设上大胆尝试，勇于创新，在教学实践中积极开展以"三教改革"为引领的教育教学研究，积极拓展课程引领示范领域。其中已开展的研究及主要成果有：① "岗位引领下的用药护理课程建设与实践" 2018年4月获得山东省教学成果二等奖；②本课程主要依托的数字化教材《药理学》已经在智慧职教平台正式上线，截至2023年12月，使用点击率超过800万人次；③2023年2月，本课程思政教学设计获山东省"课程思政研课会"二等奖。

课程特色与创新

（一）初步探索和实践了"五心"护理与"五药"施救的课程思政体系

课程团队充分依托前期省级课程改革成果，围绕"培养什么人、怎样培养人、为谁培养人"三个核心问题，充分发挥思政团队作用，课前筑基、课中强能、课后践行三阶梯递进，以"五度"为评价标准，实现"五心"护理与"五药"施救入耳、入脑、入心，落实了"德厚业精，五育并举"的培养目标。

（二）紧扣"五心"护理与"五药"施救，整合"数智资源"，实现学习者越迁

为配合"五心"护理与"五药"施救理念，课前，教师发布患者咨询视频，唤起学生的爱心，激发学习热情，检验作为复制型学习者的学习效果。课中，教师发布"一课一诊，一生一方"结果，发掘学生亮点及闪光点，赋能学生对自身成长的信心，结合虚拟仿真数字人、3D解剖、用药模拟训练等，引导学生耐心、细心地分析重构课本信息，树立学生敬佑生命的崇敬心，并研判推导结果。课后，围绕本课程的"'药'爱生命，护佑健康"主题，在开展周围目标人群宣教、社区用药志愿者服务等课后拓展活动中，提升学生的思想素质，同时拓展学生领域"能荐药、精用药、善导药、熟防药、巧施药"即"五药"施救的专业技能，提高关注国家健康事业的社会参与度，更加坚定做问病荐药的用药助手和尊老、敬老、爱老、助老的优秀护理员的信心和决心。

团队思考

在课程思政建设过程中，我们坚定了为党育人、为国育才的使命担当，更深刻地体会到课程思政应成为有情有义、有温度、有爱的教育过程。

第一，动人心者，莫过于情。有人曾经说过，教育之为教育，正在于他是一个人心灵的"唤醒"，这是教育的核心所在。教育的本质意味着，一棵树摇动一棵树，一朵云推动一朵云，一个灵魂唤醒一个灵魂。

第二，学习专业知识，需要教师用联系、发展的观点引导学生构筑知识体系，使其对知识的掌握更条理、系统。通过不断充实更新思政素材库，思政元素润物细无声地融入教学，春风化雨滋润学生的心灵，达到了良好的育人效果。

公共基础课

"大学生创新创业教育"课程思政教学设计

东营职业学院课程团队

参赛团队负责人：隋兵，团队成员：李丽丽、王甜甜、王丽、王瑞香、董传盟

2021年12月

教学设计课件

📖 课程基本信息

课程名称	大学生创新创业教育
课程类型	公共必修课程
所属学科门类	公共基础课
课程性质	理实一体化课程
学 时	32
学 分	2

📍 课程教学团队基本情况

本课程教学团队是一支政治信念坚定、结构合理、教学水平高、创新能力强的队伍。其中，课程负责人是山东省教学名师。团队成员中，有2人获得山东省青教赛一等奖，1人获得全省学校思政课教学比赛一等奖，1人被评为山东省大学生十大创业之星。2017年，本课程团队被评为山东省高校黄大年式教师团队。

团队成员积极探索双创教育中的思政融入，精心总结提炼课改实施的心得和成果，项目"双向融合、三维互动的高职院校创新创业教育系统构建与实践"获2018年职业教育国家级教学成果奖二等奖、山东省职业教育教学成果特等奖；主持部省共建国家职业教育创新发展高地研究课题等30项，出版《创新思维》《创新与创业概论》等教材12部；2021年立项课程思政教改项目7项，课程推荐申报全国职教"金课"。

同时，团队成员通过课程思政的专题讲座与研讨、精品课观摩、外出学习交流、聘

请创业成功人士来校开展讲座或做创业导师等方式，强化在创业课程中主动探究思政元素的意识，提高教师的育德意识和能力，从教学理论角度把控课程思政的实践路线，做到课程目标、课程活动、教学情境和教学反馈与评价的一致性。

✍ 课程思政建设总体设计情况

2020年5月，教育部印发的《高等学校课程思政建设指导纲要》明确指出，创新创业教育课程，要注重让学生"敢闯会创"，在亲身参与中增强创新精神、创造意识和创业能力。

基于此，课程团队对标东营职业学院专业人才培养目标和建设目标，结合学情分析，确定了本课程建设总目标。同时，通过对东营及周边地区成功创业的中小企业负责人的调研，分析创业人员应具备的知识、能力和素质，从创业者的知识水平、能力要求和综合素质角度，确定了本课程的知识目标、能力目标和素质目标，以及具有社会责任意识、创新精神品质、创业能力的创新型人才的思政育人目标。

在课程总体设计上，坚持立德树人根本任务，将习近平总书记关于创新创业创造的重要论述贯穿始终，把就业创业教育打造成课程思政育人的新时代平台。

在课程内容设计上，强化课程思政的价值理念与任务导向，将具体创业过程优化整合，与企业负责人重构课程，形成"875"体系：创业8阶段，建构情境；内容7环节，层层递进；学习5步骤，温故知新。利用国家精品在线开放课程的平台优势，从大家最关心的"为何创业"和"如何创业"两大问题入手，融入五大思政核心元素——爱国情怀、创新精神、诚信守法、社会责任和国际视野，把课程思政贯穿就业创业学习和实践的每一个环节。解决课程思政关切的重大物质利益，使学生深刻认识个人价值的实现与国家发展、民族复兴密不可分，着重培养勇立潮头、敢闯会创的大学生创业者，解决了课程思政在新时代的重大利益关切。

✉ 课程思政教学实践情况

本课程在思政建设的实施过程中，坚持"一平台、三课堂、多方法"的实施路径。

一平台即智慧职教平台，依托智慧职教平台先进的技术与手段，充分运用现代化信息技术，优化课程设置、更新教学内容。在吸纳线上优质课程资源，整合相关专业基础课程、实验课程的基础上，厘清"大学生创新创业教育"课程各章节之间的主次关系、层次关系和衔接关系，提升各专业和课程的融合程度。拓展学校学生创业成功案例在社交化学习的功能，搭建校内、校外创业理念与项目深化互通的平台，树立榜样的力量。及时将国际前沿学术发展和最新研究成果、创业实践经验和创业精神融入课程，把课堂延伸到课后，增加思政教育的亲和力和灵活性的三课堂。

三课堂即第一、第二、第三课堂的教学载体。第一课堂，依托与杭州贝腾科技有限公司合作开发的"大学生创业总动员"3D仿真模拟系统和各"众创空间"专业学训平台，学训一体，开展创新创业推演式教学，唤醒创新意识、培养创业精神，营造浓郁的"创"文化氛围；第二课堂，依托大学生创业孵化基地搭建的项目学做平台，广泛开展"创业社团擂台月月汇""创客大智汇"等项目化教学活动，形成创新创业项目资源库，师导生做，师生同做，拓展创新思维、培育创新素养；第三课堂，依托校企共建的系列企业学创平台，开展实践性教学、实境化育人，引导学生在创业企业真实环境中投身实践，提升创业实战能力。第一、第二、第三课堂交互，创业知识和创业精神环环相扣，构建全员全程全方位育人新课堂。

多方法即多元的教学方法。针对不同教学内容、不同专业的授课对象，因材施教采用恰当的教学方法。例如，在创新精神的培养过程中，教师采用案例教学法，通过微电影、微视频、微故事等方式，讲述身边同学的创新创业案例，通过榜样的力量增强学生的创新动力与创新意志。在创新能力的训练过程中，采用研讨式教学，以小组为单位展开讨论，让学生与学生、学生与教师在相互交流讨论中思考，迸发创新创业"小火花"，点燃创新创业梦想，以此增强学生对创新的认识，提升创新能力。在创业实践过程中，采用体验式教学法，通过3D虚拟仿真、项目孵化等方式，引导学生参加双创大赛、参与企业研发项目等，让学生亲身体验创业过程，增强创业本领。

本课程还建设了"爱国强国"创业企业、优秀企业家及大学生创业榜样群等案例库，立体化推进价值塑造，培养学生的家国情怀、新时代企业家精神和"敢闯会创"的核心素养。

📊 课程评价与成效

在课程评价上，本课程建立关注学生成长的评价模型，坚持静态与动态交融、过程与结果并重。并采用课程绩效评价、素质拓展评价、实践成果评价三个层次，涵盖课前、课中和课后三个阶段，分别从课堂投入度、参与度、项目贡献度、活力值和任务完成度、优秀率展开评价，学生个人和团队同时参与评价，最后按照一定权重转换为个人课程综合成绩。在所有的评价点中思政考核点占比达40%。另外，还采用云课堂、火种节微信小程序等线上评价与线下活动评价相融合，以学分银行为载体，将评价绩点折算为学分，形成了泛在式、多点位的全要素激励导向机制。

自本课程思政实施以来，学生的上课积极性和课上参与率明显提升，形成了特有的"再上十分钟"现象。同时，学生青年志愿服务参与人数、"青鸟计划"参与率、用人单位的评价、创业大赛中公益创业项目的参赛率大幅度提升。

各类双创竞赛获奖实现了大跨越、大发展，获得国家级奖项17项，省级奖项24项。毕业生参与自主创业的比例达7%，创业项目3年存活率达70%，同时涌现出10多位在全省有影响力的大学生创业典型。例如，全国返乡创业者王俊达，创建了新农人社区样板项目，吸引121名大学生和退伍军人返乡创业，带动周边1000余农户增收致富。

课程特色与创新

第一，构筑了链式拓展的"专业学训+项目学做+企业学创"三阶课堂。以创新思维、方法、工具、能力为主干，以创业观、职业道德等为补充，使学生既精通创业知识，又具有个人理想，还厚植家国情怀，实现综合素养与健全人格相统一的创新型人才培养的目标。例如，在"去伪存真，挖出有价值的信息——评估你的市场"教学模块学习时，课前，教师通过智慧职教平台引导学生学习市场营销的4P理论，分析消费者和顾客的心理需求，培养学生的服务意识；课上，带领学生甄选创业项目，组建创业团队，探索商业模式；课下，通过"创业总动员"3D仿真实训平台模拟创业和参加各级各类创业大赛，在实践中评估创业市场，引导学生树立强烈的敬业意识以及应对未来不确定性的主人翁精神。

第二，精心打造"创"文化，强调创意、创新、创造、创业、创优、创效"六创"，并辐射全校，将"创"文化融入每一名学生血液，渗透于生活学习的每个角落，贯穿人生发展各环节，形成"圆梦想、创未来"的浓郁氛围，坚定了学生的理想信念、爱国爱校情怀。例如，分享校友李肖肖是如何关注生活中的痛点需求，从发现春节洗车的繁忙，到研发自助洗车机，最终创立"森澜"品牌，实现年营业额突破1000万元的故事，通过榜样的力量增强学生的创新动力，坚定创新意志。

团队思考

第一，在课程思政的评价方法上采用的定性分析居多，如何建立定量分析模型，还有待于进一步思考。

第二，建议搭建课程思政交流平台，共建、共享思想政治教育素材库，形成思政育人共同体，同心同力同行做好课程思政育人工作。

勇担职业使命　成就出彩人生

——"大学生职业生涯规划"课程思政教学设计

东营职业学院课程团队

参赛团队负责人：李丽丽，团队成员：宋秀娟、王燕妮、刘立萍、李广坤

2021年12月

教学设计课件

📖 课程基本信息

课程名称	大学生职业生涯规划
课程类型	公共必修课程
所属学科门类	公共基础课
所属专业	石油化工专业群
课程性质	理实一体化课程
学　时	32
学　分	2

　　在进行职业规划教育的同时开展思政教育是立德树人的必然要求，"大学生职业生涯规划"课程立足当前就业形势，运用社会主义核心价值观引导学生探索自我，了解行业、企业对高素质技术技能人才的整体要求，与专业群建设紧密联系，帮助学生找准职业定位，做好职业生涯决策，将个人发展与国家和社会需要充分结合，实现职业理想，成就出彩人生。

　　学习本课程，有助于激发大学生职业生涯发展的自主意识，树立正确的就业观，促使大学生理性地规划自身未来发展，并努力在学习过程中自觉地提高生涯管理能力和就业能力。

课程教学团队基本情况

（一）整体情况

课程团队成员政治素养高、业务能力强，专兼融合、结构搭配合理。在学历结构上，硕士研究生5人，学历层次高，学缘结构优良；在梯队建设上，45岁以上的1人，35—45岁之间的2人，35岁以下的2人，老中青搭配合理；职称结构上，教授1人，副教授2人，讲师2人，职称结构合理。团队成员中山东省青年教师讲课比赛一等奖获得者1人，国家级精品资源共享课程主讲教师2人；另有全国五四红旗团支部书记1人，山东省德育工作先进个人1人，同时吸纳思政课教师和企业高级技师作为兼职教师。

（二）培训与学习情况

团队成员坚持两周一次的课程思政教研活动，深入学习全国、全省高校思想政治工作会议精神和《高等学校课程思政建设指导纲要》，并积极开展课程思政实践。近3年，共参加教师课程思政意识与能力提升培训、全国高职高专院校课程思政建设专题培训等各类课程思政培训19次，深入学习课程思政融入公共基础课程的方式和方法，借鉴其他高校的优秀做法，提升授课能力。

课程团队致力于职业生涯规划课程思政探索与研究，先后承担了国家、省、市各级课题19项，累计获奖15项。

课程思政建设总体设计情况

2014年6月，习近平总书记在全国职业教育工作会议上的讲话中指出，"努力让每个人都有人生出彩的机会"。为落实总书记指示要求，课程团队致力于课程思政改革，重构教学内容，修订课程标准，深挖课程思政元素，改进教学方法，丰富课程思政素材，总结课程思政教学模式，引导学生明晰岗位需求，精准规划未来职业发展。

（一）明晰课程思政育人目标

基于石油化工专业群人才培养方案、学情分析和课程特点，针对"大学生职业生涯规划"课程内容宽泛、服务专业群程度低等问题，结合"三老四严、苦干实干"的石油精神和石油化工专业群岗位标准，本课程形成如下育人目标。

1. 树立正确的职业规划理念

通过课程思政改革，弥补当前职业生涯规划课程教育教学过程中学生职业观念、职业目标以及就业心态等方面存在的不足和缺陷，将习近平新时代中国特色社会主义思想、社会主义核心价值观、中国梦等嵌入课程教学，引导学生在了解自身个性特质的基础上，结合国家和社会发展需求，树立正确的职业观念和职业理想，到国家和民族最需要的地方，用青春建功新时代。

2. 培育高尚的职业道德情操

通过课堂教学，把以中华民族优秀传统美德为基础的职业道德教育渗透到正确认识自我、探索职业世界、确定生涯目标、提升职业能力和规范职业行为等教学内容中，引导学生实事求是地确立能激励自己奋发向上的职业发展目标，形成与社会发展相符的行为准则，把自己的职业生涯发展与实现中华民族伟大复兴的中国梦联系起来，努力成为吃苦耐劳、团结协作、乐于奉献、勇于创新、爱岗敬业、使命担当的高素质技术技能人才。

3. 提升可持续的职业发展力

通过社团活动和企业锻炼，引导学生准确把握个人的职业定位，支持和鼓励学生在就业实践中，增强投身基层、扎根石油石化行业建功立业的信心和决心，助力个人的可持续发展。努力增强学生专业认同、自我管理、团队协作、适应社会、问题沟通与解决、创新思维等职业竞争力和可持续发展能力，成就其出彩人生。

结合课程思政育人目标，本课程凝练出"吃苦耐劳、团结协作、乐于奉献、勇于创新、爱岗敬业、使命担当"的思政主线，即通过职业生涯规划让每一位同学都有人生出彩的机会。

（二）重构教学内容

整合原有章节，重构教学内容。课程团队针对课程内容宽泛且专业针对性不强等问题，在课程内容体系构建的过程中，根据现代职业教育提高教育教学质量的要求，结合区域产业发展对应人才的素质要求，重构课程内容，形成"守正为心，正确认识自我""心之所向，探索职业世界""身之所往，确定生涯目标""笃行逐梦，提升职业能力""循法而行，规范职业行为"5个项目，每个项目分为3—4个教学任务，层层递进，完整绘制了"出彩人生"路径图。

挖掘思政元素，丰富思政素材。对应每个教学项目，围绕"引导学生将个人价值与社会价值进行结合、激发学生就业热情、强化国情教育、培养学生良好的职业素养、强化职业精神"五大主题，从国际国内时事、历史典故、身边的榜样、中国特色社会主义伟大实践中，深入挖掘思政元素，形成本课程思政素材库。以身边的榜样为例，总结本校学生职业生涯规划的成功案例，通过现身说法满足学生沟通交流、指导咨询的个性化需求；梳理其他高职院校学生和行业成功人士的职业生涯成功案例，树立榜样，引导学生明确发展方向，合理规划未来，点亮出彩人生。

（三）总结教学模式

总结三阶递进式教学模式：课堂上，采用任务驱动、案例教学等方法引导学生完成认知学习；社团活动中，通过情景体验和虚拟仿真等方法，进行素质的拓展提升；企业锻炼采取现场教学，通过真实项目的实施，使学生技能得到实践升华。三阶梯螺旋递进，引导学生明晰责任，将个人价值与社会价值相结合，精准规划未来。

 课程思政教学实践情况

（一）教学实施策略

本课程在具体的教学实施过程中，搭建课程教学平台，建设思政素材库，用视频、案例等大量资源启发、引导学生自主获取基础知识；着眼行业发展，依托课堂、社团和企业三大载体，渗透职业素养养成，带领学生融入行业情境；课堂上采用任务驱动教学法，通过课前任务反馈、情境导入新知、导学练评一体、反思总结修正等教学环节，环环相扣，锤炼学生职业规划技能；使学生做到课前知责明方向，课中担责定行动，课后履责强技能，树立职业道德。通过获知、融境、练技、立德，达到育训并举，德技双修，最终实现课程的思政教学目标。

（二）教学实施举例

以项目二"心之所向　探索职业世界"中的任务4"选择未来岗位"为例。课前，教师通过案例分享身边优秀学生的成长故事，引发学生思考，明确人职匹配的重要性（知责明方向）。课上，通过课前任务反馈、情境导入新知，教师讲解人职匹配的三大原则、讲述女英雄王承书"三次我愿意"的故事，引导学生要立足祖国的未来，把个人成才立业与祖国建设、发展融为一体，到最需要我们的岗位上去；从职业定位角度，告诫学生不要抵触基础岗位，立足小事，才能成就大事；讲解大国工匠薛魁的奋斗经历，提醒学生要踏踏实实、一步一步地积累技术资本和管理经验，逐个实现小目标，逐步接近大目标，明确人职匹配原则。随后小组互助讨论探索个人的目标岗位，然后是教师点评，导学练评一体，引导学生确定备选岗位，明确个人职业理想和使命：做新时代的石油石化人，要坚决贯彻落实习近平总书记视察胜利油田时的重要指示精神，继承和发扬老一辈石油人的革命精神和优良传统，立足岗位，拼搏奉献（担责定行动）。最终课后拓展，学生反思、总结并修正个人职业目标岗位和备选岗位，完善任务单，实现自我的人职匹配（履责强技能）。

本次教学任务指导学生如何选择未来岗位，使学生认识到了人职匹配的重要性，掌握人职匹配的方法和原则，增强了专业认同感，树立了扎根基层、艰苦奋斗的职业理想，将个人生涯选择与国家发展需求相结合。

 课程评价与成效

（一）课程考核评价方法

量化指标，点滴积累。本课程将课程思政目标细化分解成具体的评价指标，采用定性和定量相结合的方法，制定五级评价标准。针对大学生思维敏捷、信息获取能力强、喜欢实时互动交流、偏爱多渠道学习等特点，以云课堂、课堂行为观察量表、小组活动展示、项目任务书、小组答辩、生涯规划书等作为评价工具，实现星级动态评价。

兑换升级，记录成长。学生根据课程思政目标的完成情况，按照评价标准，可以获得相应的铜五星。每获得5颗铜五星，可以兑换1颗银五星；5颗银五星可以兑换1颗金五星。集齐5颗金五星者，平时成绩满分，获得参加大学生夏令营的机会，推荐参与境外交流；集齐4颗金五星者，平时成绩90分，推荐参加社团干部竞聘，获得一次素质拓展活动的机会；集齐3颗金五星者，平时成绩80分，与优秀校友面对面交流，获得一次参观对口企业的机会。

增值评价，关注进步。实施兑换期间，较上一项目有进步者，可以获得1颗银五星作为奖励。

五星级动态评价体系极大地调动了学生参与课堂的积极性，增强了学生的体验感和获得感，也增强了教学的实效性和亲和力。

（二）课程思政成效

1. 每学期教学质量评价均为优秀等次，学生活动参与率、成绩优秀率位居学校前列

自课程思政实施以来，学生上课的积极性大幅提升。近3年，学校公共课满意度评价显示，学生的课堂满意度95%以上，学生课上课下与教师的互动性显著增强，学生活动参与率、成绩优秀率显著提升，位居学校前列。

2. 建成了"大学生职业生涯规划"课程思政素材库

本课程建成并完善了思政素材库，主要包括主编课程思政教材2部；课程思政案例252个（身边榜样28个、热点事件106个、历史典故66个、励志故事52个），其中视频资源114个、文本资源138个。后续将持续关注热点问题、行业发展动态等，不断丰富完善各主题素材。

3. 学生专业认同感、企业满意度、留岗率显著提升，助力毕业生实现高端就业

近3年，毕业生对口就业率97.4%以上，用人单位满意度达98%，烟台万华等多家用人单位发来喜报。实习生留岗率达90.3%，石油化工专业群以20%本地生源实现了毕业生60%的当地就业率，25%的毕业生进入烟台万华、中国化工等中国企业500强就业，有14名同学先后被中国工程物理研究院录用，形成了东营职业学院化验分析团队，实现了高端就业。

课程特色与创新

（一）精准服务专业群人才培养

本课程对标学校石油化工专业群建设，精准对接专业群未来岗位需求，对学生进行专业发展引导；教学过程中创设行业情境，根据专业群核心岗位职业能力要求，设计教学活动内容；教学活动中充分挖掘专业课程的职业发展元素，融入岗位要求，与职业场景实时对接，增强学生的职业角色代入感，做到"一岗一分析，一人一规划"，精准服务学生成长。

（二）构建三阶递进式课程思政育人模式

本课程在"吃苦耐劳、团结协作、乐于奉献、勇于创新、爱岗敬业、使命担当"思政主线的引领下，灵活运用任务驱动、案例教学、虚拟仿真等多种教学方法和手段，达成学生从认知学习到拓展提升，再到实践升华的三阶递进，提高了课程思政育人效果，助力学生成就出彩人生。

（三）创新五星级动态评价方法

本课程将课程思政目标细化分解成具体的评价指标，采用定性和定量相结合的办法，设定五级评价标准。通过云课堂、课堂行为观察量表、小组活动展示、项目任务书、小组答辩、生涯规划书等评价工具量化指标，点滴积累；金、银、铜五星升级兑换，记录学生个人成长；增值评价，关注学生进步，有效提高了学生的学习积极性。

团队思考

第一，树立可持续育人理念，引导学生规划学业、规划职业、规划人生，全面服务学生成长。"大学生职业生涯规划"课程在大学一年级开设，但生涯规划应贯穿大学生成长成才的整个过程，既要指导学生规划学业、规划职业，还要引导学生规划人生，平衡

好职业与生活，做到全面服务学生成长。

第二，育人先育己，教师要关注行业发展动态，增强课程思政的专业针对性，精准服务专业群人才培养。"大学生职业生涯规划"课程具有高等性、职业性和时代性，要满足石化产业数字化转型和智能化升级的需求，培养出适应新时代要求的高素质技术技能人才，需要教师积极参与企业实践锻炼，了解专业群岗位发展和行业前沿，提高课程思政建设能力和水平。

一体驱动　二次促成　三轮评价
——"公共英语"课程思政教学设计

青岛职业技术学院课程团队

参赛团队负责人：张慧，团队成员：郝宁、孙国栋、尹衍杰、郑萍萍

2023 年 2 月

教学设计课件

📖 课程基本信息

课程名称	公共英语
课程类型	公共必修课程
所属学科门类	公共基础课
课程性质	理实一体化课程
学　时	64
学　分	4

（一）基本介绍

高等职业教育专科英语课程"公共英语"是青岛职业技术学院的一门公共必修课，兼具工具性与人文性，是理论课和实践课相结合的课程。本课程全面贯彻党的教育方针，落实立德树人根本任务，以普通高中和中等职业学校的英语课程为基础，与本科教育阶段的英语课程相衔接，坚持"实用为主，够用为度"的原则，以培养学生英语实用能力为主线，同时为各专业后续的专业英语课程做铺垫，旨在培养学生学习英语和应用英语的能力，为其未来继续学习和终身发展奠定良好的英语基础。

（二）培养目标

本课程的培养目标是全面贯彻党的教育方针，培育和践行社会主义核心价值观，落实立德树人根本任务，在中等职业学校和普通高中教育的基础上，进一步促进学生英语学科核心素养的发展，培养具有中国情怀、国际视野，能够在日常生活和职场中用英语

进行有效沟通的高素质技术技能人才。通过本课程的学习，学生应该能够达到课程标准所设定的四项学科核心素养的发展目标。

（三）教学目标

1. 知识目标

（1）掌握2300—2600个单词（包括入学前要求掌握的单词）及基本的语法规则、用法。

（2）掌握捕捉听力材料中的重要信息、中心思想的能力，掌握合理的推理能力及英语口语连读技巧，掌握在不同的情景中英语口语的基本句型。

（3）掌握在英语阅读中略读、跳读、寻找主题句，以及根据上下文推测词义的能力，掌握英语短文常用句型写作方法的能力。

（4）掌握汉译英和英译汉过程中的词义选择、引申和褒贬、词类转移法、增词法等翻译能力。

2. 技能目标

（1）能听懂日常和涉外业务活动中使用的结构简单、发音清楚、语速较慢（每分钟120词左右）的英语对话，并能用英语进行简单的交流。

（2）能阅读并理解通用的、简短的英语文章及中等难度的信函、技术说明书、合同等实用文字材料，速度不低于每分钟70词。

（3）能就一般性题材，在30分钟内清楚地写出80—100词的命题作文并能正确地填写和模拟套写相关业务表格、简历、通知、信函等简短的英语应用文。一般笔译速度每小时250个英语词。

3. 素质目标

（1）职场涉外沟通目标：在职场情境中，学生能够运用英语语言知识和语言技能比较准确地理解和表达信息、观点、情感，进行有效口头沟通和书面沟通。

（2）多元文化交流目标：学生能够识别、理解、尊重世界多元文化，拓宽国际视野，增强国家认同，坚定文化自信，树立中华民族共同体意识和人类命运共同体意识；在日常生活和职场中能够有效进行跨文化交际，用英语传播中华文化。

（3）语言思维提升目标：通过分析英语语言和文化中的具体现象，了解和比较中西方的思维方式和思维特点，提升学生思维的逻辑性、思辨性与创新性。

（4）自主学习完善目标：学生能够清楚英语学习的目标和意义，树立正确的英语学习观；做好自我管理，养成良好的英语学习习惯；基于自身的英语基础和英语水平，多渠道、自主、有效地开展学习，形成终身学习的意识和能力。

课程教学团队基本情况

本课程教学团队以"党建引领、国际视野、德术双修、理实并重"为特点，致力于培养具有"厚德乐学、修能致用、全球视野、家国情怀"的未来人才。课程负责人现担任青岛职业技术学院基础教学部党总支副书记，曾获山东省讲解员大赛一等奖、山东省信息化教学大赛二等奖，近3年，主持完成省、市级课题3项，发表论文4篇。团队成员中现有党总支副书记1人，学生党支部书记1人，1人担任马克思主义学院副院长。授课团队成员全部为中共党员，均有海外学习或工作经历，都具有15年以上教龄。

（一）党建引领，推进课程思政建设

团队成员常年开展大学生思想教育，善于挖掘"公共英语"课程中蕴含的思政教育资源，在课程思政的基本内容、方法运用与环境营造等方面具有丰富的实践经验。

（二）理实并重，跟踪POA等外语教学前沿开展教学研究

教学团队理论和实践并重，密切跟踪POA（产出导向法）等当前主流外语教学法，积极应用于高职英语教学和改革实践。

科研方面：近年来，本课程教师团队成员主持山东省教育科学规划课题4项，主持完成山东省社会科学基金项目1项，主持完成校级研究课题3项。

"课赛证"融通方面：近年来，本课程团队教师参加全国职业院校教师教学能力大赛获三等奖1项，参加山东省职业院校教师教学能力大赛获一等奖1项、三等奖1项，参加山东省高校青年教师教学竞赛获三等奖1项，参加山东省讲解员大赛（英语组）获一等奖1项。

（三）德术双修，组织参加课程思政学习培训

通过线上、线下融合培训，增强教师课程思政工作意识和能力。近3年，课程教师团队参与教育部全国高校教师网络培训中心、外研社、高教等单位举办的课程思政教学能力培训共计33人次。

（四）以工作坊为载体，定期开展课程思政教研

设立课程思政教研工坊，立足专业和学生就业岗位需求，开展"课程思政"设计讨论。课程教师团队精心选取时政新闻、经典案例、中华优秀文化等题材，聚焦国际国内形势，帮助学生培育社会主义核心价值观，厚植爱国情怀。

📝 课程思政建设总体设计情况

（一）整体设计思路

"公共英语"课程思政建设根据《高等学校课程思政建设指导纲要》和《高等职业教育专科英语课程标准（2021年版）》具体要求，以青岛职业技术学院"厚德乐学、修能致用"的校风和"融合化、智慧化、国际化"的发展战略为指导，以北京外国语大学文秋芳教授提出的POA（产出导向法）的三个核心教学环节"驱动、促成、评价"为主线进行教学设计，课程团队根据高职"公共英语"课程的具体特点进行了设计重构。

经过不断探索，本课程逐渐形成了"一体驱动、二次促成、三轮评价"的思政教学模式：在一体驱动中自然融合"语言文化+价值观念"双提升目标，在二次促成中实现学生的语言和价值观双增值，在三轮过程评价中升华师生价值认同，并通过朋辈示范加强、巩固对学生价值观的培养成效。

（二）建设目标

1. 问题导向，开展课程思政教学设计

通过师生调研发现，本课程思政教学存在的问题主要集中在：一是学生对英语语言学习驱动力不足，英语学习缺乏与未来真实工作场景的有效链接，学用分离现象仍然存在；二是"公共英语"课程缺乏系统、自然融入课程思政的整体设计，语言点与思政点结合度不高，"硬融入"现象较为常见；三是目前大部分课程教材存在中国元素"失语"的现象，相对于课程思政实施需求处于落伍状态。

2. 目标引领，确定课程思政建设目标

（1）设计语用场景。设计"真实性"未来职场外语应用场景，激发学生学习驱动力，在探究问题、解决问题中实现语言促成和价值增值。

（2）创新教学模式。基于POA教学理论，构建"一体驱动、二次促成、三轮评价"的课程思政教学模式，将英语语言教学与思政育人自然融合。

（3）重构教学内容。以《高等学校课程思政建设指导纲要》和《高等职业教育专科英语课程标准（2021年版）》为指导，以单元主题为主线，自然融入中华优秀传统文化、社会主义核心价值观等思政素材重构英语课程教学内容，同步建设"公共英语"课程思政资源库。

（三）建设内容

以《高等学校课程思政建设指导》和《高等职业教育专科英语课程标准（2021年版）》为指导，以人文底蕴、职业精神、社会活动、科学技术、家国情怀、生态环境六大思政主题为单位，结合社会时事热点和学生未来职业场景需要，设计12个驱动任务，课程团队对"公共英语"课程教学内容进行系统性重构，融入中国优秀文化和社会主义核心价值观等思政热点，明确驱动、促成、产出各环节师生合作任务和评价方法。

 课程思政教学实践情况

（一）课堂教学设计

本课程思政教学设计可概括为：一体驱动、二次促成、三轮评价。具体如下：

1. 融合四大要素，科学设置"一体驱动"环节

以话题、目的、身份、场合四大要素为驱动场景设计原点，以日常生活中常接触到的中外文化现象和时事新闻为素材，结合单元文本主题，设计真实性语用场景，实现学生的文化自信、家国情怀等价值观的提升。此环节创设真实性场景，融合语言任务与思政目标设定学习产出目标，激发学生的学习动力。学生受真实性场景任务的驱动促发语言输出意愿，但受语言、思想水平限制，任务完成度不佳，对学习产生"饥饿感"。

2. 针对外语和价值观培养目标开展"二次促成"

促成过程包含课前学生自我促成和课上师生合作促成的二次过程。

第一次，课前学生自我促成。基于线上线下混合式教学理念，学生课前在学习通平台上自主学习单元主题微课，完成在线语言测试，上传学习成果作业。在此过程中，受真实性场景任务的驱动，学生明确输出标准、激发输出意愿，但受语言、思想水平限制，驱动任务完成效果不佳，产出寻标对标的欲望。

第二次，课中师生合作促成。首先，预热准备。教师针对单元课文带领学生进行语言学习效果检查，完成对重、难点的语言突破，开展思政小话题的语言练习等，为二次促成做好准备。其次，师生评价。师生完成课前第一次翻转任务的评价，以1—2个典型样本为主进行语言和思政分析，激发价值认同，升华思政主题。最后，升华增值。教师结合本单元思政教学目标，带领学生开展头脑风暴、辩论、演讲、情境表演等英语学习活动，提升思政拓展活动的价值深度与语言难度，有意识地完成第二次促成，实现语言与价值观的双增值。

课中促成环节的活动设计有机融合了精准性、渐进性、多样性三个特点。精准性关

注促成目标，渐进性关注促成过程，多样性关注促成自由度。根据学生认知特点和语言水平搭建由易到难渐进式任务输出脚手架，提升学生具体场景下语用能力，实现语言促成、价值增值、思辨提升共生共融。

3. 师生合作完成全过程"三轮评价"

本课程的师生合作评价涵盖课前、课中、课后三个阶段，一轮评价关注语言完成度，二轮评价关注参与过程，三轮评价关注增值结果。评价既包括语言知识、沟通能力、思辨能力的评价，也包括学生情感体验、价值增值过程和结果的考察评价。

（二）树立"大思政"课程观，时时处处讲思政

在本课程思政建设中，英语教师精心选取时政新闻、传统文化典籍、古诗词、名言警句等中英文金句，聚焦国际国内形势，提供中国视角、讲述中国故事，帮助学生深入理解新时期的使命格局。突出隐性教育，通过英文演讲大赛、校园广播电台、校园logo设计大赛等校园文化实践活动引导和影响学生的品德行为，潜移默化、春风化雨，帮助学生了解中西文化、思想意识、价值观念等方面的差异，使学生全面、客观地认识中国和西方世界，进而弘扬中国传统文化，坚定"四个自信"。

（三）特色实践教学项目设计

基于学生英语能力培养需要，以自学为先导，服务课堂教学需要，辅助开展校内外"English+"系列英语实践教学活动，如用英语传播中国儒家道家文化（旅游专业群）、餐饮文化（酒店类专业群）、服饰文化（服装类专业群）、节庆文化（教育类专业群）、传统技艺（艺术、体育类专业群）、企业文化（商科类、计算机类专业群）等，辅助开展有关中华文化和中华文化的情景剧、配音、演讲、辩论、写作、翻译、logo设计、才艺展示等形式，督促学生反刍课堂所学，将实践教学系列活动做成英语课堂教学的拓展和升华，实现用英语传播中华文化常态化。

联合社区和合作企业，举办丰富多彩的英语社会实践活动和党建活动，结合学生专业助力社区服务，锻炼学生综合能力，在劳动实践中树立正确的价值观。积极与周边社区联合举办英语角、英语培训班等社区活动，扩大服务范围，推进校企合作，服务居民生活。

📊 课程评价与成效

（一）课堂教学评价

课堂教学评价以观测学生在英语语言和社会主义核心价值观双增值的达成度为出发

点，围绕"为什么评、评什么、谁来评、怎么评"，构建本课程的课堂评价模型。

（二）课程实施成效

1. 课程建设成效

2019年，"公共英语"被立项为校级课程思政特色课程；2020年，被立项为校级课程思政示范课程。本课程"一体四翼"的思政育人模式被评为校级思想政治教育工作优秀品牌。

2. 学生培养成效

近3年，本课程学生参加山东省职业院校技能大赛高职组"英语口语"赛项获一等奖1项、二等奖2项，参加青岛市大学生英语演讲大赛与本科院校学生同台竞争获三等奖2项。

全校学生参加英语类社团比例达22.1%；英语类社团学生积极参加各级志愿服务活动，在上合峰会、世界海洋科技大会、东亚海洋合作平台论坛、全国学生运动会等会展活动中以昂扬的精神面貌和较为娴熟的英语赢得主办方嘉奖。

2022年春季学期，"公共英语"课程教学问卷调研显示，学生课堂满意度达97.8%，学生在线上平台互动显著增加，以爱国、爱校、爱社会为关键词的平台留言比上学期增加了1000多条。

（三）课程的辐射带动作用

本课程思政教学模式在辽宁省、江西省高职骨干教师省培项目和青岛市中职学校英语骨干教师培训项目中得到宣传推广，引发同行关注学习。通过超星学习通建立的课程思政数字化教学资源，引领、辐射青岛市7家中职学校"公共英语"课程思政资源建设。

⏳ 课程特色与创新

（一）理论引导，模式创新

基于POA（产出导向法）在高职英语教学改革中的探索与实践，在课程思政实践基础上，本课程形成了"一体驱动、二次促成、三轮评价"课程思政教学新模式。

（二）营造情景，驱动赋能

本课程围绕话题、目的、身份、场合四要素精心设计真实性的驱动情景，深挖语言学用结合点，让学生看得懂、说得出、用得上、悟得透，激发学生语言和价值观输出的动力。

（三）对标重构，双向增值

本课程对标《高等学校课程思政建设指导》和《高等职业教育专科英语课程标准

（2021年版）》中对高职阶段英语学习者的具体要求，在语言驱动环节融合思政培养目标、在促成环节实现"语言＋价值观"双增值，在评价环节以推优示范巩固学习成果，形成了一套行之有效的高职"公共英语"课程思政实施方案。

 **团队思考**

（一）借助智慧化手段开展数据收集

团队成员围绕解决"公共英语"课程面临的痛点与难点，基于POA（产出导向法），探索"一体驱动、二次促成、三轮评价"课程思政教学模式，借助智慧化教学手段，开展教学数据收集，争取做到教师引导、产出量化、提升能力、涵养人文的教学效果。

（二）为学生搭建个性化学习脚手架

学生知识性学习和价值观塑造是检验课程思政模式是否有效的最有力证明。目前在课堂教学中，学生能用基于教学目标实现语言和价值观增值，但更多依据的是教师提供的学习脚手架。让学生能有主动性、创新性、个性化的语言和价值观输出是课程团队下一步的努力目标。

（三）学生培养中共性和个性并重

任务实施过程中，以小组为单位开展教学活动，可以有效解决部分学生因为英语基础较弱等原因，以及合作意识不强、参与度不高的问题。但高职学生入学时英语基础千差万别，教师应进一步关注学生个体学习差异，开展个性化教学，落实每次课的学习成果，进一步提高学生的学习信心。

乐美育人　乐美育德　和合共美
——"音乐欣赏"课程思政教学设计

济南电子机械工程学校课程团队

参赛团队负责人：徐晓萌，团队成员：杨萱、苗楠、成琳、李琳

2023 年 2 月

课程基本信息

教学设计课件

课程名称	音乐欣赏
课程类型	公共必修课程
所属学科门类	公共基础课
课程性质	理实一体化课程
学　时	36
学　分	2

为深入贯彻落实习近平总书记在全国高校思想政治工作会议和在全国宣传思想工作会议重要讲话精神，进一步推动《教育部等八部门关于加快构建高校思想政治工作体系的意见》《高等学校课程思政建设指导纲要》《中共山东省委　山东省人民政府关于加强和改进新形势下高校思想政治工作的实施意见》等文件精神落地实施，结合济南电子机械工程学校的育人理念、发展定位、办学特色和"音乐欣赏"课程的人才培养目标，课程团队特制定课程思政建设的工作实施方案。

（一）课程思政建设指导思想

以习近平新时代中国特色社会主义思想为指导，全面贯彻党的教育方针，以"课程思政"为抓手，课程团队深入挖掘、梳理"音乐欣赏"课程与教学中所蕴含的思政教育育人元素和所承载的育人功能，充分发挥课堂教学在育人中的主渠道作用，落实立德树人的根本任务，着力将思政教育贯穿教育教学的全过程，并将价值塑造、知识传授和能

力培养三者融为一体，构建全员育人、全过程育人、全方位育人与思政教育理论课同向同行的"三全育人"格局。

习近平总书记在文艺工作座谈会上的讲话中指出："我们要通过文艺作品传递真善美，传递向上向善的价值观，引导人们增强道德判断力和道德荣誉感，向往和追求讲道德、尊道德、守道德的生活。"这对于音乐教师提出了明确的要求，让学生感受到音乐作品所蕴含的向上向善的价值追求。想要解决好专业教育和思政教育"两张皮"的问题，必须充分发挥课程建设"主战场"、课堂教学"主渠道"、教师队伍"主力军"的作用，系统构建"有深度、有温度、有情怀"的音乐课程。

（二）课程概况

公共基础课程是中等职业学校课程体系的重要组成部分，是培养学生思想政治素质、科学文化素养等的基本途径。它是中等职业学校学生的必修课，由国家根据学生全面发展的需要设置，依据中等职业教育课程改革新大纲要求，以培养学生基本科学文化素养、服务学生专业学习、促进学生终身发展为定位。

"音乐欣赏"课程是中等职业学校学生公共基础课程之一。在本课程的学习实践中，学生通过学习音乐艺术理论、鉴赏音乐艺术作品、参加音乐艺术活动等，树立正确的审美观念，培养高雅的审美品位，提高人文素养；了解、吸纳中外优秀音乐艺术成果，理解并尊重多元文化；发展形象思维，培养创新精神和实践能力，提高感受美、表现美、鉴赏美、创造美的能力，促进德智体美劳全面和谐发展。

（三）构建"德美交融，润物有声"的课程思政体系

课程团队深入研究课程内容，准确把握教学重难点；深入调研学生，厘清学生困惑点和关注点，形成教材主题；深入挖掘传统文化、红色文化、地方文化和校园文化的育人元素，提炼四史教育、劳动教育、职业素养教育中贴合学生需求的主题；结合教材主题和成长主题，形成教学结合点，构建创新主题式教学体系。确保思政课教学紧扣教学目标和落实立德树人关键课程作用，有效实现教学供给丰富和学生需求多样的有机结合。创新融合两课堂，构建互动式课堂联动模式，提升音乐课堂中学生的综合素养，德美交融，润物有声。

课程教学团队基本情况

济南电子机械工程学校高度重视课程思政的建设，起步早、成效好。在学校的大力支持下，根据课程思政的总体要求，本课程组建了一支业务精湛、政治坚定的教学团队。团队成员积极参加各项培训，充分开展教研活动，取得了显著成果。

 课程思政建设总体设计情况

（一）课程思政育人方向

课程团队依据专业人才培养方案、课程教学标准和中职学生年龄及专业特点，确定本课程的思政建设方向，即培养具备"美好思想、美好行为、美好人格"，满足中职学生年龄特点及专业群岗位的"三美"学生。

"寓教于美、寓教于思、寓教于乐、寓教于行"，是艺术教育践行立德树人使命的特色路径。将育人创新计划课程纳入人才培养方案，把学生的艺术欣赏成果采用考核形式计入学分，更好地推广音乐艺术思政课程的创新融合育人模式，积极建构思政育人大格局，为党育人、为国育才。

（二）课程思政教学目标

根据中职人才培养方案和课程标准，通过问卷调研结果、艺术欣赏能力、文化美育综合测评成绩和日常观察，我们发现学生对音乐欣赏存在以下普遍问题：重个性表达，轻人文关怀；重个人发展，轻社会责任；重知识能力，轻创新思维。在此基础上，根据人才培养方案要求、结合专业教学标准和职业素养规范设定教学目标。

本课程思政教学设计基于现存问题，结合学情分析和岗位需求，根据人才培养方案要求，以及专业教学标准和音乐欣赏素养规范设定教学目标。教学目标具体如下：

思政目标：以乐育人，练就高雅文化；以乐慎行，养成得体修养；以乐塑心，塑造文明礼仪；以乐明德，坚定文化自信。

能力目标：增强学生艺术鉴赏能力，提高学生综合素养，开发学生创造潜能，培养学生热爱生活的情感。

知识目标：了解不同音乐类型的表现形式，熟悉不同音乐类型的审美特征，探究不同音乐类型相互之间的联系与区别，学会欣赏音乐作品并掌握音乐编创的基本方法。

（三）课程思政育人模式

为有效达成育人目标，加强艺术审美教育，培养高尚品德、完善人格、创新能力，本课程构建与实施了"乐美育人、乐美育德、和合共美"的课程思政育人方案。

课程团队对课堂教学进行了大胆尝试，通过参与式、体验式、启发式、探究式、讨论式等教学方式，运用奥尔夫音乐教学法、达尔克洛兹体态律动法与柯达依音乐教学法等音乐教学方法，有效开展课程思政教学。以课堂教学为主要载体，以第二课堂的社团活动为辅助载体，进行课程思政践行活动，开展课程思政体验式实践教学。

立足音乐课堂，以学生为主体培养学生的综合能力。以领略音乐之境、探究音乐之美、传承音乐之光为课程思政主线，围绕课程思政的根本任务"乐美育人、乐美育德"，形成以"涵养美感、文化自信、民族情怀、工匠精神、开拓创新"循序渐进、环环相扣的"五融合"课程思政育人特色。音乐、思政和合共美，共育德才兼备、能堪当民族复兴大业的时代新人。

1. 涵养美感

音乐中含有美感，能使人态度娴雅，深思清爽，去野入文，怡然自得。美感是人类独有的精神活动，由音乐艺术熏陶哺育起来的美感，是当今培养创造性人才的一个重要途径。在音乐审美欣赏中要获得美感，需要关注和重视四个要素，即选择优秀的音乐作品、培养审美能力、保持审美距离、协调审美心境。音乐作品有情景或情感共鸣可循，容易产生联想，引起美感共鸣。学生欣赏带着共同民族文化的中华民族经典音乐，也是产生美感与提升涵养的重要因素。

2. 文化自信

"文章合为时而著，歌诗合为事而作。"歌曲是流动的历史，记录时代的变迁，从歌声中能窥探时代风貌、感受时代精神，那些经典的歌声，总是能与家国命运紧紧相连，与时代进行深入的对话，与人民的情感发生深刻的关联。通过歌声与故事触摸时代跳动脉搏，勾勒国家发展的前进步伐。在音乐鉴赏中将每个时代发展过程重现出来，让学生听到每个时代的音乐所阐释的中国精神，表达的中国情感，从而增强他们的文化自信。

3. 民族情怀

优秀的中国民族音乐是中华民族情感、意志、力量以及追求的艺术抒发，欣赏民族音乐能够体验我们民族的精神和情感，在欣赏中国民族音乐的同时，感受人民群众的无穷艺术智慧与创造才能。所以，通过音画一体、中西对比等鉴赏方法，学生能够对中国民族音乐的精髓进行充分的发掘、鉴赏，启迪学生智慧，激发学生的想象，陶冶学生的性情，深刻培养学生的民族情怀。

4. 工匠精神

每一首音乐作品都是工匠精神最直观的体现。工匠精神是一种态度，是对自己工作不断钻研、达到极致的追求，音乐作品里的工匠精神是精益求精、一丝不苟、追求细节的坚持精神，坚持是一个工匠的精神追求，一个终生的追求，甚至是几代人的追求。音乐赏析能够通过作品引导、激励，培养学生的工匠精神。工匠精神是一种面对工作与生活的态度，是一种犹如精神食粮的最高境界，是一种敬业坚持、与时俱进的信仰。

5. 开拓创新

无论是演唱歌曲、欣赏音乐，还是创作音乐的活动，都离不开创造性思维活动。正是音乐家们一次次全新的尝试探索与开拓创新，才给我们带来了无数经典的、优秀的作品，推动了音乐的前进，因此，越来越多的音乐教育工作者意识到培养学生的创造性思维及创新能力十分重要。从一个更加宏观的角度来看，人类在各个方面的重大进步，也离不开各行各业那些具有创新精神和探索精神的人，正是有了他们，我们才会不断进步，有机会去展望未来的一切。所以，音乐欣赏的过程本身就是一个开拓创新的过程。

 课程思政教学实践情况

（一）思政点的融入

将课程思政融入音乐欣赏教学，从单纯的"培养才能"转变为"培养人"。在课程思政教育的实施过程中，课程团队从领略音乐之美、荡涤心灵力量主题系列，探究音乐之境、绽放青春光芒主题系列，传承音乐之光、点亮信仰使命主题系列的三个维度深挖思政点，通过理论与实践教育，对比中西音乐文化和传统文化的差异，以不同音乐的题材和形式诉说着中国故事、中国精神与中国气派。通过赏析音乐作品让学生感受文化自信和社会主义核心价值观，在潜移默化中将思政育人渗透至教学全过程。这不仅培养学生卓越的创新意识、独特的审美意趣，更教育学生树立坚定的理想信念，塑造高尚的道德情操。

（二）三个维度的思政浸润路径

用音乐之美点燃课程思政之光，乐美育人，乐美育德，和合共美。

1. 领略音乐之美、荡涤心灵力量主题系列

从聆听维度，通过表现形式、音乐情绪等乐曲情境和力量，走进音乐本身，以"文化之听响、古今之跨越、中西之交流、思想之碰撞、思政之渗透"为主旨，融入了中国优秀传统文化与新时代中国梦教育使命的思想内涵。

2. 探究音乐之境、绽放青春光芒主题系列

从音乐体裁赏析维度，通过声乐、器乐、舞蹈、戏剧等，探究与解读音乐之美，将课程思政浸润空间从欣赏延伸至解读和创作，培养学生高尚品德、完善人格、创新能力，并从理性思考、躬身实践、艺术创作等多维度体会时代脉搏、党史历程、社会服务，实现课程思政的全过程、全方位浸润。

3. 传承音乐之光、点亮信仰使命主题系列

从音乐表演维度，通过音乐实践激励学生养成艺术塑心、克己修身的行为品质、塑造谦恭有礼的职业形象，从"传统音乐课"到"思政协调艺术实践课"提升学生与时俱进的艺术文化交际视野，提升文化自信，彰显艺术文化优秀基因。

（三）教学实施案例

案例一：

《当地民间舞——商河鼓子秧歌》

——谆谆习语记心间　沿黄河寻非遗　薪火永相传

商河鼓子秧歌得海岱之灵气，扬黄河之神韵，已有2000多年的历史，并入选为第一批国家级非物质文化遗产保护名录，千百年来承载着鲁北民众的生存智慧、道德价值观念与齐鲁文化内涵。一方水土养一方人，鼓子秧歌大气、豪放、粗犷，表演起来酣畅淋漓，散发着人们对黄土地的热爱之情，及黄河子孙奋勇搏进、坚韧不拔的精神。习近平总书记指出："要推进黄河文化遗产的系统保护，守好老祖宗留给我们的宝贵遗产。要深入挖掘黄河文化蕴含的时代价值。"于是，立足音乐课堂以商河鼓子秧歌与德育功能相结合的方式提高鲁地职校学生的德育素质，增强学生的文化自信与族群认同感，传承并发扬非遗舞蹈及其所蕴含的文化精神，延续历史文脉，重燃理想信念，为实现中华民族伟大复兴的中国梦凝聚精神力量，从而达到立德树人的根本任务。

案例二：

《京剧——贵妃醉酒与红灯记》

——传中有创　新中有承　弘扬国粹　与时代共鸣

京剧经过了200多年的传承和创新后，在各个行当中都形成了各自不同的流派。传统京剧的核心精神正是中国传统文化的核心精神。京剧的程式化、写意性（虚拟性）和综合性是中国传统文化核心精神在京剧艺术形式中的具体显现，也是京剧之所以为京剧的存在。其总体气质和中国传统文化的"向内"追求相一致，以"向内性"带来其局部所具有的审美特性。本课程在教学设计时，发挥京剧自身优势，通过开展弘扬国粹、探索艺术新活力的主题音乐课程活动，使学生在接续传承优秀传统文化的同时，明白守正创新的时代价值，京剧艺术的继承与创新，必然是在对传统坚守前提下发展变化的活态艺术生命，继承与创新始终是相辅相成的，彼此依托的客观存在，只有在创造创新中才能得以真正传承。传统艺术与时俱进，更能焕发新生，培养学生成为促进传统艺术中国式现代化发展的催化剂。

课程评价与成效

（一）课程考核评价体系

音乐是一门强调审美性与过程性的学科，秉承"立足过程，促进发展"的评价理念，从教育本质上推动学生音乐综合素养的培养。除了音乐基础知识与基本技能，学生音乐表现力与创造力、音乐实践活动的参与，以及课堂教学中的师生互动与生生互动等都是评价学生音乐学习的重要内容。因此，根据音乐学科的特点，本课程针对评价内容采用诊断性评价、形成性评价与终结性评价相结合，定性述评与定量测评相结合的多元化音乐评价方式，互相补充、相辅相成。

诊断性评价、形成性评价与终结性评价相结合，使教学评价贯穿整个教学过程始终。音乐课程教学是一个审美感知、审美发现、审美表现和审美创造的过程，此类评价方式可对学生的学习情况、教师的教学方法、教学环节设计等进行多方位立体评价，既充分肯定学生的进步和成绩，又找出学习中的差距和不足及改进的方法，有利于促进学生的可持续发展。

在定性述评与定量测评相结合的音乐评价方式中，既要关注学生音乐基础知识与基本技能的学习，更要重视学生音乐学习过程中的情感体验。用动态的眼光关注学生个性发展与个体差异，有效利用音乐教学评价的反馈、修正与激励的功能，在自评、互评、他评中，使学生了解自己在音乐学习过程中综合素养水平的变化与提升，激发学生学习兴趣，促进学生进步与成长。比如，在"歌唱活动""红歌传颂"等社团活动当中，以实践为载体，用音乐滋养学生的综合素养，培养具有实践精神、坚定文化自信的时代新人。

（二）课程思政成效

1. 树文化自信，强使命担当，育国之匠才

匠于心、品于行，结合音乐欣赏表演体验的艺术性，以红色思政类音乐作品为赏析核心，让学生感受中华民族的生命力、创造力和凝聚力，感受一往无前、自强不息的奋斗精神，从而激发他们的爱国热情，并深入他们的内心思想情感中，主动把社会主义核心价值观融入自己的行动，进而提高学生服务国家、服务人民的社会责任感，发挥主力军的作用，匠心筑梦、技能报国。

2. 形成了德育立善的育人格局

立善厚德，近几年，课程项目开展了艺术实践进校园、进社区等一系列活动，形成

了音乐思政德育立善的育人格局，引领学生向善、向美、向真，弘扬正能量。

3. 学生的学习和爱国热情显著提升

问卷调研结果显示，学生的课堂满意度95%以上，学生课上课下与教师的互动性显著增强，学生之间在学习平台上的讨论交流留言比上学期增加了1000多条。

4. 志愿者服务活动评价好

学生们组成了"小蚂蚁集结号"团队，积极参加志愿服务活动，唱党歌、学党史、报党恩，得到社会各界的广泛参与和好评。

 课程特色与创新

（一）依托专业特色，创新了"乐美育人，乐美育德，和合共美"的思政育人模式

教育的根本任务在于立德树人，为党育人、为国育才。通过对比、赏析、表演互动等形式开展对民间歌曲、歌舞音乐、说唱音乐、戏曲音乐和民族器乐等这些中国民族民间音乐的欣赏事项，学生具备了一定的对中国民族音乐鉴赏、分析与理解能力，熟悉和理解中华民族音乐。本课程思政育人模式有助于培养学生的爱国主义精神，弘扬民族音乐文化，保护传统优秀音乐文化遗产，教育引导学生传承中华文脉，富有中国心、饱含中国情、充满中国味。

（二）有利于学生形成全面立体、健康积极，具有中国特色审美的音乐观

本课程内容素材丰富，范围广，涵盖了中西方特色音乐代表作品。我国幅员辽阔，地域性差异大，是一个团结统一的多民族大国。因此，本课程作为理论类课程，深度结合地理、文化等人文知识，要求学生具有跨学科研究视角，从民族音乐学的角度正确认识、理解并弘扬中国优秀传统音乐文化，育中国特色审美音乐观。

（三）有利于青年学生深刻理解中国革命精神

革命红歌就是当时中国人民的精神食粮。本课程中存在大量反映中国近代红色革命文化的优秀作品，如芭蕾舞《红色娘子军》、歌剧《白毛女》、京剧《红灯记》等。以红色文化基因为切入，进一步完善课程教学体系，寓价值观引导于知识传授和能力培养之中，切实落实立德树人根本任务。

（四）多技术渗透下的交互式管弦乐赏析课

课堂上，教学时通过多功能信息技术能点以及运用希沃白板部分功能辅助学生聆听、歌唱、作曲等，很好地激发学生学习兴趣，发展学生的音乐欣赏能力。教师运用希沃与学生使用的平板电脑进行在线交互，学生在平板电脑上既能画出旋律线条，也可用选择颜色来感知音乐的色彩，还可以在平板电脑上完成一个管弦乐器的分类游戏练习，达到线上线下多角度、多技术渗透下的交互式音乐赏析课效果。

（五）音画一体的具象型音乐欣赏方式

本课程设计遵循"以教师为引导，学生为主体，感受与创作为主线"的教学思路。在教学方法指导方面，本课程采用了奥尔夫音乐教学法、柯达伊音乐教学法、铃木音乐教学法，结合主体思维法、探索练习法与再创作创新法，调动学生主动参与的热情，然后根据一系列音乐互动环节，紧扣教学重点，使学生自主探索、解读、表达音乐，构建看画面听音乐，从而完成音画一体的基本方法，并通过创设视觉、听觉、触觉等多通路音响环境，链接思维与想象，使学生从感受与欣赏，到创作与表演，既获得了知识，又提升了能力，还拥有了快乐，提升学生对审美对象的感知能力、想象能力和审美感受能力。

团队思考

教师必须坚持以社会主义核心价值观为导向，严格筛选所用的文艺作品，在全面提升学生审美和人文素养的同时，引导学生将社会主义核心价值观内化为精神追求、外化为自觉行动，培养合格的社会主义建设者和接班人。

培根铸魂守初心　以文化人担使命

——"中华优秀传统文化"课程思政教学设计

济宁职业技术学院课程团队

参赛团队负责人：姚洪运，团队成员：张宏图、马艳、王贝贝、张慧

2023 年 12 月

教学设计课件

📖 课程基本信息

课程名称	中华优秀传统文化
课程类型	公共必修课程
所属学科门类	公共基础课
课程性质	理实一体化课程
学　时	36
学　分	2

　　"中华优秀传统文化"是济宁职业技术学院根据中共中央办公厅、国务院办公厅印发的《关于实施中华优秀传统文化传承发展工程的意见》和《教育部关于职业院校专业人才培养方案制订与实施工作的指导意见》的具体要求开设的一门公共基础课程。本课程立足立德树人根本任务，依据高职学生特点，服务学生成长、全面发展需要，充分发挥课程独特育人优势，加强公共基础课与专业课间的相互融通和配合，积极培育和践行社会主义核心价值观，注重学生文化素质、综合职业能力和可持续发展能力培养，为未来的职业人强基固本，培根铸魂。

　　本课程建设始于 2015 年课程团队对"高职中国传统文化课程功能定位与教学模式改革"的研究。2017 年，"中华优秀传统文化"课程被列为公共基础必修课，并开始线上线下混合课程建设；2019 年，作为标准化课程之一，参与"儒家文化与鲁班工匠精神传承与创新"国家级教学资源库的建设，于 2022 年通过课程验收；2021 年，获教育部文化素

质教指委在线开放课程二等奖；2021年，其微课视频获评山东省社区教育优秀课程资源；2022年，获批山东省在线精品课程。

课程教学团队基本情况

本课程团队根植于济宁职业技术学院深厚的传统文化底蕴，充分利用地域文化优势，组建了由全国人大代表、山东大学特聘教授杨朝明等知名学者作为指导专家，文化素质教学名师参与的老中青结合的教学梯队。课程团队中现有教授、副教授职称的3人，硕士研究生4人，博士在读1人。团队成员均为山东省高校黄大年式教师团队的骨干成员，均具有10年以上教龄，均为"双师型"教师。教师师德师风优良，教学表现力强、亲和力强、创新意识强。近年来，团队参加师德、课程思政教学培训21次，进行专题教研活动37次，开展与传统文化相关的讲座、社会培训项目26次，累计服务1300余人次。团队牢记为党育人、为国育才使命，抓住优秀传统文化转化为育人资源的关键环节，突出学生人文素质的养成教育，发挥课程在思政教育方面的天然优势，把思政元素充分渗透于传统文化教育之中。

团队主要成果及荣誉：2021年，作为"文化自信担当创新"的文化育人教师团队，荣获"山东省高校黄大年式教师团队"的荣誉称号。

科学研究方面，团队成员主持参与了国家、省市级课题17项，在《文艺争鸣》《南方文坛》《电影艺术》等期刊发表论文8篇，获全国及省市研究成果奖15项。近5年，团队成员主编了《中国传统文化》《齐鲁传统文化（中职）》《齐鲁传统文化（高职）》《孔孟之乡非物质文化遗产概论》《孔孟之乡传说故事》等多部教材。2018年《中国传统文化》教材荣获山东省社科普及与应用优秀作品奖。

教学成果方面，2018年，《高职院校"三融三进三课堂"文化育人体系研究与实践》荣获国家级教学成果一等奖；2022年，《微指尖 大思政——高职"五位一体"网络思政育人体系构建与实施》荣获省级教学成果特等奖；2015年，《依托职业院校保护与传承非物质文化遗产的"三合六进"模式创新》荣获山东省政府第二届文化创新奖；2020年，《共建共享线上线下联通联动——职教"儒韵匠心"国家数字化教学资源库的创建与应用》荣获山东省政府第四届文化创新奖；2023年，《济宁汉画文化"两创"实践》荣获山东省政府第六届文化创新奖。

教学能力比赛方面，2021年，《孔子智慧之旅》荣获山东省职业院校教学能力大赛一等奖；2022年，《品鉴生活之旅》荣获山东省职业院校教学能力大赛一等奖。

课程思政建设总体设计情况

（一）凸显思政引领作用，助力文化强国梦想

中华优秀传统文化孕育着中华民族的根基血脉，积淀着中华民族最深沉的精神追求，是"中国特色"的基因根脉与文化沃土。党的十九大报告指出，"坚定文化自信，推动社会主义文化繁荣兴盛"，重点强调没有高度的文化自信，没有文化的繁荣兴盛，就没有中华民族伟大复兴。党的二十大报告中强调了"推进文化自信自强，铸就社会主义文化新辉煌"的战略任务，系统指引了以文化自信自强推进中国式现代化建设，进而推进中华民族伟大复兴的康庄道路。教育部印发的《高等学校课程思政建设指导纲要》强调，加强中华优秀传统文化教育是高校思政建设的重点内容。

鉴于此，"中华优秀传统文化"课程立足马克思主义基本原理同中华优秀传统文化相结合，立足马克思主义中国化、时代化的新要求，总结提炼出一条"文化自知、文化自觉、文化自信、文化自强"的思政育人主线。在教学全过程中紧扣人才培养方案，以优秀传统文化育人，把方向定位到学生思想道德素质的提升和文化自信的培育上，将中华优秀传统美德融入教学全过程，培养学生的爱国意识和家国情怀，让每一位学生都能对本民族文化树立起高度的认同感和自豪感。引导学生在学习中坚持本源性和科学性相结合，正确认识中华优秀传统文化和马克思主义理论的关系，不断增强文化自信，积极投身于实现"第二个百年"奋斗目标的伟大进程。

（二）创新思政建设思路，创设"五维化育空间"

本课程依据专业人才培养方案与课程标准，结合学情和教学目标，遵循职业教育规律和学生身心发展规律，紧密结合传统文化特点，打破思维，在纵向思维和横向思维中抓住优秀传统文化转化为育人资源的关键环节，突出学生人文素质、政治素质的养成教育。课程团队创设"五维化育空间"：建好"传统文化云数据空间"，建设国家级数字化教学资源库；做好"深度合作学习空间"，改革传统课堂教学；筑好"传统文化体验空间"，利用学院"三馆一中心"（非遗体验馆、汉画博物馆、中国精神数字思政馆、儒韵匠心传统文化交互体验中心），使学生在课上课下亲身体验优秀传统文化；创好"企业实践育人空间"，加强校企合作，进行规章制度教育、劳动教育、职业道德教育、工匠精神教育；用好"校园生活浸润空间"，借助富有儒家文化特色的校园环境，实现校园山、水、园、林、路、楼、馆建设在使用、审美、教育功能上的和谐统一，形成处处有文化的内隐式、浸润式环境育人空间体系，使学生完成自我意义建构。本课程打造沉浸式、

开放式、研讨式、自我意义建构式的立体化学习新环境，凸显出教学目标的完整性、教学手段的多样性、教学载体的立体性、教学模式的创新性、教学过程的开放性、教学效果的可鉴性等六大特征，丰富提升职教传统文化思政教学理念。

（三）优化课程教学目标，立德树人，培根铸魂

课程团队根据"中华优秀传统文化"的课程性质，以专业人才培养方案为依据，结合职业岗位需求，以服务学生的全面发展为宗旨，在课程原有知识目标、能力目标的基础上，以社会主义核心价值观为主体，优化素质目标，形成思政目标强化课程的育人功能，把中华优秀传统文化知识传授和大学生思想道德、人格教育、生命教育相融合，给学生心灵埋下真善美的种子。引导学生增强中国特色社会主义道路自信、理论自信、制度自信、文化自信，厚植爱国主义情怀，把爱国情、强国志、报国行自觉融入坚持和发展中国特色社会主义事业、建设社会主义现代化强国、实现中华民族伟大复兴的奋斗之中，成为具有爱国情怀、远大理想、高尚品格、奋斗精神、工匠精神、广阔视野、创新意识、辩证思维、审美素养的社会主义事业接班人。

为此，一方面，本课程立足知识、能力目标达成要求，教会学生掌握中华优秀传统文化的基本理论、核心理念、文化瑰宝等知识内容；另一方面，致力于引导学生在世界文化多元交融、冲击碰撞的背景下自觉认同中华优秀传统文化、主动践行中华优秀传统文化的精神与美德理念。结合时代需求创新推动中华优秀传统文化的传承与发展，使学生明悟人生之大理、强健职业之技能、实现报国之宏愿，将个人梦、民族梦、中国梦融为一体，让职业素养熠熠生辉，让优秀传统文化照亮人生，迸发出时代强音和文明和谐之光华，最终积淀文化底气、增强文化自觉、达成文化自信、实现文化自强，真正铸牢"中国魂"。

（四）动态调整课程内容，精准把握思政融入

"中华优秀传统文化"课程内容的选择与设计以"复活生活中的传统文化，复兴传统文化的影响力"为主旨，精心选择反映中国人思维模式、行为方式和生活日用等不同层面的知识点，建构教学内容。聚焦新时代坚定文化自信、建设文化强国的时代需求，讲清中华优秀传统文化的基本概念、当代意义与传承要义；立足"中国灵魂、世界眼光"时代新人培养要求，讲透中华优秀传统文化在个人美德、社会公德、国家大德方面的核心理念与美德精髓；坚持马克思主义指导下的中华优秀传统文化创造性转化与创新性发展的原则，讲活科技、医药、技艺、戏曲等中华优秀传统文化知识与遗产瑰宝。

"中华优秀传统文化"紧密结合各专业人才培养方案，立足学生岗位需求，认真梳理课程蕴含的思政教育元素，聚焦、挖掘优秀传统文化与专业相契合的内容，结合教学资源，整合教学内容，精选"文化闪光点＋专业契合点"，根据不同阶段、不同专业的学生成长需求，呼应时间节点动态调整课程内容，将思政元素精准融入其中，充分发挥课程承载的思想政治教育功能。

✉ 课程思政教学实践情况

教学实践过程基于建构主义理论，围绕立德树人的根本任务，培根铸魂的核心目标，结合基本学情、教学目标、教学重点和难点的分析，以学生为中心开展教学设计。依照传统文化课程的学习规律，围绕习近平总书记关于传统文化的重要论述和传统文化课程的学习规律，兼顾课前课后、线上线下，设计出"任务领航、文化之旅、文化驿站"的任务教学思路，实施双主线并行的任务教学。双主线是指一条为文化品鉴线，一条为思政育人线。借助学习通和微知库等学习平台，VR虚拟体验等多种信息化手段及真实场景，灵活运用任务驱动、小组合作、情景创设、角色体验、案例分析、问题启发等方式，组织和实施"理、析、悟、践"四阶递进式传统文化课程思政教学，激发学生的学习兴趣和学习能力，创设良好的课堂氛围，最大限度地优化教学效果。将中华优秀传统文化中讲仁爱、重民本、守诚信、崇正义、尚和合、求大同等思想精华和时代价值有机融入课程教学，力求春风化雨，以润物无声、撒盐入水的形式浸润学生。

以"生活与情趣"模块中"民居文化"内容为例，此部分内容较多，且具有一定的难度。但传统民居中蕴含着丰富的文化底蕴，凝聚着传统的建造智慧，是学生非常感兴趣的内容。本内容选取典型民居景点，通过四阶递进式教学模式讲述和比较各地民居独特的建筑风格，让学生充分意识到传统建筑的精妙、传统审美的独到，充分意识到传统文化中兼容并包、和而不同的文化价值理念，培育学生的人文素养、促进品格养成。在实践环节，结合文化旅游的热潮和当下生态保护可持续性发展的思政主题，让学生在体验实践中领会传统文化魅力。同时，身体力行地承担起文化传播的使命，树立起绿水青山就是金山银山的生态发展理念，有效达成思政目标。

📊 课程评价与成效

（一）完善评价促发展

本课程按照尊重差异、重视起点、关注过程、强调发展的要求，改进结果评价，强化过程评价，探索增值评价，健全综合评价。课程评价采取基线测评、过程监控、终结测评、增值分析的全过程考核、多维度评价机制。通过课程平台综合对学生课前、课中和课后多个环节实现全过程数据采集；依托大数据，生成多角度、全方位的测评，实施即时性测评、针对性推送、全程性考核、可视化监控，形成多样化、动态化的学习成长记录以评促学。采用教师、同学、企业三方从知识掌握、分析能力、思政领悟、文化素养四维度对学生本阶段学习进行终结测评，将终结测评与基线测评数据进行对比分析促进精准评价、科学管理、高效学习。同时利用学院诊改平台，建立起有效的评价反馈机制，督促教师进行动态诊改，实现以评促教。

（二）扎实育人成效好

本课程通过思政教学改革，将"文化自知、文化自觉、文化自信、文化自强"作为一条思政主线有机融入课程，彰显了文化课自身的育人功能。教师团队通过对思政元素的深挖及有机融入，进一步提升了自身的政治素养和教学技能。团队成员举办校内外国学讲座、现场教学培训30场次，传统文化体验与培训1万余人次。多次开展送文化下乡，助力乡村振兴。

据调查问卷显示，89.14%的学生认为本课程能够更好地帮助他们掌握文化知识、明理悟道，深切感受到中华优秀传统文化的魅力，愿做中华优秀传统文化的传承者。学生综合素养全面提升，弘大道、立大我，涌现出全国践行社会主义核心价值观先进个人徐楷秋、辽宁舰上的技术官兵李伟、爱发明爱剪纸被央视采访的王希卿等优秀青年；注册志愿者、参与社会服务成为学生新常态。学生积极参与"学儒育心"山东省校园文化品牌活动，跨语种经典诵读在全国夺冠，中华经典诵读多次在全省夺魁。一系列校内外文化活动，为学院带来了文化新气象，同时提高了学院美誉度。

（三）示范辐射影响大

作为国家级教学资源库标准化课程，资源库课程已注册人数约11.2万人，浏览量高达3000万人次，用户遍及31个省份、15个国家和地区。2021年在超星学银平台开课以来，选课人数近4000人，浏览量高达600余万人次。本课程被曲阜师范大学、济宁医学院、山东城市建设职业学院、青岛港湾职业技术学院、兰州职业技术学院等15所本专科学校使用。本课程数字教学资源建设成效显著，开发出海量、共享、交互的音视频、动画、VR等全媒体资源，许多资源被学习强国平台推广。撰写的教材《中国传统文化》荣获山东省第五届优秀社科普及读物，已出版两版，全国30多家职业院校正在使用。人民网、齐鲁晚报网、山东电视台、山东教育电视台等国家和省市媒体多次报道传统文化课程的教学成果。

课程特色与创新

（一）以"黄大年式"教师团队引领、引擎、引导

本课程教师团队守初心、担使命，牢记为党育人、为国育才，塑造灵魂、塑造生命、塑造时代新人的宗旨，以高尚师德为引领，以学生成长为引擎，以时代精神为引导，立足孔孟之乡文化圣地，坚定文化自知、自觉、自信与自强，推进"四个相统一"，争做"四有"好教师，弘扬"学高身正、教书育人"的师道风范，坚持"六个下功夫"，培养学生成为具有中国心、世界眼、时代脑、工匠手的高素质技术技能人才，成为德智体美劳全面发展的社会主义建设者和接班人，致力于学生就业光彩、生活精彩、人生出彩。

（二）传统文化与思政建设互联、互通、互融

第一，线上线下互联。本课程充分利用国家级数字化教学资源库和"中国精神"思政数字教育馆，打造泛在式、共享型、个性化的活力课堂，大数据监管、精准化服务，实现时时可学、处处能学、人人乐学，培育了"新六艺"特色文化社团开展品牌文化活动，在实践中培养、提高学生的审美感知和文化理解能力。

第二，校内校外互通。本课程充分利用地域文化优势，整合校内外资源，构建以传统文化研究院所、国家级旅游景点、区域文化场馆和学校四方协同的育人机制。校外设置传统文化实践基地、非遗文化传习基地，校内建设"三馆一中心"，拓展了教学场景，推进中华优秀传统文化思政教学落地、落实、落细。

第三，文化思政互融。本课程通过介绍中华优秀传统文化的基本内容，在系统传授知识基础上，深挖文化与思政的融合点，精心选择与思政契合度高的重点和亮点，以小见大，反映出中国人的精神世界和生活情趣，让知识传授与价值引领交相辉映，形成贯穿全课程的思政线，真正实现传统文化与课程思政的协调联动。

（三）实施线上"导览研评"重变量、增量、质量

紧抓网络这个思政教育"最大变量"，虚功实作、虚实结合。一是课堂翻转线上线下混合，课前、课中、课后衔接，导中学；二是虚拟场馆游览、闯关晋级，览中学；三是主题实践，把网络热题变研讨课题、实践主题，研中学；四是大数据诊改、全程测评、学分累积，评中学。网络变成课程思政教学的"最大增量"，推进教学实现五大转变：教师由主角变主导，学生由做客变做东，教材由单一读本变立体资源，教学由点对面、单向听变键对键、面对面、全交互，考核由人工考、重结果变大数据即时评、精准测，提高课程思政教学质量。

 **团队思考**

（一）更新教学理念，提升任课教师的思政育人能力

深刻认识课程思政建设的重要性、必要性和充分性。任课教师应在完整的教学过程中保持着高度的自觉意识，充分投入，精益求精，找准思政融入点，厘清思政育人线，以润物无声的方式引导学生对中华优秀传统文化的关注，使学生形成高度的文化和政治认同，真正实现培根铸魂、以文化人的育人使命。

（二）强化教学效果，运用数字化资源提升育人实效

在教学过程中，借助信息化手段，利用数字化多样化的教学资源，活化课堂保证育人实效。课程团队将继续与平台研发方共同改良部分平台功能，持续更新优化课程教学视频资源，着力建设 VR、AR 虚拟现实资源，更好地进行人工智能背景下知识的动态形态重构。进一步提升学生的体验感，提高学生的参与度，激发学生的想象力和创造力，强化思政教学效果。

培根铸魂　启智润心
——"大学语文"课程思政教学设计

济南护理职业学院课程团队
参赛团队负责人：刘婧，团队成员：吴颖斐、刘芳芳、刘建、邰添
2023年12月

教学设计课件

📖 课程基本信息

课程名称	大学语文
课程类型	公共必修课程
所属学科门类	公共基础课
所属专业	中药学
课程性质	理实一体化课程
学　时	38
学　分	2

　　通过本课程的学习，学生能够掌握语言的建构和运用、得到思维的发展与提升、开阔审美的鉴赏与创造、实现文化的理解与传承，从而培养学生胜任中药学岗位所需的听说读写能力、人文思维能力、思辨能力和审美品位，增强文化自信，培养家国情怀。

📍 课程教学团队基本情况

（一）教学团队成员

　　本课程教学团队由5名教师组成，其中专业课教师4名，思政课教师1名，是一支知识结构、学科结构、年龄结构合理的结构化教学团队，形成了良好的课程建设合力。团队成员均有10年以上的专业教龄，经验丰富，学习能力强，主持多项省市级科研课题，

在各级各类比赛中斩获众多奖项。

（二）课程思政建设情况

本课程教学团队积极探索实施思政元素融入教学内容的教学实践，进行课程思政教学改革，深入挖掘思想政治教育资源，不断整合与完善课程内容。同时，团队成员积极参加课程思政学习培训和集体教研，实践效果好、成效突出。

课程思政建设总体设计情况

（一）思政建设的设计与解读

根据《高等学校课程思政建设指导纲要》，结合办学定位、专业特色和人才培养要求，本课程确定了"一条主线，两个支撑，三大目标，四种素养"的课程思政建设方向。

"一条主线"是培根铸魂，启智润心。"大学语文"课程蕴含着丰富的思想政治教育资源，通过国学经典、名篇佳作的学习来倡导人文情怀，引领正确的理想信念，培养学生理性平和、积极向上、包容并蓄的阳光心态和健全人格，促进学生多元化发展。"两个支撑"是将确立文化自信、涵养君子品格作为"大学语文"课程思政建设的有力支撑。语文学科的使命不仅包括语文知识传授和语文能力训练，更肩负文化传承和精神塑造的人文责任，通过语文教育加强学生对中华优秀传统文化的认识，将文化知识的熏陶贯穿在语文教学的全过程，助力学生自觉成为优秀传统文化的继承者、弘扬者和践行者。"三大目标"分别体现在价值引领、知识传授和能力训练，具体是指通过本课程的学习，学生能够掌握必要的文学常识，形成完整的文学史知识体系；培养学生的问题意识，增强他们的阅读、表达能力；帮助学生树立正确的世界观、人生观、价值观，引导他们继承中华优秀传统文化，弘扬民族精神，树立文化自信。"四种素养"是2014年教育部在《中国学生发展核心素养》中提出的语文学习的四大核心素养：语言建构与运用、思维发展与提升、审美鉴赏与创造、文化理解与传承。

（二）思政元素的挖掘与融入

为了更好地贯彻落实课程思政，课程团队结合重构的教学模块和任务，深入挖掘其中所蕴含的思政元素，将价值引领、知识传授和能力训练有机地融合在一起，达到润物无声的育人效果，使课程思政真正做到有理可依、有据可循、有的放矢，使每个要素、每个环节、每个章节都服务于"培根铸魂，启智润心"这个根本任务。

（三）思政载体的实现与讲述

在落实思政元素上，我们运用"四个用心"讲好"五个故事"，将思政目标有机融入教学过程。"五个故事"是指讲好优秀传统文化故事、民族民间故事、红色革命故事、改革开放故事、新时代故事，"四个心"是指采用教师用心、内容赏心、方法得心、学生动心等"心灵互动"的方式传递价值，将传统文化、民族民间文化、红色文化以及中国特色社会主义的伟大实践和成就，新时代改革创新的优秀成果等内容自然融入课程实践的立体空间。

基于工作岗位及学生认知发展规律确定教学项目，整合资源明确项目主要知识点，在此基础上，深挖知识点背后相关联的人和物，确定故事主题，由故事主题凝练思政元素。然后通过讲优秀传统文化故事、民族民间故事、红色革命故事、改革开放故事、新时代故事，通过故事的感染，实现对学生进行思政教育目的。

✉ 课程思政教学实践情况

本课程以"确立文化自信，涵养君子品格"为根本推动力，构建"123"的教学实践模式。紧紧围绕"大语文"的指导思想，依托线上、线下两个平台，运用"课堂+课外"的两大空间，形成课中、课前、课后全程育人格局，引领课程堂堂有思政、课外时时讲育人的全程全方位育人体系。

（一）融入"三类课堂"，拓宽教学阵地

在具体实施路径上，注重"三大课堂"的教学阵地。一是重视第一课堂的教学探索，以课堂教学为课程思政主阵地，依托知识传授、能力培养、人格塑造的课程体系，引导学生在中学语文学习的基础上，充分挖掘"大学语文"课程中的思政元素，实现课堂教学与思政教育探索，以潜移默化、润物无声的方式使思政教育与课程内容无缝衔接，进一步拓宽视野、启蒙心智、健全人格，达到立德树人的效果。二是与实践教学相融通，建立第二课堂常规模式。指导学生创建文学社、演讲协会、兴趣小组等学生团体，开展形式多样、格调高雅的课外文化活动，比如传统文化知识竞赛、中华经典诵读大赛、古诗词大赛等，结合"读书报告""写作训练"等课外实践教学环节，巩固课堂成果，以实践固本培元。第二课堂与第一课堂同向同行、同频共振，形成良好的学习氛围，引领学生品味文学经典，弘扬优秀文风，赓续绵长文脉。三是以互联网平台为第三课堂，创新教学形式，精心开展课程教学与学习资源的甄选与配备研究，选用国家精品慕课和国内外的优质资源，推送大学生必备学习平台，确立学院大学生必读书目和推荐阅读书目，创办语文学堂公众号等，提升学生的自主探索能力与学习能力。

"三大课堂"相关活动的开展，有利于形成有效的综合育人体系，发挥最大的德育效果，在潜移默化中坚定学生的理想信念，厚植爱国情怀，加强品德修养，增长知识见识，培养奋斗精神，提升学生的综合素质。

（二）贯穿"三个驱动"，创新"五个任务"

在课堂教学中，引导学生以自我驱动、学习驱动、价值驱动的"三个驱动"贯穿课堂全过程，以"五个任务"完成五步经典教学模式。以"古人名人笔下的秋"这个专题为例，比较分析杜甫的《秋兴八首》、毛泽东的《采桑子·重阳》等经典篇目，课前引导学生通过网络平台及国家精品慕课的自主学习，进行经典溯源和经典诵读，在自学中潜移默化地了解中国传统文化常识；课中在教学课堂上进行经典分析和经典感悟；课下布置实践任务，实现课前、课中、课后全方位育人，达成课程思政的目标。

（三）搭建数据平台，实现资源共享

在确定思政建设总体思路的基础上，课程团队对应课程思政目标，结合学情分析、课程特点、专业需求、时事热点等，着力搭建"大学语文"数字化教学资源平台，最大限度地实现资源的共建共享，教师和学生可以分别在平台中的教师端和学生端各取所需，从而将思政内容的综合效益最大化。

在具体教学实践场景中，课程团队对应每个教学项目内容和主要知识点，设计思政元素索引项，建设思政素材库，探寻思政融入的方法和载体，持续不断地更新思政素材资源，创新构建"微课""微视频""云讨论""云体验"等多种数字课程横式协同共存模式，实现思政课程的多元化拓展，创设时时可学、处处可学、人人可学的数字思政育人新生态，为学生打造科学高效的学习平台，使学生能够针对自身的需求，实时关注、点击、收听数字产品，随时随地获取自己需要的相关知识、资料和资讯。

课程评价与成效

（一）课程思政评价体系

本课程考核评价采用学生自评、生生互评、教师评价、社会评价的四维评价体系，采用"线上+线下+拓展评价"有机结合的方法，依托网络教学平台，课前线上推送问卷调查、课堂线下随堂测试、课后线上跟踪反馈和课后参加拓展活动等教学评价手段。思政教学目标的考核以即时性评价和阶段性评价相结合，以课堂情感回应度、活动参与积极度、作品作业的价值取向度为评价维度，以收集学生、团队、专业课教师、辅导员的反馈作为评价信度。

（二）课程思政教学成效

通过课程思政教学，"大学语文"这门课程更加贴近学生、贴近生活、贴近心灵，使学生在技能提升、学历提升及职业发展上都有了明显的进步，教师的执教能力不断提升，编写出版本门课程教材，课程思政资源库也在补充和完善之中。

（三）课程思政示范辐射广

语文的外延是生活。课程团队重视处理好课前与课后、课内与课外、书内与书外的关系，全方位、多角度地营造语文氛围，让学生在潜移默化中学习语文，提高思想认识，涵养君子品格，培育审美情趣，从而实现"润物无声"的课程思政育人目的。在完成课内语文知识的学习、语文能力的提升之后，在安全第一、完全自愿的前提下，教师引导学生扩大活动范围，利用课余时间，走出校门，千方百计地去阅读社会这部无字之书，借以丰富自己的社会知识，印证自己的课堂所学。"大学语文"课程辐射校内外，学生获得感增强，也拓宽了课程思政的实施途径。

课程特色与创新

本课程通过构建"一条主线，两个支撑，三大目标，四种素养"的课程思政建设体系，找准课程思政建设定位与人才素质培养目标，构建了元素挖掘、资料建设、方案设计、教学实施的系统化课程思政建设模式。本课程特色体现在以下三个方面：

（一）家国格局找定位

通过构建"一条主线，两个支撑，三大目标，四种素养"的课程思政体系，找准课程思政建设定位与人才素质培养目标，构建了可复制、可推广的系统化课程思政建设模式。

（二）潜移默化学经典

围绕"厚植文化自信，发时代之先声"主题，课程思政有机融入课程教学，通过线上线下结合、学校学习和企业实践结合、理论讲解和案例分析结合等方式实现全程全方位育人，达到润物无声、春风化雨的育人效果。

（三）贴近生活易理解

分析课程的人本特征和商业属性，挖掘学校特色、家乡文化与课程相结合的思政元素，确保思政教育与专业教育高度融合。本土文化帮助学生更容易、更深刻地理解专业知识，"为家乡发声"增强学生对本土文化的认同感，引导学生在内容创作过程中扑下身子、沉下心来，扎根本土，创作有思想、有共情、有共鸣的内容作品。

团队思考

近几年，课程团队在教学中发现一些问题：当代学生对审美的需求与传统审美观念有一定的偏差，存在审美偏狭；语言越来越贫乏，造成文字失语；在情感交流上不得要法，造成表达失法。因此，如何提高学生的审美水平、积累语言素材、提升表达能力，都是值得我们去深入思考的问题。"大学语文"课程思政建设还需要继续努力。具体有以下几个方面：

（一）在教学内容的选择上注重对中华优秀传统文化的教学，加强学生的审美教育

高职教育培养的是高素质技能型专门人才，仅仅让学生掌握扎实的专业理论知识和熟练的职业技能是远远不够的，还需要让学生树立正确的世界观、人生观和价值观，具有较高的人文素养、专业素养和职业素养。中华传统文化源远流长、博大精深，体现了中华民族的信仰和智慧。加强中华优秀传统文化教育，对于提高学生文化素质、培养高素质人才具有不可替代的作用。

加强审美教育是语文素质教育的重要组成部分，也是育人的核心内容之一。在具体的教学中，教师要用自然美激发学生热爱祖国的感情，用社会美教育学生树立奋斗不息的精神，用心灵美培养学生高尚的思想情操。

（二）教学过程中要加强学生对语言的理解与积累以及对表达方法的训练

"大学语文"课程标准中所说的语文素养，是指学生比较稳定、最为基本的适应时代发展要求的听、说、读、写能力，以及在语文方面表现出来的文学、文章等学识修养和文风、情趣等人格修养。因此，教师在教学过程中要注重加强学生对语言的理解与积累以及对表达方法的训练。

（三）课程思政建设的评价体系和考核标准需要进一步细化与完善

就目前的思政实践课程教学考评体系建构来看，存在一些问题，如思政实践课程考核的具体目标不明确、相关的考评工作缺乏教学质量体系保障，这就导致在实际的考核中缺乏明确的目标、考核的指标建立不完善、考核的重点不清楚等问题。因此，本课程思政建设的评价体系和考核标准需要进一步细化与完善。课程团队需要完善相关考评方案的制定，提升考评工作的科学性和规范性，对思政实践课程进行全过程的考核设置，保证考核评价的针对性和阶段性，体现细化考核目标。同时，注重教学考评多元化的结合。